prépabac

Cours & entraînement

Physique-chimie

ENSEIGNEMENT SPÉCIFIQUE
ENSEIGNEMENT DE SPÉCIALITÉ

Tle S

Joël Carrasco
Gaëlle Cormerais
Professeurs certifiés de sciences physiques
au lycée Marcel-Pagnol à Marseille

Hatier

Maquette de principe : Frédéric Jély
Mise en page : Jouve
Édition : Raphaël Tomas
Schémas : Jouve Saran

ISBN : 978-2-218-96253-0

Mode d'emploi

Votre ouvrage Prépabac

- Conforme au programme de physique-chimie T^le S entré en vigueur à la rentrée 2012, ce « Prépabac » vous propose un **outil de travail** complet et efficace.
- Sur chaque thème du programme, vous trouverez : un **cours** structuré, des fiches de **méthode**, des **exercices** progressifs et leurs **corrigés** détaillés.
- Assorties de nombreux **commentaires** et **conseils** des auteurs, toutes ces ressources vous permettent d'aborder en confiance vos contrôles durant l'année et de vous préparer à l'épreuve du bac.

COURS **MÉTHODE** **EXERCICES** **CORRIGÉS**

Sur le site www.annabac.com

- L'achat de cet ouvrage vous permet de bénéficier d'un **ACCÈS GRATUIT** aux ressources d'annabac.com : fiches de cours, podcasts, quiz, sujets et exercices corrigés…
- Pour profiter de cette offre, rendez-vous sur **www.annabac.com**, dans la rubrique « Vous avec acheté un ouvrage Hatier ? »*

* La saisie d'un mot clé du livre (lors de votre première visite) vous permettra de créer un compte personnel.

sommaire

ENSEIGNEMENT SPÉCIFIQUE

Observer

Comprendre

Agir

ENSEIGNEMENT DE SPÉCIALITÉ

ANNEXES

Enseignement spécifique

Les grandes phases de la démarche scientifique constituent l'architecture du programme de terminale de la série scientifique : observer, comprendre et agir.

Observer

L'étude des ondes, qu'elles soient mécaniques ou électromagnétiques, est le fil conducteur de cette partie. Les rayonnements et les flux de particules venant de l'espace sont des sources de renseignements précieuses. Les propriétés et les caractéristiques des ondes sont étudiées à travers la diffraction ou les interférences tandis que l'effet Doppler-Fizeau nous fait comprendre l'expansion de l'Univers. L'analyse spectrale des ondes émises par les espèces chimiques permet de remonter jusqu'à leur structure.

‣ **Chapitres 1 à 3.**

Comprendre

La mesure du temps a été un des grands enjeux de la physique. Les mouvements des systèmes dont la vitesse est plus faible que celle de la lumière peuvent être décrits grâce à la mécanique de Newton ; pour ceux dont la vitesse est proche de celle de la lumière, on utilise la relativité restreinte d'Einstein.

La chimie permet de comprendre à la fois la structure et la transformation de la matière. L'étude de la réactivité dans le domaine des réactions organiques en est un exemple.

L'énergie, sa conservation et ses échanges aux niveaux microscopique et macroscopique ont permis d'appréhender des phénomènes tels que le transfert thermique, le laser ou la dualité onde-corpuscule.

‣ **Chapitres 4 à 15.**

Agir

L'économie des ressources et le respect de l'environnement sont aujourd'hui à l'avant-garde des préoccupations des scientifiques. La synthèse de nouveaux matériaux ou la transmission et le stockage de l'information permettent de relever ces défis.

‣ **Chapitres 16 à 20.**

www.annabac.com

CHAPITRE

1 Ondes et particules

Que ce soit dans la terre (ondes sismiques), à la surface de l'eau (houle) ou dans l'air (lumière, son, micro-ondes...), les ondes sont omniprésentes autour de nous. Les ondes électromagnétiques (lumière visible, ultraviolets, rayons X...) et les flots de particules provenant de l'espace nous renseignent sur la structure de l'Univers et son évolution.

1 Qu'est-ce qu'une onde ?

- Une onde correspond à la propagation d'une perturbation de proche en proche dans un milieu matériel ou non.

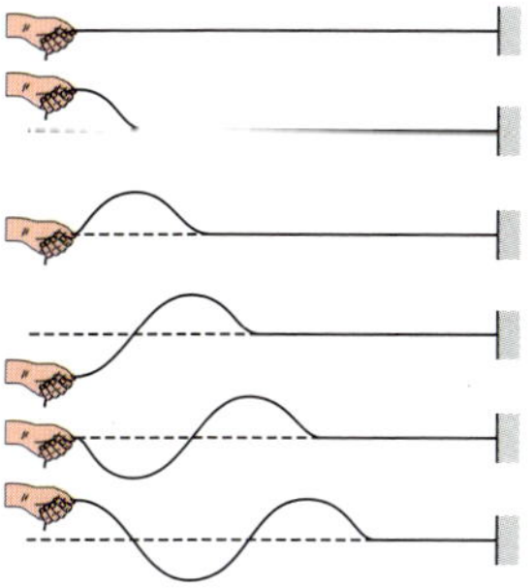

FIGURE 1 **Propagation d'une onde le long d'une corde**

Lors de la propagation d'une onde, il n'y a pas transport de matière mais transport d'énergie.

- Illustration : les ondes à la surface de l'eau

Une bouée fixée au fond de la mer monte et descend au passage d'une vague, mais elle ne se déplace pas horizontalement (FIGURE 2). On constate que la vague transporte de l'énergie (car l'énergie potentielle de la bouée varie), mais ne transporte pas de matière (la bouée reste à la verticale de son point d'ancrage).

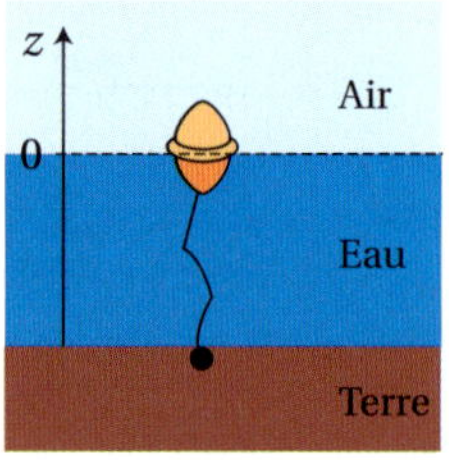

La bouée est immobile au-dessus de son point d'ancrage. Son énergie potentielle $\left(E_p = m \times g \times z\right)$ est nulle ($z = 0$ donc $E_p = 0$).

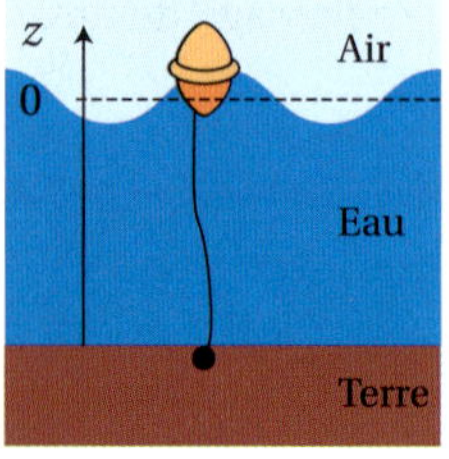

La bouée est au sommet d'une vague ; elle reste à la verticale de son point d'ancrage mais au-dessus de sa position initiale : son énergie potentielle augmente et devient positive.

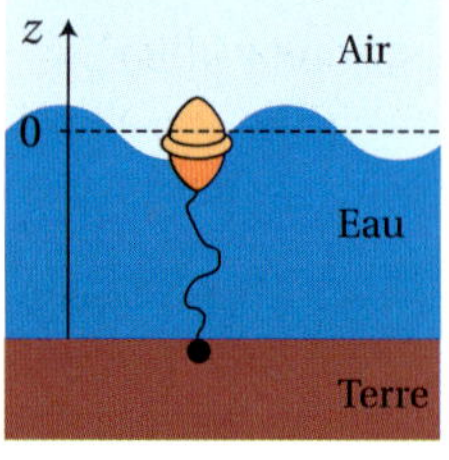

La bouée est au creux d'une vague ; elle reste à la verticale de son point d'ancrage mais en dessous de sa position initiale : son énergie potentielle diminue et devient négative.

FIGURE 2 Mouvement d'une bouée en mer

On s'intéressera à deux types d'onde :

- les **ondes mécaniques** : elles correspondent à une vibration mécanique locale du milieu (les sons, les ondes sismiques, la houle). Elles ont besoin d'un **milieu matériel** pour se propager ;
- les **ondes électromagnétiques** : elles correspondent à une vibration du champ électrique et/ou magnétique local du milieu (la lumière, les rayonnements infrarouge, ultraviolet...). Elles peuvent se propager **dans le vide**.

2 Les ondes dans la matière

Il s'agit des ondes mécaniques qui se propagent aussi bien dans les solide qu'à la surface des liquides ou dans les gaz.

A Les ondes à la surface de l'eau

■ Elles sont créées à la surface de l'eau sous l'effet du vent. Si le phénomène dure assez longtemps, il se forme une succession de vagues régulières : la **houle**. Formée au large, la houle peut se propager sur de longues distances (quelques milliers de kilomètres).

■ La houle est caractérisée par sa **hauteur de vague *H*** exprimée en mètres (différence d'altitude entre le creux et la crête d'une vague), par sa **longueur d'onde *L*** exprimée en mètres (distance séparant deux crêtes successives) et par sa **période *T*** exprimée en secondes (durée séparant le passage de deux crêtes successives en un même point).

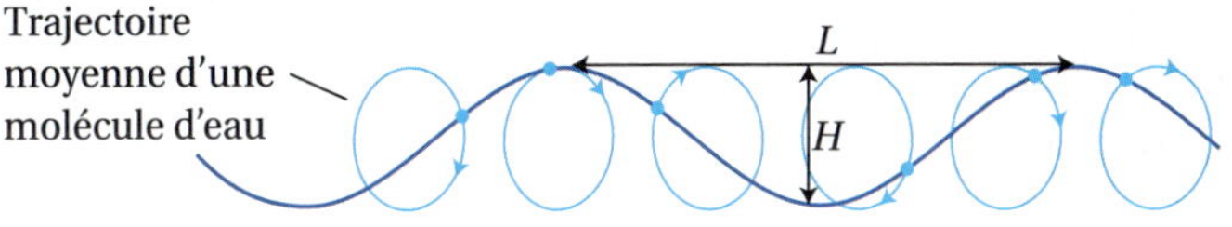

FIGURE 3 **Schéma en coupe de la houle**

Lors du passage de la vague, le mouvement d'ensemble des molécules d'eau est circulaire, ce qui fait qu'en moyenne, elles restent à la même position : la houle ne transporte pas de matière.

B Les ondes sismiques

■ Un **séisme** se manifeste par une série de vibrations du sol à la fois brutales et de courte durée. Il est dû à la libération brutale de l'énergie accumulée par deux plaques dont le mouvement est bloqué le long d'une faille. Le déplacement instantané des plaques génère des **ondes sismiques** qui se propagent dans toutes les directions (FIGURE 4).

■ Les dommages les plus importants sont constatés au niveau de l'**épicentre**, qui est le point du sol situé à la verticale du foyer où les ondes sismiques sont formées.

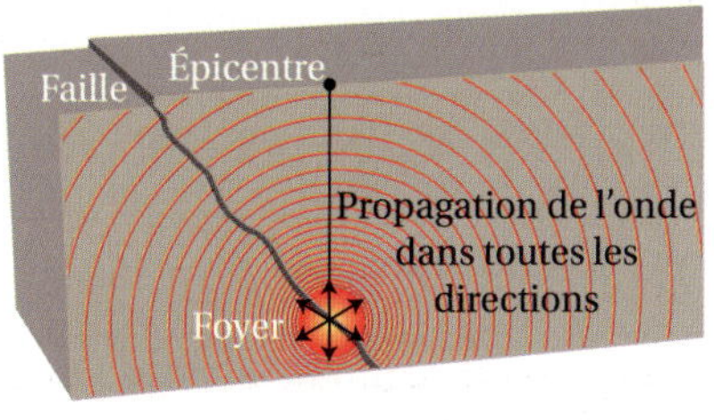

FIGURE 4 **Principe d'un séisme**

Les ondes sismiques sont principalement de deux types : les ondes de **compression** dites **ondes P**, et les ondes de **cisaillement** dites **ondes S** qui sont beaucoup plus destructrices.

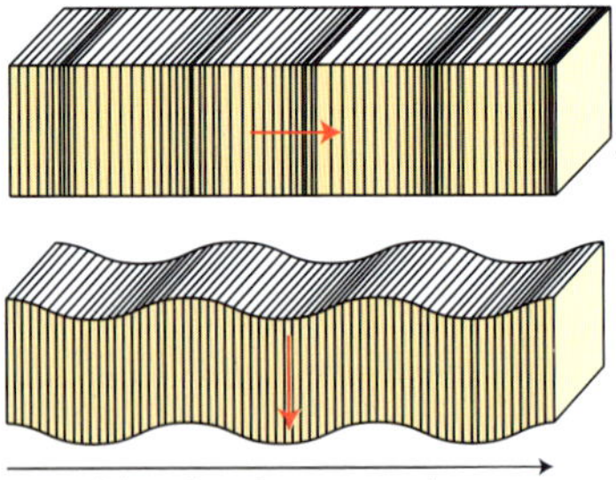

FIGURE 5 Propagation des deux types d'ondes sismiques

Pour comparer les séismes, les scientifiques utilisent l'**échelle de Richter**. La **magnitude** dite de Richter mesure l'énergie libérée au foyer d'un tremblement de terre en se basant sur l'amplitude maximale des ondes sismiques provoquées par le tremblement de terre. Plus le séisme libère de l'énergie, plus sa magnitude est élevée et plus les dégâts sont importants.

Magnitude	Effets
$<2,0$	Micro tremblement de terre, non ressenti.
2,0 à 2,9	Généralement non ressenti mais détecté/enregistré.
3,0 à 3,9	Souvent ressenti mais causant rarement des dommages.
4,0 à 4,9	Secousses notables d'objets à l'intérieur des maisons, bruits d'entrechoquement. Dommages importants peu communs.
5,0 à 5,9	Peut causer des dommages majeurs à des édifices mal conçus dans des zones restreintes. Cause de légers dommages aux édifices bien construits.
6,0 à 6,9	Peut être destructeur dans des zones jusqu'à 180 kilomètres autour de l'épicentre dans les zones peuplées.
7,0 à 7,9	Peut provoquer des dommages sévères dans des zones plus vastes.
8,0 à 8,9	Peut causer des dommages sérieux dans des zones à des centaines de kilomètres à la ronde.
$>9,0$	Dévaste des zones sur des milliers de kilomètres à la ronde.

C Les ondes sonores

- Le **son** est une vibration périodique de l'air détectable par l'oreille humaine. Les ondes sonores sont caractérisées par leur fréquence exprimée en hertz (Hz).

INTERVALLES DE FRÉQUENCES DES ONDES SONORES

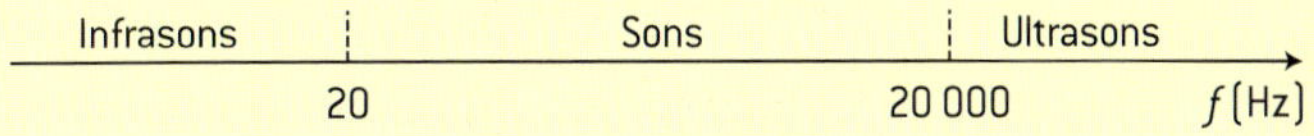

- Le son se propage dans toutes les directions et peut également se propager dans les solides et les liquides.
- Certains sons captés par l'oreille provoquent une sensation désagréable voire douloureuse : cela dépend de la valeur de leur intensité sonore.

> L'intensité sonore, notée I, est égale à la puissance sonore reçue par unité de surface. Elle caractérise la puissance énergétique reçue par l'oreille et s'exprime en watts par mètre carré ($W \cdot m^{-2}$).

- Le seuil d'audibilité est fixé à une valeur $I_0 = 10^{-12}\,W \cdot m^{-2}$ et le seuil de la douleur à une valeur $I_{max} = 25\,W \cdot m^{-2}$.
- Pour prendre en compte au mieux la sensation physiologique de l'oreille, on définit une grandeur appelée **niveau sonore L** qui est liée à l'intensité sonore I.

$$L = 10 \times \log_{10}\left(\frac{I}{I_0}\right)$$ L en décibels (dB)

Avec cette définition, le seuil d'audibilité est égal à 0 dB, tandis que le seuil de la douleur est égal à 134 dB.

3 Les rayonnements dans l'Univers

On distingue deux types de rayonnement dans l'Univers : une composante ondulatoire (lumière visible, rayons X, ultraviolets, infrarouges…) et une composante particulaire (protons, électrons, particules α, positons…).

A Le rayonnement électromagnétique

- L'Univers baigne dans un flot d'ondes électromagnétiques émises par les étoiles et les autres corps célestes. On différencie les différents types d'ondes électromagnétiques par la valeur de leurs longueurs d'onde.

On distingue les rayonnements ionisants, qui portent une énergie suffisante pour ioniser la matière, des rayonnements non ionisants.

DOMAINES DU RAYONNEMENT ÉLECTROMAGNÉTIQUE

Rayonnement ionisant

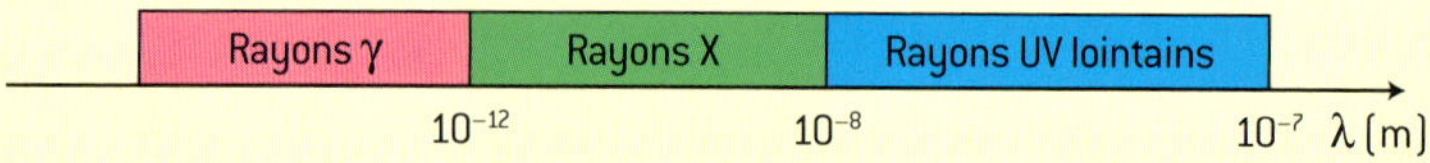

C'est un rayonnement énergétique pouvant être dangereux en cas d'exposition prolongée. L'énergie portée est d'autant plus grande que la longueur d'onde est petite. La limite supérieure en longueur d'onde de ces rayonnements est fixée à environ 100 nanomètres.

Rayonnement non ionisant

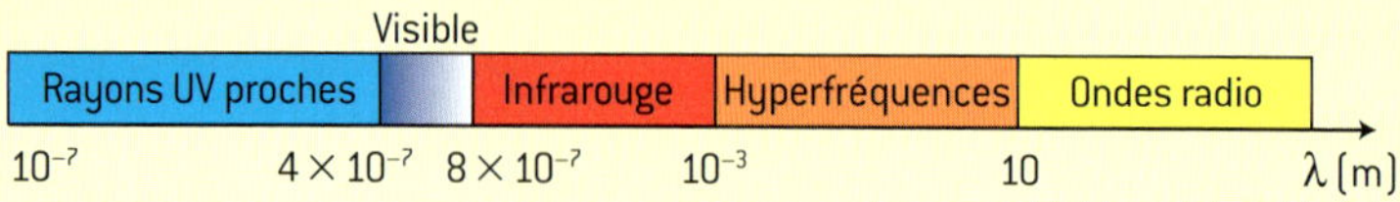

L'atmosphère terrestre se comporte comme un filtre vis-à-vis du rayonnement électromagnétique en absorbant de manière sélective certains types de radiations :
- le rayonnement visible n'est pas absorbé ;
- le rayonnement ultraviolet est absorbé dans les hautes couches de l'atmosphère, principalement par le dioxygène et par l'ozone ;
- le rayonnement infrarouge est principalement absorbé par les molécules de dioxyde de carbone, de méthane et de vapeur d'eau présentes dans l'atmosphère.

Le rayonnement ultraviolet constitue un danger pour la santé en cas d'exposition prolongée car il provoque des cancers de la peau.

EFFET DE SERRE

La surface de la Terre absorbe la majeure partie du rayonnement solaire et émet en réponse un rayonnement infrarouge, qui est absorbé par certaines molécules de l'atmosphère (les gaz à effet de serre). Ces molécules réémettent une partie de ce rayonnement en direction de la Terre, ce qui contribue à son réchauffement.

- Pour observer les sources de rayonnement dans l'Univers en s'affranchissant des phénomènes d'absorption dans l'atmosphère, on utilise des observatoires spatiaux : télescope spatial (Hubble, Herschel...), satellites d'observation (Planck, Cobe...).
- Exemples de sources de rayonnement dans l'Univers :
• **sources de rayonnement ultraviolet** : les géantes bleues sont des étoiles très chaudes (environ 20 000 K à leur surface) et très massives (environ 20 fois la masse du Soleil). Elles émettent principalement dans l'ultraviolet et leur lumière nous apparaît bleue à l'observation ;
• **sources de rayonnement radio** : une radiogalaxie (Cygnus A par exemple) est une galaxie qui émet un puissant rayonnement radioélectrique ;
• **sources de rayonnement infrarouge** : les nuages de poussières et de gaz interstellaires très froids (– 25 °C) émettent dans l'infrarouge. C'est dans ces nuages que naissent les étoiles.

B Les rayons cosmiques

- Il s'agit d'un **flux de particules chargées** de très haute énergie dont l'origine peut être solaire, galactique ou extragalactique.
- On trouve principalement des noyaux d'hydrogène (protons) et d'hélium (particules α). Le rayonnement cosmique est constitué de 89 % de protons, 10 % de particules α et 1 % de noyaux plus lourds.
- L'atmosphère absorbe une grande partie des rayons cosmiques. Cette interaction des rayons cosmiques avec l'atmosphère crée de nouvelles particules (positrons, muons, mésons, antiprotons...) dont leur détection au cours de la première moitié du XXe siècle a enrichi la liste des particules connues.

L'énergie des particules est exprimée en électronvolts (eV) : $1\ eV = 1{,}602 \times 10^{-19}$ J. Les particules des rayons cosmiques possèdent des énergies allant de quelques centaines de mégaélectronvolts ($1 MeV = 10^6 eV$) à plusieurs dizaines de gigaélectronvolts ($1 GeV = 10^9 eV$).

4 Les détecteurs d'ondes et de particules

A Détection d'ondes sismiques : le sismographe

- Un sismographe est un appareil qui permet de mesurer et d'enregistrer les mouvements du sol.

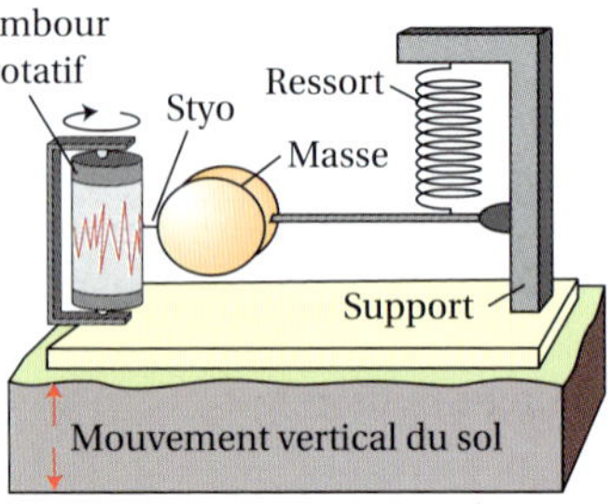

FIGURE 6 **Schéma de principe d'un sismographe**

- L'enregistrement réalisé est un **sismogramme**. En mesurant l'intervalle de temps séparant les arrivées des ondes S et P, on peut déterminer la distance séparant l'épicentre du sismographe. Pour localiser l'épicentre d'un séisme, il est nécessaire d'avoir trois sismographes situés en trois endroits différents.

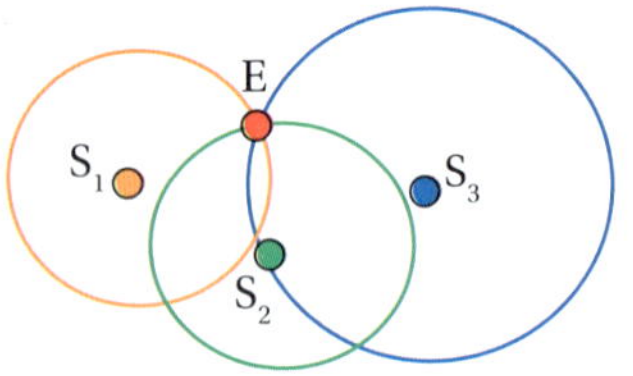

FIGURE 7 **Localisation de l'épicentre E d'un séisme à l'aide de trois sismographes (S_1, S_2 et S_3)**

B Détection de particules chargées : la chambre de Wilson

- Elle a été mise au point en 1896 par Charles T. R. Wilson, qui a été le premier physicien à clairement postuler l'existence du rayonnement particulaire en provenance de l'espace.
- Elle permet de photographier la trajectoire suivie par une particule chargée qui est matérialisée dans un récipient rempli d'air saturé en vapeur d'eau (ce qui signifie que cet air ne peut pas contenir plus de vapeur d'eau).

Lors du passage de la particule chargée, il se forme des ions sur lesquels vient se condenser la vapeur d'eau : il en résulte l'apparition de gouttelettes tout le long de la trajectoire. Le chemin suivi par la particule est ensuite photographié sous un éclairage puissant. Les conditions nécessaires à la condensation sont créées par une détente de l'air réalisée par un piston.

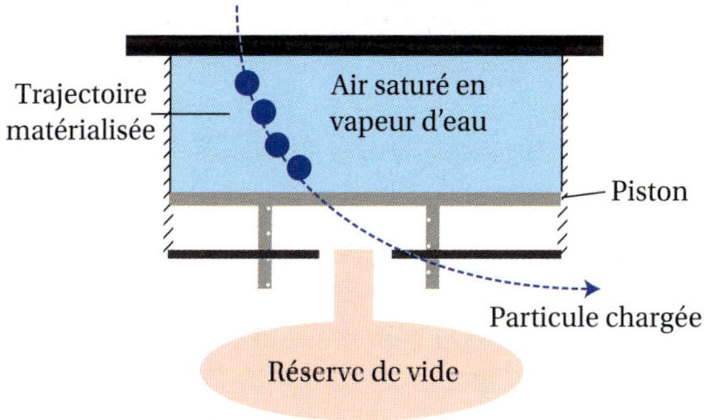

FIGURE 8 **Schéma d'une chambre de Wilson**

Extraire et exploiter des informations

ÉNONCÉ

Lors d'un séisme, les secousses ressenties à la surface de la Terre sont dues à la mise en mouvement des couches terrestres internes par des ondes mécaniques engendrées par des frictions entre les plaques tectoniques. Parmi les ondes sismiques, on distingue les ondes de type P et de type S : les ondes P sont les plus rapides et se propagent dans les solides et les liquides, tandis que les ondes S, moins rapides, ne se propagent que dans les solides. Les courbes étalonnées des vitesses de propagation de ces deux types d'onde en fonction de la distance à l'épicentre sont fournies sur le graphique suivant :

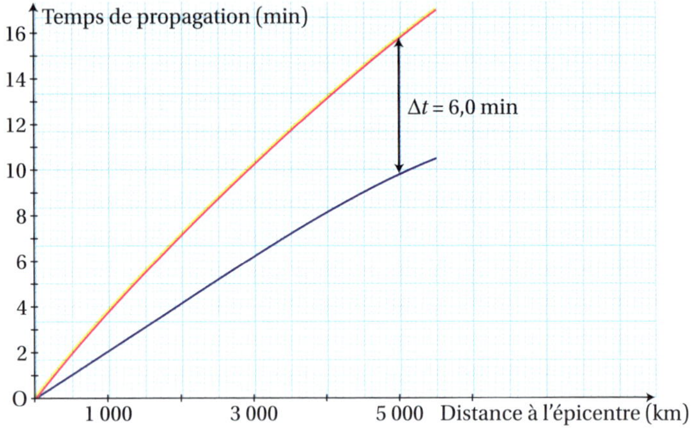

1 Attribuer à chacune des courbes le type d'ondes sismiques adéquat en justifiant.

2 Quelle est la distance à l'épicentre D si les ondes P mettent un temps de propagation t égal à 6,0 minutes ? En déduire la vitesse v_p des ondes P en mètres par seconde.

3 Quel est le retard Δt en minutes qui est enregistré entre les ondes S et P si la distance à l'épicentre est égale à 2 000 km ?

4 La vitesse des ondes P est égale à $9{,}8\ \text{km}\cdot\text{s}^{-1}$ lorsque la distance à l'épicentre est $D = 5\,000$ km. Déterminer la vitesse v_s des ondes S en kilomètres par seconde.

MÉTHODE

1 Extraire de l'énoncé le type d'ondes le plus rapide, puis raisonner en termes de durée de propagation pour une distance fixée.

2 ▶ Savoir lire un graphique pour en extraire une donnée (abscisse ou ordonnée).

▶ Exploiter la formule de la vitesse : $v = \dfrac{D}{t}$.

▶ Connaître les conversions d'unités : $1\ \text{km} = 10^3\ \text{m}$ et $1\ \text{min} = 60\ \text{s}$.

3 Repérer sur la courbe à quoi correspond le retard entre les deux types d'ondes.

4 Exploiter les notions de retard et de vitesse.

CORRIGÉ

1 Les ondes les plus rapides sont les ondes P. Pour une distance fixée, la durée de propagation est d'autant plus petite que les ondes sont rapides.
On en déduit que la courbe bleue correspond aux ondes P et la courbe rouge aux ondes S.

2 Par lecture graphique, on obtient : $D = 3\,000$ km.

D'où : $v_P = \dfrac{D}{t} = \dfrac{3\,000 \times 10^3}{6{,}0 \times 60} = 8{,}3 \times 10^3\ \text{m} \cdot \text{s}^{-1}$.

3 Par lecture graphique, on obtient : $\Delta t = 7{,}3 - 4{,}3 = 3{,}0$ min.

4 Pour les ondes P, on a : $v_P = \dfrac{D}{t}$ donc $t = \dfrac{D}{v_P}$.

Les ondes S ayant un retard Δt, on en déduit : $t + \Delta t = \dfrac{D}{v_S}$

soit : $\dfrac{D}{v_P} + \Delta t = \dfrac{D}{v_S}$.

Soit l'expression de la vitesse des ondes S : $v_S = \dfrac{D}{\dfrac{D}{v_P} + \Delta t}$.

Application numérique : $v_S = \dfrac{5\,000}{\dfrac{5\,000}{9{,}8} + 6{,}0 \times 60} = 5{,}7\ \text{km} \cdot \text{s}^{-1}$.

SE TESTER QUIZ

Dans le questionnaire à choix multiple (QCM) suivant, indiquer pour chaque proposition la (ou les) réponse(s) exacte(s).

1 Une onde mécanique peut se propager dans :
- ☐ **a.** le vide et la matière
- ☐ **b.** la matière
- ☐ **c.** l'air et l'eau

2 Une onde transporte de la matière et de l'énergie.
- ☐ **a.** vrai
- ☐ **b.** faux

3 Le rayonnement cosmique est composé d'ondes électromagnétiques provenant de l'Univers.
- ☐ **a.** vrai
- ☐ **b.** faux

4 Le niveau sonore L a pour expression :
- ☐ **a.** $L = \log_{10}\left(\frac{I}{I_0}\right)$
- ☐ **b.** $L = 10 \times \log_{10}\left(\frac{I_0}{I}\right)$
- ☐ **c.** $L = 10 \times \log_{10}\left(\frac{I}{I_0}\right)$

5 Les ondes sonores ont des fréquences comprises entre :
- ☐ **a.** 2 Hz et 20 000 Hz
- ☐ **b.** 20 Hz et 2 000 Hz
- ☐ **c.** 20 Hz et 20 000 Hz

S'ENTRAÎNER

6 Les niveaux sonores

1. Compléter le tableau suivant, sachant que le seuil d'audibilité est fixé à une valeur $I_0 = 10^{-12}$ W·m^{-2}.

$I\,(\text{W}\cdot\text{m}^{-2})$	$1{,}0 \times 10^{6}$			$1{,}0 \times 10^{-5}$
L (dB)		20	120	

2. Attribuer à chaque lieu le niveau sonore qui lui correspond : cantine scolaire, désert, piste de décollage des fusées, stand d'un circuit de Formule 1.

3. Dans quel(s) lieu(x) est-il nécessaire de porter des casques antibruit sachant qu'un son est fatigant à partir de 90 dB ?

7 Détermination de la distance à l'épicentre d'un séisme

L'enregistrement des ondes sismiques par des sismographes à la surface de la Terre permet de déterminer l'épicentre des séismes. Le sismogramme suivant a été enregistré dans une station sismique située à une distance D de l'épicentre. L'origine du repère ($t = 0$ s) a été choisie à la date du début du séisme.

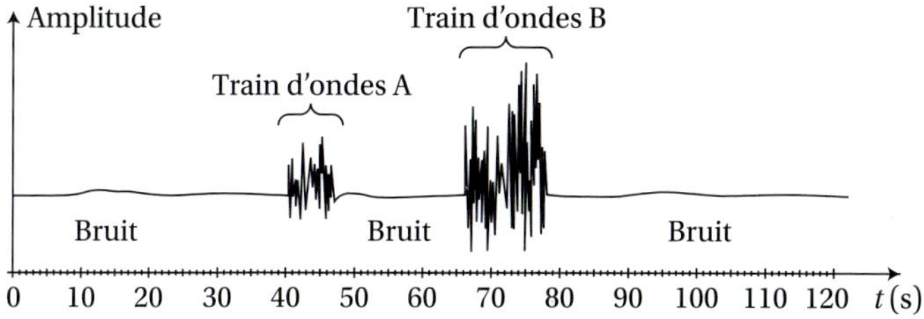

1. Sachant que les ondes de type P sont plus rapides que les ondes de type S, identifier chaque train d'ondes à un type d'ondes.

2. Quel est le retard des ondes S sur les ondes P ?

3. La vitesse v_s des ondes S étant égale à 6,0 $km \cdot s^{-1}$, déterminer la distance à l'épicentre D en kilomètres.

4. La magnitude du séisme est égale à 6,5 sur l'échelle de Richter. Peut-on craindre des destructions sur le lieu où se trouve la station sismique ?

8 Le joueur de saxo

L'intensité sonore I est une fonction de la distance d séparant l'émetteur du récepteur du son : $I(d) = \frac{I(0)}{4 \times \pi \times d^2}$, où $I(0)$ est l'intensité à la sortie de l'émetteur en $W \cdot m^{-2}$ et d la distance en mètres.

Un saxophoniste joue une note dont l'intensité sonore I à la sortie de l'instrument est égale à $3{,}0 \times 10^{-4}$ $W \cdot m^{-2}$.

Le seuil d'audibilité a une valeur $I_0 = 10^{-12}$ $W \cdot m^{-2}$.

1. Quel est le niveau sonore de cette note à une distance égale à 1,0 m puis à 10 m du saxophoniste ?

2. Même question si le saxophoniste joue cette fois deux fois plus fort.

9 Étude de la houle

La houle est générée par l'action du vent soufflant sur une mer calme au large des côtes. Le frottement de l'air sur la surface de l'eau déforme cette dernière et l'on voit alors apparaître des rides se transformant en vaguelettes puis en vagues au fur et à mesure que la vitesse du vent augmente. Trois paramètres permettent de définir la houle :

• la hauteur H : c'est la distance selon la verticale entre le sommet d'une crête de la vague et le fond du creux de la vague ;

• la longueur L : c'est la distance séparant deux crêtes ou deux creux successifs ;

• la cambrure C : c'est le rapport de la hauteur sur la longueur de la vague, toutes deux exprimées dans la même unité.

Les paramètres caractéristiques de la houle peuvent varier suivant l'état de la mer.

L'échelle de Beaufort établie en 1805, permet de caractériser la vitesse des vents. Elle est graduée de 0 à 12. La vitesse du vent étant directement lié à l'état de la mer, cette échelle permet aussi de caractériser l'état de la mer et renseigne les marins sur les conditions de navigation.

1. Représenter sur le schéma suivant, la hauteur et la longueur de la houle.

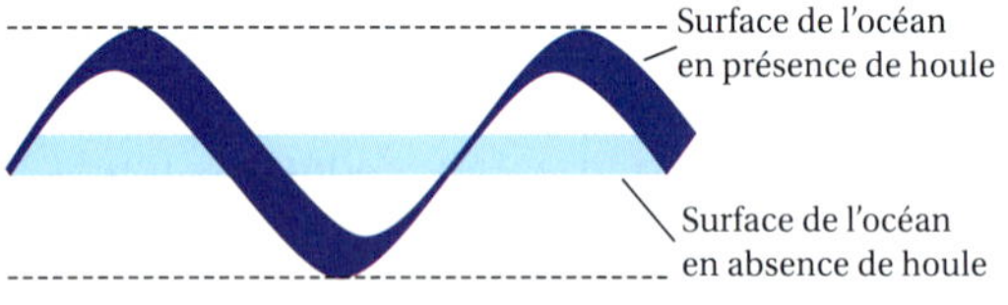

2. Donner l'expression mathématique reliant les trois paramètres de la houle, puis calculer la cambrure d'une houle de longueur égale à 20 m et de hauteur égale à 150 cm.

3. Dans le cas où la cambrure des vagues est égale à $\frac{1}{7}$, on obtient le tableau suivant concernant une échelle de Beaufort simplifiée :

Échelle de Beaufort	5	6	7	8	9
Hauteur H (en m)		3,00	4,00	5,50	7,00
Longueur L (en m)	14,0	21,0	28,0		49,0

a. Calculer la longueur associée à la valeur 8 sur l'échelle de Beaufort.
b. Calculer la hauteur associée à la valeur 5 sur l'échelle de Beaufort.
c. On représente ci-dessous deux houles correspondant à deux valeurs différentes sur l'échelle de Beaufort. Ces deux schémas sont-ils cohérents avec le tableau précédent ? Justifier la réponse.

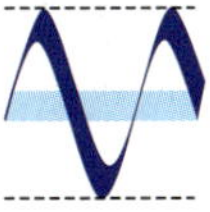

Échelle 6

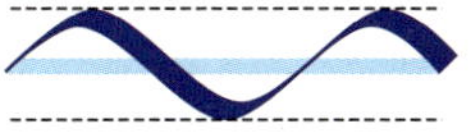

Échelle 9

4. On donne ci-dessous la courbe traduisant l'évolution $v^2 = f(L)$ où v est la célérité de la houle (vitesse à laquelle elle se déplace).

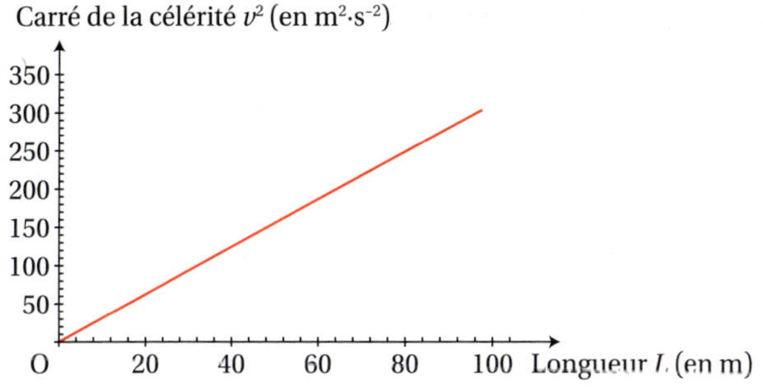

a. Quel type de courbe obtient-on ?
b. Donner la relation mathématique simple entre le carré de la célérité et la longueur. On notera A, le coefficient caractéristique de cette relation.
c. Quelle est la célérité d'une houle correspondant à une valeur 7 sur l'échelle de Beaufort ?

SE TESTER

1 Réponse b et c. Une onde mécanique peut se propager uniquement dans un milieu matériel. L'air et l'eau sont des milieux matériels.

2 Réponse b. Faux : une onde transporte de l'énergie mais pas de matière.

3 Réponse b. Faux : le rayonnement cosmique est constitué de particules provenant de l'Univers.

4 Réponse c. Le niveau sonore L a pour expression : $L = 10 \times \log_{10}\left(\frac{I}{I_0}\right)$.

5 Réponse c. Les ondes sonores ont des fréquences comprises entre 20 Hz et 20 000 Hz.

S'ENTRAÎNER

6 Les niveaux sonores

1. On applique les formules suivantes :

$L = 10 \times \log_{10}\left(\frac{I}{I_0}\right)$ pour calculer L et $I = I_0 \times 10^{\frac{L}{10}}$ pour calculer I.

$I\,(\text{W} \cdot \text{m}^{-2})$	$1{,}0 \times 10^{6}$	$1{,}0 \times 10^{-10}$	1,0	$1{,}0 \times 10^{-5}$
L (dB)	180	20	120	70

2. Le niveau sonore est d'autant plus élevé que le lieu est bruyant.

Lieu	Désert	Cantine scolaire	Stand d'un circuit de Formule 1	Piste de décollage des fusées
L (dB)	20	70	120	180

3. Il est nécessaire de porter des casques antibruit dans le stand d'un circuit de Formule 1 et sur la piste de décollage des fusées.

7 Détermination de la distance à l'épicentre d'un séisme

1. Le train d'ondes A correspond aux ondes de type P et le train d'ondes B aux ondes de type S.

2. Par une lecture graphique on mesure le retard des ondes S sur les ondes P :
$\Delta t = 65{,}0 - 40{,}0 = 25{,}0$ s.

3. La vitesse v_S des ondes S étant égale à $6{,}0\,\text{km}\cdot\text{s}^{-1}$, la distance à l'épicentre D en kilomètres est égale à : $D = v_s \times t_s = 6{,}0 \times 65{,}0 = 3{,}9 \times 10^2$ km.

4. La station sismique n'a pas à craindre de destructions puisqu'elle se situe à une distance supérieure à 180 km de l'épicentre (d'après la question 3).

8 Joueur de saxo

1. On applique la formule : $L = 10 \times \log_{10}\left(\dfrac{I(d)}{I_0}\right) = 10 \times \log_{10}\left(\dfrac{I(0)}{4 \times \pi \times d^2 \times I_0}\right)$.

Si d = 1,0 m alors L = 74 dB et si d = 10 m alors L = 54 dB.

2. Si le saxophoniste joue cette fois deux fois plus fort, on applique à nouveau la formule :

$$L = 10 \times \log_{10}\left(\frac{2 \times I(d)}{I_0}\right) = 10 \times \log_{10}\left(\frac{I(0)}{2 \times \pi \times d^2 \times I_0}\right)$$

Si d = 1,0 m alors L = 77 dB et si d = 10 m alors L = 57 dB.

OBJECTIF BAC

9 Étude de la houle

1. Représentation de la longueur L et de la hauteur H :

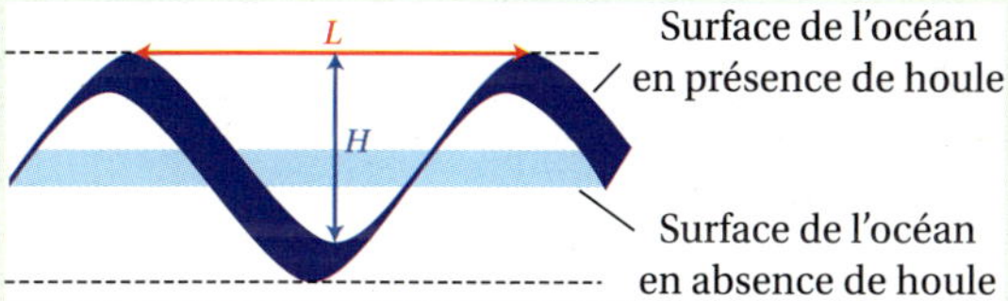

2. L'expression mathématique reliant les trois paramètres de la houle est la suivante : $C = \dfrac{H}{L}$ où H et L sont exprimées en mètres (m).

On a L = 20 m et H = 150 cm = 1,50 m, donc $C = \dfrac{1{,}50}{20} = 0{,}075$.

3. a. On a $L = \dfrac{H}{C}$ avec $H = 5{,}50$ m d'après le tableau et $C = \dfrac{1}{7}$, soit $L = 38{,}5$ m.

b. On a $H = C \times L$ avec $L = 14{,}0$ m d'après le tableau, soit $H = 2{,}00$ m.

c. D'après le tableau, la longueur et la hauteur de la houle augmentent avec la valeur de l'échelle de Beaufort. Les deux schémas ne sont pas cohérents car la houle à l'échelle 9 devrait avoir une hauteur et une longueur plus grande que celle à l'échelle 6.

4. **a.** On obtient une portion de droite passant par l'origine O.

b. La relation mathématique entre le carré de la célérité et la longueur traduit une relation de proportionnalité : $v^2 = A \times L$.

c. D'après le tableau de l'échelle de Beaufort, la longueur associée à la valeur 7 est $L = 28{,}0$ m.

Par une lecture graphique, on obtient la valeur de v^2 : $v^2 = 90\ \text{m}^2\cdot\text{s}^{-2}$.

On en déduit la valeur de la célérité : $v = 9{,}5\ \text{m}\cdot\text{s}^{-1}$.

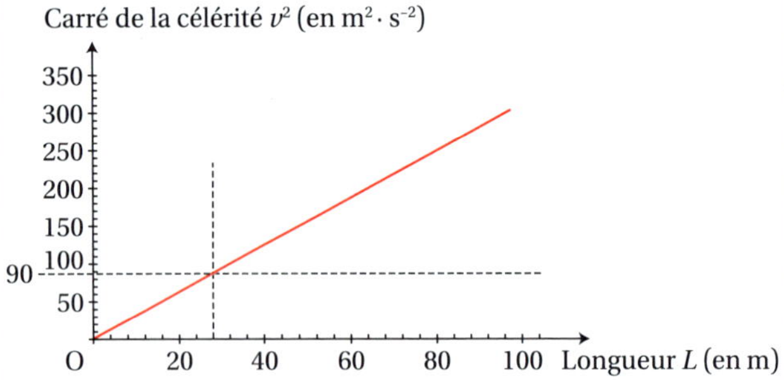

CHAPITRE

2 Les caractéristiques des ondes

Des vagues à la surface de l'eau, une mélodie chantonnée, des jeux de lumière ou une secousse sismique : tous ces évènements mettent en jeu des ondes. Qu'est-ce qui les différencie ? Quels sont leurs points communs ? C'est par l'étude de leurs caractéristiques que nous pourrons répondre à ces questions.

1 Caractéristiques de la propagation d'une onde progressive

Les ondes mécaniques se propagent dans les milieux matériels (solide, liquide ou gaz) tandis que les ondes électromagnétiques se propagent dans les milieux transparents (air, eau, verre...) et dans le vide.

A Dimensions associées à une onde

Une onde se propage, à partir de sa source, dans toutes les directions qui lui sont offertes. On distinguera ainsi les ondes à une, deux ou trois dimensions.

Onde à une dimension	La propagation a lieu dans une seule direction	Onde se propageant le long d'une corde 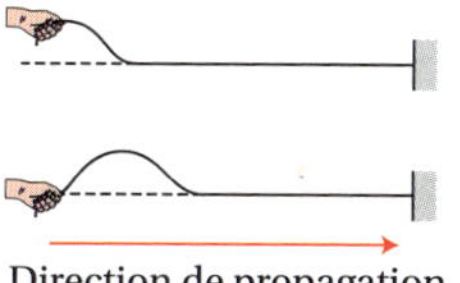
Onde à deux dimensions	La propagation a lieu dans un plan (espace à deux dimensions)	Ondes engendrées à la surface de l'eau lorsqu'on y jette un caillou 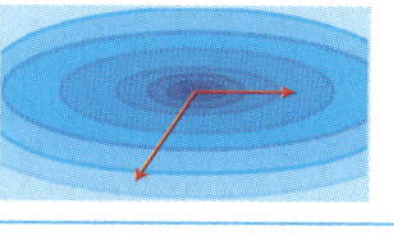

Onde à trois dimensions	La propagation a lieu dans l'espace à trois dimensions	Onde sonore engendrée par une explosion 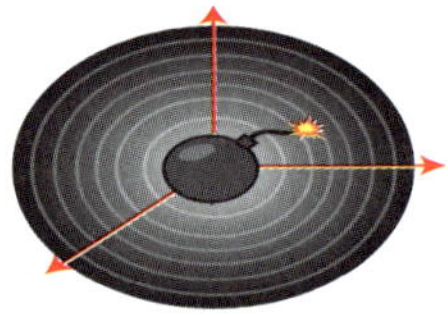

B Ondes transversales et longitudinales

- Une onde est dite **transversale** si la direction de la perturbation est perpendiculaire à la direction de propagation de l'onde.

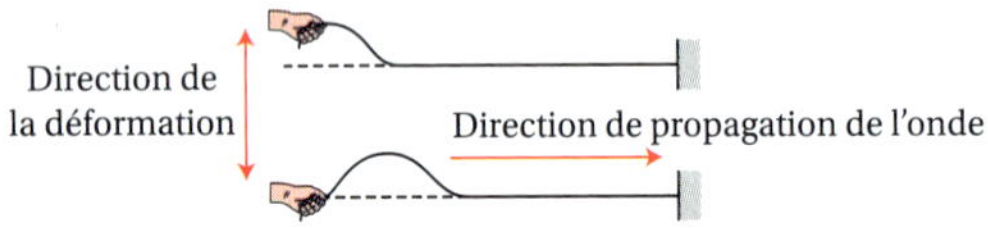

FIGURE 1 Onde transversale se propageant le long d'une corde

- Une onde est dite **longitudinale** si la direction de la perturbation est parallèle à la direction de propagation de l'onde.

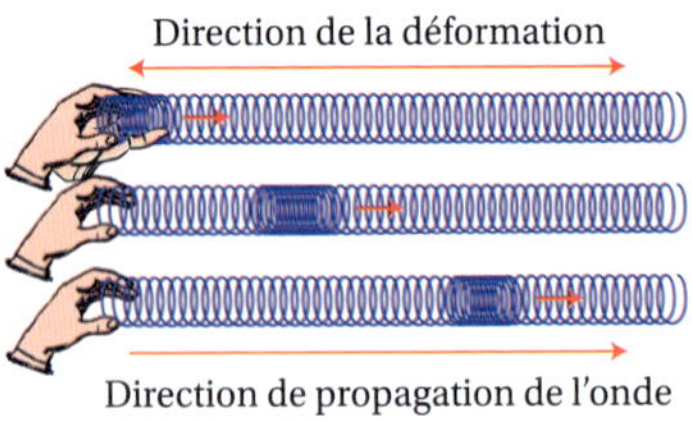

FIGURE 2 Onde longitudinale se propageant le long d'un ressort

C Célérité d'une onde

- La vitesse de propagation d'une onde est appelée **célérité** et est notée v.
- On détermine la célérité d'une onde par le quotient de la distance d parcourue par l'onde pendant une durée Δt :

$$v = \frac{d}{\Delta t}$$

v en mètres par seconde ($m{\cdot}s^{-1}$)
d en mètres (m)
Δt en (s)

La célérité dépend de la nature de l'onde et du milieu dans lequel elle se propage.

QUELQUES VALEURS DE CÉLÉRITÉ

Milieu de propagation ($t = 20\,°C$)	Air	Eau	Acier
Célérité du son ($m{\cdot}s^{-1}$)	340	1 500	5 000

La célérité du son est plus importante dans les solides que dans les gaz.
Elle dépend de la température des gaz : $v_{(air\ à\ t=20\,°C)} = 340\,m{\cdot}s^{-1}$; $v_{(air\ à\ t=0\,°C)} = 331\,m{\cdot}s^{-1}$.

Milieu de propagation	Air	Eau	Diamant
Célérité de la lumière ($\times 10^8\,m{\cdot}s^{-1}$)	3,00	2,26	1,24

La célérité de la lumière dans le vide (notée c) est la plus grande des vitesses dans l'Univers ; il s'agit d'une vitesse limite maximale : $c = 3{,}00 \times 10^8\,m{\cdot}s^{-1}$

D Retard au cours de la propagation d'une onde

Lorsqu'une onde se propage, les différents points du milieu sont atteints par la perturbation à des dates différentes.

Considérons deux points distincts M et M′ du milieu de propagation. La perturbation passe d'abord en M à l'instant t, puis en M′ à l'instant t'.

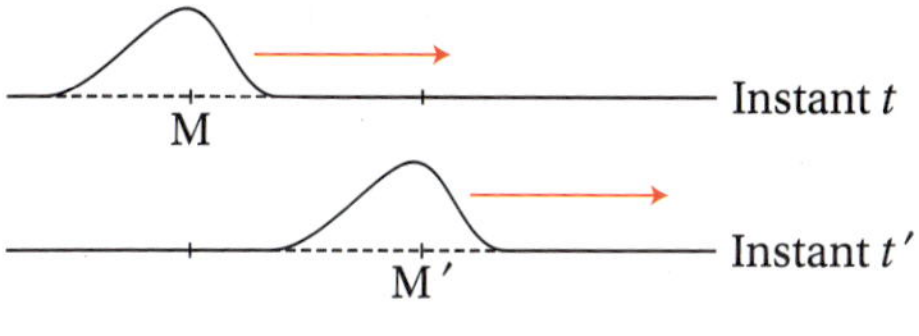

FIGURE 3 **État de la corde à un instant *t* puis à un instant *t′***

L'instant ultérieur t' est lié à l'instant antérieur t par la relation suivante : $t' = t + \tau$. Cela revient à dire que le point M′ subit la même perturbation que le point M avec un retard égal à : $\tau = t' - t$.

τ est appelé le **retard au passage de l'onde** en M′ et correspond au temps mis par l'onde pour parcourir la distance MM′ à la célérité v.

$$\tau = \frac{MM'}{v}$$

τ en secondes (s)
MM′ en mètres (m)
v en mètres par seconde ($m{\cdot}s^{-1}$)

2 Les ondes progressives périodiques

Parmi les ondes progressives, certaines présentent une périodicité à la fois dans le temps et dans l'espace : il s'agit des ondes progressives périodiques.

A Périodicité spatiale

- On considère un milieu à une dimension dans lequel se propage une onde. On enregistre à un instant *t* fixé l'état de ce milieu.

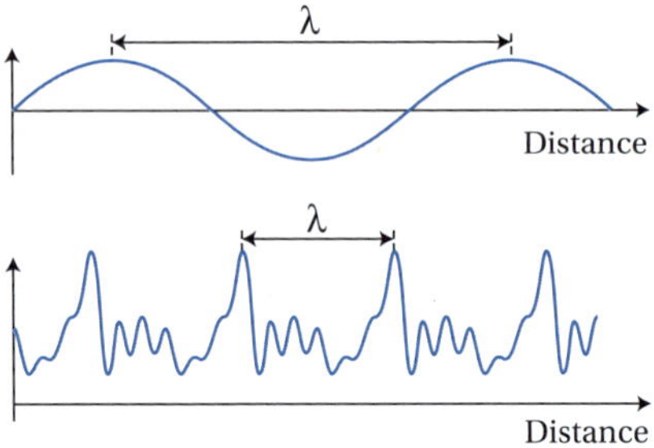

FIGURE 4 Détermination graphique de la longueur d'onde λ

- On constate qu'à intervalles de distance réguliers, l'état d'un point du milieu est le même : l'onde présente une périodicité spatiale.
- La **longueur d'onde**, notée **λ** et exprimée **en mètres**, est la distance entre deux points successifs se trouvant dans le même état vibratoire : c'est la **période spatiale**.

B Périodicité temporelle

- L'état vibratoire d'un point est le même à intervalles de temps réguliers si l'onde qui se propage dans le milieu est **périodique** dans le temps.

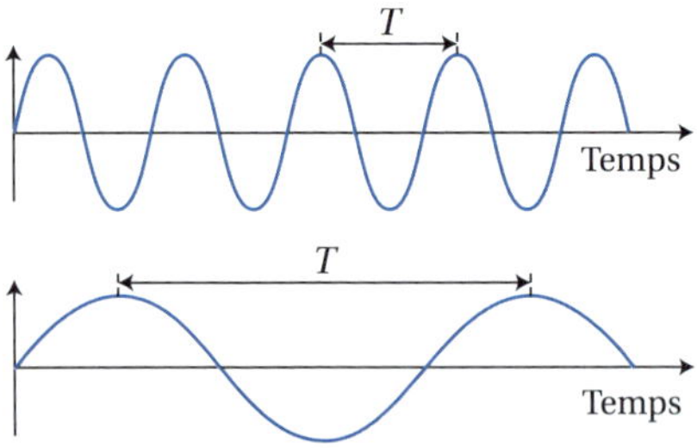

FIGURE 5 Détermination graphique de la période *T*

- La **période temporelle** est notée T et s'exprime **en secondes**.
- On définit la **fréquence** υ d'une onde périodique comme étant le nombre de périodes contenues dans une seconde. Son unité est le **hertz** de symbole Hz.

$$\upsilon = \frac{1}{T}$$

υ en hertz (Hz)
T en secondes (s)

LE CAS DES ONDES SINUSOÏDALES

Une onde périodique est dite sinusoïdale si la forme de sa perturbation, à la fois dans le temps et dans l'espace, est celle d'une sinusoïde.
Rappel mathématique : une fonction sinusoïdale selon la variable y a pour expression : $f(y) = A \times \sin(B \times y + C)$ où A, B et C sont des constantes numériques.

C Célérité d'une onde progressive périodique

- La longueur d'onde λ est égale à la distance parcourue par l'onde pendant une durée égale à sa période temporelle T.
- En conséquence, la célérité v de l'onde peut s'écrire :

$$v = \frac{\lambda}{T} = \lambda \times \upsilon$$

v en mètres par seconde ($m \cdot s^{-1}$)
λ en mètres (m)
T en secondes (s)
υ en hertz (Hz)

3 Le cas des ondes sonores

A Propagation d'une onde sonore

- Le son est une **onde mécanique à trois dimensions**. À l'aide d'un système informatisé couplé à un microphone, on visualise le son émis par un haut-parleur alimenté par un générateur électrique de fréquence fixée.

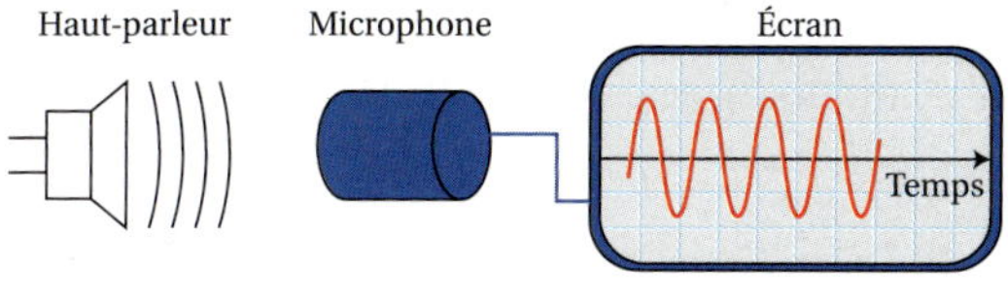

FIGURE 6 **Enregistrement d'un son émis par un haut-parleur**

■ On constate que l'onde sonore est sinusoïdale, périodique dans le temps. On associe à l'onde sonore une fréquence dont la valeur est comprise entre 20 Hz et 20 000 Hz.

■ Lors du passage de l'onde, les molécules constitutives de l'air subissent des mouvements vibratoires longitudinaux. Ce mouvement d'ensemble des particules provoque dans l'air des zones de compression-dilatation (FIGURE 7) : la direction de la perturbation se confond avec la direction de la propagation.

L'onde sonore est une onde mécanique longitudinale.

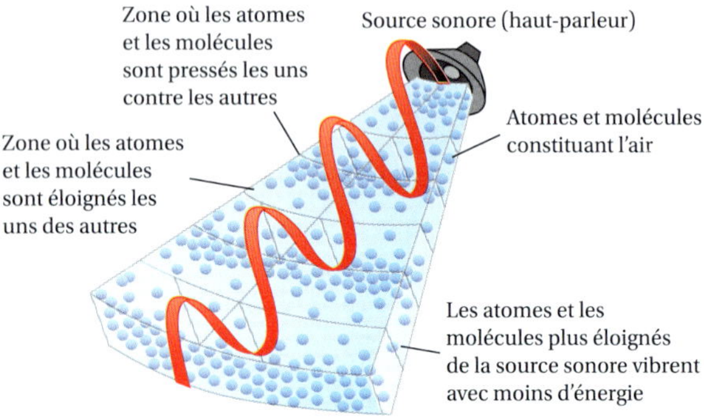

FIGURE 7 Perturbation provoquée par une onde sonore dans l'air

■ Les zones successives de compression-dilatation se trouvent espacées de la même distance : il s'agit de la longueur d'onde associée à l'onde sonore. On associe à l'onde sonore une longueur d'onde dont la valeur est comprise entre 17 cm et 17 m.

L'onde sonore est une onde progressive et périodique.

CALCUL DE LA CÉLÉRITÉ DU SON

Soit une onde sonore de fréquence égale à 20 Hz et de longueur d'onde égale à 17 m. On calcule sa célérité avec la formule $v = \lambda \times \upsilon$.

Si $\lambda = 17{,}0\,\text{m}$ et $\upsilon = 20{,}0\,\text{Hz}$ alors $v = 340\,\text{m·s}^{-1}$.

B L'acoustique musicale

L'acoustique musicale tente de relier les caractéristiques physiques d'un son à la perception de ce son par l'oreille. Pour un son produit par un instrument de musique, on peut définir trois grandeurs liées à sa perception :

- l'**intensité sonore** (ou niveau d'intensité sonore) permet de qualifier un son de faible ou de fort. Elle est liée à l'amplitude de l'onde sonore. Elle s'exprime **en décibels (dB)**. Le son est d'autant plus fort que l'intensité est grande, donc que son amplitude est grande ;
- la **hauteur** d'un son permet de qualifier ce son de grave ou d'aigu. Elle est liée à la fréquence du son : plus celle-ci est élevée, plus le son est perçu aigu ;

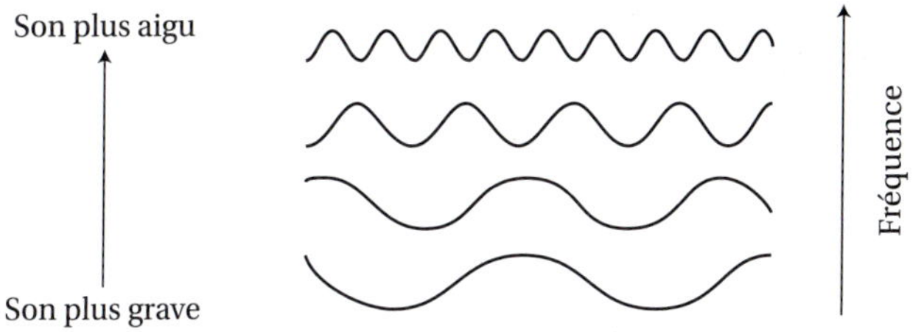

FIGURE 8 **Modélisation de sons de fréquences différentes**

- le **timbre** d'un son permet de différencier des notes de même hauteur et de même intensité sonore jouée par deux instruments différents : la même note jouée par une clarinette, un violon ou un piano est perçue différemment par notre oreille. Le timbre correspond à la sensation auditive. Pour expliquer cette différence, on procède à l'**analyse spectrale du son.**

L'ANALYSE DE FOURIER

Au XVIIe siècle, le mathématicien Joseph Fourier montre que toute fonction périodique de fréquence f peut être décomposée en une somme de fonctions sinusoïdales de fréquences f, $2f$, $3f$...

Chaque composante sinusoïdale est appelée **harmonique**. La composante de plus petite fréquence est appelé **fondamental**. Les fréquences f_n des harmoniques sont des multiples de celle du fondamental f_1, soit : $f_n = n \times f_1$.

Analyse spectrale d'un son pur

Le diapason est un instrument qui émet une seule note, le *la* 440, qui est une onde sonore sinusoïdale de fréquence 440 Hz : on dit qu'il émet un son pur.

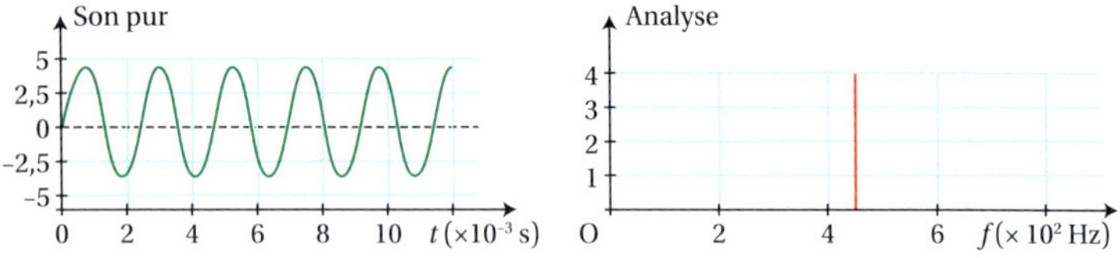

FIGURE 9 **Analyse spectrale du son d'un diapason**

Son analyse spectrale montre que ce son comporte un seul harmonique de fréquence égale à 440 Hz.

> Un son pur comporte un seul harmonique.

Analyse spectrale d'un son complexe

Une clarinette est un instrument à vent. La note la_2 jouée par cet instrument est un son périodique mais non sinusoïdal.

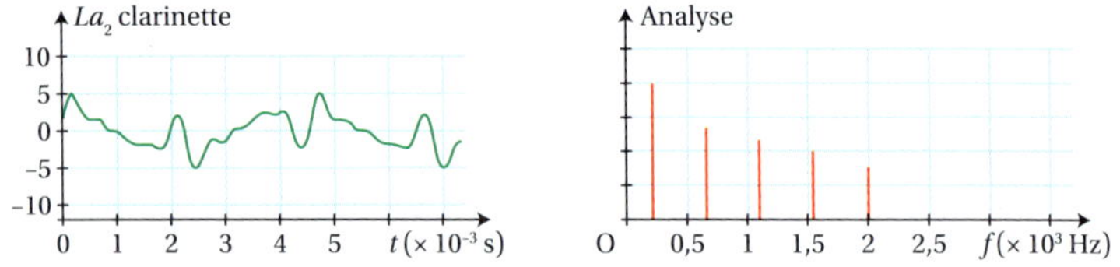

FIGURE 10 **Analyse spectrale du son d'une clarinette**

L'analyse spectrale révèle la présence de plusieurs harmoniques d'amplitudes différentes.

> Un son complexe est constitué d'un fondamental et de plusieurs harmoniques. Il n'est pas sinusoïdal.

Déterminer les caractéristiques d'une onde sonore

ÉNONCÉ

Un son émis par un haut-parleur est détecté par un microphone. Un système d'acquisition des données permet d'obtenir sur l'écran d'un ordinateur une visualisation du signal sonore :

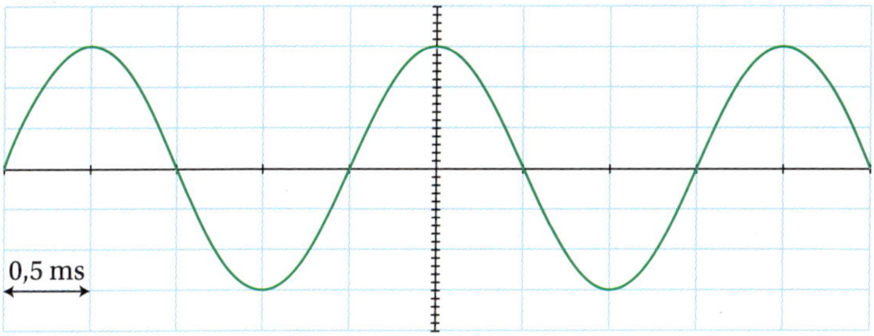

1 Quel type de périodicité met en évidence la courbe obtenue ?

2 Déterminer la période, puis la fréquence de l'onde. S'agit-il d'une onde sonore ? Justifier votre réponse.

3 À chaque fois que l'on éloigne le microphone d'une même distance égale à 68,0 cm, on retrouve le même signal sonore.
a. Quel type de périodicité met-on en évidence ?
b. Quelle est la valeur de la longueur d'onde ?
c. Déterminer la célérité de l'onde sonore.

4 La célérité de l'onde sonore a pour expression : $v=\sqrt{\dfrac{\gamma\times R\times T}{M}}$ avec $\gamma=1{,}4$; $R=8{,}31$ SI ; $M=29\,\text{g}\cdot\text{mol}^{-1}$ (masse molaire de l'air) ; T est la température absolue de l'air exprimée en kelvins.

Calculer sa valeur pour un air à une température égale à $t=20\,°\text{C}$ et la comparer au résultat trouvé précédemment.

MÉTHODE

1 Reconnaître une périodicité temporelle.

2 ▸ Exploiter un graphique pour en mesurer la période.

▸ Exploiter la formule : $\upsilon = \frac{1}{T}$.

▸ Convertir les unités de temps en secondes : $1\ \text{ms} = 10^{-3}\ \text{s}$.

3 ▸ Reconnaître une périodicité spatiale.

▸ Exploiter la formule : $v = \lambda \times \upsilon$.

▸ Convertir les unités de longueurs en mètres : $1\ \text{cm} = 10^{-2}\ \text{m}$.

4 ▸ Connaître la relation de conversion entre température absolue et température en degrés Celsius : $T\ (\text{K}) = 273{,}15 + t\ (°\text{C})$

▸ Convertir les unités de masse molaire en kg·mol^{-1}.

CORRIGÉ

1 On met en évidence la périodicité temporelle de l'onde car l'abscisse de la courbe périodique obtenue représente le temps.

2 Par lecture graphique on obtient : $T = 4{,}0 \times 0{,}5 = 2{,}0\ \text{ms} = 2{,}0 \times 10^{-3}\ \text{s}$.

La fréquence s'en déduit : $\upsilon = \frac{1}{T}$ soit $\upsilon = 5{,}0 \times 10^2\ \text{Hz}$.

L'onde est bien sonore car sa fréquence est comprise dans l'intervalle [20 Hz ; 20 000 Hz]

3 **a.** Il s'agit d'une périodicité spatiale car le signal se reproduit identique à lui-même à intervalles de distance égaux.

b. D'après l'énoncé de la question 3, on en déduit que $\lambda = 68{,}0\ \text{cm}$.

c. La célérité de l'onde sonore est égale à $v = \lambda \times \upsilon$, avec $\lambda = 68{,}0\ \text{cm} = 0{,}68\ \text{m}$ et $\upsilon = 5{,}0 \times 10^2\ \text{Hz}$.

On obtient : $v = 3{,}4 \times 10^2\ \text{m·s}^{-1}$.

4 On convertit les degrés Celsius en kelvins : $T = 273{,}15 + 20 = 293{,}15\ \text{K}$;

on exprime la masse molaire en kg·mol^{-1} : $M = 29\ \text{g·mol}^{-1} = 29 \times 10^{-3}\ \text{kg·mol}^{-1}$.

Application numérique : $v = \sqrt{\frac{1{,}4 \times 8{,}31 \times 293{,}15}{29 \times 10^{-3}}} = 3{,}4 \times 10^2\ \text{m·s}^{-1}$.

On retrouve la même valeur.

SE TESTER QUIZ

Dans le questionnaire à choix multiple (QCM) suivant, indiquer pour chaque proposition la (ou les) réponse(s) exacte(s).

1 Une onde transversale est telle que la direction de la perturbation est :
☐ **a.** parallèle à la direction de propagation
☒ **b.** perpendiculaire à la direction de propagation

2 La célérité d'une onde périodique a pour expression :
☐ **a.** $v = \frac{\lambda}{\upsilon}$ ☐ **b.** $v = \lambda \times T$ ☒ **c.** $v = \lambda \times \upsilon$

3 Un son complexe comporte un seul harmonique.
☒ **a.** vrai ☐ **b.** faux

4 La fréquence de la troisième harmonique d'un son dont la fréquence du fondamental vaut 600 Hz, est égale à :
☒ **a.** 1 800 Hz ☐ **b.** 200 Hz ☐ **c.** 900 Hz

5 Les ondes ultrasonores se déplacent plus rapidement que les ondes sonores car elles ont des fréquences plus grandes :
☐ **a.** vrai ☐ **b.** faux

S'ENTRAÎNER

6 Caractéristiques d'une onde sonore

1. On considère une onde sonore se propageant dans l'air avec une célérité v égale à 340 m·s^{-1}. Compléter le tableau suivant :

λ (cm)	22,7.10	1,7.10²	8,5
υ (Hz)	15	200	4,0.10³
T (ms)	66,7	5	25

2. Comment varie la longueur d'onde lorsque la fréquence augmente ?

3. Sachant que pour une fréquence de 2 000 Hz, la longueur d'onde de l'onde sonore est égale à 75 cm dans l'eau et à 2,5 m dans l'acier, calculer la célérité du son dans l'eau et dans l'acier.

7 Détermination de la vitesse des ultrasons en laboratoire

On dispose d'un émetteur d'ultrasons émettant des salves d'ultrasons. Les ultrasons sont détectés par deux récepteurs branchés sur les voies 1 et 2 d'un système informatisé d'acquisition des données. Les deux détecteurs sont décalés d'une distance d égale à 136 cm. On visualise sur l'écran d'un ordinateur les courbes enregistrées par les deux détecteurs.

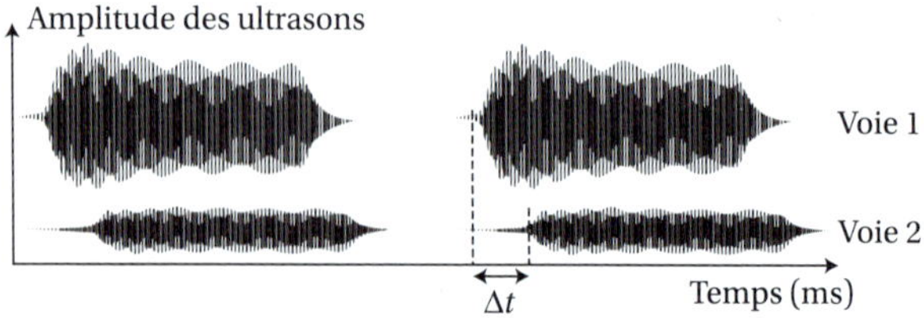

1. Comment expliquer le décalage entre les deux courbes sur l'écran ?

2. Comment appelle-t-on le décalage temporel Δt ?

3. Calculez la célérité v des ultrasons dans l'air, sachant que le décalage temporel Δt mesuré est égal à 4,0 ms.

8 Analyse du son émis par un instrument à vent

Un trompettiste joue une note devant un microphone relié à un ordinateur muni d'un système d'acquisition des données. On obtient à partir de l'enregistrement le spectre en fréquences de la note jouée.

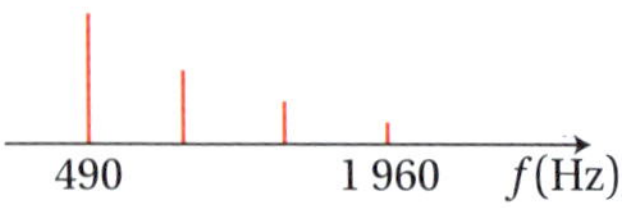

1. S'agit-il d'un son pur ? Justifier la réponse.

2. Quelle est la valeur de la fréquence du fondamental ?

3. Calculer les fréquences des deuxième et troisième harmoniques.

4. On représente ci-dessous l'enregistrement d'une note jouée par une trompette et par un diapason.

(1)  (2) 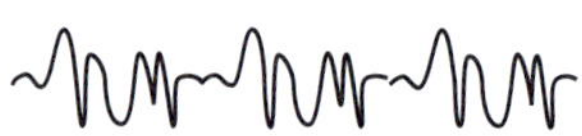

Attribuer à chaque graphique l'instrument adéquat en justifiant.

OBJECTIF BAC

9 Des ultrasons pour sonder les fonds marins

Le sonar est un dispositif immergé dans l'eau qui envoie en direction des fonds marins un signal ultrasonore. Les ondes ultrasonores sont réfléchies par le sol du fond marin et sont détectées à leur retour par le sonar qui enregistre la durée Δt mise par les ultrasons pour effectuer l'aller-retour. Cette mesure permet de déduire la distance séparant le sonar du fond marin : on accède ainsi à la profondeur H.

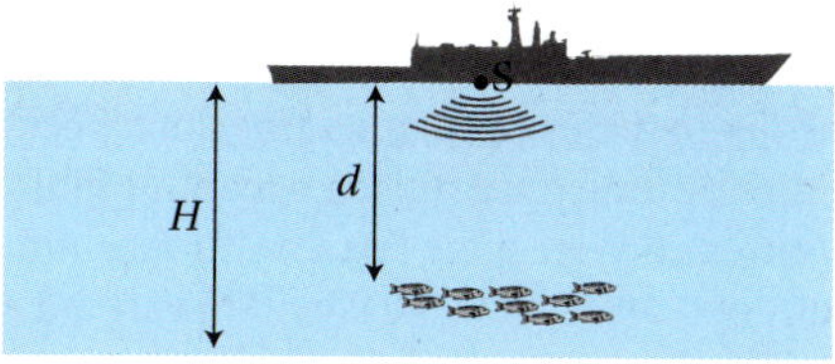

La célérité des ultrasons dans l'eau est égale à $v_{eau} = 1{,}50 \times 10^3$ m·s^{-1}. L'émetteur délivre un signal de très courte durée. La fréquence υ des ultrasons est égale à $4{,}0 \times 10^4$ Hz.

1. Un bateau de pêche dispose d'un sonar immergé sous la surface de l'eau au point S de sa coque (voir figure précédente). Lors d'une première mesure, un marin enregistre à l'aide d'un dispositif adapté le signal émis (E) ainsi que le signal capté après réflexion sur le fond marin (R). Il obtient l'écran représenté sur la figure suivante, où la valeur d'une division horizontale est égale à 8,00 ms.

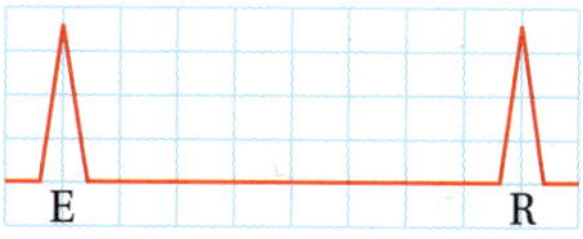

a. Exprimer la profondeur H du fond marin à la verticale du dispositif de mesure en fonction de v_{eau} et de $\Delta t = t_R - t_E$.
b. Déterminer la valeur de Δt, puis calculer la profondeur H.
c. Calculer la longueur d'onde λ des ultrasons utilisés.

2. Ce même bateau détecte un banc de poissons situé juste en dessous de sa coque : le dispositif enregistre le signal émis (E), le signal réfléchi sur la partie supérieure du banc de poisson (P) et celui réfléchi sur le fond marin (R).

a. Déterminer l'expression de la profondeur d à laquelle se trouve le banc de poissons en fonction de v_{eau}, t_E et t_P.
b. Calculer la profondeur d.

3. Une fois les poissons détectés, quelques-uns sont pêchés et stockés dans un aquarium circulaire destiné à un musée océanographique. Sur le pont du bateau, un marin s'amuse à jeter dans l'eau de l'aquarium de petits cailloux. Ces cailloux génèrent des ondes à la surface de l'eau qui se propagent dans toutes les directions offertes par le milieu. La figure suivante donne une vue en coupe de l'onde créée par un de ces cailloux à un instant t. Sur la figure, O est le point source, c'est à dire le point de la surface où est créée l'onde.

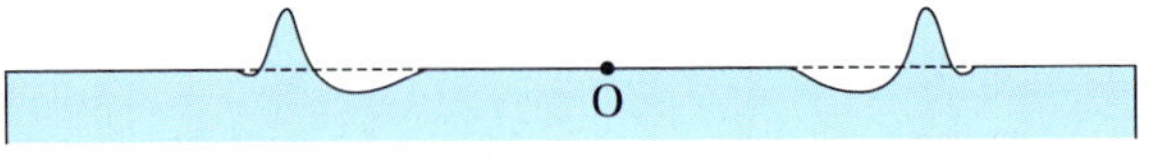

a. L'onde créée est-elle transversale ou longitudinale ? Justifier la réponse.
b. Le marin constate que la vaguelette générée au centre de l'aquarium circulaire atteint le bord situé à $D = 1{,}50$ m au bout d'une durée égale à $\Delta t = 6{,}0$ s. Calculer la célérité v de l'onde.

SE TESTER

1 Réponse b. Une onde transversale est telle que la direction de la perturbation est perpendiculaire à la direction de propagation.

2 Réponse c. La célérité d'une onde périodique a pour expression : $v = \lambda \times \upsilon$.

3 Réponse b. Faux : un son complexe comporte plusieurs harmoniques.

4 Réponse a. La fréquence de la troisième harmonique d'un son dont la fréquence du fondamental vaut 600 Hz, est égale à $f = 3 \times 600 = 1\,800$ Hz.

5 Réponse b. Faux : les ondes ultrasonores se déplacent à la même célérité que les ondes sonores : la célérité est indépendante de la fréquence.

S'ENTRAÎNER

6 Caractéristiques d'une onde sonore

1. On utilise les formules $v = \lambda \times \upsilon$ et $\upsilon = \frac{1}{T}$.

λ (cm)	$2{,}27 \times 10^3$	$1{,}70 \times 10^2$	8,5
υ (Hz)	15,0	200	$4{,}0 \times 10^3$
T (ms)	66,7	5,00	$2{,}5 \times 10^{-1}$

2. D'après le tableau précédent, lorsque la fréquence augmente, la longueur d'onde diminue.

3. On utilise la formule $v = \lambda \times \upsilon$:

$v_{eau} = 75 \times 10^{-2} \times 2\,000 = 1{,}5 \times 10^3$ m·s^{-1} ;

$v_{acier} = 2{,}5 \times 2\,000 = 5{,}0 \times 10^3$ m·s^{-1}.

7 Détermination de la vitesse des ultrasons en laboratoire

1. Le décalage entre les deux courbes sur l'écran est dû au temps que l'onde met pour parcourir la distance séparant les deux récepteurs.

2. On appelle ce décalage le retard au passage de l'onde.

3. Les deux détecteurs sont séparés de 136 cm, que l'onde parcourt en 4,0 ms.

La célérité de l'onde est : $v = \frac{d}{\Delta t} = \frac{136 \times 10^{-2}}{4{,}0 \times 10^{-3}} = 3{,}4 \times 10^2$ m·s^{-1}.

8 Analyse du son émis par un instrument à vent

1. Le son obtenu est dit complexe car il est constitué de plusieurs harmoniques.

2. Le fondamental a la plus petite fréquence ; graphiquement, on lit $f_1 = 490\ \text{Hz}$.

3. Le deuxième harmonique a une fréquence $f_2 = 2 \times f_1 = 980\ \text{Hz}$.
Le troisième harmonique a une fréquence $f_3 = 3 \times f_1 = 1\,470\ \text{Hz}$.

4. Le diapason émet un son pur : son enregistrement est celui de la sinusoïde de la figure (1).
La trompette émet un son complexe : son enregistrement est celui de la figure (2), signal périodique et non sinusoïdal.

OBJECTIF BAC

9 Des ultrasons pour sonder les fonds marins

1. a. Pendant la durée Δt, l'onde ultrasonore effectue un aller-retour entre le bateau et le fond marin, soit deux fois la hauteur H :

$v_{\text{eau}} = \dfrac{2H}{\Delta t}$ soit $H = \dfrac{\Delta t \times v_{\text{eau}}}{2}$.

b. Graphiquement, on compte 8,0 divisions entre les 2 pics. On obtient alors :
$\Delta t = 8{,}0 \times 8{,}00 \times 10^{-3} = 6{,}4 \times 10^{-2}\ \text{s}$.

On en déduit $H = 48\ \text{m}$.

c. On utilise la formule $\lambda = \dfrac{v}{\upsilon}$ soit $\lambda = \dfrac{1{,}50 \times 10^3}{4{,}0 \times 10^4} = 3{,}7 \times 10^{-2}\ \text{m}$.

2. a. Le haut du banc de poissons se trouve à la profondeur d telle que :

$d = \dfrac{\Delta t' \times v_{\text{eau}}}{2}$ avec $\Delta t' = t_{\text{P}} - t_{\text{E}}$.

b. Graphiquement on compte 6,0 divisions entre les pics E et P :
$\Delta t' = 6{,}0 \times 8{,}0 \times 10^{-3} = 4{,}8 \times 10^{-2}\ \text{s}$.

$d = \dfrac{4{,}8 \times 10^{-2} \times 1{,}50 \times 10^3}{2} = 36\ \text{m}$.

3 a. L'onde créée est transversale car la direction de la perturbation est perpendiculaire à la direction de propagation de l'onde.

b. $v = \dfrac{D}{\Delta t} = \dfrac{1{,}50}{6{,}0} = 2{,}5 \times 10^{-1}\ \text{m·s}^{-1}$.

www.annabac.com

CHAPITRE

3 Les propriétés des ondes

Pourquoi les performances du DVD Blu-ray sont-elles supérieures à celles du DVD classique ? Quelles observations montrent que l'Univers est en expansion, phénomène à la base du modèle du big bang ? À toutes ces questions, l'étude des propriétés des ondes permet d'apporter une réponse.

1 Diffraction

A Présentation du phénomène

- La **diffraction** est un phénomène qui se produit lorsqu'une onde périodique rencontre une ouverture ou un obstacle dont la dimension est inférieure ou de l'ordre de grandeur de la longueur d'onde.
- Considérons une onde mécanique périodique de longueur d'onde λ se propageant à la surface de l'eau et rencontrant une digue dans laquelle est pratiquée une ouverture de largeur a.

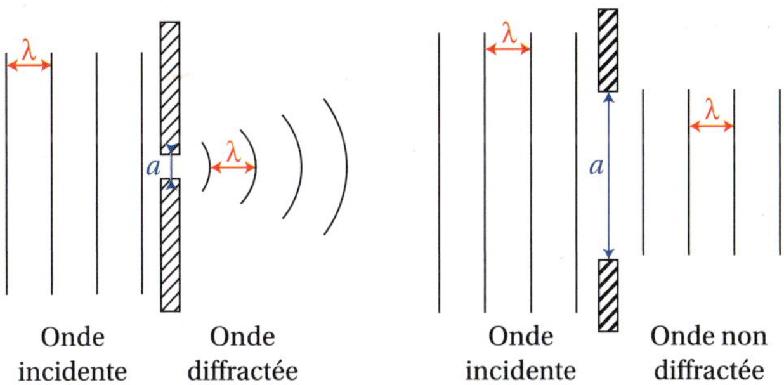

FIGURE 1 **Diffraction des vagues par une digue**

- Si $a < \lambda$, l'ouverture se comporte comme une nouvelle source émettant une onde de même longueur d'onde que l'onde incidente : l'onde est diffractée.
- Si $a > \lambda$, l'onde n'est pas diffractée.

B Diffraction d'une onde lumineuse monochromatique

■ Le phénomène de diffraction s'obtient aussi avec des ondes lumineuses. Les longueurs d'onde associées étant plus petites que celles des ondes mécaniques, les largeurs des ouvertures doivent être adaptées. Pour une onde lumineuse monochromatique, on observe sur un écran une série de taches lumineuses entrecoupées d'extinction (FIGURE 2).

RAPPELS SUR LES ONDES LUMINEUSES

Les longueurs d'onde des radiations lumineuses dans le vide sont comprises dans l'intervalle [400 nm ; 800 nm].

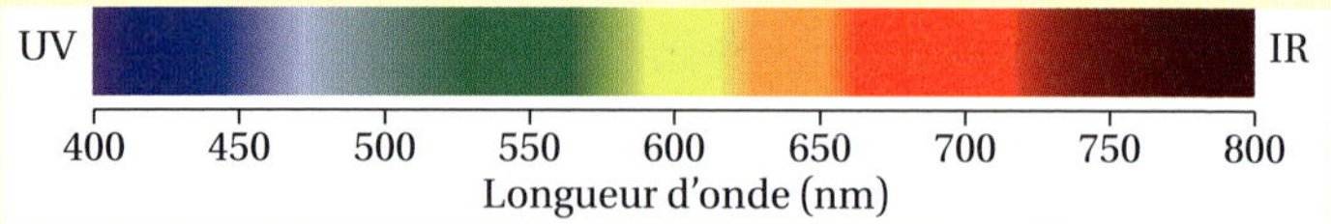

Une onde **monochromatique** est composée d'une seule radiation de longueur d'onde fixée, tandis qu'une onde **polychromatique** est constituée de plusieurs radiations.

■ Pour une fente fine, on constate que la figure de diffraction s'étale dans la **direction perpendiculaire à la fente**.

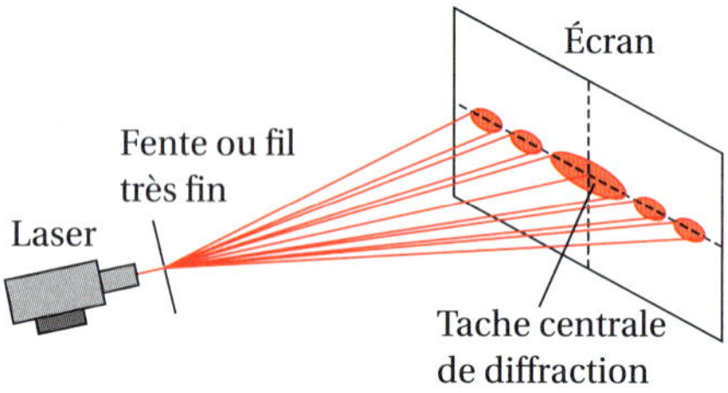

FIGURE 2 Diffraction d'un faisceau laser par une fente fine et verticale

■ Le phénomène est d'autant plus marqué que la longueur d'onde de la radiation est grande (FIGURE 3) ou que la fente est fine (FIGURE 4).

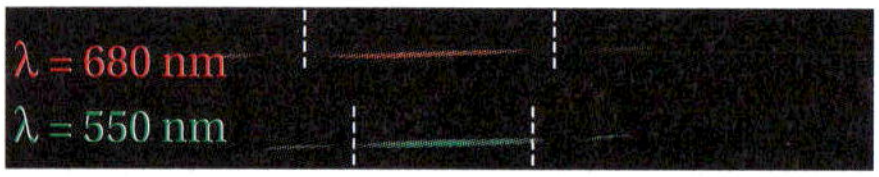

FIGURE 3 Figures de diffraction pour une même fente avec deux radiations différentes

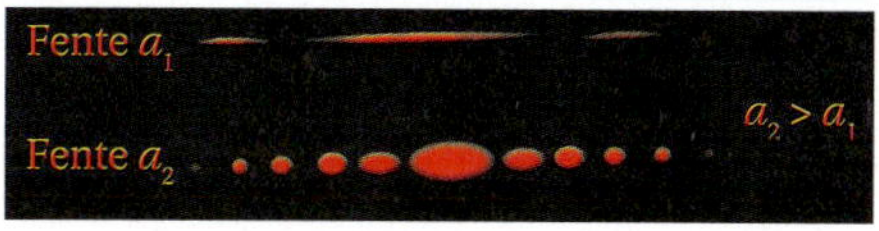

FIGURE 4 Figures de diffraction pour une même radiation avec deux fentes différentes

- Pour caractériser le phénomène de diffraction, on définit l'**écart angulaire θ** entre le centre de la tache centrale et la première extinction.

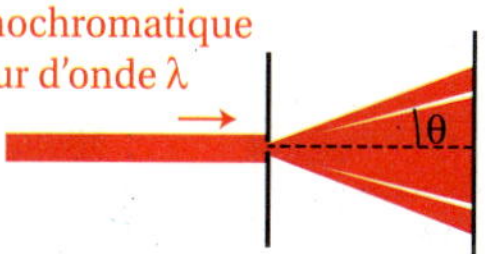

FIGURE 5 Définition de l'écart angulaire θ

L'écart angulaire dépend à la fois de la longueur d'onde λ de la radiation diffractée et de la largeur de la fente a :

$$\theta = \frac{\lambda}{a}$$

θ en radians (rad)
λ en mètres (m)
a en mètres (m)

> Cette formule confirme l'influence constatée de a et λ sur le phénomène de diffraction.

C Diffraction de la lumière blanche

- Le phénomène de diffraction de la lumière blanche se caractérise par des taches irisées : leur centre est blanc avec des couleurs sur les bords.

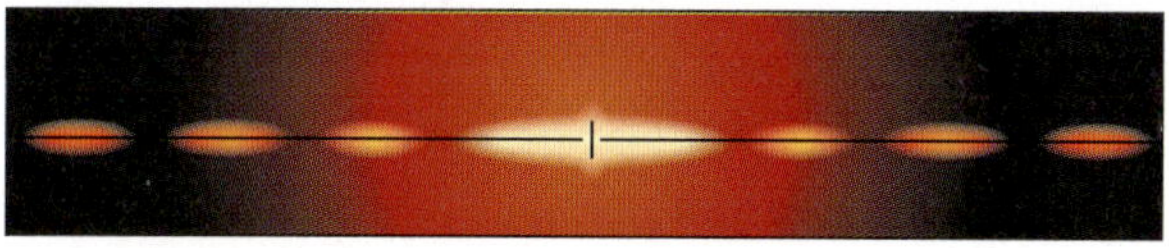

FIGURE 6 Diffraction de la lumière blanche par une fente verticale

- On interprète la figure de diffraction grâce à la formule de l'écart angulaire. L'écart angulaire étant une fonction croissante de la longueur d'onde, on a les relations d'ordre suivantes :

$$\theta(\text{rouge}) > \theta(\text{orange}) > \theta(\text{jaune}) > \theta(\text{vert}) > \theta(\text{bleu})$$

Au centre de la tache, on retrouve toutes les radiations colorées, ce qui explique la couleur blanche, résultat de la superposition de toutes les couleurs. Au bord de la tache, on ne retrouve que le rouge, ce qui explique l'irisation rouge des bords (FIGURE 6).

D Une application de la diffraction

- La lecture des données gravées sur un DVD se fait à l'aide d'un faisceau laser rouge dont la longueur d'onde est comprise entre 635 et 650 nm. En passant à travers les petites alvéoles du DVD, le faisceau est diffracté : cette diffraction constitue une limite à la densité de stockage de l'information sur le DVD (FIGURE 7.a).

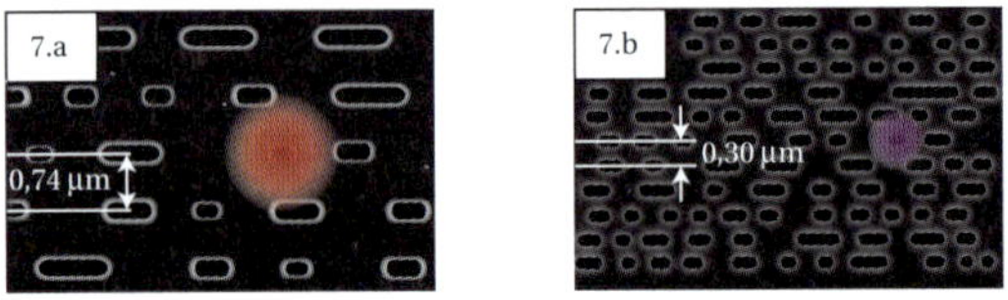

FIGURE 7 Comparaison de la lecture sur DVD et sur Blu-ray

- Le lecteur Blu-ray utilise un laser de longueur d'onde 405 nm. Dans ce cas, la diffraction est moins importante (car l'écart angulaire θ est plus petit) et on peut alors stocker plus d'informations sur le support (FIGURE 7.b).

2 Interférences lumineuses

A Présentation du phénomène : l'expérience des fentes d'Young

- On réalise un montage dans lequel une lumière monochromatique émise par une source passe par deux fentes fines et verticales. On place un écran derrière les deux fentes afin d'observer la lumière projetée.

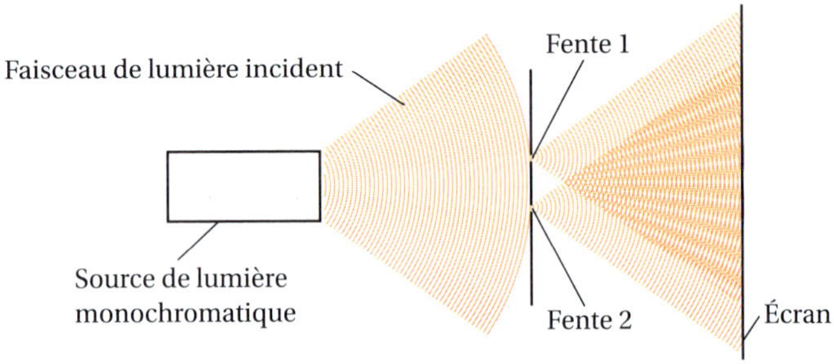

FIGURE 8 Expérience des fentes d'Young

À la traversée de chaque fente, la lumière est diffractée. On obtient sur l'écran une zone atteinte par les lumières issues des deux fentes. Le résultat attendu aurait été un éclairage uniforme plus intense sur cette zone puisque les deux lumières s'ajoutent. Au lieu de cela, on observe une série régulière de bandes verticales appelées **franges**, alternativement sombres et brillantes : il s'agit du phénomène d'**interférences lumineuses**.

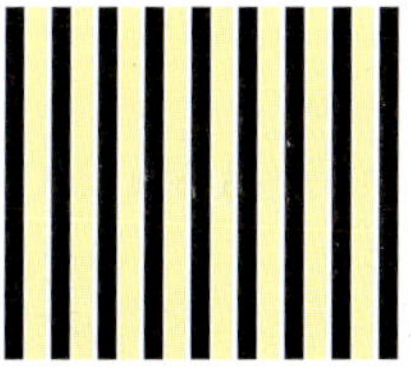

FIGURE 9 **Figure d'interférences lumineuses**

On appelle interférence le phénomène se produisant dans une région de l'espace où les ondes émises par plusieurs sources se superposent.

B Les conditions d'interférence

Lorsque deux ondes se superposent, le phénomène d'interférence n'a pas lieu systématiquement. Pour qu'il y ait interférence, les ondes qui se superposent doivent être **sinusoïdales, de même fréquence et cohérentes**.

NOTION DE COHÉRENCE ENTRE DEUX ONDES

Une onde sinusoïdale dans le temps peut être modélisée par la fonction mathématique suivante : $f(t) = A \times \sin(\omega \times t + \phi)$

ω est appelée la pulsation de l'onde, ϕ est sa phase et A son amplitude.

Remarque : la pulsation ω est reliée à la fréquence υ de l'onde par la relation suivante : $\omega = 2 \times \pi \times \upsilon$.

Deux ondes sinusoïdales sont dites cohérentes si leurs fréquences sont égales et si leur déphasage est constant au cours du temps :

onde 1 : $f_1(t) = A_1 \times \sin(\omega_1 \times t + \phi_1)$

onde 2 : $f_2(t) = A_2 \times \sin(\omega_2 \times t + \phi_2)$

Déphasage entre les deux ondes : $\Delta\phi = \phi_2 - \phi_1$

Si $\omega_1 = \omega_2$ et si $\Delta\phi$ est constant au cours du temps, alors les ondes 1 et 2 sont cohérentes.

Interférences constructives

Lorsque l'on obtient une **frange brillante**, il s'agit d'interférences constructives entre les deux ondes.

Deux ondes interfèrent de manière constructive en un point lorsque la **différence de marche δ** entre les deux ondes au point considéré est égale à un nombre entier de fois la longueur d'onde λ commune aux deux ondes.

Interférences constructives si $\delta = k \times \lambda$ avec k entier naturel.

DIFFÉRENCE DE MARCHE DE LA LUMIÈRE DANS L'AIR

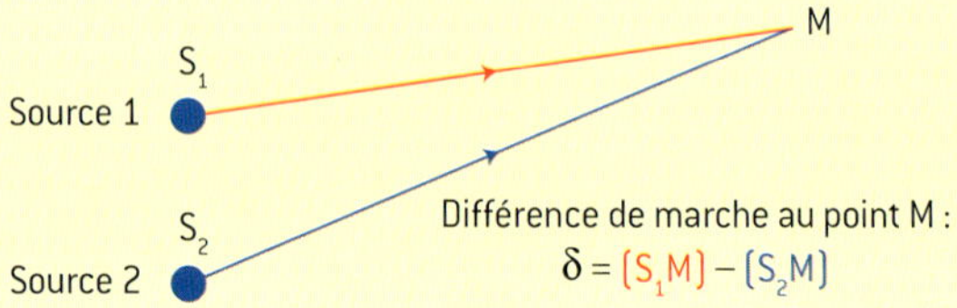

Interférences destructives

Lorsque l'on obtient une **frange sombre**, il s'agit d'interférences destructives entre les deux ondes.

Deux ondes interfèrent de manière destructive en un point lorsque la différence de marche δ entre les deux ondes au point considéré est égale à un nombre entier impair de fois la demi-longueur d'onde $\frac{\lambda}{2}$ commune aux deux ondes.

Interférences destructives si $\delta = (2k+1) \times \frac{\lambda}{2}$ avec k entier naturel.

C Application du phénomène d'interférences lumineuses

- On définit l'**interfrange d'une figure d'interférences** comme étant égale à la distance entre deux franges brillantes (ou sombres) successives.
- Cette interfrange i dépend à la fois de la longueur d'onde commune aux ondes qui interfèrent et des paramètres du dispositif expérimental :

$i = \frac{\lambda \times D}{a}$	i, interfrange en mètres (m) λ, longueur d'onde en mètres (m) D, distance entre les fentes et l'écran en mètres (m) a, écartement entre les deux fentes en mètres (m)

Dans une expérience d'interférences, D et a sont fixées par le dispositif expérimental, et l'expérimentateur mesure l'interfrange i. Cette mesure permet de remonter à la longueur d'onde des radiations monochromatiques : $\lambda = \frac{i \times a}{D}$.

Les interférences lumineuses permettent de mesurer les longueurs d'onde des radiations monochromatiques (premières mesures réalisées par Thomas Young au XIXe siècle).

D Interférences en lumière blanche

Lorsque l'on réalise l'expérience des fentes d'Young (FIGURE 8) avec une source de lumière blanche à la place d'une source de lumière monochromatique, on obtient une figure d'interférences avec une frange centrale brillante et blanche bordée de franges sombres puis, lorsque l'on s'éloigne du centre, apparaissent des franges brillantes colorées sur les bords et enfin un brouillage complet du phénomène.

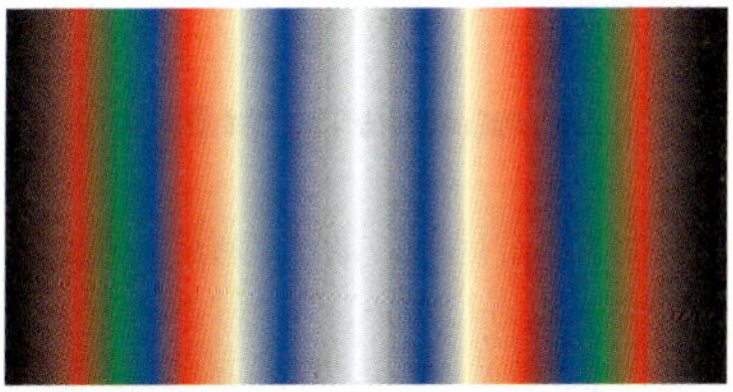

FIGURE 10 **Figure d'interférences en lumière blanche**

La lumière blanche est constituée de toutes les radiations colorées dont les longueurs d'onde dans le vide sont comprises dans l'intervalle [400 nm ; 800 nm]. L'interfrange de chaque radiation ne sera donc pas la même : l'interfrange de la radiation violette de 400 nm sera deux fois plus petite que celle de la radiation rouge de 800 nm.

En conséquence, la figure d'interférences de la lumière blanche étant la superposition de celles de chaque radiation colorée, on assiste à un décalage des franges brillantes colorées sur les bords, puis à un brouillage complet lorsque les franges brillantes de certaines radiations coïncident avec les franges sombres d'autres radiations.

3 L'effet Doppler-Fizeau

A Présentation du phénomène

Lorsqu'un train se rapproche ou s'éloigne de nous en actionnant sa sirène, nous percevons différemment le son émis. Lorsque le train se rapproche, le son de sa sirène nous apparaît plus aigu, tandis que le son devient plus grave lorsque le train s'éloigne.

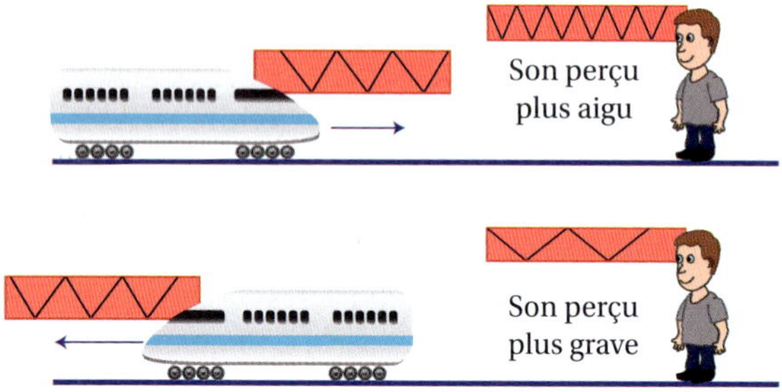

FIGURE 11 Illustration de l'effet Doppler-Fizeau

L'effet Doppler-Fizeau correspond à la modification apparente de la fréquence d'une onde émise par une source en mouvement par rapport à un observateur.

B Fréquence perçue par l'observateur

■ Considérons une source d'ondes périodiques de fréquence υ_{source} en mouvement rectiligne avec une vitesse V_{source} par rapport à un observateur fixe. On notera c la célérité des ondes et υ_{obs} la fréquence des ondes perçue par l'observateur. La relation mathématique donnant la fréquence perçue par l'observateur est la suivante :

$$\upsilon_{obs} = \left(\frac{c}{c - V_{source}}\right) \times \upsilon_{source}$$

υ_{obs} et υ_{source} en hertz (Hz)
c et V_{source} en mètres par seconde ($m \cdot s^{-1}$)

• Pour une source qui s'éloigne, la vitesse V_{source} est comptée négativement, ce qui implique la relation d'ordre suivante : $\upsilon_{source} > \upsilon_{obs}$.

• Pour une source qui se rapproche, la vitesse V_{source} est comptée positivement, ce qui implique la relation d'ordre suivante : $\upsilon_{source} < \upsilon_{obs}$.

C Application de l'effet Doppler-Fizeau à l'astronomie

■ En 1929, Edwin Hubble met en évidence que les longueurs d'onde des radiations lumineuses émises par une galaxie nous parviennent toutes décalées vers de plus grandes valeurs : ce phénomène s'appelle le **décalage vers le rouge**.

■ Le décalage vers le rouge des radiations s'interprète facilement si l'on considère que leurs fréquences associées diminuent : d'après l'effet Doppler-Fizeau, les galaxies s'éloignent de nous.

RELATION ENTRE FRÉQUENCE ET LONGUEUR D'ONDE

La radiation lumineuse étant une onde sinusoïdale dans le temps et dans l'espace, sa célérité *c* a pour expression : $c = \lambda \times \upsilon$ avec λ la longueur d'onde de la radiation et υ sa fréquence.

La célérité *c* étant constante, si λ augmente (décalage vers le rouge) alors υ diminue.

■ Ce phénomène, prédit dans le modèle du big bang, a été observé pour l'ensemble des galaxies connues, ce qui constitue un argument en faveur de l'expansion de l'Univers.

Exploiter une expérience de diffraction pour déterminer la longueur d'onde d'une radiation

ÉNONCÉ

On éclaire avec une lumière laser de longueur d'onde $\lambda_A = 700\ \text{nm}$ une fente de largeur a. On obtient sur l'écran situé à une distance D, une figure de diffraction avec une tache centrale de longueur $L_A = 8{,}6\ \text{cm}$. On éclaire ensuite la même fente avec une lumière laser de longueur d'onde λ_B inconnue et on obtient sur l'écran une tache centrale de longueur $L_B = 7{,}0\ \text{cm}$.

1 Donner la relation de l'écart angulaire θ en fonction de la longueur d'onde λ et de la largeur de la fente a.

2 À l'aide du schéma suivant, déterminer une expression de $\tan(\theta)$ en fonction de la distance D entre l'écran et la fente, et de la largeur L de la tache centrale.

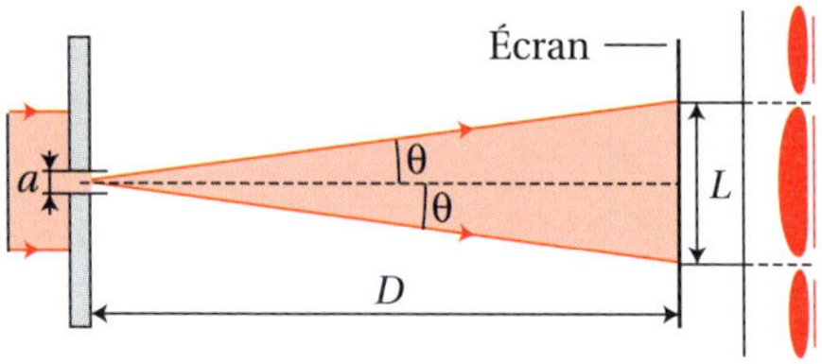

3 Dans la limite des angles faibles, on a la relation suivante : $\tan(\theta) = \theta$.
En déduire une relation simple de θ en fonction de L et de D.

4 Montrer que pour un montage fixé, le rapport $\frac{\lambda}{L}$ est une constante.

5 Déterminer l'expression de λ_B en fonction de λ_A, L_A et L_B.

6 Calculer λ_B.

MÉTHODE

1 Appliquer l'expression $\theta = \frac{\lambda}{a}$.

2 Identifier le triangle rectangle dont deux des côtés forment un angle θ.
Exploiter la relation trigonométrique dans un triangle rectangle :

$$\tan(\theta) = \frac{\text{côté opposé}}{\text{côté adjacent}}$$

3 Appliquer l'approximation proposée à la formule précédemment trouvée.

4 Identifier les deux expressions différentes de θ, puis séparer de part et d'autre de l'égalité ce qui relève du montage expérimental (*a* et *D*) de ce qui dépend de l'onde diffractée (λ et *L*).

CORRIGÉ

1 D'après le cours, on a : $\theta = \frac{\lambda}{a}$.

2 On identifie le triangle rectangle suivant :

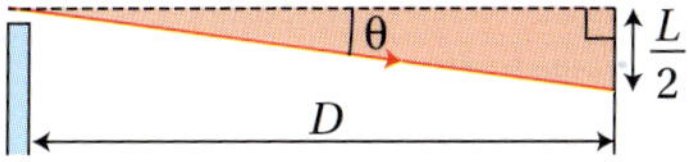

On peut alors appliquer la relation trigonométrique suivante :

$$\tan(\theta) = \frac{L}{2 \times D}$$

3 Dans la limite des angles faibles : $\tan(\theta) = \theta$; d'où la relation simple de θ en fonction de *L* et de *D* : $\theta = \frac{L}{2 \times D}$.

L'écart angulaire est en radians (rad) et les longueurs *a* et *L* sont en mètres (m).

4 On identifie les deux expressions de l'écart angulaire :

$$\frac{\lambda}{a} = \frac{L}{2 \times D} \quad \text{soit} \quad \frac{\lambda}{L} = \frac{a}{2 \times D}.$$

Pour un montage expérimental fixé, les valeurs de *a* et *D* sont fixées.

On en déduit que le rapport $\frac{\lambda}{L}$ est une constante.

5 On a : $\frac{\lambda_B}{L_B} = \frac{\lambda_A}{L_A}$ soit $\lambda_B = \frac{L_B \times \lambda_A}{L_A}$.

6 $\lambda_B = \frac{L_B \times \lambda_A}{L_A} = \frac{7{,}0 \times 700}{8{,}6} = 5{,}7 \times 10^2$ nm.

SE TESTER QUIZ

Dans le questionnaire à choix multiple (QCM) suivant, indiquer pour chaque proposition la (ou les) réponse(s) exacte(s).

1 La largeur de la tache centrale de diffraction d'une radiation verte est supérieure à celle d'une radiation :

- ☐ a. bleue
- ☐ b. rouge
- ☐ c. jaune

2 L'écart angulaire a pour expression :

- ☐ a. $\theta = \frac{\lambda}{a}$
- ☐ b. $\theta = \lambda \times a$
- ☐ c. $\theta = \frac{a}{\lambda}$

3 L'interfrange i d'une figure d'interférences est une fonction décroissante de la longueur d'onde de la radiation λ.

- ☐ a. vrai
- ☐ b. faux

4 Dans une figure d'interférences, les raies sombres correspondent à des interférences :

- ☐ a. constructives
- ☐ b. soustractives
- ☐ c. destructives

5 La fréquence d'une onde sonore perçue par un récepteur et émise par une source s'éloignant du récepteur diminue.

- ☐ a. vrai
- ☐ b. faux

S'ENTRAÎNER

6 Diffraction à travers une fente

Une lumière constituée de trois radiations de longueurs d'onde respectives $\lambda_1 = 650$ nm (rouge), $\lambda_2 = 560$ nm (verte) et $\lambda_3 = 480$ nm (bleue) est diffractée à travers une fente horizontale d'épaisseur $a = 800$ µm.

1. Comment peut-on qualifier cette lumière ?
2. Décrire l'allure de la figure de diffraction obtenue.
3. Calculer l'écart angulaire associé à chacune des radiations et compléter le tableau suivant :

λ (nm)	480	560	650
θ (rad)			

4. Comment varie la largeur de la tache centrale lorsque la longueur d'onde de la radiation augmente ?

5. Qu'observera-t-on au centre et sur les bords de la tache centrale de diffraction ? Comment appelle-t-on ce phénomène ?

7 Application des interférences lumineuses à la détermination d'une longueur d'onde

Les lumières de deux sources cohérentes interfèrent sur une zone d'un écran. La longueur d'onde commune aux deux sources est notée λ. La distance a séparant les deux sources est égale à 1,2 mm et la distance D séparant les deux sources de l'écran est égale à 400 cm.

1. Qu'observe-t-on sur l'écran ?

2. Quelle est la différence de marche entre les deux ondes lumineuses en un point d'une frange sombre ?

3. Quelle est la différence de marche entre les deux ondes lumineuses en un point d'une frange lumineuse ?

4. L'interfrange i mesurée est égale à $2{,}0\times10^{-3}$ m. Déterminer la longueur d'onde λ.

8 Mesure d'une vitesse à l'aide de l'effet Doppler-Fizeau

Un récepteur d'ondes sonores est placé à proximité d'une portion droite de voie de chemin de fer. Un TGV se déplaçant à une vitesse $v = 300\ \text{km}\cdot\text{h}^{-1}$ passe devant le récepteur. Sur cette portion de voie, le conducteur actionne la sirène qui émet un son de fréquence $\upsilon_{son} = 400\ \text{Hz}$. On rappelle que la célérité du son est égale à $v_{son} = 340\ \text{m}\cdot\text{s}^{-1}$.

1. Quelle est la fréquence du son perçu par le récepteur lorsque le TGV se rapproche du récepteur ?

2. Quelle est la fréquence du son perçu par le récepteur lorsque le TGV s'éloigne du récepteur ?

3. Un train Corail passe sur cette même voie, avec la sirène actionnée (la fréquence de la sirène d'un train Corail est différente de celle d'un TGV). Lorsque le train se rapproche, la fréquence perçue par le récepteur est égale à $\upsilon_1 = 440\ \text{Hz}$ tandis que, lorsqu'il s'éloigne, la fréquence perçue par le récepteur est égale à $\upsilon_2 = 360\ \text{Hz}$. Calculer la vitesse V du train Corail.

OBJECTIF BAC

9 Mesure de la longueur d'onde d'une radiation en laboratoire

On réalise l'expérience suivante : un faisceau laser monochromatique de longueur d'onde $\lambda = 656{,}0\ \text{nm}$ éclaire une fente rectangulaire horizontale ABCD placée à la distance d d'un écran sur lequel on observe des taches.

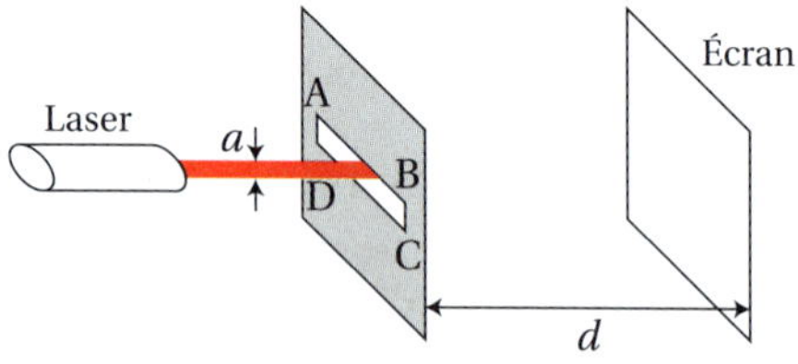

1. Comment s'appelle le phénomène observé ?

2. Choisir la bonne réponse en justifiant. Les centres des taches sont :
alignés verticalement ; alignés horizontalement ; disposés sur un cercle.

3. Comment varie la longueur L de la tache centrale si on diminue la largeur BC de la fente ?

4. On définit l'écart angulaire θ sur la figure suivante :

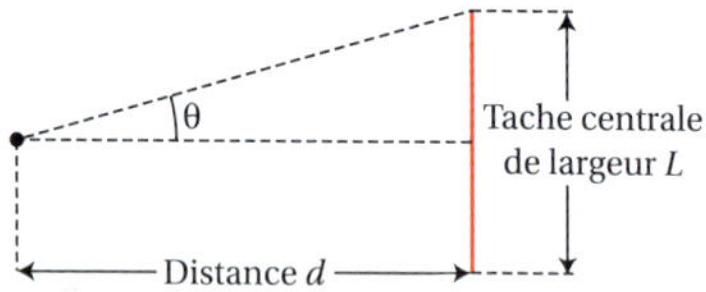

Trouver l'expression de l'écart angulaire θ en fonction de la largeur L de la tache centrale et de la distance fente-écran notée d. On rappelle que pour les petits angles : $\tan\theta = \theta$, avec θ en radians.

5. Donner l'expression de l'écart angulaire θ en fonction de la longueur d'onde λ de la radiation et de la largeur BC de la fente.

6. Si on remplace le laser de longueur d'onde $\lambda = 656{,}0\ \text{nm}$ par un laser de longueur d'onde $\lambda = 570{,}0\ \text{nm}$, comment variera la longueur L de la tache centrale ? Justifier la réponse.

7. Trouver l'expression de la longueur d'onde λ de la radiation en fonction de L, BC et d.

8. La mesure de la tache centrale au cours d'une expérience avec un nouveau laser nous donne $L = 4{,}5\ \text{cm}$. Sachant que les paramètres du montage expérimental sont $d = 2{,}50\ \text{m}$ et $\text{BC} = 50\ \mu\text{m}$, calculer la longueur d'onde λ de la radiation émise.

SE TESTER

1 Réponse a. La largeur de la tache centrale de diffraction est d'autant plus large que la longueur d'onde de la radiation est grande. Ainsi, la largeur de la tache centrale de diffraction d'une radiation verte est supérieure à celle d'une radiation bleue.

2 Réponse a. L'écart angulaire a pour expression $\theta = \frac{\lambda}{a}$.

3 Réponse b. Faux : l'interfrange i d'une figure d'interférences est proportionnelle à la longueur d'onde de la radiation λ.

4 Réponse c. Dans une figure d'interférences, les raies sombres correspondent à des interférences destructives.

5 Réponse a. Vrai : d'après l'effet Doppler-Fizeau, la fréquence perçue d'une source s'éloignant du récepteur est inférieure à la fréquence du son émis.

S'ENTRAÎNER

6 Diffraction à travers une fente

1. Il s'agit d'une lumière polychromatique : elle est constituée de plusieurs radiations lumineuses de longueurs d'onde différentes.

2. La figure de diffraction est verticale car elle est perpendiculaire à la direction de la fente. Elle est constituée d'une tache centrale avec de part et d'autre des taches de plus petites dimensions entrecoupées de zones d'extinction.

3. On applique la formule $\theta = \frac{\lambda}{a}$ avec les longueurs exprimées en mètres.

λ (nm)	480	560	650
θ (rad)	$6{,}00 \times 10^{-4}$	$7{,}00 \times 10^{-4}$	$8{,}13 \times 10^{-4}$

4. La largeur de la tache centrale augmente avec l'écart angulaire, qui est proportionnel à la longueur d'onde de la radiation. Donc on en déduit que la largeur de la tache centrale augmente avec la longueur d'onde de la radiation.

5. La couleur du centre de la tache correspondra à la superposition des trois lumières colorées : elle sera blanche (car les trois couleurs constituent les couleurs primaires de la synthèse additive des couleurs).

Comme la tache centrale obtenue avec la radiation rouge est plus large que celles obtenues avec les radiations de longueurs d'onde inférieures (verte et bleue), nous observerons du rouge sur les bords de la tache : ce phénomène s'appelle l'irisation.

7 Application des interférences lumineuses à la détermination d'une longueur d'onde

1. Sur l'écran nous allons observer une alternance de franges sombres et lumineuses : il s'agit d'une figure d'interférences.

2. La différence de marche δ entre les deux ondes en un point de la zone sombre est égale à un nombre impair de fois la demi-longueur d'onde $\frac{\lambda}{2}$ commune aux deux ondes :

$$\delta = (2k+1) \times \frac{\lambda}{2} \text{ avec } k \text{ entier naturel.}$$

3. La différence de marche δ entre les deux ondes en un point de la zone lumineuse est égale à un nombre entier de fois la longueur d'onde λ commune aux deux ondes :

$$\delta = k \times \lambda \text{ avec } k \text{ entier naturel.}$$

4. On applique la formule $i = \frac{\lambda \times D}{a}$ soit $\lambda = \frac{i \times a}{D}$ avec les longueurs exprimées en mètres : $\lambda = \frac{2{,}0 \times 10^{-3} \times 1{,}2 \times 10^{-3}}{400 \times 10^{-2}} = 6{,}0 \times 10^{-7}$ m.

La longueur d'onde de la radiation est égale à $6{,}0 \times 10^{2}$ nm, ce qui correspond à une radiation de couleur orange.

8 Mesure d'une vitesse à l'aide de l'effet Doppler-Fizeau

1. On sait que $\upsilon_{obs} = \left(\frac{c}{c - V_{source}}\right) \times \upsilon_{source}$ et que le TGV se rapproche du récepteur : sa vitesse doit donc être comptée positivement.
La vitesse du TGV doit être exprimée en $m \cdot s^{-1}$:

$$V_{source} = 300 \text{ km} \cdot \text{h}^{-1} = \frac{300}{3{,}6} \text{ m} \cdot \text{s}^{-1} = 83{,}3 \text{ m} \cdot \text{s}^{-1}.$$

On en déduit : $\upsilon_{obs} = \left(\frac{340}{340 - 83{,}3}\right) \times 400 = 530$ Hz.

2. On sait que $\upsilon_{obs} = \left(\frac{c}{c - V_{source}}\right) \times \upsilon_{source}$ et que le TGV s'éloigne du récepteur : sa vitesse doit donc être comptée négativement.

Soit : $\upsilon_{obs} = \left(\frac{340}{340 - (-83{,}3)}\right) \times 400 = 321\ \text{Hz}$.

3. Pour calculer la vitesse V du train Corail, on élimine la fréquence de la source υ_{source} en identifiant les deux expressions données par l'effet Doppler-Fizeau :

- quand le train s'approche :

$$\upsilon_{obs1} = \left(\frac{c}{c - V}\right) \times \upsilon_{source} \quad \Leftrightarrow \quad \upsilon_{source} = \left(\frac{c - V}{c}\right) \times \upsilon_{obs1}$$

- quand le train s'éloigne :

$$\upsilon_{obs2} = \left(\frac{c}{c - (-V)}\right) \times \upsilon_{source} \quad \Leftrightarrow \quad \upsilon_{source} = \left(\frac{c + V}{c}\right) \times \upsilon_{obs2}$$

Par identification : $\left(\frac{c - V}{c}\right) \times \upsilon_{obs1} = \left(\frac{c + V}{c}\right) \times \upsilon_{obs2}$

À partir de cette égalité, on exprime la vitesse V : $V = \left(\frac{\upsilon_{obs1} - \upsilon_{obs2}}{\upsilon_{obs1} + \upsilon_{obs2}}\right) \times c$

On obtient : $V = \left(\frac{440 - 360}{440 + 360}\right) \times 340 = 34{,}0\ \text{m} \cdot \text{s}^{-1} = 122\ \text{km} \cdot \text{h}^{-1}$

OBJECTIF BAC

9 Mesure de la longueur d'onde d'une radiation en laboratoire

1. Il s'agit du phénomène de diffraction.

2. Les centres des taches sont alignés verticalement, car la figure de diffraction est perpendiculaire à la direction de la fente (qui est horizontale).

3. Lorsque l'on diminue la largeur BC de la fente, la longueur L de la tache centrale augmente.

4. Dans le triangle rectangle de la figure, la tangente de l'écart angulaire θ s'obtient grâce à la formule de trigonométrie suivante :

$$\tan(\theta) = \frac{\text{côté opposé}}{\text{côté adjacent}} = \frac{L}{2 \times d}$$

Dans l'approximation des petits angles : $\tan\theta = \theta$.

On en déduit : $\theta = \dfrac{L}{2 \times d}$

5. L'expression de l'écart angulaire est par définition : $\theta = \dfrac{\lambda}{BC}$.

6. La longueur de la tache centrale étant proportionnelle à la longueur d'onde de la radiation (d'après les questions 4 et 5), lorsque la longueur d'onde de la radiation diminue, la longueur de la tache centrale diminue également.

7. Par identification des deux expressions de l'écart angulaire des questions 4 et 5, on obtient : $\lambda = \dfrac{BC \times L}{2 \times d}$.

8. En exprimant toutes les longueurs en mètres, on obtient :

$$\lambda = \frac{50 \times 10^{-6} \times 4{,}5 \times 10^{-2}}{2 \times 2{,}50} = 4{,}5 \times 10^{-7}\,\text{m}.$$

CHAPITRE 4 Nomenclature et analyse spectrale des molécules organiques

La chimie organique concerne les composés chimiques contenant l'élément carbone. Extraites à l'origine du monde du vivant, les molécules organiques ont été synthétisées à l'échelle industrielle dès la fin du XIXe siècle. Elles sont aujourd'hui présentes partout dans notre environnement : vêtements, médicaments, carburants, etc. Pour connaître leur strucutre, les chimistes utilisent des techniques spectroscopiques qui exploitent l'interaction entre le rayonnement et la matière.

1 Présentation et nomenclature des molécules organiques

A Les hydrocarbures

Il s'agit des constituants des pétroles et du gaz naturel. Ils contiennent uniquement les éléments carbone et hydrogène. Les deux familles d'hydrocarbures les plus importantes sont les alcanes et les alcènes.

Les alcanes

Ce sont des molécules où tous les atomes de carbone sont tétragonaux, c'est-à-dire qu'ils réalisent chacun quatre liaisons simples.

Formule générale : C_nH_{2n+2}

Nom	Formule brute	Formule semi-développée
Méthane	CH_4	CH_4
Éthane	C_2H_6	$CH_3—CH_3$
Propane	C_3H_8	$CH_3—CH_2—CH_3$
Butane	C_4H_{10}	$CH_3—CH_2—CH_2—CH_3$
Pentane	C_5H_{12}	$CH_3—CH_2—CH_2—CH_2—CH_3$

Nomenclature :

- le nom d'un **alcane linéaire** est fonction du nombre d'atomes de carbone composant la chaîne carbonée (se reporter au tableau précédent pour connaître les cinq premiers alcanes linéaires) ;
- un **alcane ramifié** est composé d'une **chaîne carbonée principale** (qui correspond à celle comportant le plus grand nombre d'atomes de carbone) et de ramifications qui sont des **groupes alkyles** de formule générale C_nH_{2n+1}— dont les plus fréquents sont CH_3— (groupe méthyle) et C_2H_5— (groupe éthyle).

Pour nommer l'alcane, on numérote la chaîne carbonée principale, de telle sorte que les **indices de position des ramifications soient les plus petits possibles**. Le nom de l'alcane ramifié est celui de l'alcane linéaire équivalent à la chaîne principale, précédé des indices de position et des noms des groupes alkyles rattachés (sans le *e* terminal), placés par ordre alphabétique.

La chaîne principale peut se numéroter de la droite vers la gauche ou inversement en fonction des positions des ramifications. Lorsque plusieurs groupes alkyles identiques sont sur la chaîne principale, on fait précéder le nom des préfixes *di* (deux) ou *tri* (trois).

Exemples :

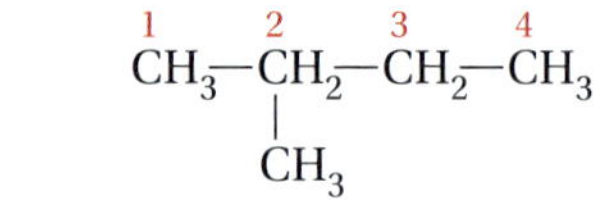

2-méthylbutane

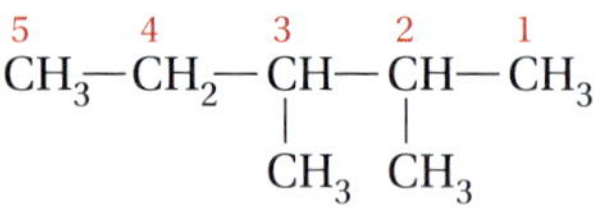

2,3-diméthylpentane

Les alcènes

Ce sont des molécules où deux atomes de carbone sont trigonaux, c'est-à-dire qu'ils réalisent une double liaison entre eux.

Formule générale : C_nH_{2n}

Nom	Formule brute	Formule semi-développée
Éthylène	C_2H_4	$CH_2{=}CH_2$
Propène	C_3H_6	$CH_2{=}CH{-}CH_3$
But-1-ène	C_4H_8	$CH_2{=}CH{-}CH_2{-}CH_3$
But-2-ène	C_4H_8	$CH_3{-}CH{=}CH{-}CH_3$

Nomenclature :
- le nom d'un **alcène linéaire** dérive de celui de l'alcane ayant la même structure, en remplaçant la terminaison -ane par la terminaison **-ène**.

Pour les alcènes linéaires comprenant plus de trois atomes de carbone, on doit préciser la **position de la double liaison** par un **indice** qui doit-être le plus petit possible ;
- pour les **alcènes ramifiés**, l'indice de position de la double liaison située dans la chaîne principale (la plus longue) doit également être le plus petit possible.

Exemples :

$\overset{5}{CH_3}-\overset{4}{CH_2}-\overset{3}{CH}=\overset{2}{CH}-\overset{1}{CH_3}$ pent-2-ène

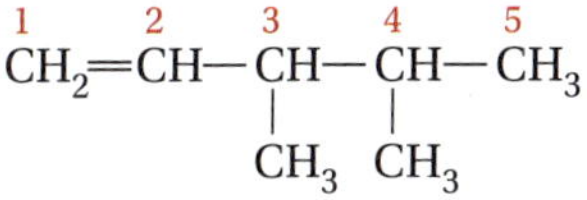

3,4-diméthylpent-1-ène

B Les molécules organiques à fonctions simples

Des molécules organiques différentes peuvent avoir des propriétés chimiques communes du fait de la présence d'un même groupe d'atomes appelé **groupe caractéristique** (ou groupe fonctionnel). En fonction du groupe caractéristique porté, on peut distinguer différentes familles de composés organiques.

Groupe caractéristique	Hydroxyle	Carbonyle	Carboxyle
Structure	$-OH$	$>C=O$	OH | $-C=O$

- **Les alcools** sont des composés où un atome de carbone tétragonal est lié à un groupe hydroxyle.

Formule générale : $R-OH$

> La lettre R représente un groupe alkyle de formule générale C_nH_{2n+1}. Dans certains cas, il peut aussi s'agir d'un simple atome d'hydrogène.

Nomenclature : le nom de l'alcool dérive de celui de l'alcane de même chaîne carbonée. La chaîne carbonée principale est la plus longue possédant le groupe hydroxyle. La numérotation de la chaîne se fait de telle sorte que l'indice de position du groupe hydroxyle soit le plus petit. On remplace la lettre finale *e* de l'alcane par la terminaison *-ol* en la faisant précéder de l'indice de position du groupe hydroxyle si nécessaire.

Nom	Formule brute	Formule semi-développée
Éthanol	C_2H_5OH	CH_3-CH_2-OH
Propan-1-ol	C_3H_7OH	$CH_3-CH_2-CH_2-OH$
Butan-2-ol	C_4H_9OH	$CH_3-CH(OH)-CH_2-CH_3$

Les aldéhydes sont des composés où un atome de carbone trigonal est lié à un groupe carbonyle et à au moins un atome d'hydrogène.

Formule générale : $R-CH=O$

Nomenclature : le nom de l'aldéhyde dérive de celui de l'alcane de même chaîne carbonée. La chaîne carbonée principale est la plus longue possédant le groupe carbonyle. Le carbone du groupe carbonyle porte toujours le numéro 1 et on omet donc l'indice de position. On remplace la lettre finale *e* de l'alcane par la terminaison *-al.*

Nom	Formule brute	Formule semi-développée
Éthanal	C_2H_4O	$CH_3-CH=O$
Butanal	C_4H_8O	$CH_3-CH_2-CH_2-CH=O$

Les cétones sont des composés où un atome de carbone trigonal est lié à un groupe carbonyle et à aucun atome d'hydrogène.

Formule générale : $R-C(R')=O$

Nomenclature : le nom de la cétone dérive de celui de l'alcane de même chaîne carbonée. La chaîne carbonée principale est la plus longue possédant le groupe carbonyle. La numérotation de la chaîne se fait de telle sorte que l'indice de position du groupe soit le plus petit. On remplace la lettre finale *e* de l'alcane par la terminaison *-one* en la faisant précéder de l'indice de position du groupe carbonyle si nécessaire.

Nom	Formule brute	Formule semi-développée
Propanone	C_3H_6O	$CH_3-C(=O)-CH_3$
Pentan-3-one	$C_5H_{10}O$	$CH_3-CH_2-C(=O)-CH_2-CH_3$

Les acides carboxyliques sont des composés possédant un groupe carboxyle.

Formule générale : $R-\underset{\displaystyle OH}{\underset{|}{C}}=O$

Nomenclature : le nom de l'acide dérive de celui de l'alcane de même chaîne carbonée. La chaîne carbonée principale est la plus longue possédant le groupe carboxyle. Le carbone du groupe carboxyle porte toujours le numéro 1 et on omet donc l'indice de position. On remplace la lettre finale *e* de l'alcane par la terminaison *-oïque* et on fait précéder le nom du mot acide.

Nom	Formule brute	Formule semi-développée
Acide propanoïque	$C_3H_5O_2H$	$CH_3-CH_2-\underset{\displaystyle OH}{\underset{|}{C}}=O$

Les esters sont des composés où un atome de carbone trigonal est lié à un groupe carbonyle et à un atome d'oxygène lui-même lié par une liaison simple à un autre atome de carbone.

Formule générale : $R-\underset{\displaystyle O-R'}{\underset{|}{C}}=O$

Nomenclature : le nom l'ester dérive de celui de l'alcane de même chaîne carbonée que le groupe $R-CO_2^-$ et d'un autre alcane de même chaîne carbonée que le groupe $-R'$. On remplace la lettre finale *e* du premier alcane par la terminaison *oate* et la lettre finale *e* du second alcane par la terminaison *-yle*. On relie les deux mots obtenus par la préposition *de*.

Nom	Formule brute	Formule semi-développée
éthanoate de méthyle	$C_2H_3O_2CH_3$	$CH_3-\underset{\displaystyle O-CH_3}{\underset{|}{C}}=O$
propanoate d'éthyle	$C_3H_5O_2C_2H_5$	$CH_3-CH_2-\underset{\displaystyle O-CH_2-CH_3}{\underset{|}{C}}=O$

Les amines sont des composés possédant un atome d'azote réalisant des liaisons simples avec au moins un atome de carbone et des atomes d'hydrogène.

Formule générale : $R-N(R')-R''$

LES TROIS CLASSES D'AMINES

En fonction du nombre d'atomes d'hydrogène liés à l'atome d'azote, on distingue trois classes d'amines différentes :

Type de l'amine	Amine primaire	Amine secondaire	Amine tertiaire
Nombre d'atomes de carbone liés	1	2	3

Nomenclature : le nom de l'amine dérive de celui de l'alcane de même chaîne carbonée. La chaîne carbonée principale est la plus longue possédant le groupe amine. Le carbone lié au groupe amine porte toujours le numéro 1 et on omet donc l'indice de position. On remplace la lettre finale *e* de l'alcane par la terminaison *-amine.*

Nom	Formule brute	Formule semi-développée
Butanamine	$C_4H_9NH_2$	$CH_2(NH_2)-CH_2-CH_2-CH_3$

Les amides sont des composés possédant un atome de carbone lié à un groupe carbonyle et réalisant une liaison simple avec un atome d'azote.

Formule générale : $R-C(=O)-N(R')-R''$

Nomenclature : le nom de l'amide dérive de celui de l'acide carboxylique de même chaîne carbonée. On remplace la terminaison finale *-oïque* de l'acide par la terminaison *-amide* et on supprime le mot *acide.*

Nom	Formule brute	Formule semi développée
Propanamide	$C_3H_5ONH_2$	$CH_3-CH_2-C(=O)-NH_2$

2 Spectroscopie moléculaire d'absorption

A Principe théorique

- L'énergie d'une molécule est égale à la somme de quatre types d'énergie différents :

$$E_{\text{molécule}} = E_{\text{élec}} + E_{\text{trans}} + E_{\text{vib}} + E_{\text{rot}}$$

Énergie	$E_{\text{élec}}$	E_{trans}	E_{vib}	E_{rot}
Nom	Énergie électronique	Énergie de translation	Énergie de vibration	Énergie de rotation
Origine	Électrons de la molécule	Mouvement de translation de la molécule	Vibrations de la molécule effectuées par les atomes autour de leur position d'équilibre	Rotations de la molécule autour de son centre de masse

- Les énergies électronique, rotationnelle et vibrationnelle sont quantifiées.

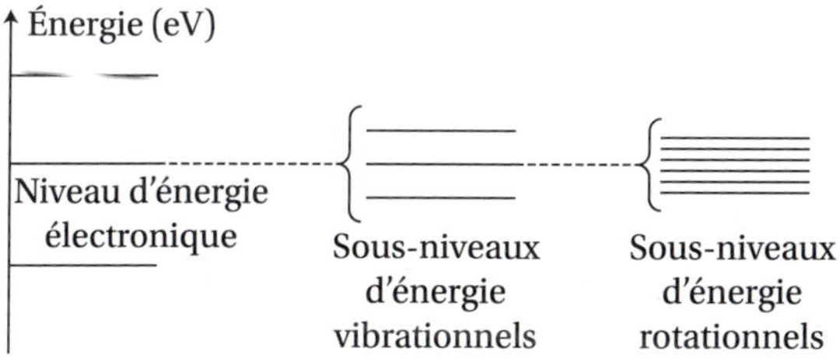

FIGURE 1 **Diagramme énergétique d'une molécule**

Lorsque la molécule absorbe un ou plusieurs photons (particules constitutives d'un rayonnement électromagnétique), l'énergie de la molécule varie :

$$\Delta E_{\text{molécule}} = \Delta E_{\text{élec}} + \Delta E_{\text{vib}} + \Delta E_{\text{rot}}$$

L'énergie de translation est continue. En spectroscopie, seules les transitions d'énergie quantifiées de la molécule sont prises en compte : on ne s'intéressera pas à l'énergie de translation.

Ces transitions d'énergie sont quantifiées mais ne sont pas du même ordre de grandeur, ce qui permet de délimiter les domaines d'investigation des différentes méthodes spectroscopiques :

Transition d'énergie	$\Delta E_{\text{élec}}$	ΔE_{vib}	ΔE_{rot}
Ordre de grandeur de la variation d'énergie	1 eV	10^{-1} eV	10^{-3} eV
Domaine des longueurs d'onde des radiations absorbées (m)	$[10^{-8}\,;10^{-6}]$	$[10^{-6}\,;10^{-4}]$	$[10^{-4}\,;10^{-2}]$
Type de spectroscopie	Spectroscopie moléculaire UV et visible	Spectroscopie moléculaire infrarouge	Spectroscopie moléculaire micro-ondes

B Méthode expérimentale

- La spectrométrie utilise comme appareil de mesure un spectrophotomètre, qui permet de comparer l'intensité d'un faisceau d'une radiation monochromatique avant (notée I_0) et après (notée I) la traversée d'une cuve contenant l'espèce moléculaire étudiée en solution dans un solvant approprié.

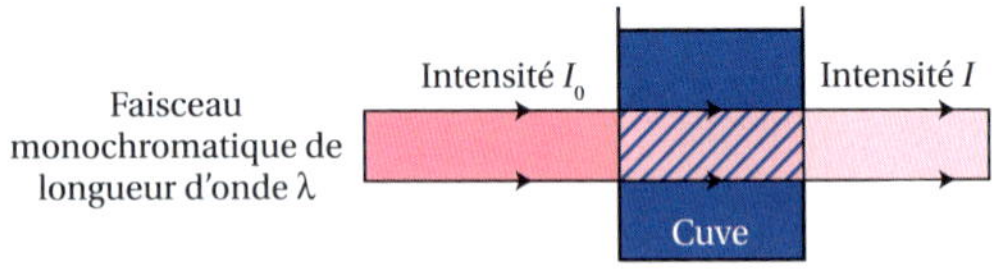

FIGURE 2 Principe du spectrophotomètre

- Le spectrophotomètre fournit deux grandeurs :
  - la **transmittance T** définie par : $T = \dfrac{I}{I_0}$ T en pourcentages (%)
  - l'**absorbance A** définie par : $A = \log\left(\dfrac{I_0}{I}\right)$ A sans unité (entre 0 et 2)

Valeur de l'absorbance	0	0,045	0,30	1,0	2,0
Valeur de la transmittance (%)	100	90	50	10	1

La transmittance ou l'absorbance dépendent de la longueur d'onde λ de la radiation traversant la cuve, car la molécule absorbe de manière sélective les radiations. Le spectrophotomètre nous fournit les courbes $A = f(\lambda)$ ou $T = g(\sigma)$ appelées **spectres d'absorption de la molécule.**

On appelle **nombre d'onde σ** l'inverse de la longueur d'onde λ :

$$\sigma = \frac{1}{\lambda} \quad \sigma \text{ en cm}^{-1},\ \lambda \text{ en cm}$$

3 Spectroscopie ultraviolet-visible

Les longueurs d'onde des radiations utilisées dans les spectrophotomètres se trouvent dans les domaines suivants :

Ultraviolet (UV) : $200\text{ nm} < \lambda < 400\text{ nm}$

Visible : $400\text{ nm} < \lambda < 700\text{ nm}$

Un spectrophotomètre trace l'absorbance $A(\lambda)$ en fonction de la longueur d'onde λ (FIGURES 3 ET 4). On obtient un spectre de larges **bandes d'absorption**, qui sont **caractéristiques** des molécules absorbant le rayonnement.

A Spectroscopie UV

Exemple de la butanone.

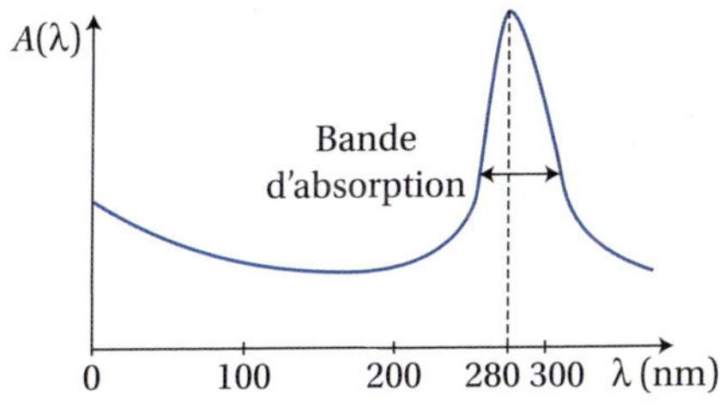

FIGURE 3 **Spectre d'absorption de la butanone**

L'absorption d'un photon provoque la transition entre deux niveaux d'énergie électronique de la molécule. La large bande est due aux nombreuses transitions possibles entre les sous-niveaux d'énergie de vibration et de rotation associés à une même transition électronique (FIGURE 1).

La spectroscopie UV permet de détecter une molécule possédant le groupe carbonyle, des doubles liaisons carbone-carbone ou le groupe hydroxyle.

B Spectroscopie visible

Exemples de la tartrazine (E102) et du bleu patenté (E131).

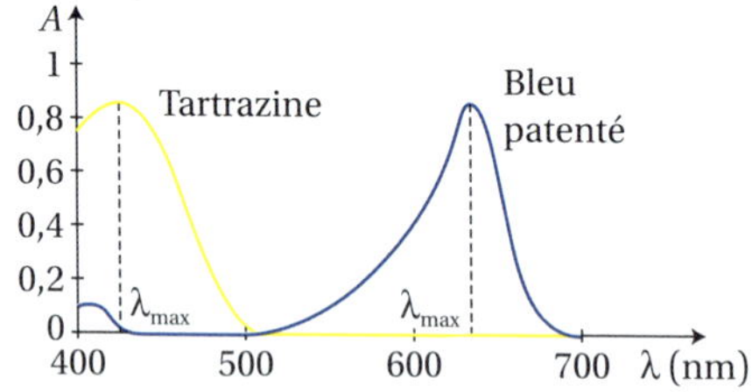

FIGURE 4 Spectres d'absorption de colorants alimentaires organiques (tartrazine et bleu patenté)

La longueur d'onde λ_{max} des radiations correspondant au maximum d'absorption de l'espèce colorée et la couleur de l'espèce sont reliées par l'étoile des couleurs complémentaires.

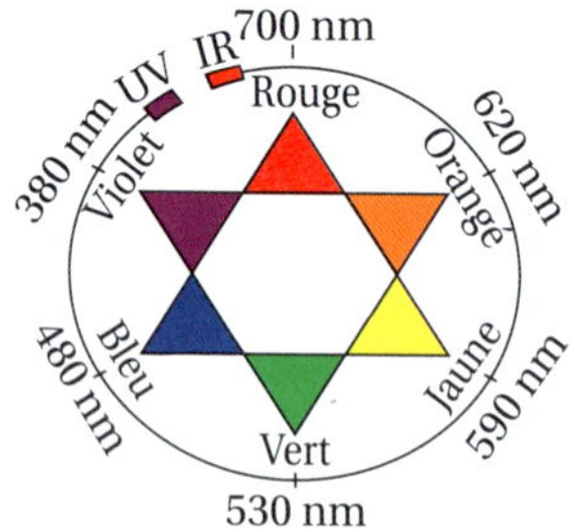

FIGURE 5 Étoile des couleurs complémentaires

Couleur de l'espèce	Valeur de λ_{max} (nm)	Couleur de la radiation
Jaune	420	Violet
Bleu	630	Orangé

Pour une molécule colorée, la couleur des radiations les plus absorbées dans le visible correspondent à la couleur complémentaire de celle de la solution colorée contenant la molécule.

4 Spectroscopie infrarouge

- Les longueurs d'onde des radiations utilisées dans les spectrophotomètres se trouvent dans le domaine suivant :

$$2{,}5\,\mu m < \lambda < 17\,\mu m$$

- Les nombres d'onde associés se trouvent dans le domaine suivant :

$$4\,000\ cm^{-1} > \sigma > 588\ cm^{-1}$$

- Un spectrophotomètre trace la transmittance $T(\sigma)$ en fonction du nombre d'onde σ (FIGURE 6). On obtient un spectre de bandes plus étroites que dans l'UV-visible appelées **pics**.

Ces pics correspondent aux plages de radiations absorbées, qui sont **caractéristiques des vibrations d'une liaison** de la molécule absorbant le rayonnement.

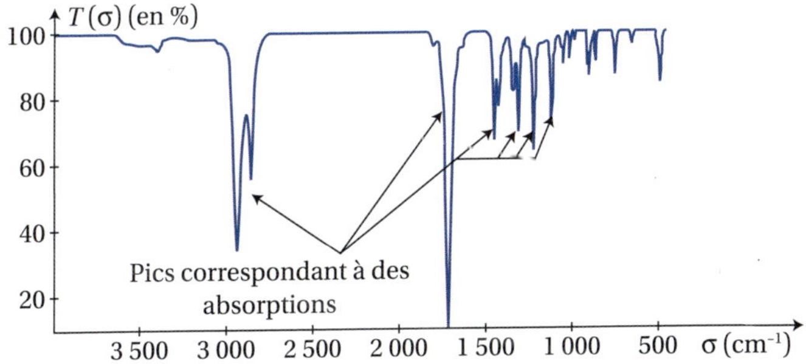

FIGURE 6 **Spectre IR d'une cétone**

LIEN ENTRE TRANSMITTANCE ET ABSORPTION

Plus une radiation est absorbée et plus la transmittance associée est petite. Les pics correspondent donc aux minimums de la transmittance.

- L'absorption d'un photon réalise la transition entre deux niveaux d'énergie vibrationnelle de la molécule. La bande est due aux transitions possibles entre les sous-niveaux d'énergie de rotation associés à une même transition vibrationnelle (FIGURE 1). Néanmoins, ces transitions sont moins nombreuses que pour une transition électronique, ce qui explique que l'on obtient des bandes plus étroites que pour la spectroscopie UV-visible : la largeur de la bande est d'autant plus grande que le nombre de transitions est élevé.

Tableau de correspondance liaisons chimiques-nombres d'onde :

Liaison	C—C	C=C	C—O	C=O	C—H	O—H
Fonction	Alcane	Alcène	Alcool Acide Ester	Cétone Aldéhyde Acide Ester	Alcane	Alcool
$\sigma(cm^{-1})$	600–1 400	1 650	1000–1 300	1 700–1 750	2 800–3 000	3 600

5 Spectroscopie de résonance magnétique nucléaire (RMN)

Elle exploite l'interaction entre le rayonnement électromagnétique et les noyaux des atomes, en particulier le **noyau d'hydrogène 1** composé d'un unique proton.

A Cas du proton libre

- Placé dans un champ magnétique externe noté $\vec{B}_0$, le proton présente de nouveaux niveaux d'énergie : chaque niveau d'énergie du proton se scinde en deux états d'énergie en présence de $\vec{B}_0$.

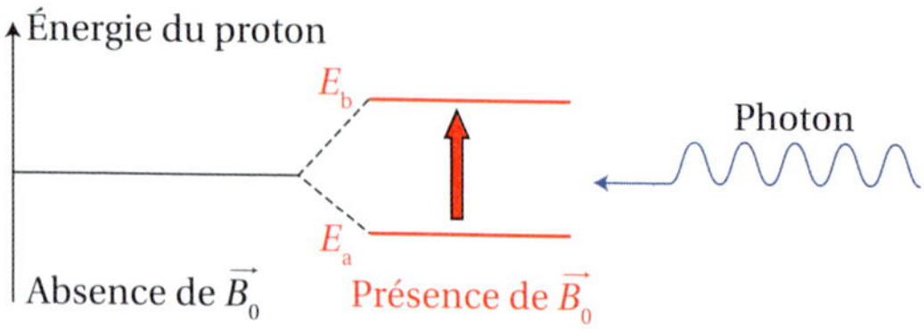

FIGURE 7 Phénomène de résonance magnétique nucléaire (RMN)

■ La RMN correspond au passage du proton de l'état d'énergie inférieur E_a à l'état d'énergie supérieur E_b par absorption d'un photon de fréquence υ_0, appelée **fréquence de résonance**. Pour des champs usuels de l'ordre de quelques teslas, la fréquence de résonance correspond au domaine des ondes radio.

B Les protons dans une molécule

■ En fonction de leur environnement dans la molécule, les protons n'auront pas la même fréquence de résonance. Des protons sont dits **équivalents** s'ils possèdent le **même environnement dans la molécule**.

IDENTIFIER DES PROTONS ÉQUIVALENTS

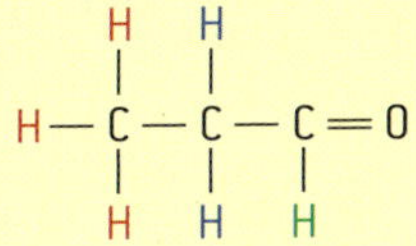

Exemple du propanal : les protons équivalents sont de la même couleur.

C Le déplacement chimique

■ Le **tétraméthylsilane** (ou **TMS**) de formule $(CH_3)_4$ Si a la propriété d'avoir tous ses protons équivalents. Il s'agit du composé de référence par rapport auquel on repère les fréquences de résonance des autres molécules. Il possède la plus petite des fréquences de résonance.

■ Le **spectre RMN** d'un composé est donné par une suite de pics de résonance repérés par rapport au pic de référence du TMS sur un axe horizontal. Celui-ci est gradué en **déplacement chimique** δ dont l'unité est le **ppm** (partie par million). L'axe est orienté vers la gauche et le pic de référence se trouve le plus à droite possible.

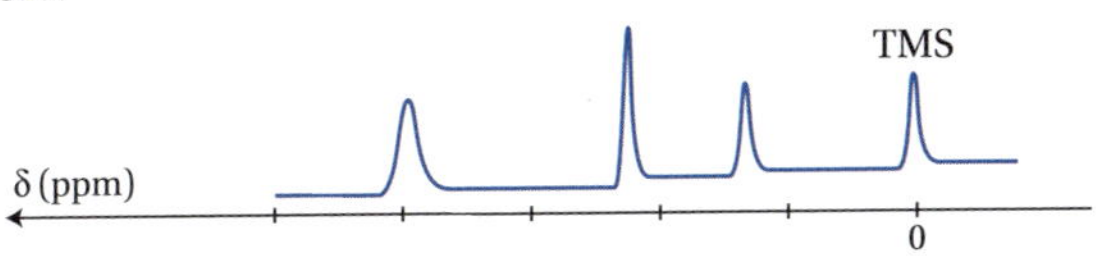

FIGURE 8 **Spectre RMN d'un composé**

- Les déplacements chimiques sont caractéristiques des différents environnements des protons et permettent d'identifier des groupes caractéristiques.

Composés	Alcanes C—H	Alcools R—OH	Aldéhydes R—C(=O)—H	Acides carboxyliques RCOO—H
δ (ppm)	1	5	9	> 10

D La courbe d'intégration

L'aire sous un pic est proportionnelle aux nombre de protons équivalents du même type. La courbe d'intégration transforme les surfaces en hauteurs dont les valeurs respectives sont dans le même rapport que les nombres de protons.

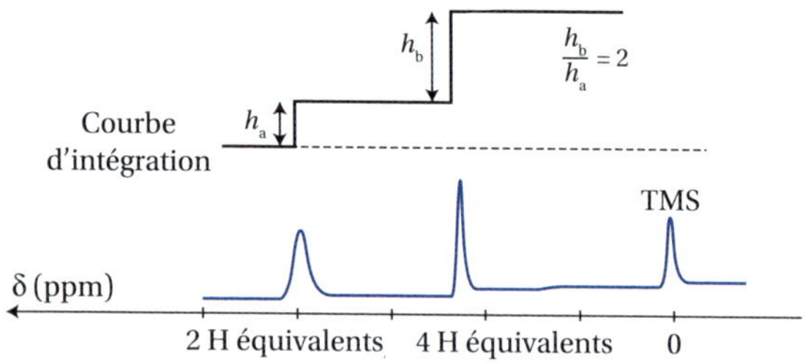

FIGURE 9 **Exemple de courbe d'intégration**

E La multiplicité du signal

Les pics ne sont pas uniques mais constitués de groupes de pics centrés sur le déplacement chimique (FIGURE 10). Ceci est lié aux **couplages** entre les différents protons au sein de la molécule.

F La règle des $(n+1)$-uplets

Un groupe de m protons équivalents qui sont voisins de n protons non équivalents aux premiers mais équivalents entre eux, fournit un multiplet de $(n+1)$ pics dont la somme des aires est proportionnelle à m.

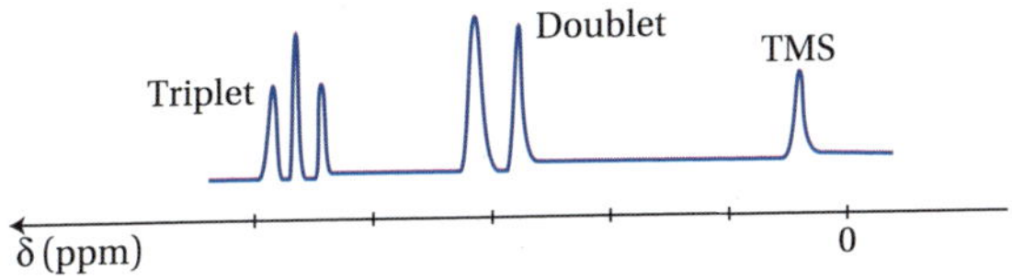

FIGURE 10 **Multiplets dans un spectre RMN**

NOMMER ET IDENTIFIER LES MULTIPLETS (OU n-UPLETS)

n-uplet	Singulet	Doublet	Triplet	Quadruplet
Nombre de pics	1	2	3	4
Forme	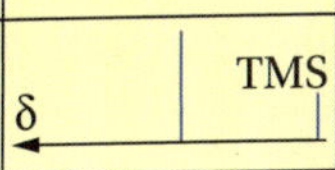	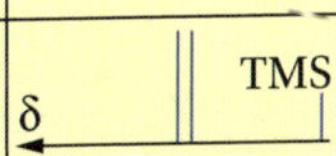	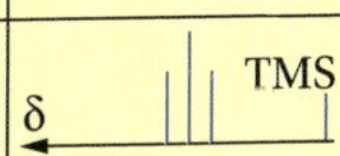	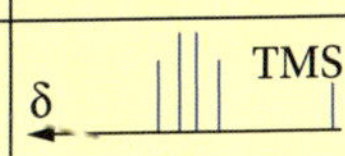

Exploiter un spectre RMN simple

ÉNONCÉ

On réalise le spectre RMN d'une molécule, ainsi que sa courbe d'intégration.

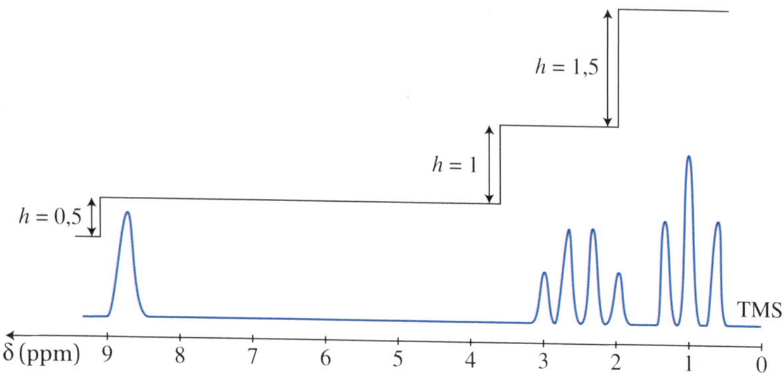

1 Quel groupe caractéristique possède cette molécule ?

2 Combien de groupes de protons équivalents possède cette molécule et combien de protons constituent chacun des groupes ?

3 En déduire combien de protons possède la molécule.

4 Trouver la formule semi-développée de cette molécule sachant qu'elle possède uniquement des atomes de carbone, d'hydrogène et d'oxygène.

5 Nommer la molécule.

MÉTHODE

1 Chaque proton associé à un groupe caractéristique correspond à un déplacement chimique particulier (se reporter au tableau de la section 5.C).

2 ▶ Le nombre de multiplets donne le nombre de groupes de protons équivalents.

▶ La courbe d'intégration nous permet de trouver le nombre total de protons équivalents associés à un ensemble de pics (multiplet).

4 ▶ Utiliser les valences des atomes : 4 liaisons pour C, 1 liaison pour H et 2 liaisons pour O.

▶ Le nombre de pics du multiplet nous renseigne sur le nombre de protons équivalents qui sont voisins : règle des $(n+1)$-uplets.

5 Appliquer les règles de nomenclature.

CORRIGÉ

1 Le pic à 9 ppm est caractéristique du proton associé à un groupe aldéhyde : RCH=O.

2 Il y a deux multiplets, donc deux groupes de protons équivalents.
La hauteur du premier groupe (à 1 ppm) est trois fois plus grande que celle du proton unique du groupe aldéhyde : $\frac{1{,}5}{0{,}5} = 3$. Le premier groupe possède trois protons équivalents.
La hauteur du second groupe (à 2,5 ppm) est deux fois plus grande que celle du proton unique : $\frac{1}{0{,}5} = 2$. Le second groupe possède deux protons équivalents.

3 On compte donc au total : $1+2+3=6$ protons dans la molécule.

4 Le premier groupe (CH_3) est un triplet : il est donc voisin de deux autres protons équivalents. Le second groupe (CH_2) est un quadruplet : il est donc voisin de trois autres protons équivalents. Ces renseignements nous permettent d'obtenir la formule suivante : $CH_3—CH_2—CH=O$.

5 Il s'agit du propanal.

SE TESTER QUIZ

Dans le questionnaire à choix multiple (QCM) suivant, indiquer pour chaque proposition la (ou les) réponse(s) exacte(s).

1 Le butanal possède :
- ☐ a. un groupe hydroxyle
- ☐ b. un groupe carbonyle
- ☐ c. un groupe carboxyle

2 Dans un spectre IR, les pics correspondent à des minimums d'absorbance.
- ☐ a. vrai ☐ b. faux

3 Une espèce chimique colorée dont le maximum d'absorbance se situe à 750 nm est de couleur verte.
- ☐ a. vrai ☐ b. faux

4 Dans un spectre RMN, un proton voisin de trois protons équivalents fournit :
- ☐ a. un doublet ☐ b. un quadruplet ☐ c. un triplet

S'ENTRAÎNER

5 Passer du nom à la formule d'une molécule et inversement

1. Trouver les formules semi-développées des molécules suivantes et entourer leur groupe caractéritisque.

a. 3-méthylbut-1-ène **b.** pentan-3-ol **c.** 2-méthylpropanal
d. pentan-3-one **e.** acide 2-méthylbutanoïque **f.** méthanoate de propyle

2. Trouver le nom des molécules suivantes et préciser à quelle famille d'espèce chimique elles appartiennent.

a.

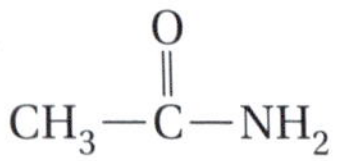

b. $CH_3-CH_2-CH_2-CH_2-NH_2$

c.

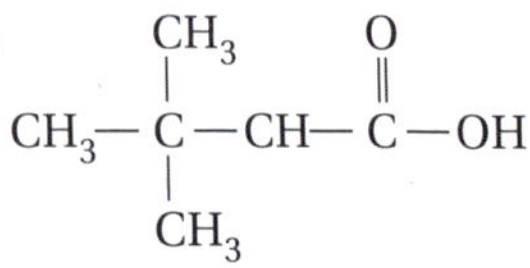

d.

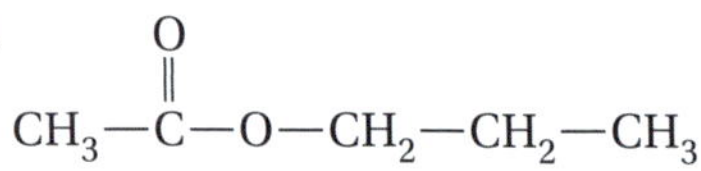

6 Exploiter le spectre visible d'une espèce organique colorée

La double liaison C=C possède une absorption caractéristique à 180 nm. L'effet bathochrome correspond à l'augmentation de la longueur d'onde de la radiation absorbée par une molécule du fait de la conjugaison d'un grand nombre de doubles liaisons (deux doubles liaisons sont conjuguées si elles ne sont séparées que par une liaison simple). On représente sur la figure ci-dessous les spectres visibles de quelques pigments.

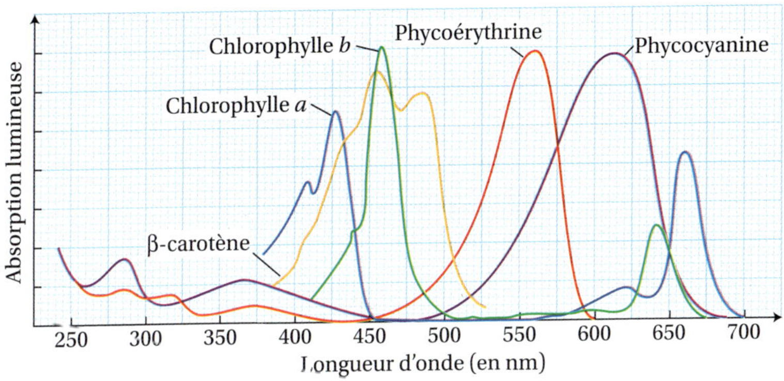

1. Trouver la longueur d'onde de la radiation correspondant au maximum d'absorption de la phycocyanine, puis en déduire la couleur de ce pigment.
Données : tableau de correspondance entre couleur et longueur d'onde.

Longueur d'onde (nm)	400-440	450-480	490-540	550-570	580-640	650-800
Couleur associée	Violet	Bleu	Vert	Jaune	Orange	Rouge

2. Le β-carotène est un pigment de couleur orangée dont la formule est la suivante :

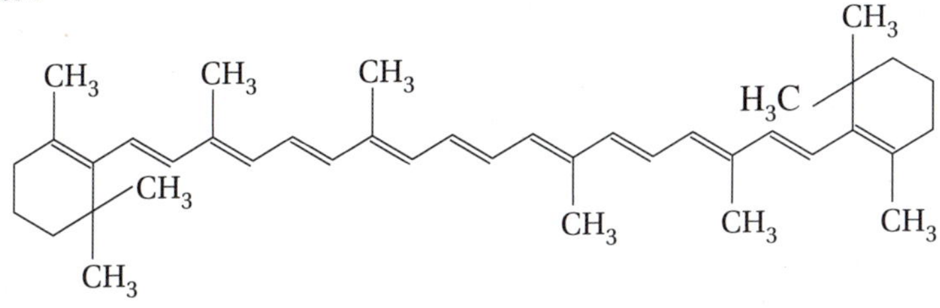

a. Quelle est la longueur d'onde correspondant au maximum d'absorption ? Le résultat est-il en accord avec la couleur du pigment donnée dans l'énoncé ?
b. Comment expliquer le fait que le β-carotène soit coloré ?

3. Justifier le fait que la chlorophylle *a* soit un pigment de couleur verte.

OBJECTIF BAC

7 Analyse spectrale de composés carbonylés

On réalise le spectre infrarouge (IR) d'une molécule de formule brute $C_6H_{12}O$ dont on se propose de trouver la formule semi-développée, ainsi que le nom.

1. Quelle est la grandeur portée en abscisse du spectre IR et quelle est son unité ?

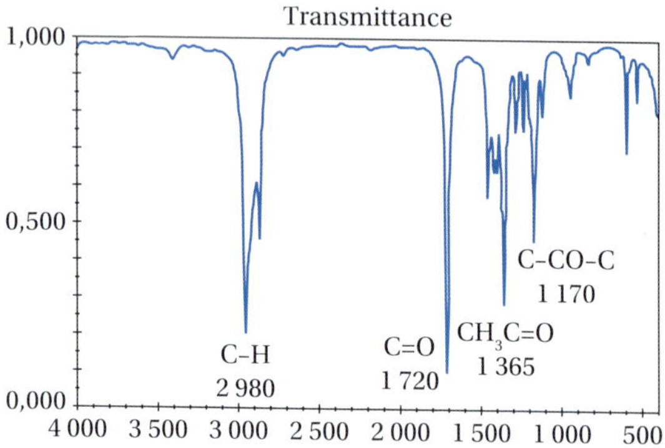

2. Calculer la longueur d'onde en nanomètres de la radiation absorbée du pic à $2\,980\,\text{cm}^{-1}$. À quel domaine de radiations appartient-elle ?

3. Voici les formules semi-développées de trois molécules de formule brute $C_6H_{12}O$:

Molécule A

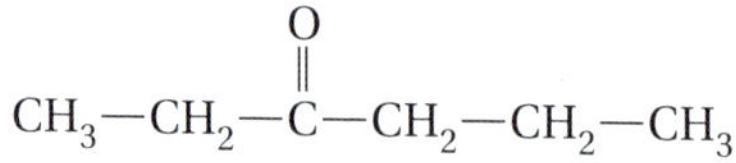

Molécule B

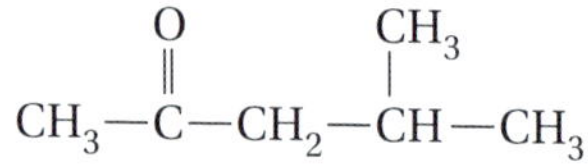

Molécule C

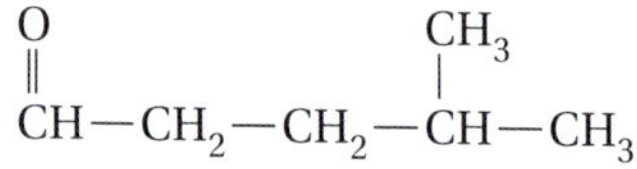

a. À quelle famille appartient la molécule A ? Entourer son groupe caractéristique.
b. Nommer les molécules B et C.
c. À quelle famille appartient la molécule C ?
d. Comment peut-on qualifier ces trois molécules ?

4. À l'aide du spectre IR, et en justifiant, trouver parmi les trois molécules précédentes celle qui est recherchée.

5. On nous fournit les spectres IR de deux molécules : le camphre de formule $C_{10}H_{16}O$ et la cyclohexylamine de formule $C_6H_{11}—NH_2$.

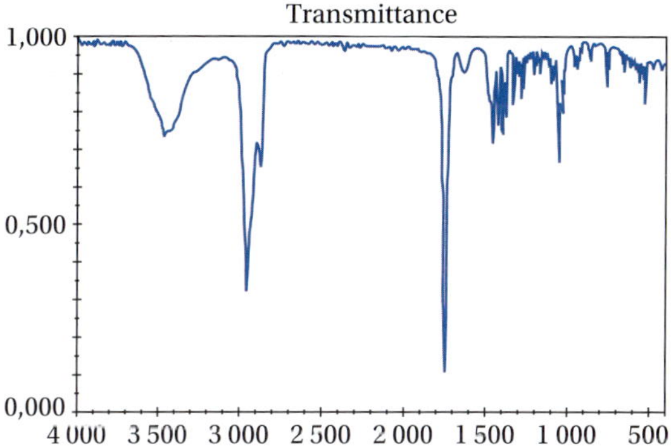

Camphre

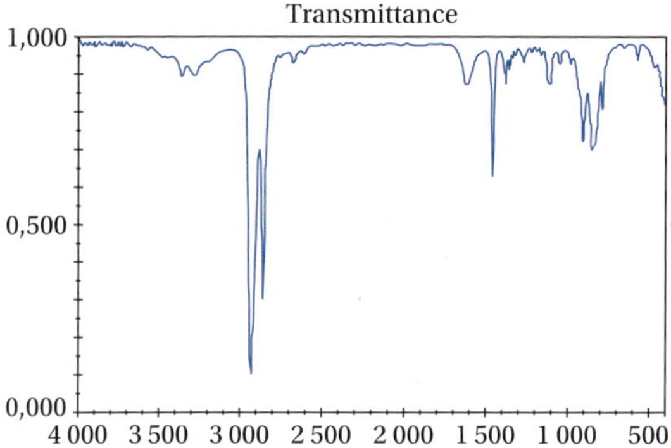

Cyclohexylamine

a. Quel groupe caractéristique possède le camphre ? Justifier la réponse à l'aide du premier spectre IR.
b. Qu'est-ce qui, dans le spectre de la cyclohexylamine, permet d'affirmer qu'elle ne possède pas de groupe carbonyle ?
c. À quelle famille appartient la cyclohexylamine ?

SE TESTER

1 Réponse b. Le butanal est un aldéhyde (formule générale R — CH═O) et possède donc un groupe carbonyle.

2 Réponse b. Faux : dans le spectre IR, les pics correspondent à des minimums de transmittance, donc à des maximums d'absorbance.

3 Réponse a. Vrai : le maximum d'absorption correspond à une radiation de couleur rouge dont la couleur complémentaire d'après l'étoile des couleurs est le vert. L'espèce chimique doit donc être de couleur verte.

4 Réponse b. D'après la règle des $(n+1)$-uplets, on obtient un quadruplet.

S'ENTRAÎNER

5 Passer du nom à la formule d'une molécule et inversement

1. **a.** 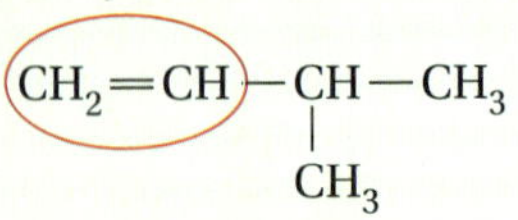

b. 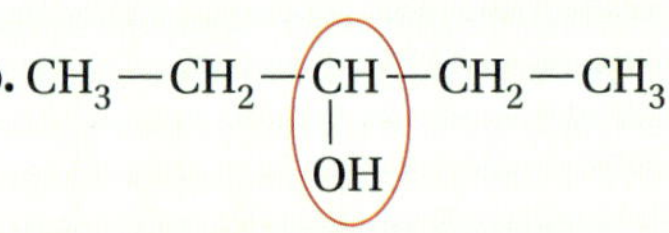

c. 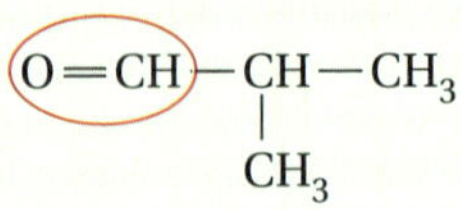

d. 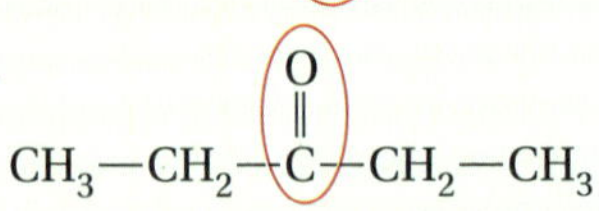

e. 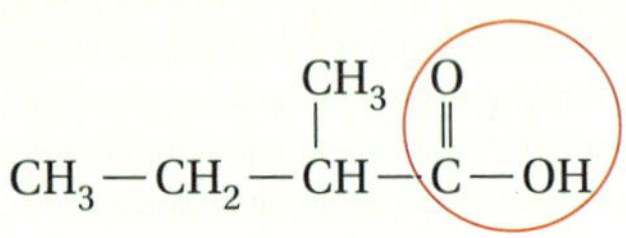

f. 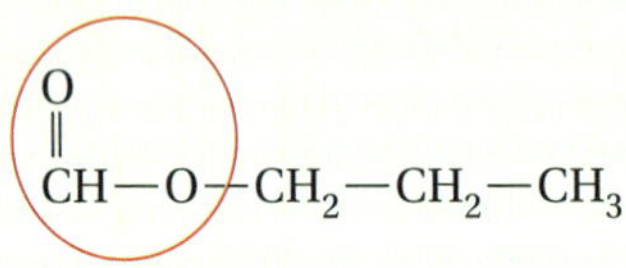

2. **a.** L'éthanamide appartient aux amides.
b. La butylamine est une amine.
c. L'acide 3,3-diméthylbutanoïque est un acide carboxylique.
d. L'éthanoate de propyle est un ester.

6 Exploiter le spectre visible d'une espèce organique colorée

1. Le maximum d'absorption correspond à une longueur d'onde égale à 620 nm. Cette radiation a une couleur orange. D'après l'étoile des couleurs complémentaires, la phycocyanine est un pigment de couleur bleu.

2. a. La longueur d'onde correspondant au maximum d'absorption est égale à 450 nm. La couleur de la radiation associée est le bleu. D'après l'étoile des couleurs complémentaires, le β-carotène est un pigment de couleur orange, ce qui est en accord avec l'énoncé.
b. Le β-carotène est coloré car il possède 11 doubles liaisons conjuguées, ce qui augmente par effet bathochrome la longueur d'onde de la radiation absorbée par les liaisons C=C de 180 nm à une valeur comprise dans l'intervalle des radiations visibles (donc colorées) : [400 nm ; 800 nm].

3. Le spectre visible de la chlorophylle *a* possède deux maximums d'absorption correspondant respectivement aux radiations de longueurs d'onde égales à 430 nm et 660 nm dont les couleurs associées sont le violet et l'orangé.
D'après l'étoile des couleurs complémentaires, on obtient les couleurs complémentaires associées qui sont le jaune et le bleu. Le pigment contient les couleurs bleu et jaune, ce qui donne par superposition le vert : la chlorophylle *a* est donc verte.

OBJECTIF BAC

7 Analyse spectrale de composés carbonylés

1. La grandeur portée en abscisse du spectre IR est le nombre d'onde σ qui est exprimé en cm^{-1}.

2. La longueur d'onde est égale à l'inverse du nombre d'onde : $\lambda = \frac{1}{\sigma}$ avec $\sigma = 2\,980\ cm^{-1} = 2{,}980 \times 10^5\ m^{-1}$.
On obtient : $\lambda = 3{,}356 \times 10^{-6}\ m = 3\,356\ nm$.
Cette radiation appartient au domaine des infrarouges car $\lambda > 800\ nm$.

3. a. La molécule A est une cétone.

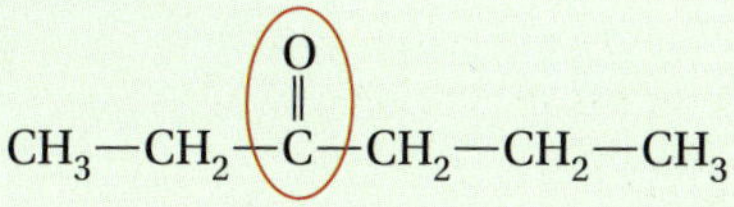

b. La molécule B est la 4-méthylpentan-2-one et la molécule C est le 4-méthylpentanal.
c. La molécule C est un aldéhyde.
d. Ces trois molécules possèdent la même formule brute mais des formules semi-développées différentes : elles sont isomères.

4. Le pic d'absorption à $1170\ cm^{-1}$ nous indique que la molécule recherchée est une cétone : seules les molécules A et B conviennent.

Le pic d'absorption à 1 365 cm^{-1} nous indique que la molécule recherchée est telle que le carbone portant le groupe carbonyle est lié à un groupe CH_3 : seule la molécule B convient.

La molécule recherchée est donc la 4-méthylpentan-2-one.

5. a. On identifie dans le spectre IR du camphre le pic d'absorption à 1 720 cm^{-1} caractéristique de la liaison C═O. Le camphre possède donc un groupe carbonyle.

b. L'absence du pic d'absorption à 1 720 cm^{-1} caractéristique de la liaison C═O permet d'affirmer que la cyclohexylamine ne possède pas de groupe carbonyle.

c. La cyclohexylamine est une amine.

www.annabac.com

5 La mécanique de Newton

Comment prévoir le point de chute d'un projectile lancé depuis la Terre ? Peut-on calculer la vitesse atteinte par un parachutiste au cours de son saut ? Quelles sont la vitesse et la période de révolution d'un satellite autour de la Terre ? Les réponses à toutes ces questions se trouvent dans le cadre de la théorie de Newton, qui permet l'étude du mouvement des systèmes mécaniques.

1 La cinématique du point

- La cinématique est la partie de la physique qui étudie les **mouvements des systèmes indépendamment des causes** qui les produisent. Les systèmes étudiés peuvent être des **solides** (corps indéformables constitués d'une infinité de points) ou des systèmes de très petite dimension assimilables à des **points matériels** (atomes, électrons, molécules, etc.).
- Nous étudierons le mouvement de points matériels qui seront soit des particules soit le centre d'inertie d'un solide (centre des masses du système).

A Mouvement et référentiel

- Le mouvement d'un point est toujours étudié par rapport à un **référentiel**. Un référentiel est un **observateur** lié à un **système d'axes de coordonnées** et muni d'un **dispositif pour mesurer le temps** (la mesure la plus précise étant fournie par une horloge atomique).
- On utilise différents référentiels, en fonction du système étudié :
• **référentiel terrestre :** mouvements de systèmes à la surface de la Terre (projectiles, véhicules, etc.) ;
• **référentiel géocentrique :** mouvements de systèmes par rapport à la Terre (satellites, météorites, etc.) ;
• **référentiel héliocentrique :** mouvements de systèmes par rapport au Soleil (planètes, sondes spatiales, comètes, etc.).

SYSTÈMES D'AXES ASSOCIÉS AUX RÉFÉRENTIELS

• Référentiel terrestre : l'observateur est fixe à la surface de la Terre et les trois axes du repère pointent vers trois points géographiques.

• Référentiel géocentrique : l'observateur est au centre de la Terre et les trois axes du repère pointent vers trois étoiles fixes.

• Référentiel héliocentrique : l'observateur est au centre du Soleil et les trois axes du repère pointent vers trois étoiles fixes.

Le temps absolu : le temps est supposé être indépendant du référentiel dans lequel on se trouve. La mesure du temps est la même quel que soit le référentiel envisagé.

B Caractéristiques du mouvement

La **trajectoire** est le chemin suivi par le point dans l'espace. Pour repérer le point, on définit un repère d'espace attaché au référentiel.

La position d'un point M au cours du temps est repérée par le **vecteur position $\overrightarrow{OM}$**.

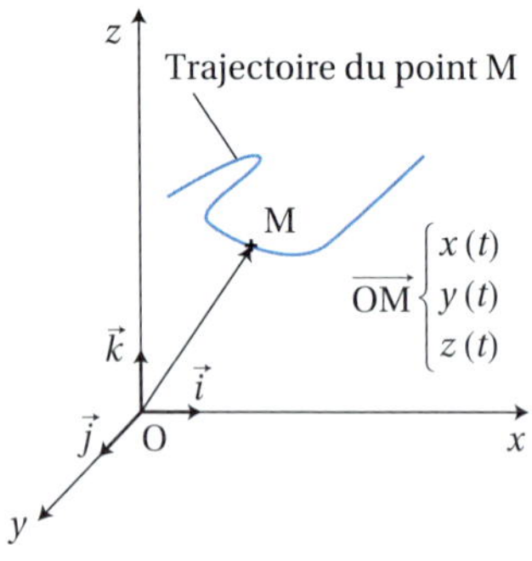

FIGURE 1 **Repère d'espace et vecteur position**

Un repère d'espace est un repère orthonormé $(O\,;\vec{i},\vec{j},\vec{k})$ où O est l'origine du repère, et $\vec{i}$ est le vecteur unitaire de la direction (Ox), $\vec{j}$ est le vecteur unitaire de la direction (Oy) et $\vec{k}$ est le vecteur unitaire de la direction (Oz).

Les **coordonnées** de ce vecteur dans le repère sont égales à celles du point M :

$$\overrightarrow{OM}(t) = x(t)\vec{i} + y(t)\vec{j} + z(t)\vec{k}$$

Remarque : dans certains cas, en fonction du type de mouvement étudié, on peut se contenter d'un repère d'espace à une ou deux dimensions.

La **vitesse** d'un point (notée v) au cours du temps est repérée par le **vecteur vitesse $\vec{v}$**.

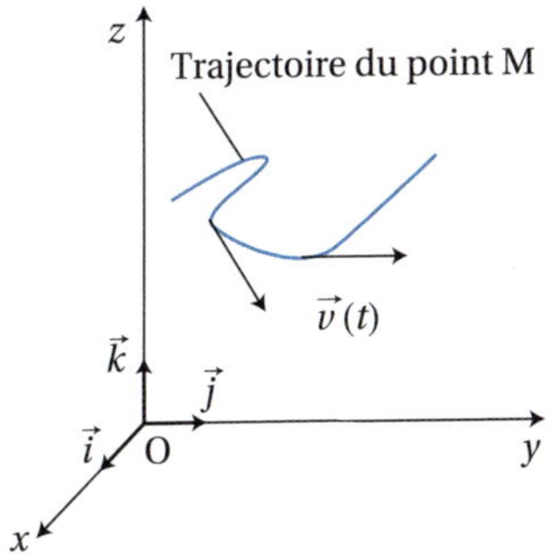

FIGURE 2 **Repère d'espace et vecteur vitesse**

Le vecteur vitesse est un vecteur dont la direction est tangente en tout point à la trajectoire, dont le sens est celui du mouvement et dont la longueur est proportionnelle à la valeur de la vitesse instantanée.

Le vecteur vitesse du point M est égal à la **dérivée par rapport au temps du vecteur position de M**.

$$\vec{v}(t)=\frac{\mathrm{d}\overrightarrow{\mathrm{OM}}}{\mathrm{d}t}$$

Ses coordonnées sont égales aux dérivées par rapport au temps des coordonnées du vecteur position.

$$\vec{v}(t)=\frac{\mathrm{d}x}{\mathrm{d}t}\vec{i}+\frac{\mathrm{d}y}{\mathrm{d}t}\vec{j}+\frac{\mathrm{d}z}{\mathrm{d}t}\vec{k}$$

L'**accélération** d'un point (notée a) au cours du temps est repérée par le **vecteur accélération $\vec{a}(t)$**.
Le vecteur accélération du point M est égal à la **dérivée par rapport au temps du vecteur vitesse**, ou à la **dérivée seconde par rapport au temps du vecteur position**.

$$\vec{a}(t)=\frac{\mathrm{d}\vec{v}}{\mathrm{d}t}=\frac{\mathrm{d}^2\overrightarrow{\mathrm{OM}}}{\mathrm{d}t^2}$$

Ses coordonnées sont égales aux dérivées par rapport au temps des coordonnées du vecteur vitesse, ou des dérivées secondes des coordonnées du vecteur position.

$$\vec{a}(t)=\frac{\mathrm{d}v_x}{\mathrm{d}t}\vec{i}+\frac{\mathrm{d}v_y}{\mathrm{d}t}\vec{j}+\frac{\mathrm{d}v_z}{\mathrm{d}t}\vec{k}=\frac{\mathrm{d}^2x}{\mathrm{d}t^2}\vec{i}+\frac{\mathrm{d}^2y}{\mathrm{d}t^2}\vec{j}+\frac{\mathrm{d}^2z}{\mathrm{d}t^2}\vec{k}$$

C Différents types de mouvements

On identifie le mouvement d'un point matériel à partir de son type de trajectoire et de l'évolution dans le temps de sa vitesse.

- **Mouvement rectiligne et uniforme :** la trajectoire est une droite et la vitesse est constante au cours du temps. Le vecteur vitesse reste constant au cours du temps, et par conséquent le vecteur accélération est égal au vecteur nul.

$$\vec{a}=\vec{0}$$

- **Mouvement rectiligne et uniformément varié :** la trajectoire est une droite et l'accélération est une constante non nulle. La direction du vecteur vitesse reste la même, et sa valeur varie au cours du temps.
Le vecteur accélération est constant au cours du mouvement : sa direction est celle de la trajectoire, sa longueur reste constante et son sens reste le même.

$$\vec{a}=\vec{C}$$

- **Mouvement circulaire et uniforme :** la trajectoire est un cercle et la vitesse est constante au cours du temps.
Le vecteur vitesse par contre, tangent à la trajectoire circulaire, change de direction et de sens (seule sa longueur reste constante). Cela a pour conséquence que le vecteur accélération a pour direction le rayon de la trajectoire, il est dirigé vers le centre du cercle et a une longueur constante.

$$\vec{a} \text{ est centripète et } a=C$$

- **Mouvement circulaire et non uniforme :** la trajectoire est un cercle et la vitesse varie au cours du temps.
Le vecteur accélération a une composante radiale a_R et une composante tangentielle a_T au cercle ; sa direction, son sens et sa longueur varient au cours du temps.

$$\vec{a}=\vec{a}_T(t)+\vec{a}_R(t)$$

2 La dynamique de Newton

La dynamique permet de prévoir le mouvement d'un point matériel à partir de ses causes.

A Bilan des forces

- Une force appliquée à un système mécanique indéformable a pour conséquence :
  - de le mettre en mouvement ;
  - de modifier son mouvement (vitesse, trajectoire).
- On associe à une force une **intensité** exprimée en **newtons (N)**. On la représente par un **vecteur force** $\vec{F}$ caractérisé par :
  - son point d'application ;
  - sa direction ;
  - son sens ;
  - sa longueur (proportionnelle à son intensité).

> Une force est extérieure à un système si sa source est située en dehors des limites du système, tandis qu'une force est intérieure si sa source se trouve dans le système.

- Effectuer un bilan des forces consiste à identifier et nommer toutes les forces extérieures appliquées à un système mécanique.

On définit la résultante des forces appliquées comme étant égale à la somme vectorielle de toutes les forces extérieures appliquées au système :

résultante des forces extérieures : $\sum \vec{F}_{ext} = \vec{F}_1 + \vec{F}_2 + \vec{F}_3 + \dots$

B Référentiels galiléens

- Un référentiel est dit galiléen si le mouvement d'un point matériel isolé est **rectiligne et uniforme** dans ce référentiel.
- Le **référentiel de Copernic**, dont l'origine est le centre des masses du Système solaire et dont les trois axes pointent vers trois étoiles fixes est galiléen.

> Un système est dit isolé si aucune force ne s'applique sur lui ou si la résultante des forces appliquées est égale au vecteur nul : $\sum \vec{F}_{ext} = \vec{0}$.

Tout référentiel en mouvement rectiligne et uniforme par rapport au référentiel de Copernic est galiléen.

- Sur des intervalles de temps adaptés, on peut considérer les référentiels terrestre et géocentrique comme étant galiléens.

C Les lois de Newton

▮ Les lois de Newton sont uniquement valables dans des **référentiels galiléens.**

▮ Pour appliquer ces lois, il faut au préalable réaliser un **bilan des forces** appliquées au système.

• **Première loi de Newton (ou principe de l'inertie)**
Dans un référentiel galiléen, si la résultante des forces extérieures est nulle, alors le mouvement du centre d'inertie est rectiligne et uniforme : son vecteur vitesse est constant au cours du temps.

La réciproque est vraie : si le centre d'inertie est animé d'un mouvement rectiligne et uniforme, alors la résultante des forces extérieures est égale au vecteur nul.

$$\sum \vec{F}_{\text{ext}} = \vec{0} \Leftrightarrow \vec{v} \text{ ne varie pas au cours du temps}$$

▮ On définit une grandeur attachée au point matériel qui est la **quantité de mouvement,** notée ***p***. Le vecteur quantité de mouvement $\vec{p}$ est égal au produit de la masse m du point matériel par le vecteur vitesse $\vec{v}$.

$$\vec{p} = m \times \vec{v}$$

• **Deuxième loi de Newton**
Dans un référentiel galiléen, la résultante des forces extérieures appliquées à un système est égale à chaque instant à la dérivée par rapport au temps du vecteur quantité de mouvement $\vec{p}$ du centre d'inertie du système.

$$\frac{\mathrm{d}\vec{p}}{\mathrm{d}t} = \sum \vec{F}_{\text{ext}}$$

Remarque : la deuxième loi de Newton peut s'exprimer également en faisant apparaître le vecteur accélération dans le premier membre :

$$\frac{\mathrm{d}\vec{p}}{\mathrm{d}t} = \frac{\mathrm{d}(m\vec{v})}{\mathrm{d}t} = m\frac{\mathrm{d}\vec{v}}{\mathrm{d}t} = m\vec{a}$$

• **Troisième loi de Newton (ou principe des actions réciproques)**
Considérons un système A exerçant une force $\vec{F}_{A/B}$ sur un système B. Alors, le système B exerce une force $\vec{F}_{B/A}$ sur le système A qui a la même droite d'action, la même norme et un sens opposé à la force $\vec{F}_{A/B}$ (FIGURE 3).

$$\vec{F}_{B/A} = -\vec{F}_{A/B}$$

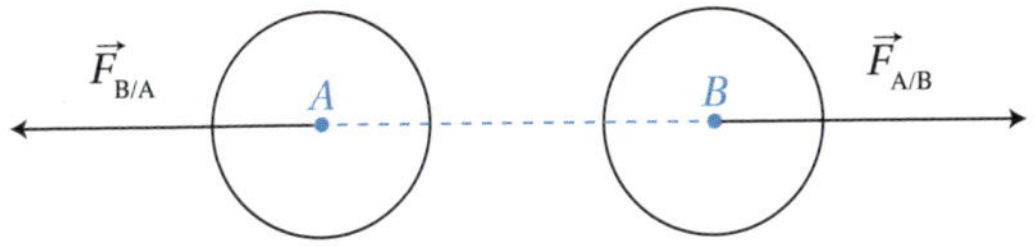

FIGURE 3 Illustration du principe des actions réciproques

3 Étude dynamique du mouvement d'un point

A Chute libre d'une balle

Le système étudié

Un système est en **chute libre** si au cours de son mouvement il est soumis uniquement à son **propre poids**.

Une balle est lâchée depuis une hauteur H par rapport au sol sans vitesse initiale (c'est-à-dire avec une vitesse nulle). On étudie au cours de la chute le mouvement de son centre d'inertie noté G, auquel on attribue toute la masse m de la balle.

L'étude se fera dans le **référentiel terrestre** supposé galiléen, et on définit un **repère d'espace** $\left(O;\vec{i},\vec{j},\vec{k}\right)$ où l'axe vertical Oz est ascendant.

Conditions initiales :

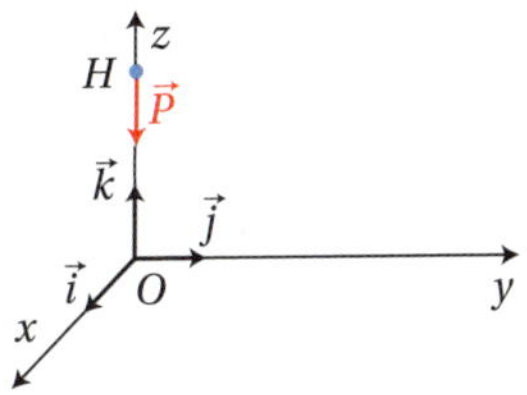

$x_G(0)=0\,;\,y_G(0)=0\,;\,z_G(0)=H$

$v_{Gx}(0)=0\,;\,v_{Gy}(0)=0\,;\,v_{Gz}(0)=0$

FIGURE 4 Chute libre d'une balle

Le champ de pesanteur

La seule force appliquée est le poids, qui a pour expression :

$$\vec{P} = m \times \vec{g}$$

Le vecteur $\vec{g}$ est appelé le champ de pesanteur : sa direction est celle de la verticale locale et il pointe vers le centre de la Terre (FIGURE 5). Si l'on se trouve dans un domaine de l'espace limité (de l'ordre de quelques kilomètres), on peut considérer que le champ de pesanteur y est **uniforme**.

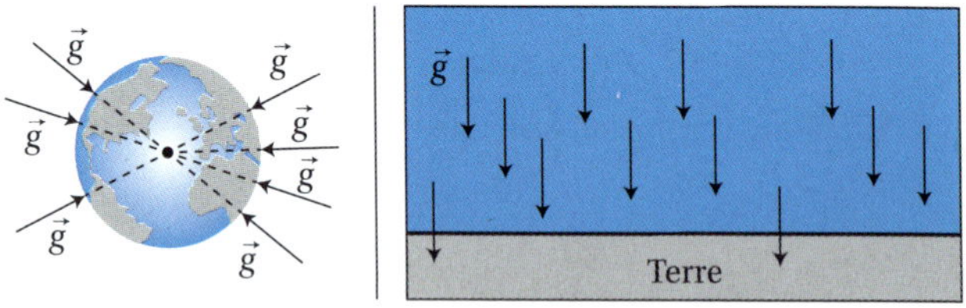

FIGURE 5 Champ de pesanteur autour de la Terre et champ de pesanteur local

Sa valeur est appelée **intensité de la pesanteur g** et est égale à $9{,}8\,\mathrm{m \cdot s^{-2}}$ en moyenne au voisinage du sol terrestre.

Modélisation du mouvement

Les **équations horaires du mouvement** sont les expressions des coordonnées du point G dans le repère d'espace en fonction du temps *t*. Pour trouver ces expressions, on applique la deuxième loi de Newton.

$$\frac{d\vec{p}_G}{dt} = \sum \vec{F}_{ext} \Leftrightarrow m \times \vec{a}_G = m \times g \Leftrightarrow \vec{a}_G = \vec{g}$$

On constate que le vecteur accélération reste constant au cours de la chute libre : le **mouvement est uniformément varié**.

On projette la relation vectorielle précédente sur les trois axes du repère : $a_{Gx} = 0$; $a_{Gy} = 0$; $a_{Gz} = -g$.

COORDONNÉES DU CHAMP DE PESANTEUR DANS LE REPÈRE D'ESPACE

Le champ de pesanteur est vertical et dirigé vers le bas, tandis que l'axe vertical (Oz) est orienté vers le haut. C'est pourquoi la coordonnée selon (Oz) du vecteur $\vec{g}$ est négative et les coordonnées selon (Ox) et (Oy) sont nulles : $x_g = 0$; $y_g = 0$; $z_g = -g$.

Pour obtenir les coordonnées du vecteur vitesse $\vec{v}_G$ du centre d'inertie, on réalise une recherche de primitives :

$$a_{Gx} = 0 \Leftrightarrow \frac{dv_{Gx}}{dt} = 0 \quad \text{soit} \quad v_{Gx} = v_{Gx}(0) \Leftrightarrow v_{Gx} = 0$$

$$a_{Gy} = 0 \Leftrightarrow \frac{dv_{Gy}}{dt} = 0 \quad \text{soit} \quad v_{Gy} = v_{Gy}(0) \Leftrightarrow v_{Gy} = 0$$

$a_{Gz}=-g \Leftrightarrow \frac{dv_{Gz}}{dt}=-g$ soit $v_{G_z}=-g\times t+v_{Gz}(0) \Leftrightarrow v_{Gz}=-g\times t$

De même, pour obtenir les coordonnées du vecteur position $\overrightarrow{OG}$ du centre d'inertie, on réalise une recherche de primitives :

$v_{Gx}=0 \Leftrightarrow \frac{dx_G}{dt}=0$ soit $x_G=x_G(0) \Leftrightarrow x_G=0$

$v_{Gy}=0 \Leftrightarrow \frac{dx_G}{dt}=0$ soit $y_G=y_G(0) \Leftrightarrow y_G=0$

$v_{Gz}=-g\times t \Leftrightarrow \frac{dz_G}{dt}=-g\times t$ soit $z_G=-g\times\frac{t^2}{2}+z_G(0) \Leftrightarrow z_G=-g\times\frac{t^2}{2}+H$

Les équations horaires du mouvement sont donc les suivantes :

$$x_G=0\ ;\quad y_G=0\ ;\quad z_G=-g\times\frac{t^2}{2}+H$$

On constate que la trajectoire coïncide avec l'axe vertical (Oz).

Le mouvement du centre d'inertie est un mouvement rectiligne et uniformément varié.

B Particule chargée entre les armatures d'un condensateur

On considère un condensateur où règne un vide entre les armatures. On injecte entre ces dernières une particule chargée q possédant une vitesse $\vec{v}_0$ de direction parallèle aux armatures.

Conditions initiales :

$x(0)=0\ ;\ y(0)=0\ ;\ z(0)=0$

$v_x(0)=v_0\ ;\ v_y(0)=0\ ;\ v_z(0)=0$

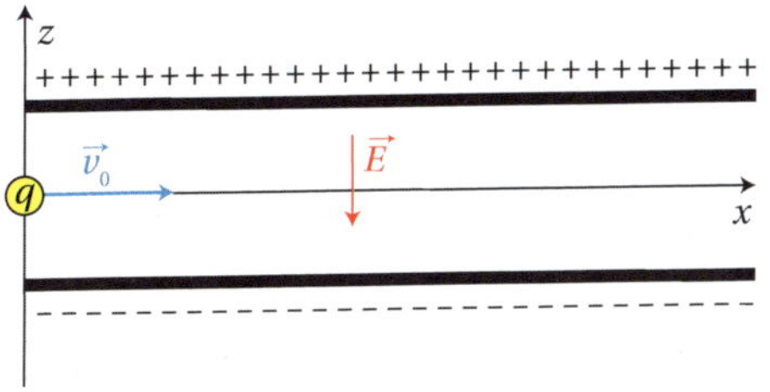

FIGURE 6 Particule chargée dans un condensateur

Le système étudié

La particule est assimilable à un point matériel et elle est soumise uniquement à la **force électrique** $\vec{F}_e$ due au champ électrique régnant entre les armatures du condensateur.

Le référentiel choisi est le **référentiel terrestre** supposé galiléen. On définit un **repère d'espace** $\left(O;\vec{i},\vec{j},\vec{k}\right)$ où l'origine du repère O coïncide avec la position initiale de la particule, les directions (Ox) et (Oy) sont dans un plan horizontal de telle sorte que la direction (Ox) coïncide avec celle de $\vec{v}_0$ et la direction (Oz) est verticale (FIGURE 6).

Le champ électrique

Entre les deux armatures du condensateur règne un **champ électrique uniforme**. Le vecteur champ électrique $\vec{E}$ a une droite d'action perpendiculaire aux armatures et est orienté vers l'armature chargée négativement (FIGURE 6). La valeur du champ électrique s'exprime en volts par mètre $\left(V{\cdot}m^{-1}\right)$.

La force électrique que subit la particule de charge q a pour expression :

$$\vec{F}_e = q \times \vec{E}$$

Remarque : en fonction du signe de la charge q, la force sera soit orientée dans le même sens que $\vec{E}$ (si q positive) soit dans le sens opposé (si q négative).

Modélisation du mouvement

On applique la deuxième loi de Newton :

$$\frac{d\vec{p}}{dt} = \sum \vec{F}_{ext} \Leftrightarrow m \times \vec{a} = q \times \vec{E} \Leftrightarrow \vec{a} = \frac{q}{m}\vec{E}$$

On constate que le vecteur accélération reste constant au cours du mouvement : le **mouvement est uniformément varié**.

On projette la relation vectorielle précédente sur les trois axes du repère :

$$a_x = 0\ ; \quad a_y = 0\ ; \quad a_z = -\frac{q}{m}E$$

Recherche de primitives pour obtenir les coordonnées du vecteur vitesse $\vec{v}$ de la particule :

$$a_x = \frac{dv_x}{dt} = 0 \quad \text{soit } v_x = v_x(0) \Leftrightarrow v_x = v_0$$

$$a_y = \frac{dv_y}{dt} = 0 \quad \text{soit } v_y = v_y(0) \Leftrightarrow v_y = 0$$

$$a_z = \frac{dv_z}{dt} = -\frac{q \times E}{m} \quad \text{soit } v_z = -\frac{q \times E}{m} \times t + v_z(0) \Leftrightarrow v_z = -\frac{q \times E}{m} \times t$$

Recherche de primitives pour obtenir les coordonnées du vecteur position $\overrightarrow{OM}$ de la particule :

$v_x = \frac{dx}{dt} = v_0$ soit $x = v_0 \times t + x(0) \Leftrightarrow x = v_0 \times t$

$v_y = \frac{dy}{dt} = 0$ soit $y = y(0) \Leftrightarrow y = 0$

$v_z = \frac{dz}{dt} = -\frac{q \times E}{m} \times t$ soit $z = -\frac{q \times E}{m} \times \frac{t^2}{2} + z(0) \Leftrightarrow z = -\frac{q \times E}{m} \times \frac{t^2}{2}$

Les équations horaires du mouvement sont donc les suivantes :

$$x = v_0 \times t\ ; \quad y = 0\ ; \quad z = -\frac{q \times E}{m} \times \frac{t^2}{2}$$

On constate que la trajectoire se trouve dans le plan vertical (Oxz).

Le mouvement de la particule chargée est un mouvement plan et uniformément varié.

La trajectoire de la particule

Son équation dans le plan (Oxz) est de la forme : $z = f(x)$.

On l'obtient en éliminant le temps dans les équations horaires obtenues précédemment :

$$x = v_0 \times t \Leftrightarrow t = \frac{x}{v_0}$$

On remplace t dans l'équation horaire de z et on obtient l'équation de la trajectoire :

$$z = -\frac{q \times E}{2 \times m \times v_0^2} \times x^2$$

On constate qu'il s'agit d'une parabole. Le mouvement d'une particule chargée entre les armatures d'un condensateur est un **mouvement parabolique**.

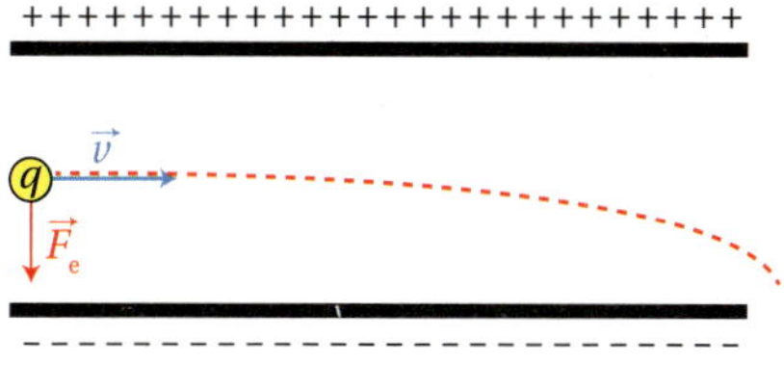

FIGURE 7 Mouvement parabolique d'une particule chargée négativement

Étudier un mouvement parabolique

ÉNONCÉ

On lance un projectile de masse m assimilable à un point matériel depuis une hauteur H. On étudie le mouvement dans le référentiel terrestre supposé galiléen et on définit un repère d'espace $\left(O;\vec{i},\vec{j},\vec{k}\right)$ dont l'origine est prise au sol et où l'axe vertical Oz est ascendant. La position initiale du point se trouve sur l'axe (Oz). La vitesse initiale v_0 est telle que le vecteur vitesse associé fait un angle α avec l'horizontale et est inclus dans le plan vertical (Oyz).

1 Déterminer les coordonnées à l'instant initial du vecteur position $\overrightarrow{OM}(0)$ et du vecteur vitesse $\vec{v}(0)$.

2 Exprimer le vecteur accélération $\vec{a}(t)$. Comment peut-on qualifier le mouvement du point matériel ?

3 Les équations horaires du mouvement sont les suivantes :

$$x=0\ ; \quad y=v_0\times\cos(\alpha)\times t\ ; \quad z=-g\times\frac{t^2}{2}+v_0\times\sin(\alpha)\times t+H$$

Pourquoi peut-on affirmer que le mouvement du point est un mouvement plan ? Justifier.

4 Trouver l'équation de la trajectoire du point matériel.

5 Comment qualifie-t-on un tel mouvement ?

MÉTHODE

1 ▶ Faire un schéma de la situation initiale.
▶ Appliquer les relations trigonométriques dans un triangle rectangle pour déterminer les coordonnées du vecteur vitesse à l'instant initial.

2 Appliquer la deuxième loi de Newton.

3 Utiliser les équations horaires $x(t)$, $y(t)$ et $z(t)$ pour déterminer la dimension du mouvement : si deux équations sont nulles, le mouvement est rectiligne (1 dimension) ; si une seule est nulle, le mouvement est plan (2 dimensions) ; si aucune est nulle, le mouvement est à 3 dimensions.

4 Éliminer le temps entre les équations horaires pour trouver l'équation de la trajectoire.

5 Reconnaître l'expression d'une fonction parabolique : $f(x)=a\times x^2+b\times x+c$ où a, b et c sont des constantes.

CORRIGÉ

1 Schéma de la situation initiale :

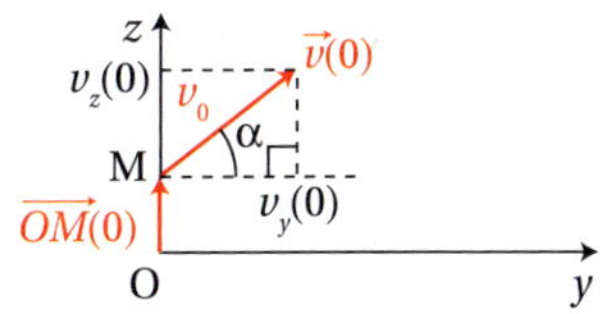

D'après le schéma, les coordonnées à l'instant initial du vecteur position sont : $x(0)=0$; $y(0)=0$; $z(0)=H$.

En appliquant les formules trigonométriques dans le triangle rectangle, on obtient les coordonnées à l'instant initial du vecteur vitesse :

$$v_x(0)=0 \,;\, \cos(\alpha)=\frac{v_y(0)}{v_0} \Leftrightarrow v_y(0)=\cos(\alpha)\times v_0 \,;$$

$$\sin(\alpha)=\frac{v_z(0)}{v_0} \Leftrightarrow v_z(0)=\sin(\alpha)\times v_0$$

2 On applique la deuxième loi de Newton dans le référentiel terrestre supposé galiléen. La seule force qui s'applique sur le système est son poids :

$$\frac{d\vec{p}}{dt}=\sum \vec{F}_{ext} \Leftrightarrow m\times\vec{a}(t)=m\times\vec{g} \leftrightarrow \vec{a}(t)=\vec{g}$$

On constate que le vecteur accélération est constant au cours du mouvement : il s'agit donc d'un mouvement uniformément varié.

3 Sachant que tout au long du mouvement, on a $x=0$, on en déduit que le mouvement du point s'inscrit dans le plan vertical (Oyz) : il s'agit bien d'un mouvement plan.

4 On isole le temps t dans l'équation horaire $y(t)$:

$$y=v_0\times\cos(\alpha)\times t \Leftrightarrow t=\frac{y}{v_0\times\cos(\alpha)}$$

On remplace t dans l'expression de $z(t)$ avec $t=\frac{y}{\cos(\alpha)\times v_0}$ (d'après la deuxième équation horaire) :

$$z=-g\times\frac{y^2}{2\times v_0^2\times\cos^2(\alpha)}+\frac{\sin(\alpha)}{\cos(\alpha)}\times y+H$$

5 D'après l'équation de la trajectoire, on en déduit qu'il s'agit d'un mouvement parabolique.

SE TESTER QUIZ

Dans le questionnaire à choix multiple (QCM) suivant, indiquer, pour chaque proposition, la ou les réponses exactes.

1 Quelle est l'expression de la deuxième loi de Newton ?

- [x] **a.** $\frac{d\vec{p}}{dt} = \sum \vec{F}_{ext}$
- [ ] **b.** $m \times \vec{a} = \sum \vec{F}_{ext}$
- [ ] **c.** $m \times \vec{v} = \sum \vec{F}_{ext}$

2 Le mouvement du centre d'inertie d'un système isolé est curviligne et uniforme.

- [ ] **a.** vrai
- [x] **b.** faux

3 Si l'accélération $\vec{a}$ est centrifuge et de valeur constante, le mouvement associé est circulaire et uniforme.

- [ ] **a.** vrai
- [x] **b.** faux

4 Quelle est l'expression de la force électrique exercée sur une particule chargée, de masse m et de charge q, soumise à un champ électrique $\vec{E}$?

- [ ] **a.** $\vec{F}_e = \frac{q}{\vec{E}}$
- [x] **b.** $\vec{F}_e = q \times \vec{E}$
- [ ] **c.** $\vec{F}_e = m \times \vec{E}$

S'ENTRAÎNER

5 Une situation, une loi de Newton

On étudie dans le référentiel terrestre supposé galiléen le mouvement de chute verticale d'une pomme qui se détache de son arbre. Le poids P de cette pomme est égal à 20 N. Toutes les autres forces exercées sur la pomme sont négligeables.

1. Montrer que le mouvement du centre d'inertie de la pomme est uniformément varié.

2. Montrer l'impossibilité pour la pomme de chuter en l'absence de forces appliquées sur elle.

3. Calculer la valeur de la force gravitationnelle F exercée par la pomme sur la Terre.

6 Mouvement d'un électron dans un tube cathodique

Un tube cathodique est un composant qui a longtemps été utilisé dans les écrans d'ordinateurs et ceux des téléviseurs avant l'avènement des écrans plasmas et LCD. Dans ce tube règne un vide poussé dans lequel se déplace un faisceau d'électrons pouvant être dévié par des systèmes constitués de plaques chargées électriquement ; les électrons déviés frappent ensuite un écran fluorescent. On étudie dans le référentiel terrestre, supposé galiléen, le mouvement de l'un des électrons du faisceau. On définit un repère d'espace $\left(O;\vec{i},\vec{j},\vec{k}\right)$, où l'origine du repère O coïncide avec la position initiale de la particule, les directions (Ox) et (Oy) sont dans un plan horizontal de telle sorte que la direction (Ox) coïncide avec celle de la vitesse commune des électrons du faisceau et la direction (Oz) est verticale.

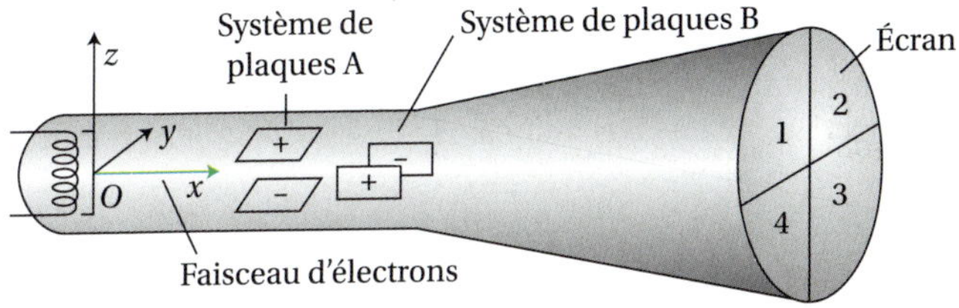

1. Indiquer pour les systèmes de plaque A et B, quel est le type de déviation (horizontale ou verticale) engendrée sur le faisceau d'électrons.

2. Lorsque l'on active le système des plaques de déviation verticale, les équations horaires du mouvement d'un électron entre ces plaques sont les suivantes : $x=v_0\times t$; $y=0$; $z=\dfrac{q\times E}{m}\times\dfrac{t^2}{2}$.

a. Sachant que la vitesse v_0 est égale $2{,}0\times10^5\ \text{m}\cdot\text{s}^{-1}$, et que la longueur totale L des plaques est égale à 3,0 cm, calculer le temps mis par l'électron pour traverser le système.
b. Le champ électrique E régnant entre les plaques de déviation verticale est égal à $E=-9{,}0\ \text{V}\cdot\text{m}^{-1}$. Calculer la valeur de la coordonnée z à la sortie du système.
Données : charge électrique élémentaire : $e=1{,}602\times10^{-19}$ C ; masse de l'électron : $m=9{,}1\times10^{-31}$ kg.
c. Dans une telle configuration, le faisceau d'électrons sera-t-il dévié vers le haut ou vers le bas ? Justifier.

3. En considérant les polarités des plaques données sur la figure précédente, dans quelle partie de l'écran (1, 2, 3 ou 4) se trouvera le faisceau d'électrons ?

OBJECTIF BAC

7 Étude du fonctionnement d'un spectromètre de masse

Un spectromètre de masse est un appareil mis au point par Francis Aston (1877-1945). Il permet de détecter et d'identifier des particules en fonction de leur masse et de leur charge. Les particules sont d'abord ionisées dans une chambre d'ionisation, puis sont accélérées par un champ électrique $\vec{E}$ (généré par une haute tension) jusqu'à une certaine vitesse $\vec{v}_c$. On les fait ensuite pénétrer dans une chambre où règne un champ magnétique $\vec{B}$ (créé par un électroaimant) qui est perpendiculaire à la vitesse $\vec{v}_c$. Les particules ionisées sont alors soumises à une force magnétique $\vec{F}_M$ qui courbe leurs trajectoires, la courbure dépendant à la fois de leur charge électrique q et de leur masse m.

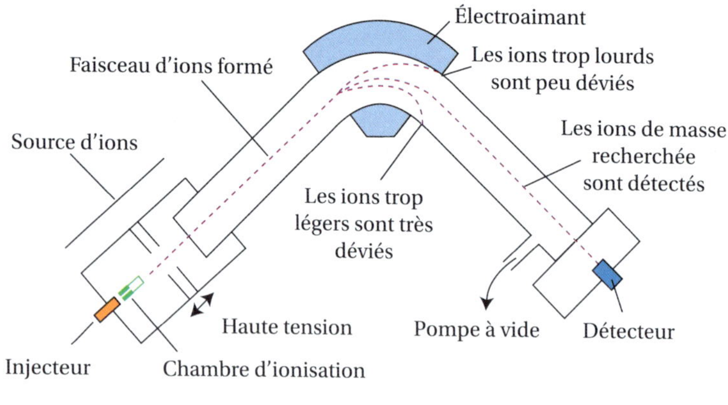

Toutes les études se feront dans le référentiel terrestre supposé galiléen. Les parties sont indépendantes entre elles.

• Partie A : accélération d'un ion par un champ électrique

On considère un ion de charge positive q et de masse m dont la position initiale sur un axe (Ox) coïncide avec l'origine O et dont la vitesse initiale est nulle. Il règne dans la chambre d'accélération un champ électrique $\vec{E}$ parallèle à l'axe (Ox) de valeur $E = 5{,}00 \times 10^3$ V·m^{-1}.

1. Rappeler l'expression vectorielle de la force électrique $\vec{F}_e$.

2. Établir l'équation paramètrique $x(t)$ de cet ion, en considérant que la seule force agissant sur celui-ci est la force électrique.

3. La chambre d'accélération a une longueur L égale à 50,0 cm. Calculer le temps t_c mis par l'ion pour traverser cette chambre.
Données : $m = 9{,}6 \times 10^{-23}$ g ; $q = 1{,}60 \times 10^{-19}$ C

4. Calculer la valeur de la vitesse v_c de l'ion lors de sa sortie de la chambre d'accélération.

• Partie B : déflection d'un ion par un champ magnétique

Lorsque l'ion positif entre dans la chambre où règne un champ magnétique $\vec{B}$, il se retrouve soumis uniquement à la force magnétique $\vec{F}_M$ qui est colinéaire à l'accélération $\vec{a}$ de l'ion.

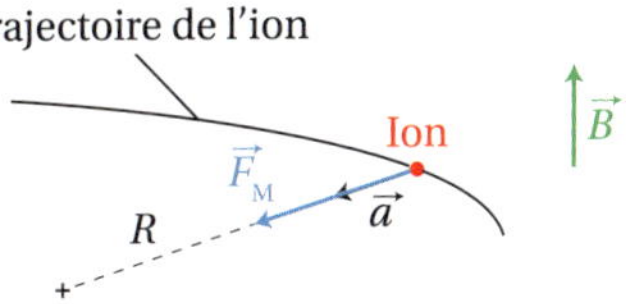

1. Appliquer la deuxième loi de Newton à cet ion.

2. Les valeurs de l'accélération a et de la force magnétique F_M ont pour expressions : $a = \frac{v^2}{R}$ et $F_M = q \times v \times B$

v est la vitesse de l'ion, m et q sont sa masse et sa charge, R est le rayon de courbure de sa trajectoire, et B est la valeur du champ magnétique.
Montrer que le rayon de courbure R de la trajectoire a pour expression :

$$R = \frac{m \times v}{q \times B}$$

3. Est-ce que les ions lourds sont plus déviés que les ions légers ? Justifier la réponse.

4. Est-ce qu'un ion est d'autant plus dévié que sa charge électrique q est grande ? Justifier.

5. Calculer le rayon de courbure R_c pour l'ion étudié dans la partie A, sachant que $v_c = 9{,}2 \times 10^4$ m·s^{-1} et que le champ magnétique a pour valeur $B = 2{,}5$ T.

SE TESTER

1 Réponses a et b. La deuxième loi de Newton peut s'écrire :

$$\frac{\mathrm{d}\vec{p}}{\mathrm{d}t} = m \times \vec{a} = \sum \vec{F}_{\text{ext}}$$

2 Réponse b. Faux : d'après la première loi de Newton, le mouvement du centre d'inertie d'un système isolé est rectiligne et uniforme.

3 Réponse b. Faux : si le mouvement associé est circulaire et uniforme, l'accélération $\vec{a}$ est centripète et de valeur constante.

4 Réponse b. L'expression de la force électrique exercée sur une particule chargée de masse m et de charge q soumise à un champ électrique $\vec{E}$ est :

$$\vec{F}_{\text{e}} = q \times \vec{E}$$

S'ENTRAÎNER

5 Une situation, une loi de Newton

1. D'après la seconde loi de Newton, dans un référentiel galiléen :

$$\sum \vec{F}_{\text{ext}} = m \times \vec{a} \Leftrightarrow \vec{P} = m \times \vec{a} \Leftrightarrow \vec{a} = \frac{\vec{P}}{m}$$

Le vecteur poids étant un vecteur constant, le vecteur accélération est lui aussi constant, donc le mouvement est uniformément varié.

2. D'après la première loi de Newton, dans un référentiel galiléen, si la résultante des forces extérieures appliquées sur le système est nulle (absence de force), alors le vecteur vitesse est constant au cours du temps. Avant la chute, le vecteur vitesse est égal au vecteur nul $\vec{0}$: si la pomme n'est soumise à aucune force, celle-ci restera immobile car $\vec{v} = \vec{0}$.

3. D'après la troisième loi de Newton, deux systèmes exercent l'un sur l'autre des forces qui ont même droite d'action, même norme et des sens opposés. La force gravitationnelle exercée par la pomme sur la Terre a donc la même valeur que celle exercée par la Terre sur la pomme : $F = P = 20\ \text{N}$.

6 Mouvement d'un électron dans un tube cathodique

1. Le système de plaques A engendre une déviation verticale du faisceau d'électrons, alors que le système de plaques B engendre une déviation horizontale.

2. a. D'après les équations horaires, on peut écrire : $t=\frac{x}{v_0}$. La distance x parcourue par les électrons entre les plaques est égale à la longueur L. On en déduit : $t=\frac{L}{v_0}=\frac{3{,}0\times10^{-2}}{2{,}0\times10^{5}}=1{,}5\times10^{-7}$ s.

b. La charge de l'électron est $q=-e$. Nous avons donc :

$$z=\frac{q\times E}{m}\times\frac{t^2}{2}=\frac{(-1{,}6\times10^{-19})\times(-9{,}0)}{9{,}1\times10^{-31}}\times\frac{(1{,}5\times10^{-7})}{2}=1{,}8\times10^{-2}\text{ m}.$$

c. La valeur de z est positive et l'axe (Oz) est orienté vers le haut : le faisceau d'électrons sera dévié vers le haut.

3. Le faisceau d'électrons est dévié vers le haut par le système de plaques A, car il est attiré par la plaque chargée positivement. Il le sera également par la plaque chargée positivement du système de plaques B : il sera alors dévié vers la droite. Le faisceau se trouvera donc dans la zone 1 de l'écran.

OBJECTIF BAC

7 Étude du fonctionnement d'un spectromètre de masse

• Partie A

1. La force électrique que subit une particule de charge q a pour expression :

$$\vec{F}_e=q\times\vec{E}$$

2. L'ion n'est soumis qu'à la force électrique, donc d'après la seconde loi de Newton, on a : $\frac{d\vec{p}}{dt}=\sum\vec{F}_{ext}\Leftrightarrow m\times\vec{a}=q\times\vec{E}\Leftrightarrow\vec{a}=\frac{q}{m}\times\vec{E}$.

Comme le mouvement ne se fait que selon l'axe (Ox), nous pouvons raisonner uniquement sur la coordonnée x des vecteurs.

D'après l'énoncé, à l'instant initial les coordonnées des vecteurs position et vitesse sont : $x(0)=0$ et $v_x(0)=0$.

Déterminons la coordonnée v_x :

$$a_x=\frac{q}{m}\times E\Leftrightarrow\frac{dv_x}{dt}=\frac{q}{m}\times E\quad\text{soit}\quad v_x=\frac{q}{m}\times E\times t+v_x(0)\ ;$$

on en déduit : $v_x=\frac{q}{m}\times E\times t$.

Déterminons l'équation horaire paramétrique :

$$v_x = \frac{dx}{dt} = \frac{q}{m} \times E \times t \quad \text{soit} \quad x = \frac{1}{2} \times \left(\frac{q}{m} \times E \times t^2\right) + x(0)\ ;$$

on en déduit : $x = \frac{1}{2} \times \left(\frac{q}{m} \times E \times t^2\right)$.

3. D'après la question précédente, on a :

$$t_c = \sqrt{\frac{2 \times L \times m}{E \times q}} = \sqrt{\frac{2 \times 50{,}0 \times 10^{-2} \times 9{,}6 \times 10^{-26}}{5{,}00 \times 10^{3} \times 1{,}60 \times 10^{-19}}}$$

soit $t_c = 1{,}1 \times 10^{-5}$ s.

4. D'après la question 2, on a : $v_c = \frac{q}{m} \times E \times t_c$

soit $v_c = \frac{1{,}60 \times 10^{-19}}{9{,}6 \times 10^{-26}} \times 5{,}00 \times 10^{3} \times 1{,}1 \times 10^{-5} = 9{,}2 \times 10^{4}\ \text{m·s}^{-1}$

ou $v_c = 3{,}3 \times 10^{5}\ \text{km·h}^{-1}$.

• Partie B

1. D'après la seconde loi de Newton, dans un référentiel galiléen :

$$\frac{d\vec{p}}{dt} = \sum \vec{F}_{ext} \Leftrightarrow m \times \vec{a} = \vec{F}_M$$

2. D'après la question précédente, nous avons : $m \times \vec{a} = \vec{F}_M$.

La force magnétique $\vec{F}_M$ étant colinéaire à l'accélération $\vec{a}$ de l'ion, on peut écrire : $m \times a = F_M$.

En remplaçant F_M et a par les formules données dans l'énoncé, on trouve :

$q \times v \times B = \frac{m \times v^2}{R}$. On en déduit : $R = \frac{m \times v^2}{q \times v \times B} = \frac{m \times v}{q \times B}$.

3. Un ion est d'autant plus dévié que son rayon de courbure est faible. D'après l'expression du rayon de courbure, celui-ci est proportionnel à la masse m de l'ion : les ions lourds sont donc moins déviés que les ions légers.

4. D'après l'expression du rayon de courbure, celui-ci est inversement proportionnel à la charge électrique q de l'ion : l'ion est d'autant plus dévié que sa charge électrique q est grande.

5. Pour l'ion étudié dans la partie A, on a :

$$R = \frac{m \times v_c}{q \times B} = \frac{9{,}6 \times 10^{-26} \times 9{,}2 \times 10^{4}}{1{,}60 \times 10^{-19} \times 2{,}5} = 2{,}2 \times 10^{-2}\ \text{m}.$$

www.annabac.com @

CHAPITRE

6 Mouvement des satellites et des planètes

L'étude du mouvement des planètes de notre système solaire a toujours passionné les scientifiques. De Copernic à Galilée, en passant par Kepler puis Newton, l'histoire est jalonnée par des travaux d'observation et des théories qui ont révolutionné la science de l'époque et qui ont posé les fondations de la physique moderne.

1 Le mouvement des planètes : les lois de Kepler

Première loi : la loi des orbites

Chaque planète du Système solaire décrit autour du Soleil une ellipse dont le Soleil occupe un des foyers.

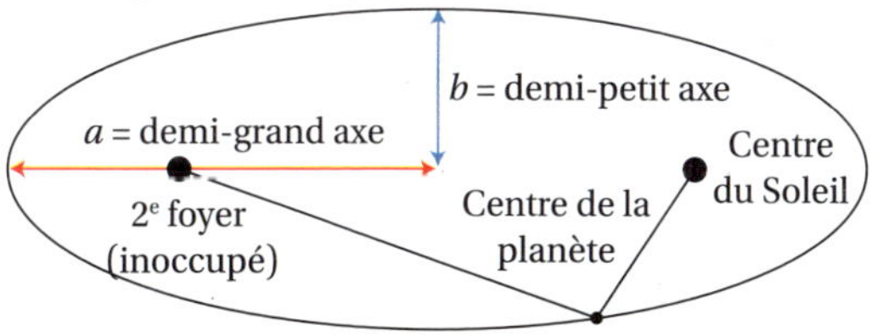

Conséquence : le mouvement du centre de la planète est inscrit dans un plan.

FIGURE 1 **Orbitre elliptique d'une planète autour du Soleil**

Deuxième loi : la loi des aires

Le rayon vecteur qui joint le centre de la planète à celui du Soleil balaye des surfaces égales pendant des durées égales (FIGURE 2).

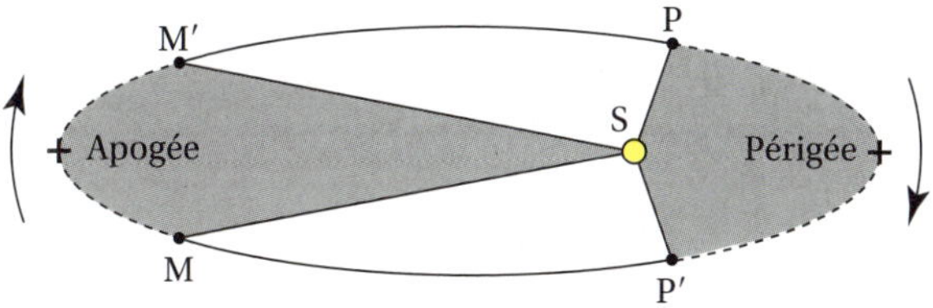

FIGURE 2 **Illustration de la loi des aires**

On pose :
SP, SP′, SM , SM′ = rayons vecteurs ;
SPP′ = aire balayée pendant la durée Δt ;
SMM′= aire balayée pendant la durée $\Delta t'$.

1. Si $\Delta t = \Delta t'$ alors les aires sont égales .

2. Si $\Delta t = \Delta t'$ alors l'arc PP′ est supérieur à l'arc MM′ : la vitesse entre P et P′ est plus grande que celle entre M et M′.

Conséquence : la vitesse du centre de la planète le long de sa trajectoire augmente lorsque la planète se rapproche du Soleil et diminue lorsqu'elle s'en éloigne. Le mouvement n'est donc pas uniforme. La vitesse est maximale lorsque la planète est le plus proche du Soleil (périhélie ou périgée) et minimale lorsque la planète est la plus éloignée du Soleil (aphélie ou apogée).

Troisième loi : la loi des périodes

Le carré de la période de révolution T de chaque planète est proportionnel au cube du demi-grand axe a de son orbite elliptique.

$$\frac{T^2}{a^3} = k$$

T en secondes (s)
a en mètres (m)
k en $s^2 \cdot m^{-3}$

Pour le Système solaire, la constante k est la même pour toutes les planètes :
$k = 3{,}0 \times 10^{-19}\, s^2 \cdot m^{-3}$.
Pour la Terre, cette constante est la même pour tous les satellites :
$k = 1{,}0 \times 10^{-13}\, s^2 \cdot m^{-3}$

Remarques :
- les lois de Kepler sont aussi valables pour un satellite autour d'une planète ;
- il ne faut pas confondre période de révolution et période propre d'une planète qui correspond à la période de rotation de la planète autour d'un de ses axes.

2 Le mouvement circulaire et uniforme d'un point matériel

En première approximation, les mouvements des centres des planètes dans le référentiel héliocentrique sont circulaires et uniformes.

Caractéristiques du mouvement

La trajectoire est un cercle et la vitesse instantanée est constante (FIGURE 3).
Le rayon $R = \text{OG}$ de la trajectoire nous permet de définir le rayon vecteur $\overrightarrow{\text{OG}}$.
Le vecteur vitesse $\vec{v}$ étant tangent à la trajectoire, celui-ci doit donc être perpendiculaire au rayon vecteur (FIGURE 3). Le mouvement étant uniforme, la norme du vecteur vitesse est constante au cours du temps.

Le repère tournant ou de Frénet

Pour exprimer les vecteurs vitesse et accélération, on définit le repère tournant ou de Frénet $\left(G, \vec{T}, \vec{N}\right)$, attaché au point en mouvement G.
$\vec{T}$: vecteur unitaire tangent à la trajectoire et orienté dans le sens du mouvement.
$\vec{N}$: vecteur unitaire normal (perpendiculaire) à la trajectoire et dirigé vers le centre O ; il est **centripète.**

Expression des vecteurs vitesse et accélération dans le repère tournant

- Vecteur vitesse : $\vec{v} = v(t) \times \vec{T}$ avec $v(t)$ la norme du vecteur vitesse.

Le vecteur vitesse est **colinéaire** au vecteur $\vec{T}$.

- Vecteur accélération : $\vec{a} = \frac{v^2}{R} \times \vec{N} + \frac{dv}{dt} \times \vec{T}$

Dans le cas où le mouvement est uniforme : $v(t) =$ constante et $\frac{\text{d}v}{\text{d}t} = 0$.

Les vecteurs $\vec{v}$ et $\vec{a}$ ont donc pour expression :

$\vec{v} = v \times \vec{T}$ et $\vec{a} = \frac{v^2}{R} \times \vec{N}$ avec $R = \text{OG}$: rayon de la trajectoire.

Le vecteur accélération est colinéaire à $\vec{N}$: il est **radial** et dirigé vers le centre O.
Pour un mouvement circulaire et uniforme, le vecteur accélération est **centripète** et a une **norme constante** :

$$a = \frac{v^2}{R} = \text{constante}$$

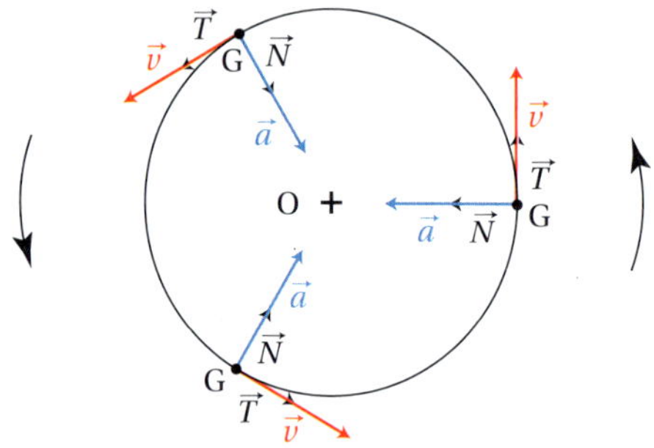

FIGURE 3 **Mouvement circulaire et uniforme**

3 Mouvement d'un satellite autour de la Terre

A Cadre de l'étude

- Le référentiel d'étude est le **référentiel géocentrique** supposé galiléen.
- Le **bilan des forces** permet d'identifier une seule force s'exerçant sur le satellite : la force gravitationnelle $\vec{F}_{T/S}$ exercée par la Terre sur le satellite.

FORCE GRAVITATIONNELLE

La Terre de masse M_T exerce sur un satellite de masse m_S une force gravitationnelle attractive dont l'expression vectorielle est la suivante :

$$\vec{F}_{T/S} = G \times \frac{m_S \times M_T}{d_{TS}^2} \vec{u}_{ST}$$

avec d_{TS} distance entre le centre de la Terre et celui du satellite et $\vec{u}_{ST}$ vecteur unitaire de la direction (ST) passant par les deux centres et dirigé vers le centre de la Terre ; G est la constante de la gravitation universelle : $G = 6{,}67 \times 10^{-11}\ N \cdot m^2 \cdot kg^{-2}$.

- On applique la deuxième loi de Newton au centre d'inertie G du satellite :

$$\frac{d\vec{p}_G}{dt} = \sum \vec{F}_{ext} \Leftrightarrow m_S \times \vec{a}_G = G \times \frac{m_S \times M_T}{d_{TS}^2} \vec{u}_{ST}$$

On obtient l'expression du vecteur accélération :

$$\vec{a}_G = \frac{G \times M_T}{d_{TS}^2} \vec{u}_{ST}$$

- Si le mouvement est circulaire, la distance d_{TS} entre les centres de la Terre et du satellite reste constante, ce qui implique pour le vecteur accélération $\vec{a}_G$ d'être à la fois **centripète** et de **norme constante**.

Conséquence : le mouvement d'un satellite en orbite circulaire est uniforme.

Par exemple, le mouvement d'un satellite géostationnaire autour de la Terre est circulaire et uniforme dans le référentiel géocentrique.

B Vitesse du satellite

Dans le cas du mouvement circulaire et uniforme, on peut établir l'expression de la vitesse du satellite :

relation (1) : $a_G = \dfrac{v^2}{d_{TS}}$ car le mouvement est circulaire et uniforme ;

relation (2) : $a_G = \dfrac{G \times M_T}{d_{TS}^2}$ d'après la 2e loi de Newton ;

par identification des deux relations : $\dfrac{v^2}{d_{TS}} = \dfrac{G \times M_T}{d_{TS}^2}$

On obtient finalement :

$$v = \sqrt{\frac{G \times M_T}{d_{TS}}}$$

v en mètres par seconde ($m \cdot s^{-1}$)
M_T en kilogrammes (kg)
d_{TS} en mètres (m)
G en unités SI

C Période de révolution

La période de révolution T, pour un mouvement circulaire et uniforme, a pour expression :

$$T = \frac{2 \times \pi \times d_{TS}}{v}$$

En remplaçant v par son expression obtenue en 3.B, on obtient la formule donnant la période de révolution :

$$T = 2 \times \pi \times \sqrt{\frac{d_{TS}^3}{G \times M_T}}$$

T en secondes (s)
M_T en kilogrammes (kg)
d_{TS} en mètres (m)
G en unités SI

4 Le problème de la satellisation

Pour mettre un satellite en orbite, on l'embarque sur une fusée qui est lancée depuis le sol. Celle-ci utilise la **propulsion par réaction** pour décoller : le moteur de la fusée éjecte des gaz à très grande vitesse qui sont produits par des réactions chimiques ; cette éjection de gaz est à l'origine de la force de poussée qui s'exerce sur la fusée.

A Quantité de mouvement d'un système isolé

On applique la deuxième loi de Newton à un système isolé :

$$\frac{d\vec{p}}{dt} = \sum \vec{F}_{ext} \text{ avec } \sum \vec{F}_{ext} = \vec{0}$$

$$\frac{d\vec{p}}{dt} = \vec{0} \text{ donc } \vec{p} \text{ est constant}$$

La quantité de mouvement d'un système isolé est constante au cours du mouvement.

B Application à une sonde spatiale isolée : origine de la force de poussée

- Considérons une sonde spatiale venant de quitter le Système solaire (c'est le cas par exemple des sondes Voyager 1 et 2 lancées en 1977) et donc très éloignée de toute source de force gravitationnelle. Cette sonde peut être assimilée à un système isolé.
- La sonde, de masse m et de vitesse v à un instant t, éjecte sur une durée égale à Δt une partie de sa masse Δm sous forme de gaz avec une vitesse v_{GAZ} par l'intermédiaire de son moteur à réaction. La vitesse de la sonde à l'instant $t + \Delta t$ est égale à $v + \Delta v$.

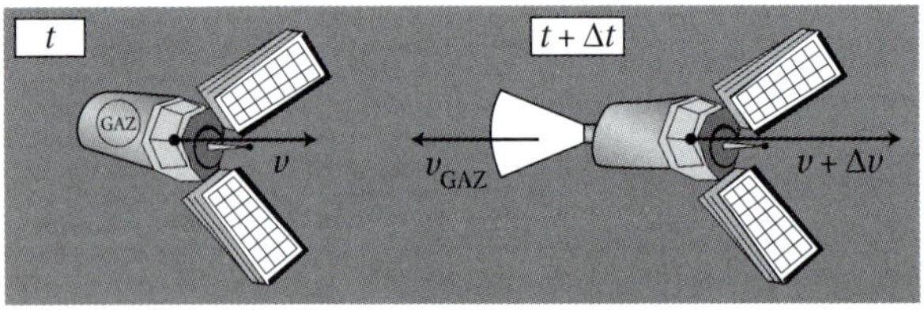

FIGURE 4 **Vitesse d'une sonde spatiale équipée d'un moteur à réaction entre deux instants**

La variation de la quantité de mouvement Δp du système {sonde + gaz} entre les instants t et $t+\Delta t$ est égale à : $\Delta p = p(t+\Delta t) - p(t)$
avec : $p(t) = (m+\Delta m) \times v$ et $p(t+\Delta t) = m \times (v+\Delta v) + \Delta m \times (v - v_{GAZ})$.
On obtient au final : $\Delta p = m \times \Delta v - \Delta m \times v_{GAZ}$.
À partir de ce résultat, on en déduit la variation de la quantité de mouvement par unité de temps :

$$\frac{dp}{dt} = m \times \frac{dv}{dt} - \frac{dm}{dt} \times v_{GAZ}$$

Le système {sonde + gaz} étant isolé, on obtient alors :

$$\frac{dp}{dt} = 0 \Leftrightarrow m \times \frac{dv}{dt} - \frac{dm}{dt} \times v_{GAZ} = 0$$

On définit D_{GAZ}, le débit en masse du gaz éjecté (en kilogrammes par seconde) :

$$D_{GAZ} = \frac{dm}{dt}$$

On obtient au final : $m \times \frac{dv}{dt} = D_{GAZ} \times v_{GAZ}$

Tout se passe comme si la sonde (dont la masse varie au cours du temps) est soumise à une **force propulsive F_P**, à la fois proportionnelle à la vitesse et au débit massique des gaz éjectés.

$F_P = D_{GAZ} \times v_{GAZ}$	F_P en newtons (N) D_{GAZ} en kilogrammes par seconde $(kg \cdot s^{-1})$ v_{GAZ} en mètres par seconde $(m \cdot s^{-1})$

C La satellisation

Cette opération consiste à propulser un engin (appelé satellite) sur une trajectoire fermée autour de la Terre.
La réussite d'une satellisation nécessite de placer le satellite sur une orbite située au-dessus des couches denses de l'atmosphère (à au moins 200 kilomètres d'altitude), avec une vitesse comprise entre $7{,}8\ km \cdot s^{-1}$ et $11\ km \cdot s^{-1}$.

Le lanceur est une fusée munie de moteurs à réaction dont la force de poussée $\vec{F}_P$ doit permettre de vaincre la force gravitationnelle exercée par la Terre $\vec{F}_{T/L}$, les forces de frottements de l'atmosphère $\vec{f}$ et d'atteindre la vitesse de satellisation désirée.
La deuxième loi de Newton appliquée au système {lanceur + satellite} dans le référentiel terrestre a ainsi pour expression :

$$\frac{d\vec{p}}{dt} = \sum \vec{F}_{ext} = \vec{F}_p + \vec{F}_{T/L} + \vec{f}$$

Les trois forces sont colinéaires et telles que : $F_P > F_{T/L} + f$.

Exploiter et retrouver la 3e loi de Kepler

ÉNONCÉ

On considère trois satellites autour de la Terre, dont les caractéristiques du mouvement sont fournies dans le tableau suivant :

Satellite	Type de mouvement	Rayon R ou demi-grand axe a (km)	Période de révolution T (s)
1	Circulaire	$4{,}22 \times 10^4$	$8{,}61 \times 10^4$
2	Elliptique	$2{,}57 \times 10^4$	$4{,}10 \times 10^4$
3	Elliptique	$5{,}06 \times 10^4$	

1 La constante k étant égale pour la Terre à $k = 9{,}90 \times 10^{-14}\ \text{s}^2 \cdot \text{m}^{-3}$, vérifier que le satellite 2 obéit à la troisième loi de Kepler.

2 Trouver la période de révolution T du satellite 3.

3 Pour le satellite dont le mouvement est circulaire, exprimer en fonction du rayon R de sa trajectoire et de la masse M de la Terre, sa période de révolution T.

4 À quoi peut-on identifier le demi-grand axe a d'une ellipse dans le cas d'un cercle ?

5 Exprimer dans le cas d'un mouvement circulaire le rapport $\frac{T^2}{a^3}$ en fonction de G et de M.

6 Montrer que dans ce cas, la troisième loi de Kepler est vérifiée.

7 Calculer la constante k et la comparer à celle de l'énoncé.

Données : $M = 5{,}98 \times 10^{24}$ kg ; $G = 6{,}67 \times 10^{-11}$ SI.

MÉTHODE

1 Convertir les distances en mètres : $1\ \text{km} = 10^3\ \text{m}$.

2 Utiliser l'expression $k = \frac{T^2}{a^3}$ pour trouver T.

3 Remplacer d_{TS} par R dans l'expression de T.

4 Savoir que le cercle est la limite d'une ellipse lorsque les deux foyers se confondent en un seul centre.

5 Remplacer le demi-grand axe a par le rayon R.

CORRIGÉ

1 La troisième loi de Kepler a pour expression $k=\frac{T^2}{a^3}$, où la période T est en secondes et le demi-grand axe a est en mètres.
Soit : $a=2{,}57\times10^4\ \text{km}=2{,}57\times10^7\ \text{m}$;

$$\frac{T^2}{a^3}=\frac{\left(4{,}10\times10^4\right)^2}{\left(2{,}57\times10^7\right)^3}=9{,}90\times10^{-14}\ \text{s}^2\cdot\text{m}^{-3}=k$$

La troisième loi de Kepler est bien vérifiée.

2 On applique la troisième loi de Kepler et on isole la période T :

$$\frac{T^2}{a^3}=k\Leftrightarrow T=\sqrt{k\times a^3}\ ;$$

Avec $a=5{,}06\times10^4\ \text{km}=5{,}06\times10^7\ \text{m}$ et $k=9{,}90\times10^{-14}\ \text{s}^2\cdot\text{m}^{-3}$,
on obtient : $T=1{,}13\times10^5\ \text{s}$.

3 La période de révolution T pour le satellite dont le mouvement est circulaire est la suivante :

$$T=2\times\pi\times\sqrt{\frac{R^3}{\text{G}\times M}}$$

4 Le demi-grand axe a d'une ellipse dans le cas d'un cercle s'identifie au rayon R du cercle : $a=R$.

5 Dans le cas d'un mouvement circulaire le rapport $\frac{T^2}{a^3}$ peut s'écrire :

$$\frac{T^2}{a^3}=\frac{4\times\pi^2\times\frac{R^3}{\text{G}\times M}}{R^3}\Leftrightarrow\frac{T^2}{a^3}=\frac{4\times\pi^2}{\text{G}\times M}$$

6 Sachant que M et G sont des constantes, on en déduit que le rapport $\frac{T^2}{a^3}$ est égal à une constante : la troisième loi de Kepler est bien vérifiée.

7 Calcul de la constante k : $k=\frac{4\times\pi^2}{\text{G}\times M}=9{,}90\times10^{-14}$ SI.

La valeur calculée est bien identique à celle de l'énoncé.

SE TESTER QUIZ

Dans le questionnaire à choix multiple (QCM) suivant, indiquer, pour chaque proposition, la ou les réponses exactes.

1 Le rapport de la période de révolution T sur le demi-grand axe a est constant pour tous les satellites autour d'une même planète.

☐ **a.** vrai ☐ **b.** faux

2 Quelle est l'expression de la force de poussée F_P ?

☐ **a.** $F_P = \frac{D_{GAZ}}{v_{GAZ}}$ ☐ **b.** $F_P = D_{GAZ} + v_{GAZ}$ ☐ **c.** $F_P = D_{GAZ} \times v_{GAZ}$

3 La quantité de mouvement d'un système isolé est constante au cours d'un mouvement.

☐ **a.** vrai ☐ **b.** faux

4 Quelle est l'expression mathématique de la vitesse v d'un satellite en orbite circulaire autour d'un astre de masse M situé à la distance d ?

☐ **a.** $v = \sqrt{\frac{d}{G \times M}}$ ☐ **b.** $v = \sqrt{\frac{G \times M}{d}}$ ☐ **c.** $v = \frac{G \times M}{d}$

S'ENTRAÎNER

5 Le satellite météorologique Eole

Le satellite français Eole avait pour mission de localiser 479 ballons-sondes météorologiques lancés depuis l'Argentine. Il a été lancé en 1971, sur une orbite de 903 km d'apogée et de 678 km de périgée. Sa masse m est égale à 84 kg.

1. Calculer la force gravitationnelle exercée par la Terre sur le satellite à l'apogée, puis au périgée. Comparer les deux valeurs obtenues.

2. Quelle est la valeur du demi-grand axe a de l'orbite d'Eole ?

3. Sachant que la constante k de la troisième loi de Kepler est égale pour la Terre à $k = 9{,}90 \times 10^{-14}\ s^2 \cdot m^{-3}$, calculer la valeur de la période de révolution T du satellite.

Données : $M_T = 5{,}98 \times 10^{24}$ kg ; $G = 6{,}67 \times 10^{-11}$ SI.

6 Poussée d'un moteur-fusée

Un moteur-fusée cryotechnique, contenant une masse d'ergols (hydrogène et oxygène liquides) de 183 t, fonctionne pendant une durée de 15 min. Au cours de cette durée, les ergols sont utilisés comme combustible et les produits de la combustion se trouvent éjectés sous forme de gaz par le moteur.

1. Calculer le débit moyen de gaz D_{GAZ} en kilogrammes par seconde, en supposant que toute la masse d'ergols est expulsée de manière régulière durant le fonctionnement du moteur.

2. Sachant que la vitesse d'expulsion des gaz v_{GAZ} est égale à $3{,}0 \times 10^3\,\mathrm{m \cdot s^{-1}}$, calculer la force de poussée F_{P} du moteur.

3. Au décollage, la poussée du moteur est estimée à 700 kN. Trouver la valeur du débit de gaz, en supposant que la vitesse d'expulsion des gaz est inchangée.

7 Un satellite en orbite circulaire autour de Jupiter

Le satellite Métis fait partie des trois lunes découvertes par les sondes Voyager lors de leur passage autour de Jupiter en 1979. De masse $m = 3{,}6 \times 10^{16}\,\mathrm{kg}$, Métis décrit une orbite circulaire de rayon orbital $R = 128\,000\,\mathrm{km}$.

1. Calculer la vitesse v de ce satellite autour de Jupiter.

2. Déterminer sa période de révolution T.

3. La constante k de la troisième loi de Kepler étant égale pour Jupiter à $k = 3{,}12 \times 10^{-16}\,\mathrm{s^2 \cdot m^{-3}}$, vérifier que ce satellite obéit bien à la troisième loi de Kepler.

4. Si Métis avait une masse deux fois plus grande, sa vitesse serait-elle plus faible ?

Données :
Masse de Jupiter : $M_{\mathrm{J}} = 1{,}8986 \times 10^{27}$ kg ; $\mathrm{G} = 6{,}67384 \times 10^{-11}$ SI.

OBJECTIF BAC

8 Mise en orbite d'un satellite géostationnaire

Un satellite géostationnaire décrit une orbite circulaire dans le plan équatorial terrestre, dans le sens de rotation de la Terre, de telle sorte qu'il reste à chaque instant à la verticale du même point de la surface terrestre. Ce type de satellite est notamment utilisé dans le domaine des télécommunications.

Données : rayon de la Terre : $R_T = 6\,378$ km ; constante de la gravitation universelle : $G = 6{,}67 \times 10^{-11}$ SI ; masse de la Terre : $M_T = 5{,}98 \times 10^{24}$ kg ; période sidérale du satellite : $T = 86164$ s ; constante de la troisième loi de Kepler : $k = 9{,}90 \times 10^{-14}\,\text{s}^2 \cdot \text{m}^{-3}$.

• Partie A : lancement du satellite

Trois lanceurs sont proposés pour réaliser la mise en orbite du satellite. Ceux-ci décollent verticalement, et leur propulsion est assurée par l'éjection de gaz produits par les moteurs. Ces gaz sont produits par la combustion de divers ergols qui représentent 90 % de la masse de la fusée au décollage.

Lanceur	Proton K (Russie)	Ariane 5 (Europe)	Delta 2 (États-Unis)
Masse au décollage (t)	700	750	230
Poussée au décollage (kN)	8 800	11 700	3 500
Masse satellisée en orbite de transfert géostationnaire (t)	4,5	6,8	1,8

1. Calculer le débit de gaz au décollage de la fusée Proton K, sachant que la vitesse d'éjection des gaz est égale à $2\,900\,\text{m} \cdot \text{s}^{-1}$.

2. Calculer la vitesse d'éjection des gaz de la fusée Delta 2, sachant que le débit de gaz au décollage est égal à $v = 3{,}08 \times 103\,\text{m} \cdot \text{s}^{-1}$.

3. Calculer la valeur moyenne de la force de poussée de la fusée Ariane 5, sachant que la vitesse d'éjection des gaz est égale à $4\,300\,\text{m} \cdot \text{s}^{-1}$, et que le moteur consomme toute la masse de propergols en 9,0 minutes.

4. Comparer cette valeur moyenne à la poussée au décollage. Peut-on affirmer que la force de poussée reste constante durant le fonctionnement des propulseurs ? En déduire comment varie la force de poussée au cours de l'ascension de la fusée.

• Partie B : placement du satellite sur une orbite de transfert

L'orbite de transfert est une orbite elliptique dont le périgée est à basse altitude $(h = 200\,\text{km})$ et dont l'apogée est à l'altitude de l'orbite géostationnaire $(H = 35\,800\,\text{km})$. Le lanceur place le satellite au périgée de cette orbite. Une fois le satellite arrivé à l'apogée, des réacteurs intégrés au satellite permettent de le placer sur son orbite géostationnaire finale.

5. Calculer la valeur du grand axe de l'orbite.

6. Où se situe le centre de la Terre par rapport à l'orbite du satellite ?

7. Calculer la période de révolution du satellite sur cette orbite.

• Partie C : mouvement du satellite sur son orbite géostationnaire

8. Dans quel référentiel le satellite géostationnaire est-il immobile ?

9. Quel est le mouvement du satellite dans le référentiel géocentrique ?

10. En appliquant la deuxième loi de Newton, exprimer le vecteur accélération de ce satellite. Quelles sont les caractéristiques de ce vecteur ?

11. Exprimer la vitesse de ce satellite, puis la calculer, sachant que la hauteur h de l'orbite géostationnaire est égale à $h = 35\,800\,\text{km}$.

12. Exprimer la hauteur h de l'orbite géostationnaire en fonction de la période sidérale T, du rayon terrestre R_T, et de la masse de la Terre M_T. Puis calculer la hauteur h et comparer le résultat à la valeur donnée dans la question précédente.

SE TESTER

1 Réponse a. Faux : c'est le rapport du carré de la période T sur le cube du demi-grand axe a qui est constant pour tous les satellites autour d'une même planète (3e loi de Kepler).

2 Réponse c. La force de poussée F_P a pour expression : $F_P = D_{GAZ} \times v_{GAZ}$.

3 Réponse a Vrai : la quantité de mouvement d'un système isolé est constante au cours d'un mouvement.

4 Réponse b. L'expression mathématique de la vitesse v d'un satellite en orbite circulaire autour d'un astre de masse M situé à la distance d est :

$$v = \sqrt{\frac{G \times M}{d}}.$$

S'ENTRAÎNER

5 Le satellite météorologique Eole

1. $$F_{T/S}(\text{apogée}) = G \times \frac{m \times M_T}{d^2_{\text{apogée}}} = 6{,}67 \times 10^{-11} \times \frac{84 \times 5{,}98 \times 10^{24}}{(903 \times 10^3)^2} = 4{,}1 \times 10^4\,\text{N}$$

$$F_{T/S}(\text{périgée}) = G \times \frac{m \times M_T}{d^2_{\text{périgée}}} = 6{,}67 \times 10^{-11} \times \frac{84 \times 5{,}98 \times 10^{24}}{(678 \times 10^3)^2} = 7{,}3 \times 10^4\,\text{N}$$

La force exercée par la Terre sur le satellite au périgée de son orbite est environ 1,8 fois plus grande que lorsqu'il se trouve à l'apogée.

2. Le demi-grand axe a de l'orbite a pour expression :

$$a = \frac{\left(d_{\text{périgée}} + d_{\text{apogée}}\right)}{2} = 791\,\text{km}.$$

3. On applique la troisième loi de Kepler et on isole la période T :

$$\frac{T^2}{a^3} = k \Leftrightarrow T = \sqrt{k \times a^3}$$

avec $a = 791\,\text{km} = 791 \times 10^3\,\text{m}$ et $k = 9{,}90 \times 10^{-14}\,\text{s}^2 \cdot \text{m}^{-3}$.
On obtient : $T = 221$ s.

6 Poussée d'un moteur-fusée

1. On définit D_{GAZ}, le débit en masse du gaz éjecté, sachant que la masse est éjectée de manière régulière, soit :

$$D_{\text{GAZ}} = \frac{\text{d}m}{\text{d}t} = \frac{m_{\text{ergols}}}{\Delta t} \quad \text{d'où} \quad D_{\text{GAZ}} = \frac{183 \times 10^3}{15 \times 60} = 2{,}0 \times 10^2 \text{ kg} \cdot \text{s}^{-1}.$$

2. La force de poussée F_{P} du moteur-fusée est égale à :

$F_{\text{P}} = D_{\text{GAZ}} \times v_{\text{GAZ}} = 2{,}0 \times 10^2 \times 3{,}0 \times 10^3 = 6{,}0 \times 10^5 \text{ N}.$

3. À partir de l'expression de la force de poussée, on isole D_{GAZ} :

$D_{\text{GAZ}} = \frac{F_{\text{P}}}{v_{\text{GAZ}}}$, avec $F_{\text{P}} = 700 \text{kN} = 700 \times 10^3 \text{ N}$ et $v_{\text{GAZ}} = 3{,}0 \times 10^3 \text{ m} \cdot \text{s}^{-1}$.

On obtient : $D_{\text{GAZ}} = 2{,}3 \times 10^2 \text{ kg} \cdot \text{s}^{-1}$.

7 Un satellite en orbite circulaire autour de Jupiter

1. Calcul de la vitesse v de Métis autour de Jupiter : $v = \sqrt{\frac{\text{G} \times M_{\text{J}}}{R}}$

avec $M_{\text{J}} = 1{,}8986 \times 10^{27}$ kg ; $\text{G} = 6{,}67384 \times 10^{-11}$ SI

et $R = 128\,000 \text{ km} = 128\,000 \times 10^3 \text{ m}$.

On obtient : $v = 3{,}1463 \times 10^4 \text{ m} \cdot \text{s}^{-1}$.

2. Calcul de sa période de révolution : $T = \frac{2 \times \pi \times R}{v}$

avec $R = 128\,000 \text{ km} = 128\,000 \times 10^3 \text{ m}$ et $v = 3{,}1463 \times 10^4 \text{ m} \cdot \text{s}^{-1}$.

On obtient : $T = 2{,}5562 \times 10^4 \text{ s}$.

3. La troisième loi de Kepler a pour expression $k = \frac{T^2}{a^3}$,

où la période T est en secondes et le demi-grand axe a est en mètres.

On a : $a = R = 128\,000 \times 10^3 \text{ m}$ et $T = 2{,}5562 \times 10^4 \text{ s}$;

d'où $k = \frac{T^2}{a^3} = \frac{(2{,}5562 \times 10^4)^2}{(128\,000 \times 10^3)^3} = 3{,}12 \times 10^{-16} \text{ s}^2 \cdot \text{m}^{-3}$.

La troisième loi de Kepler est bien vérifiée.

4. La vitesse de révolution d'un satellite ne dépend pas de sa masse : si Métis avait une masse deux fois plus grande, sa vitesse serait la même.

OBJECTIF BAC

8 Mise en orbite d'un satellite géostationnaire

1. À partir de l'expression de la force de poussée, on isole D_{GAZ} :

$D_{GAZ} = \dfrac{F_P}{v_{GAZ}}$, avec $F_P = 8\,800\ \text{kN} = 8\,800 \times 10^3\ \text{N}$ et $v_{GAZ} = 2\,900\ \text{m} \cdot \text{s}^{-1}$.

On obtient : $D_{GAZ} = 3{,}034 \times 10^3\ \text{kg} \cdot \text{s}^{-1}$.

2. À partir de l'expression de la force de poussée, on isole D_{GAZ} :

$v_{GAZ} = \dfrac{F_P}{D_{GAZ}}$, avec $F_P = 3\,500\ \text{kN} = 3\,500 \times 10^3\ \text{N}$ et $D_{GAZ} = 1{,}17 \times 10^3\ \text{kg} \cdot \text{s}^{-1}$.

On obtient : $v_{GAZ} = 2{,}99 \times 10^3\ \text{m} \cdot \text{s}^{-1}$.

3. La force de poussée F_P du moteur est égale à : $F_P = D_{GAZ} \times v_{GAZ}$.

Le débit moyen de gaz est égal à :

$D_{GAZ} = \dfrac{\text{d}m}{\text{d}t} = \dfrac{m_{\text{propergols}}}{\Delta t} = \dfrac{0{,}90 \times m_{\text{fusée}}}{\Delta t} = \dfrac{0{,}90 \times 750 \times 10^3}{9{,}0 \times 60} = 1{,}3 \times 10^3\ \text{kg} \cdot \text{s}^{-1}$.

On en déduit :

$F_{P_{\text{moyenne}}} = D_{GAZ} \times v_{GAZ} = 1{,}3 \times 10^3 \times 4\,300 = 5{,}6 \times 10^6\ \text{N}$.

4. Comparons les deux valeurs : $\dfrac{F_{P_{(\text{décollage})}}}{F_{P_{(\text{moyenne})}}} = \dfrac{11{,}700 \times 10^6}{5{,}6 \times 10^6} = 2{,}1$.

La valeur de la force de poussée au décollage est 2,1 fois plus grande que la valeur moyenne. On peut en déduire que la valeur de la force de poussée diminue au cours de l'ascension de la fusée.

5. Le demi-grand axe a de l'orbite a pour expression :

$a = \dfrac{(h + 2 \times R_T + H)}{2} = 24\,378\ \text{km}$.

6. Le centre de la Terre se trouve au centre de la trajectoire du satellite lorsqu'il est géostationnaire (sa trajectoire est alors un cercle).

7. On applique la troisième loi de Kepler et on isole la période T :

$\dfrac{T^2}{a^3} = k \Leftrightarrow T = \sqrt{k \times a^3}$

avec $a = 24\,378\ \text{km} = 24\,378 \times 10^3\ \text{m}$ et $k = 9{,}90 \times 10^{-14}\ \text{s}^2 \cdot \text{m}^{-3}$.

On obtient : $T = 3{,}79 \times 10^4\ \text{s}$.

8. Le satellite est immobile dans le référentiel terrestre, puisqu'il se situe toujours à la verticale du même point de la Terre.

9. Dans le référentiel géocentrique, le satellite a un mouvement circulaire uniforme : par rapport au centre de la Terre, sa trajectoire est un cercle et sa vitesse est constante.

10. D'après la seconde loi de Newton, dans le référentiel géocentrique supposé galiléen :

$$\sum \vec{F}_{\text{ext}} = \vec{F}_{\text{T/S}} = m \times \vec{a} \quad \text{d'où} \quad \vec{a} = \frac{\vec{F}_{\text{T/S}}}{m}.$$

Le vecteur accélération a les mêmes caractéristiques que la force gravitationnelle exercée par la Terre : il est centripète et sa norme est constante.

11. Calcul de la vitesse v du satellite autour de la Terre : $v = \sqrt{\dfrac{G \times M_T}{R_T + h}}$

avec $M_T = 5{,}98 \times 10^{24}$ kg ; $\text{G} = 6{,}67 \times 10^{-11}$ SI ; $R_T = 6\,378 \text{ km} = 6\,378 \times 10^3$ m et $h = 35\,800 \text{ km} = 35\,800 \times 10^3$ m.

On obtient : $v = 3{,}08 \times 10^3 \text{ m} \cdot \text{s}^{-1}$.

12. À partir de l'expression de la période de révolution T :

$T = 2 \times \pi \times \sqrt{\dfrac{(R_T + h)^3}{G \times M_T}}$, on isole h soit : $h = \sqrt[3]{\dfrac{T^2 \times G \times M_T}{4\pi^2}} - R_T$

avec $M_T = 5{,}98 \times 10^{24}$ kg ; $\text{G} = 6{,}67 \times 10^{-11}$ SI ; $R_T = 6\,378 \text{km} = 6\,378 \times 10^3 \text{m}$ et $T = 86164 \text{ s}$.

On obtient : $h = 3{,}58 \times 10^7 \text{ m} = 3{,}58 \times 10^4$ km.

On constate que la valeur calculée est égale à celle donnée dans la question précédente.

7 Mouvement d'un oscillateur mécanique et mesure du temps

La mesure du temps est un enjeu fondamental de la science moderne. En effet, la mesure la plus précise possible est nécessaire pour confronter les théories physiques en mécanique quantique, en relativité ou en physique atomique, aux mesures réalisées dans les laboratoires. La technologie actuelle (GPS, astronautique, aéronautique...) nécessite elle aussi une précision accrue de cette mesure. On trouve, dans les dispositifs de mesure tels que les horloges et les montres, des oscillateurs mécaniques dont le mouvement est utilisé pour mesurer le temps.

1 Mouvement du pendule

Un pendule pesant est un solide suspendu pouvant osciller de part et d'autre de sa position d'équilibre (par exemple, le balancier d'une horloge, une balançoire, etc.).

A Modèle du pendule simple

- C'est une modélisation du pendule pesant : un solide de petite dimension, de masse m, est suspendu à un fil inextensible de longueur L et de masse négligeable devant m.
- On repère la position du centre d'inertie G du solide par un **angle θ** appelé **élongation** (ou **écart**) **angulaire** : c'est l'angle orienté entre la verticale passant par le point de suspension du fil et la direction du fil.

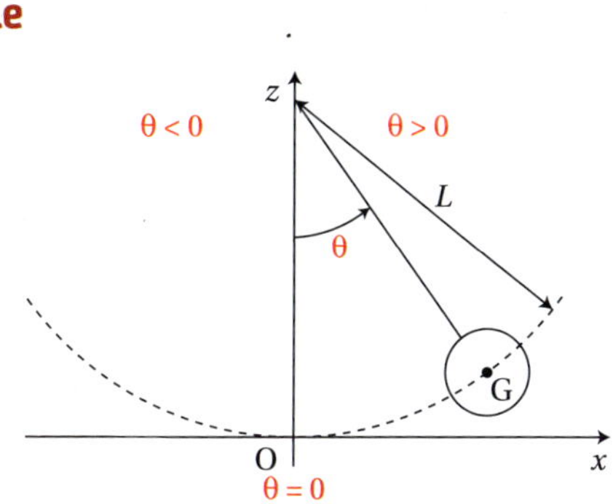

FIGURE 1 **Pendule simple**

- Le centre d'inertie G du pendule oscille dans un plan vertical de part et d'autre de sa position d'équilibre $(\theta = 0)$. L'angle θ est une fonction périodique du temps, qui prend alternativement des valeurs positives et négatives : il s'agit d'une **fonction sinusoïdale du temps**.

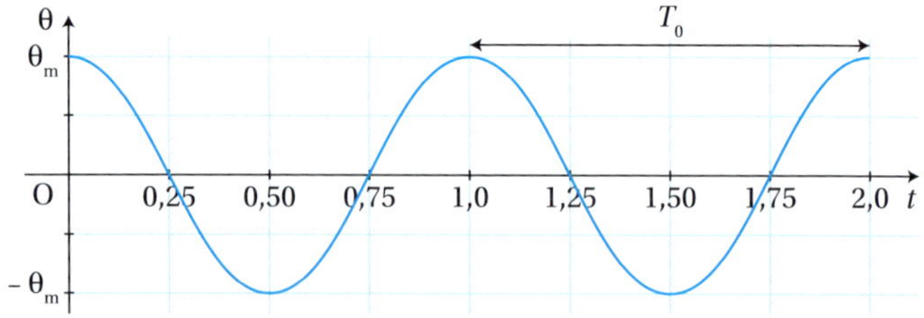

FIGURE 2 **Évolution de l'écart angulaire au cours du temps**

- On note **θ_m l'amplitude du mouvement**, qui correspond à l'écart angulaire maximal.
- Les oscillations du pendule simple sont des **oscillations mécaniques libres et non amorties**.

B Période d'un pendule simple

La période des oscillations d'un pendule simple, notée T_0, obéit à trois lois :

- **la loi d'isochronisme des petites oscillations** : la période T_0 des oscillations est indépendante de l'amplitude des oscillations θ_m, dans la mesure où cette amplitude est inférieure ou égale à 20° ;
- **la loi des masses (ou de Galilée)** : la période T_0 des oscillations est indépendante de la masse m du pendule ;
- **la loi des longueurs** : le carré de la période des oscillations T_0^2 est proportionnel à la longueur L du pendule.

Soit l'expression de la période des oscillations, appelée **période propre** :

$$T_0 = 2 \times \pi \times \sqrt{\frac{L}{g}}$$

T_0 en secondes (s)
L en mètres (m)
g (intensité de la pesanteur) en $m \cdot s^{-2}$

C Effet des frottements sur le mouvement du pendule

■ Dans le cas où les **frottements** sont **faibles**, on obtient la courbe d'évolution suivante pour l'écart angulaire :

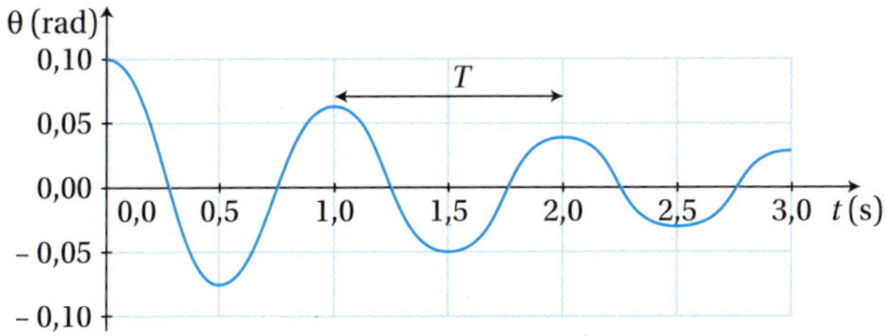

FIGURE 3 θ(*t*) en présence de forces de frottement faibles

Le mouvement correspond à des **oscillations mécaniques libres et amorties :** il s'agit d'un **mouvement pseudo-périodique** du pendule. Ce mouvement est caractérisé par la **pseudo-période *T*** (FIGURE 3).

■ Dans le cas où les **frottements** sont **forts** (amortissement important), on obtient la courbe d'évolution suivante pour l'écart angulaire :

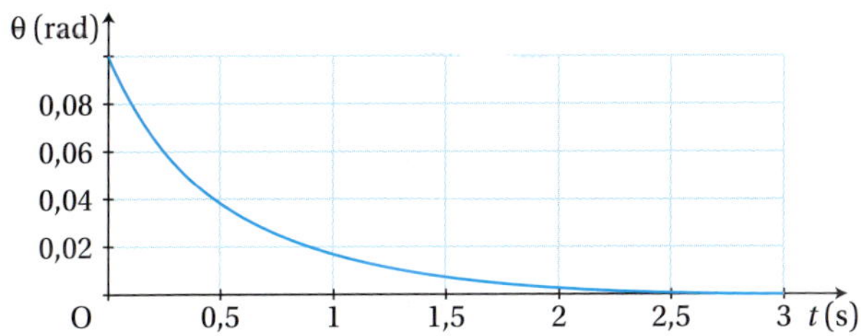

FIGURE 4 θ(*t*) en présence de forces de frottement importantes

Le pendule n'effectue aucune oscillation : il retourne directement vers sa position d'équilibre (FIGURE 4). Il s'agit du **régime apériodique**.

2 Le dispositif solide-ressort

Un pendule élastique est constitué d'un mobile de masse m pouvant se déplacer sur un banc à coussin d'air horizontal. Ce mobile est attaché à un point fixe par un ressort de masse négligeable à spires non jointives, de raideur k. La position du mobile est repérée par l'abscisse x sur l'axe $(O, \vec{i})$. À l'équilibre, la position du centre d'inertie G coïncide avec le point O, origine des abscisses.

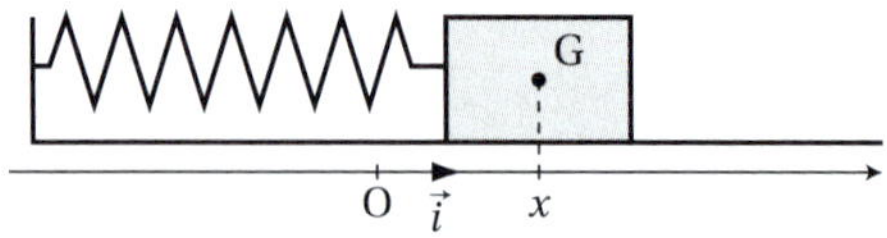

FIGURE 5 **Dispositif solide-ressort horizontal**

On enregistre la position x en fonction du temps à l'aide d'un dispositif informatisé, ce qui permet de mettre en évidence trois régimes différents :

- **le régime périodique : cas de l'oscillateur non amorti**

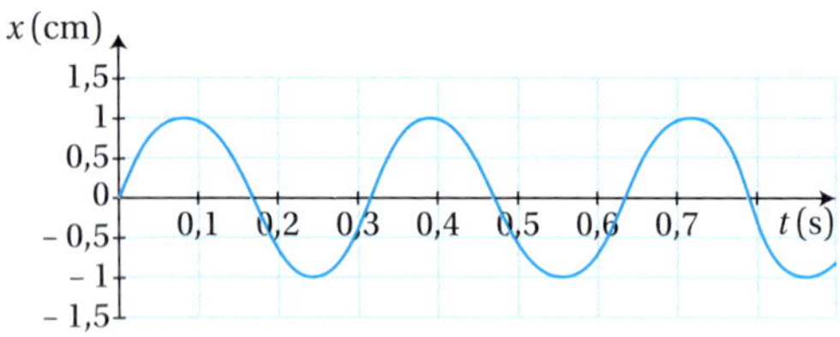

Le système réalise des oscillations mécaniques libres et non amorties.

Soit l'expression de la période des oscillations, appelée **période propre** :

$$T_0 = 2 \times \pi \times \sqrt{\frac{m}{k}}$$

T_0 en secondes (s)
m en kilogrammes (kg)
k (constante de raideur du ressort) en newtons par mètre $(N \cdot m^{-1})$

CONSTANTE DE RAIDEUR D'UN RESSORT

C'est une grandeur caractéristique du ressort. Elle intervient dans l'expression de la force de rappel $\vec{F}$ du ressort, qui est la force exercée par l'extrémité du ressort :

$\vec{F} = -k \times x \times \vec{i}$ — k, constante de raideur du ressort
x, élongation algébrique du ressort (FIGURE 5)
$\vec{i}$, vecteur unitaire de l'axe (Ox)

• **le régime pseudo-périodique : cas de l'oscillateur faiblement amorti**

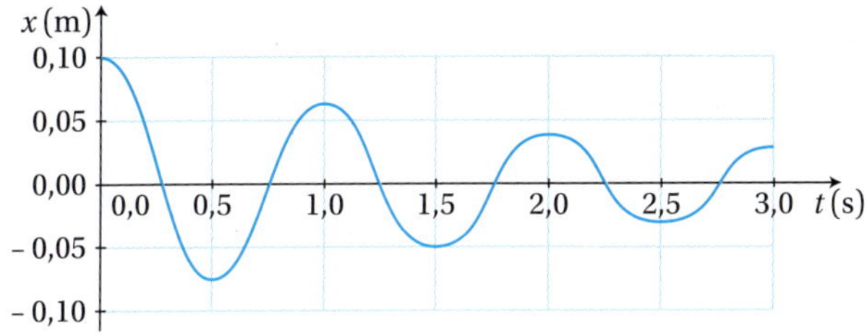

Le système réalise des oscillations mécaniques libres et amorties.

• **le régime apériodique : cas de l'oscillateur fortement amorti**

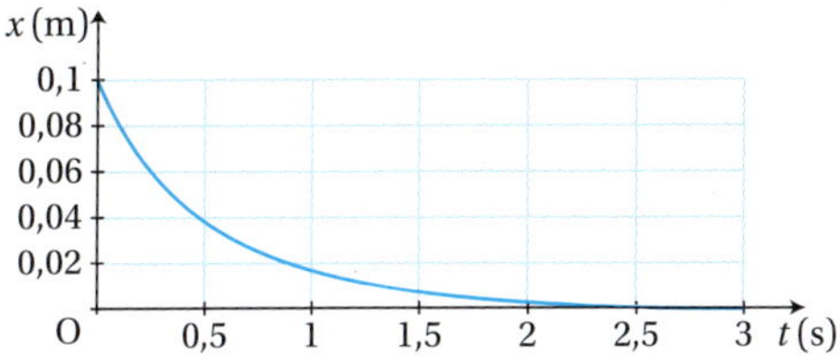

Le système ne réalise pas d'oscillations mécaniques.

3 La mesure du temps

L'horloge à balancier : elle a été mise au point par Christiaan Huygens en 1627. La mesure du temps se fait par un rouage dont l'entraînement est réalisé grâce aux oscillations d'un balancier (pendule pesant).

L'horloge à quartz : elle utilise les propriétés piézo-électriques du quartz : sous l'effet d'une contrainte mécanique, le cristal de quartz émet des signaux électriques à une fréquence très régulière.

L'horloge atomique : elle compte le nombre de fois par seconde (les périodes) qu'une radiation provoque la transition entre deux niveaux d'énergie d'un type d'atomes. L'horloge la plus précise qui sert d'étalon de mesure est l'horloge à jet de césium.

Chaque type de dispositif possède une **erreur absolue** qui correspond à la durée séparant le temps affiché de celui d'un temps étalon (de référence).

Dispositif	Horloge à balancier	Horloge à quartz	Horloge atomique
Erreur absolue (s/an)	3	0,001	3×10^{-6}

Les mesures les plus précises sont celles obtenues par l'horloge atomique, qui est la seule permettant de pouvoir mesurer les effets de la relativité restreinte sur le temps.

Mesurer une pseudo-période et réaliser une analyse dimensionnelle

ÉNONCÉ

On écarte un pendule simple de sa position d'équilibre, puis on le lâche. Une fois son mouvement entamé, on déclenche une acquisition informatisée de l'évolution de son écart angulaire au cours du temps lorsque celui-ci passe par sa position d'équilibre.

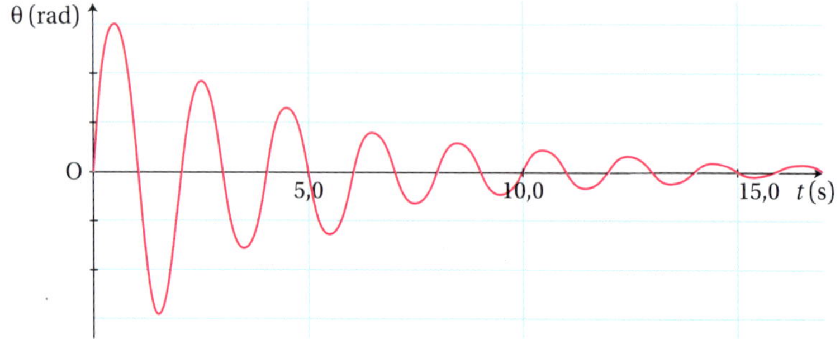

1 Déterminer à l'aide du graphique la mesure la plus précise possible de la pseudo-période T.

2 Donner l'expression mathématique de la période propre T_0 des oscillations non amorties.

3 Sachant que $L = 100$ cm et $g = 9{,}8\,\mathrm{m \cdot s^{-2}}$, calculer la période propre et la comparer à la valeur de la pseudo-période.

4 Par une analyse dimensionnelle de l'expression de la période propre, montrer que cette expression est homogène à un temps.

MÉTHODE

1 La mesure de la pseudo-période est d'autant plus précise que l'on mesurera une durée correspondant à un plus grand nombre de pseudo-périodes : on minimise ainsi l'erreur sur la mesure.

2 Utiliser l'expression de T_0 en fonction de la longueur du fil L et de l'intensité de la pesanteur g.

3 Penser à convertir la longueur en mètres : $1\,\text{cm} = 10^{-2}\,\text{m}$.

4 Dans une analyse dimensionnelle, on remplace les grandeurs par leurs unités.

CORRIGÉ

1 Sur le graphique, on compte 5 pseudo-périodes entre les instants 0 s et 10,0 s. On en déduit que la pseudo-période T est égale à :

$$T = \frac{10{,}0}{5} = 2{,}00\,\text{s}$$

2 La période propre a pour expression : $T_0 = 2 \times \pi \times \sqrt{\frac{L}{g}}$

avec T_0 en secondes (s), L en mètres (m) et g (intensité de la pesanteur) en mètres par seconde au carré $\left(\text{m}\cdot\text{s}^{-2}\right)$.

3 On convertit L en mètres : $L = 100\,\text{cm} = 100 \times 10^{-2}\,\text{m}$.
On obtient : $T_0 = 2{,}0\,\text{s}$.
On constate que la période propre calculée est égale à la pseudo-période mesurée.

4 On procède à l'analyse dimensionnelle en raisonnant sur les unités :
L est en mètres (m) ; g est en mètres par seconde au carré $\left(\text{m}\cdot\text{s}^{-2}\right)$.

On en déduit que $\frac{L}{g}$ s'exprime en $\frac{\text{m}}{\text{m}\cdot\text{s}^{-2}}$, soit en s^2.

$\sqrt{\frac{L}{g}}$ et T_0 s'expriment ainsi en secondes (s).

L'expression de la période propre T_0 est donc bien homogène à un temps.

SE TESTER QUIZ

Dans le questionnaire à choix multiple (QCM) suivant, indiquer, pour chaque proposition, la ou les réponses exactes.

1 La pseudo-période est une caractéristique du régime périodique d'un oscillateur mécanique.

☐ **a.** vrai ☐ **b.** faux

2 Quelle est l'expression de la période propre d'un pendule ?

☐ **a.** $T_0 = \sqrt{\frac{L}{g}}$ ☐ **b.** $T_0 = 2 \times \pi \times \sqrt{\frac{L}{m}}$ ☐ **c.** $T_0 = 2 \times \pi \times \sqrt{\frac{L}{g}}$

3 L'augmentation de la masse est responsable de la diminution de la période propre du système {solide + ressort}.

☐ **a.** vrai ☐ **b.** faux

4 Quelle est l'expression mathématique de la période propre du système {solide + ressort} ?

☐ **a.** $T_0 = 2 \times \pi \times \sqrt{\frac{m}{k}}$ ☐ **b.** $T_0 = 2 \times \pi \times \sqrt{\frac{k}{m}}$ ☐ **c.** $T_0 = 2 \times \pi \times \left(\frac{m}{k}\right)$

S'ENTRAÎNER

5 Périodes propres des oscillateurs mécaniques

On considère un oscillateur numéroté 1 correspondant à un pendule simple et un oscillateur numéroté 2 correspondant à un système {solide + ressort}.

1. Donner les expressions des périodes propres associées à l'oscillateur 1 (notée T_{01}) et à l'oscillateur 2 (notée T_{02}).

2. Que devient la valeur de T_{01} si on quadruple la longueur L ?

3. Que devient la valeur de T_{02} si on divise par quatre la masse m ?

4. Dans quel sens varie la valeur de T_{01} si on augmente la longueur L et si on diminue l'intensité de la pesanteur g en même temps ?

5. Même question pour T_{02} si on diminue la constante de raideur k et la masse m en même temps.

6 Le pendule de Foucault

En 1851, le physicien Léon Foucault met en évidence la rotation de la Terre sur elle-même à l'aide d'un pendule fixé sous la coupole du Panthéon. La longueur de ce pendule est égale à 67 m et la masse suspendue est égale à 28 kg. L'intensité de la pesanteur est prise égale à $9{,}81\,\mathrm{m \cdot s^{-2}}$.

1. Exprimer puis calculer la période propre T_0 de ce pendule.

2. Comment évoluerait cette période si l'expérience avait été installée à Svalbard en Norvège, où l'intensité de la pesanteur est égale à $9{,}83\,\mathrm{m \cdot s^{-2}}$?

3. La période propre aurait-elle été différente si la masse avait été doublée ?

4. Au bout de six heures, le pendule du Panthéon finit par s'arrêter. Quel est le régime des oscillations de ce pendule ? Pourquoi s'arrête-t-il ?

7 Oscillations de l'équipage mobile d'un woofer

Un woofer est un haut-parleur permettant de restituer les sons les plus graves. Pour cela, la membrane du haut-parleur est mise en oscillations par un système oscillant appelé « équipage mobile ». Celui-ci peut être modélisé par un système constitué d'un ressort de raideur k, dont une des extrémités est fixe et l'autre est attachée à une masse m. On a $k = 3{,}0 \times 10^3\,\mathrm{N \cdot m^{-1}}$ et $m = 35\,\mathrm{g}$.

1. Calculer la période propre de l'équipage mobile.

2. En utilisant la deuxième loi de Newton, trouver une unité de la force équivalente au newton.

3. Réaliser une analyse dimensionnelle, afin de montrer que l'expression de la période propre est homogène à un temps.

4. On teste l'équipage mobile d'un haut-parleur endommagé et on trouve la courbe suivante :

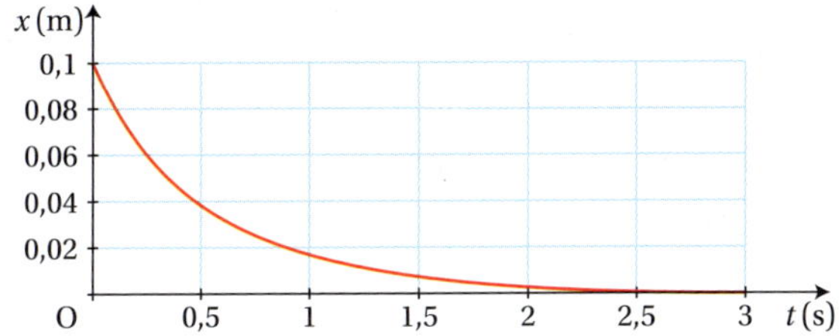

a. Quel est le type de régime observé ?
b. Quelle est la cause de la défaillance de l'équipage mobile ?

OBJECTIF BAC

8 Étude paramétrique des oscillations d'un pendule simple

On étudie l'influence d'un certain nombre de paramètres sur les oscillations d'un pendule simple. Pour cela, on utilise un système informatisé d'acquisition des données qui permet d'obtenir l'évolution au cours du temps de l'écart angulaire.

Données utiles:

intensité de la pesanteur terrestre : $g = 9{,}81\ \text{m}\cdot\text{s}^{-2}$;

intensité de la pesanteur lunaire : $g = 1{,}6\ \text{m}\cdot\text{s}^{-2}$;

intensité de la pesanteur martienne : $g = 3{,}6\ \text{m}\cdot\text{s}^{-2}$.

• Partie A : influence de l'écart angulaire initial

On écarte le pendule de sa position d'équilibre de telle sorte que le fil fasse un angle θ_0 avec la verticale, puis on le lâche sans vitesse initiale. On obtient la courbe suivante après avoir déclenché l'enregistrement au moment du lâcher :

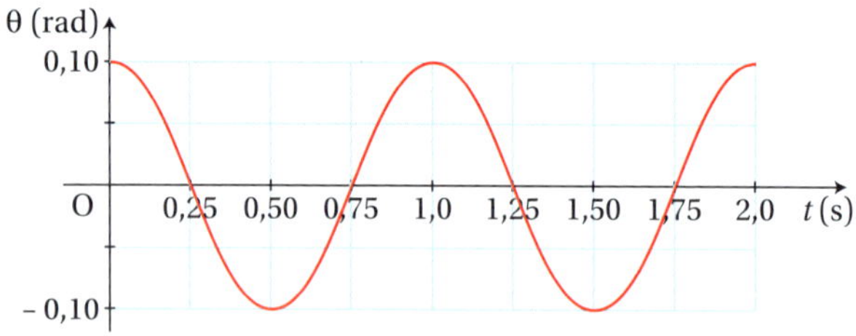

1. Déterminer la valeur de l'écart angulaire initial en degrés.

2. Déterminer graphiquement la valeur de la période propre du pendule.

3. Donner l'expression de la période propre du pendule, puis exprimer la longueur L du pendule en fonction de T_0 et g.

4. Calculer la valeur de L.

5. On relève la valeur de la période propre pour différentes valeurs de l'écart angulaire initial :

θ_0 (°)	2,0	5,0	8,0	18,0	25,0	32,0
T_0(s)	1,0	1,0	1,0	1,1	1,5	1,8

Que pouvez-vous remarquer ? Quelle loi est ainsi illustrée ?

• Partie B : influence de la longueur du pendule

Pour un même écart angulaire initial, on réalise la même expérience que précédemment avec des pendules de différentes longueurs L et on détermine leurs périodes propres T_0. On obtient le graphique suivant :

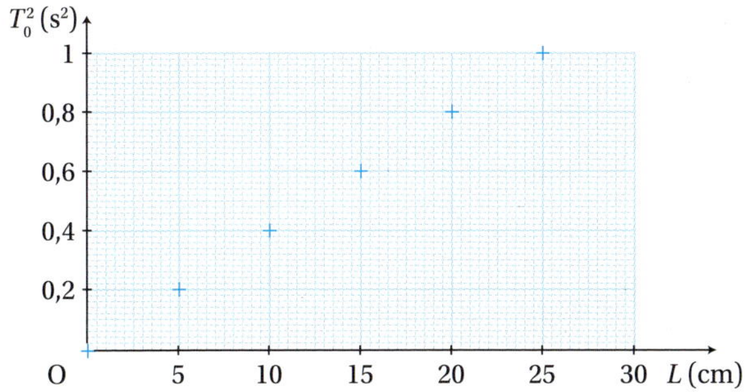

6. Quelle est la relation mathématique entre le carré de la période propre et la longueur ?

7. Calculer le coefficient directeur K de la droite en $s^2 \cdot m^{-1}$.

8. En utilisant l'expression de la période propre, trouver la formule littérale du coefficient directeur K.

9. Déduire des questions précédentes la valeur de l'intensité de la pesanteur et la comparer à celle donnée dans l'énoncé.

• Partie C : influence de l'intensité de la pesanteur

10. Sur quel astre (Terre, Lune ou Mars) les oscillations seront-elles les plus lentes ? Justifier la réponse.

SE TESTER

1 Réponse b. Faux : la pseudo-période est une caractéristique du régime pseudo-périodique d'un oscillateur mécanique amorti.

2 Réponse c. La période propre d'un pendule simple a pour expression : $T_0 = 2 \times \pi \times \sqrt{\frac{L}{g}}$.

3 Réponse b. Faux : la période est une fonction croissante de la masse.

4 Réponse a. L'expression mathématique de la période propre du système {solide + ressort} est : $T_0 = 2 \times \pi \times \sqrt{\frac{m}{k}}$.

S'ENTRAÎNER

5 Périodes propres des oscillateurs mécaniques

1. L'expression de la période propre associée à l'oscillateur 1 est :

$T_{01} = 2 \times \pi \times \sqrt{\frac{L}{g}}$.

L'expression de la période propre associée à l'oscillateur 2 est :

$T_{02} = 2 \times \pi \times \sqrt{\frac{m}{k}}$.

2. Si on quadruple la longueur L, la valeur de T_{01} est multipliée par 2 (car $\sqrt{4L} = 2\sqrt{L}$).

3. Si on divise par quatre la masse m, la valeur de T_{02} est divisée par 2 (car $\sqrt{\frac{m}{4}} = \frac{1}{2}\sqrt{m}$).

4. Si on augmente la longueur L, la valeur de T_{01} augmente. Si on diminue l'intensité de la pesanteur g, la valeur de T_{01} augmente. On en déduit que T_{01} va augmenter.

5. Si on diminue la constante de raideur k, la valeur de T_{02} augmente. Si on diminue la masse m, la valeur de T_{02} diminue. Donc on ne peut pas prévoir comment va évoluer la valeur de T_{02}.

6 Le pendule de Foucault

1. La période propre T_0 de ce pendule a pour expression :

$$T_0 = 2 \times \pi \times \sqrt{\frac{L}{g}} \quad \text{soit} \quad T_0 = 2 \times \pi \times \sqrt{\frac{67}{9{,}81}} = 16 \text{ s}$$

2. Si l'expérience avait été installée à Svalbard en Norvège, où $g = 9{,}83$, la valeur de la période propre du pendule aurait diminué.

3. Non, la période propre est la même si on double la valeur de la masse, car d'après la loi des masses la période propre des oscillations est indépendante de la masse du pendule.

4. Le régime des oscillations est pseudo-périodique. Le pendule arrête d'osciller car il subit des frottements.

7 Oscillations de l'équipage mobile d'un woofer

1. La période propre de l'équipage mobile a pour expression :

$$T_0 = 2 \times \pi \times \sqrt{\frac{m}{k}} \quad \text{soit} \quad T_0 = 2 \times \pi \times \sqrt{\frac{35 \times 10^{-3}}{3{,}0 \times 10^{3}}} = 2{,}1 \times 10^{-2} \text{ s}$$

2. D'après la seconde loi de Newton : $\sum \vec{F}_{ext} = m \times \vec{a}$. L'unité équivalente au newton est l'unité du produit de la masse par l'accélération : $\text{kg} \cdot \text{m} \cdot \text{s}^{-2}$.

3. On procède à l'analyse dimensionnelle en raisonnant sur les unités :
m est en kilogrammes (kg) ; k est en newtons par mètre $(\text{N} \cdot \text{m}^{-1})$, soit en kilogrammes par seconde au carré $(\text{kg} \cdot \text{s}^{-2})$ en utilisant la question précédente.

On en déduit que $\frac{m}{k}$ s'exprime en $\frac{\text{kg}}{\text{kg} \cdot \text{s}^{-2}}$, c'est-à-dire en s^2.

$\sqrt{\frac{m}{k}}$ s'exprime donc en s : T_0 est en secondes (s).

L'expression de la période propre T_0 est donc bien homogène à un temps.

4. a. Il s'agit d'un régime apériodique.

b. La défaillance de l'équipage mobile est causée par les frottements.

8 Étude paramétrique des oscillations d'un pendule simple

1. D'après la courbe, l'écart initial est égal à 0,10 rad soit à 5,7°.

	Angle (rad)	Angle (°)
Référence	2π	360
Écart initial	0,10	5,7

2. Graphiquement, on obtient $T_0 = 1{,}0\,\text{s}$.

3. L'expression de la période propre du pendule est :

$T_0 = 2 \times \pi \times \sqrt{\dfrac{L}{g}}$; on en déduit : $L = \dfrac{T_0^2 \times g}{4\pi^2}$.

4. Le fil du pendule a une longueur : $L = \dfrac{T_0^2 \times g}{4\pi^2} = \dfrac{1{,}0^2 \times 9{,}81}{4\pi^2} = 0{,}25\,\text{m}$.

5. On remarque que la période propre est indépendante de l'amplitude des oscillations θ tant que l'amplitude des oscillations est inférieure à 20°. On retrouve la loi d'isochronisme des petites oscillations.

• Partie B : Influence de la longueur du pendule

6. La représentation du carré de la période propre en fonction de la longueur du pendule est une droite passant par l'origine : on en déduit que le carré de la période propre et la longueur sont proportionnels : $T_0^2 = K \times L$ avec K coefficient de proportionnalité.

7. Détermination du coefficient directeur K de la droite :

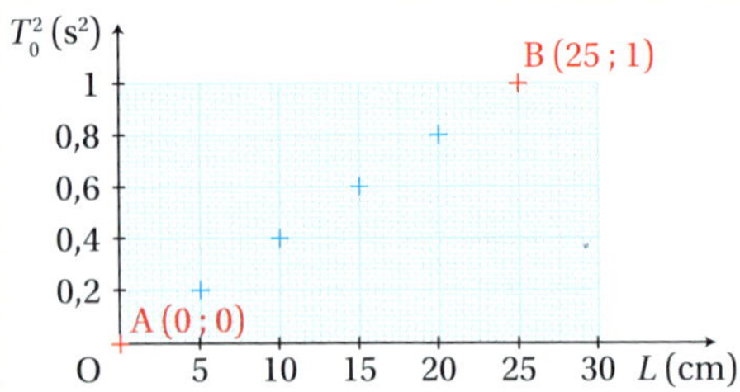

$K = \dfrac{y_B - y_A}{x_B - x_A} = \dfrac{1{,}0}{25 \times 10^{-2}}$

$= 4{,}0\,\text{s}^2 \cdot \text{m}^{-1}$

8. Formule littérale de coefficient directeur K : $K = \dfrac{T_0^2}{L} = \dfrac{4\pi^2 \times \dfrac{L}{g}}{L} = \dfrac{4\pi^2}{g}$.

9. D'après la question précédente, nous pouvons écrire :

$g = \dfrac{4\pi^2}{K} = \dfrac{4\pi^2}{4{,}0} = 9{,}9\,\text{m} \cdot \text{s}^{-2}$.

La valeur de l'intensité de la pesanteur trouvée est très proche de celle donnée dans l'énoncé.

10. D'après sa formule, la période propre est inversement proportionnelle à la racine carrée de l'intensité de la pesanteur : les oscillations du pendule seront les plus lentes sur l'astre ayant la plus faible intensité de la pesanteur (car T_0 sera le plus grand). Entre la Terre, la Lune et Mars, c'est sur la Lune que les oscillations seront les plus lentes.

CHAPITRE

8 Étude énergétique des oscillations mécaniques

Comment expliquer que le mouvement d'un système mécanique oscillant, que ce soit un pendule ou un système {solide + ressort}, finisse toujours par s'arrêter ? Une étude énergétique du mouvement permet de comprendre les transferts entre les différentes formes d'énergie, ainsi que l'origine des pertes d'énergie.

1 Travail d'une force constante

A Expression du travail

■ Le travail d'une force constante $\vec{F}$, dont le point d'application se déplace entre deux points A et B, est égal au **produit scalaire** du vecteur $\vec{F}$ par le vecteur déplacement $\overrightarrow{AB}$:

$$W_{AB}(\vec{F}) = \vec{F}\cdot\overrightarrow{AB} = F \times AB \times \cos\alpha$$

$W_{AB}(\vec{F})$ cn joules (J)
F en newtons (N)
AB en mètres (m).

■ Selon la valeur de l'angle α, le travail peut être **positif (moteur)**, **négatif (résistant)** ou **nul** :

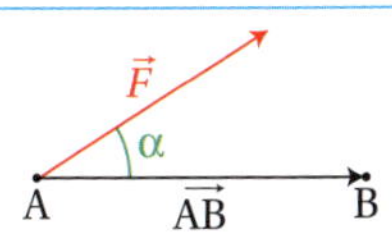	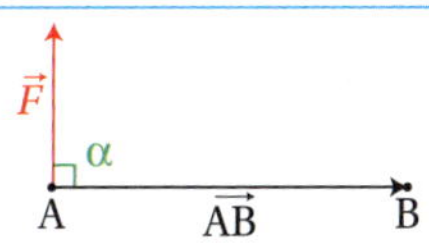	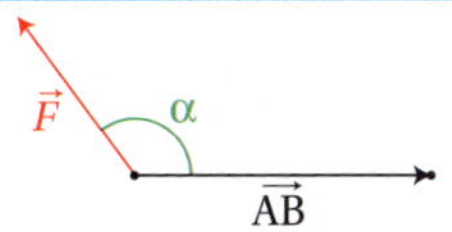
$0 \leqslant \alpha < 90°$	$\alpha = 90°$	$90° < \alpha \leqslant 180°$
$0 < \cos\alpha \leqslant 1$	$\cos\alpha = 0$	$-1 \leqslant \cos\alpha < 0$
$W_{AB} > 0$	$W_{AB} = 0$	$W_{AB} < 0$
Le travail est moteur	Le travail est nul	Le travail est résistant

B Travail du poids

- Le poids est une force constante dans une zone étendue de quelques kilomètres horizontalement et verticalement à la surface de la Terre.
- Le poids $\vec{P}$ d'un corps est vertical et dirigé vers le bas, avec une intensité $P = m \times g$. Pour un déplacement d'un point A d'altitude z_A vers un point B d'altitude z_B, on calcule le travail du poids à partir de la formule générale :

$$W_{AB}\left(\vec{P}\right) = \vec{P} \cdot \overrightarrow{AB} = P \times AB \times \cos\alpha$$

Un résultat de trigonométrie nous montre que : $AB \times \cos\alpha = z_A - z_B$.
On obtient la formule suivante :

$W_{AB}\left(\vec{P}\right) = m \times g \times (z_A - z_B)$	$W_{AB}\left(\vec{P}\right)$ en J ; m en kg g en $m \cdot s^{-2}$; z_A et z_B en m

- On constate que le travail du poids **ne dépend pas du chemin suivi** : il dépend seulement de l'altitude z_A du point de départ et de l'altitude z_B du point d'arrivée.

C Travail d'une force de frottement

- Dans le cas d'un mouvement rectiligne, la force de frottement $\vec{f}$ est toujours opposée au vecteur déplacement $\overrightarrow{AB}$. Dans ces conditions, $\alpha = 180°$ (donc $\cos\alpha = -1$) et le travail s'exprime alors :

$$W_{AB}\left(\vec{f}\right) = -f \times AB$$

- Nous remarquons que ce travail est négatif : il s'agit d'un travail **résistant**.

2 Les différentes formes d'énergie d'un système mécanique

A Énergie cinétique

- Tout système possède une énergie liée à son mouvement : l'**énergie cinétique**. Elle est proportionnelle à la masse du corps et au carré de sa vitesse. On la note E_c et a pour unité le **joule (J)**.

$E_c = \frac{1}{2} \times m \times v^2$	E_c en joules (J) m en kilogrammes (kg) v en mètres par seconde $\left(m \cdot s^{-1}\right)$

Théorème de l'énergie cinétique

La variation de l'énergie cinétique d'un système entre deux instants t_1 et t_2 est égale à la somme algébrique des travaux des forces extérieures appliquées entre ces deux instants.

$$\Delta E_c = \frac{1}{2} \times m \times v_2^2 - \frac{1}{2} \times m \times v_1^2 = \sum W\left(\vec{F}_{\text{ext}}\right)$$

B Énergie potentielle

Tout corps dans un champ de force possède une énergie liée à sa position dans ce champ : l'énergie potentielle.

Énergie potentielle de pesanteur

Elle est proportionnelle à l'altitude z du corps et à l'intensité g du champ de pesanteur considéré. Elle se note E_{pp} et est exprimée en **joules (J)**. Cette énergie est définie par rapport à une position choisie arbitrairement servant de référence, en général le sol.

$$E_{pp} = m \times g \times z$$

E_{pp} en joules (J)
m en kilogrammes (kg)
g en newtons par kilogramme $\left(N \cdot kg^{-1}\right)$
z en mètres (m)

Énergie potentielle électrique

Une particule chargée placée dans un champ électrique possède une **énergie potentielle électrique**, notée E_{pe}. Cette énergie dépend de la charge q de la particule et du potentiel électrique V du point où se trouve la particule :

$$E_{pe} = q \times V$$

E_p en joules (J)
q en coulombs (C)
V en volts (V)

C Force conservative et énergie potentielle

Une force est **conservative** si elle **dérive d'une énergie potentielle**. Ceci se traduit par le fait que le travail de la force $\vec{F}$ entre deux points A et B est égal à l'opposé de la variation d'énergie potentielle ΔE_p entre ces deux points.

$$\vec{F} \text{ conservative} \Leftrightarrow \Delta E_p = -W_{AB}\left(\vec{F}\right)$$

Exemple : le poids est-il une force conservative ?

On a établi précédemment le travail du poids entre deux points A et B : $W_{AB}\left(\vec{P}\right) = m \times g \times (z_A - z_B)$.

La variation d'énergie potentielle de pesanteur entre ces deux points est égale à : $\Delta E_{pp} = E_{pp}(\mathrm{B}) - E_{pp}(\mathrm{A}) = m \times g \times z_{\mathrm{B}} - m \times g \times z_{\mathrm{A}} = m \times g \times (z_{\mathrm{B}} - z_{\mathrm{A}})$.

On constate que : $\Delta E_{pp} = -W_{\mathrm{AB}}(\vec{P})$.

Le poids est donc une force conservative qui dérive de l'énergie potentielle de pesanteur.

Calcul du travail de la force électrique

La force électrique exercée sur une particule de charge électrique q placée dans un champ électrique $\vec{E}$ a pour expression :

$$\vec{F}_{\mathrm{e}} = q \times \vec{E}$$

Cette force dérive de l'énergie potentielle électrique E_{pe}. Elle est donc conservative et l'expression de son travail peut s'écrire :

$$W_{\mathrm{AB}}(\vec{F}_{\mathrm{e}}) = -\Delta E_{\mathrm{pe}} = -q \times V_{\mathrm{B}} + q \times V_{\mathrm{A}}$$

soit :

$$W_{\mathrm{AB}}(\vec{F}_{\mathrm{e}}) = q \times (V_{\mathrm{A}} - V_{\mathrm{B}}) = -q \times \Delta V$$

D Énergie mécanique

L'**énergie mécanique E_{m}** d'un système est égale à la somme de son énergie cinétique et de son énergie potentielle (de pesanteur ou électrique) :

$$E_{\mathrm{m}} = E_{\mathrm{c}} + E_{\mathrm{p}}$$

La **variation de l'énergie mécanique ΔE_{m}** d'un système entre deux instants est égale à la somme des variations d'énergie cinétique et potentielle de ce système :

$$\Delta E_{\mathrm{m}} = \Delta E_{\mathrm{c}} + \Delta E_{\mathrm{p}}$$

Évolution de l'énergie mécanique d'un système soumis à une force conservative

La variation de l'énergie cinétique nous est donnée par le théorème de l'énergie cinétique : $\Delta E_{\mathrm{c}} = W_{\mathrm{AB}}(\vec{F})$.

Sachant que la force est conservative, la variation de l'énergie potentielle s'écrit : $\Delta E_{\mathrm{p}} = -W_{\mathrm{AB}}(\vec{F})$.

On peut donc exprimer la variation de l'énergie mécanique :

$$\Delta E_{\mathrm{m}} = \Delta E_{\mathrm{c}} + \Delta E_{\mathrm{p}} = W_{\mathrm{AB}}(\vec{F}) - W_{\mathrm{AB}}(\vec{F}) = 0$$

L'énergie mécanique d'un système soumis uniquement à des forces conservatives est constante au cours du mouvement.

3 Évolution de l'énergie mécanique au cours des oscillations libres d'un système

A Oscillations d'un pendule simple sans frottements

Bilan de forces

Deux forces s'appliquent sur le pendule (FIGURE 1) :

- le poids $\vec{P}$;
- la tension $\vec{T}$ du fil.

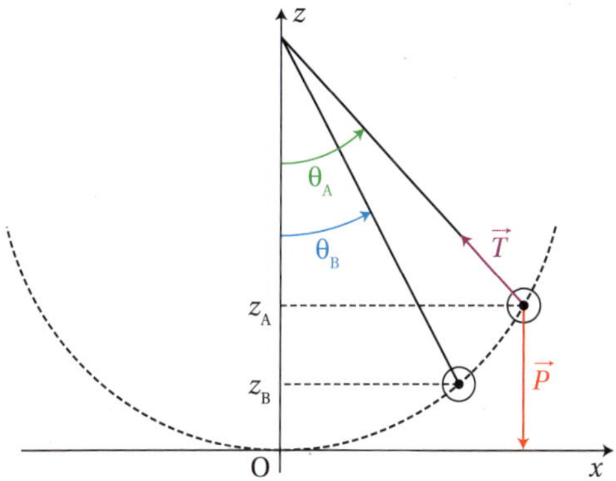

FIGURE 1 **Forces appliquées sur le pendule simple**

Travail des forces

On considère le travail entre deux positions A et B du pendule, repérées par les altitudes z_A et z_B (FIGURE 1) :

$W_{AB}(\vec{P}) = m \times g \times (z_A - z_B)$;

$W_{AB}(\vec{T}) = 0$ car la tension est constamment perpendiculaire à la trajectoire : la trajectoire s'identifie à la tangente au cercle qui est perpendiculaire au rayon du cercle selon lequel est orientée $\vec{T}$ (FIGURE 1).

Un résultat de trigonométrie dans le triangle rectangle de la FIGURE 1 nous permet d'écrire : $z = L \times (1 - \cos\theta)$, où L est la longueur du fil et θ l'écart angulaire.
Le travail du poids a donc pour expression :
$W_{AB}(\vec{P}) = m \times g \times L \times (\cos\theta_A - \cos\theta_B)$.

Variation de l'énergie mécanique

La tension du fil ne travaillant pas et le poids étant une force conservative, on en déduit que l'énergie mécanique du pendule simple est une **constante au cours du temps**.

Transfert d'énergie

Si l'énergie mécanique est constante, cela signifie que sa variation est nulle. On en déduit : $\Delta E_{\text{m}} = \Delta E_{\text{c}} + \Delta E_{\text{pp}} = 0$ donc $\Delta E_{\text{c}} = -\Delta E_{\text{pp}} = W_{\text{AB}}\left(\vec{P}\right)$.

Au cours du mouvement, l'énergie potentielle de pesanteur perdue par le système est transformée en énergie cinétique et inversement : il y a transfert d'énergie entre les deux formes d'énergie.

Le travail du poids, lorsqu'il est moteur, permet le transfert de l'énergie potentielle en énergie cinétique, et inversement lorsqu'il est résistant.

B Oscillations d'un pendule simple avec frottements

- On constate que l'énergie mécanique n'est pas conservée : elle **diminue au cours du temps**.
- Le **travail négatif des forces de frottements** est à l'origine de la diminution de l'énergie mécanique :

$$\Delta E_{\text{m}} = W_{\text{AB}}\left(\vec{f}\right)$$

- Le mouvement avec frottements s'accompagne généralement d'une élévation de la température du système. Celle-ci correspond à une augmentation de l'agitation des molécules et des atomes constituants le système considéré : il y a augmentation de l'énergie thermique du système.

Lors d'un mouvement avec frottements, il n'y a plus conservation de l'énergie mécanique du système : une partie de l'énergie mécanique du système est transformée en énergie thermique.

Analyser les transferts énergétiques au cours du mouvement d'un point matériel

ÉNONCÉ

Une particule chargée de charge $q = 3{,}20 \times 10^{-19}$ C, se déplace dans un plan horizontal. On l'injecte entre les armatures d'un condensateur plan, dont les armatures sont dans un plan vertical et on observe la trajectoire suivante de la particule :

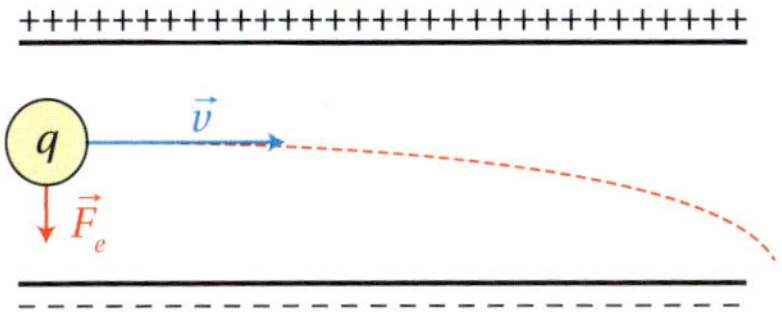

Le potentiel V_+ de l'armature positive est égal à 50,0 V, tandis que celui V_- de l'armature négative est égal à - 50,0 V. La masse de la particule est égale à $m = 3{,}90 \times 10^{-23}$ g. La particule est injectée dans le condensateur en un point de potentiel électrique $V_0 = 0{,}00$ V avec une vitesse $v_0 = 1{,}00 \times 10^4$ m·s^{-1} et en ressort en un point de potenticl égal à $V_1 = -45{,}0$ V avec une vitesse $v_1 = 2{,}90 \times 10^4$ m·s^{-1}.

1 Calculer le travail de la force électrique s'exerçant sur la particule au cours de sa traversée du condensateur.

2 Déduire de la question précédente la variation de l'énergie potentielle électrique.

3 Calculer la variation d'énergie cinétique de la particule entre son entrée et sa sortie du condensateur.

4 Comparer les deux variations calculées précédemment. Que peut-on en déduire pour l'énergie mécanique de la particule ?

5 Quel transfert d'énergie s'est effectué au cours du mouvement de la particule dans le condensateur ?

MÉTHODE

1 Utiliser l'expression du travail $W\left(\vec{F_e}\right)$ en fonction de la charge q et des potentiels de départ V_0 et d'arrivée V_1.

2 La force électrique est une force conservative : son travail est égal à l'opposé de la variation de l'énergie potentielle électrique.

3 Utiliser l'expression de l'énergie cinétique en fonction de la masse et de la vitesse.
Penser à convertir la masse en kilogrammes : $1\,\text{g} = 10^{-3}\,\text{kg}$.

4 L'énergie mécanique est égale à la somme des énergies cinétique et potentielle.

5 Le travail de la force électrique permet un transfert d'énergie d'une forme à une autre.

CORRIGÉ

1 Le travail de la force électrique s'exerçant sur la particule au cours de sa traversée du condensateur a pour expression :

$$W\left(\vec{F}_e\right) = q \times (V_0 - V_1)$$

On obtient : $W\left(\vec{F}_e\right) = 3{,}20 \times 10^{-19} \times (0{,}00 + 45{,}00) = 1{,}44 \times 10^{-17}\,\text{J}$.

2 La force électrique étant conservative, on a la relation suivante :
$W_{AB}\left(\vec{F}_e\right) = -\Delta E_{pe}$ d'où $\Delta E_{pe} = -1{,}44 \times 10^{-17}\,\text{J}$.

3 On convertit m en kilogrammes : $m = 3{,}90 \times 10^{-23}\,\text{g} = 3{,}90 \times 10^{-26}\,\text{kg}$.
La variation d'énergie cinétique a pour expression :

$$\Delta E_c = \frac{1}{2} \times m \times v_1^2 - \frac{1}{2} \times m \times v_0^2$$

On obtient le résultat numérique : $\Delta E_c = 1{,}44 \times 10^{-17}\,\text{J}$.

4 On constate que : $\Delta E_c = -\Delta E_{pe}$.

On en déduit que : $\Delta E_m = \Delta E_c + \Delta E_{pe} = 0\,\text{J}$.

L'énergie mécanique reste constante au cours du mouvement.

5 Le travail de la force électrique permet un transfert de l'énergie potentielle électrique (qui a diminué) en énergie cinétique (qui a augmenté).

SE TESTER QUIZ

Dans le questionnaire à choix multiple (QCM) suivant, indiquer, pour chaque proposition, la ou les réponses exactes.

1 Le travail résistant d'une force est positif.

- ☐ **a.** vrai
- ☐ **b.** faux

2 Quelle est l'expression de l'énergie cinétique ?

- ☐ **a.** $E_c = \dfrac{m}{2 \times v^2}$
- ☐ **b.** $E_c = \dfrac{m \times v^2}{2}$
- ☐ **c.** $E_c = 2 \times m \times v^2$

3 Le travail d'une force conservative est égal à la variation de l'énergie potentielle dont elle dérive.

- ☐ **a.** vrai
- ☐ **b.** faux

4 Quelle est l'expression du travail du poids pour un système de masse m passant d'une altitude z_A à une altitude z_B ?

- ☐ **a.** $W_{AB}(\vec{P}) = m \times g \times (z_A + z_B)$
- ☐ **b.** $W_{AB}(\vec{P}) = m \times g \times (z_A - z_B)$
- ☐ **c.** $W_{AB}(\vec{P}) = m \times g \times (z_B - z_A)$

S'ENTRAÎNER

5 Travail d'une force appliquée à un oscillateur

Un solide S de masse $m = 20\,\text{g}$, attaché à l'extrémité d'un ressort, est astreint à se déplacer sur une surface rugueuse et horizontale. Au cours de son mouvement, cette surface est la source d'une force de frottement $\vec{f}$ constante en norme de valeur 10 N, parallèle à la direction du mouvement et opposée au sens du mouvement.

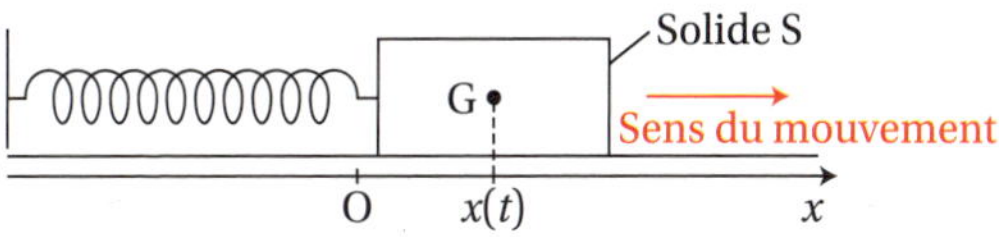

On définit un axe horizontal (Ox) dont l'origine coïncide avec la position d'équilibre du centre d'inertie G du solide. On considère le mouvement entre deux instants où la position du centre d'inertie passe de l'abscisse $x(t_1) = 2{,}0\,\text{cm}$ à l'abscisse $x(t_2) = 4{,}5\,\text{cm}$.

1. Représenter sans souci d'échelle sur le schéma précédent les vecteurs représentant le poids et la force de frottement, en prenant comme origine le point G.

2. Quelle est la valeur du poids en newtons ?

3. Calculer le travail de la force de frottement entre les instants t_1 et t_2. Comment peut-on qualifier ce travail ?

4. Calculer le travail du poids entre les instants t_1 et t_2.

Donnée : $g = 9{,}81\ \text{m} \cdot \text{s}^{-2}$.

6 Particule dans un accélérateur linéaire

Un électron de charge $-e$ est accéléré dans un tube où règne un champ électrique de valeur $E = 200\ \text{V} \cdot \text{m}^{-1}$, de sens opposé à celui du mouvement de l'électron. La longueur L du tube est égale à 10,0 m.

1. Exprimer le travail de la force électrique sur toute la longueur du tube en fonction de e, L et E.

2. Calculer ce travail. Comment peut-on qualifier ce travail ?

3. Déduire du résultat de la question 1 l'expression puis la valeur de la différence de potentiel ΔV entre l'entrée et la sortie du tube.

4. Comment varient l'énergie potentielle électrique et l'énergie cinétique de l'électron au cours du mouvement ? On considère que la seule force appliquée à l'électron est la force électrique.
Donnée : $e = 1{,}602 \times 10^{-19}\ \text{C}$.

7 Transfert d'énergie au cours des oscillations d'un système {solide + ressort}

On réalise le dispositif expérimental suivant où un système {solide + ressort} est astreint à se déplacer sans frottement le long d'une tige horizontale. Ce système possède une énergie potentielle dite élastique égale à $E_p = \frac{1}{2} \times k \times x^2$ où k est la constante de raideur du ressort et x l'abscisse du centre d'inertie repérée sur un axe horizontal dont l'origine O coïncide avec la position d'équilibre.

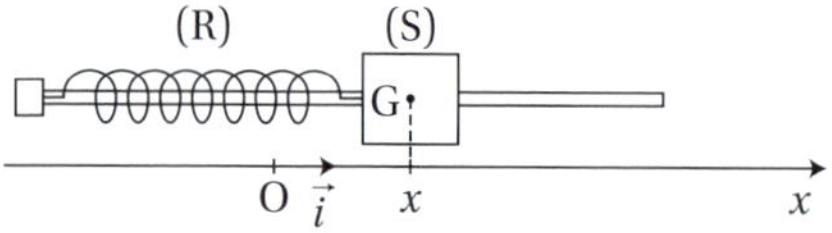

On écarte le système de sa position d'équilibre et on le lâche sans vitesse initiale. On enregistre le mouvement et un logiciel permet d'obtenir l'évolution au cours du temps d'une des formes d'énergie attachée au système.

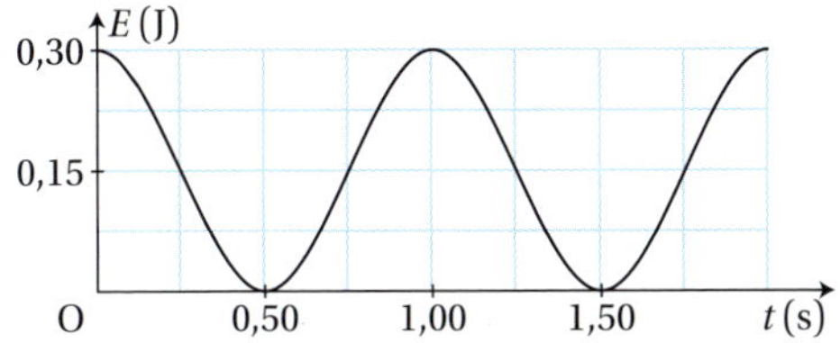

1. Quelle est la forme d'énergie représentée ? Justifier votre réponse.

2. La force $\vec{F}$ dont dérive cette énergie potentielle est conservative. Quelle est la relation entre le travail $W(\vec{F})$ et la variation d'énergie potentielle ΔE_p ?

3. En supposant que la force $\vec{F}$ soit la seule force qui travaille, quelle conséquence cela a-t-il sur l'énergie mécanique ?

4. Représenter sur le graphe précédent la courbe de l'énergie cinétique, ainsi que celle de l'énergie mécanique.

OBJECTIF BAC

8 Étude énergétique des oscillations du pendule simple

Un pendule est constitué d'un mobile à coussin d'air de masse m, suspendu à l'extrémité d'un fil inextensible et de masse négligeable devant celle du mobile. L'autre extrémité du fil est accrochée en un point fixe F. Ce mobile est adapté à une table à digitaliser disposée verticalement, et on enregistre le mouvement du pendule à l'aide d'un système informatisé d'acquisition des données. Ce pendule est assimilable à un pendule simple de longueur L.
Dans le plan vertical du mouvement du pendule, on définit un axe horizontal (Ox) et un axe vertical (Oz), dont l'origine O coïncide avec la position d'équilibre du centre d'inertie du mobile.

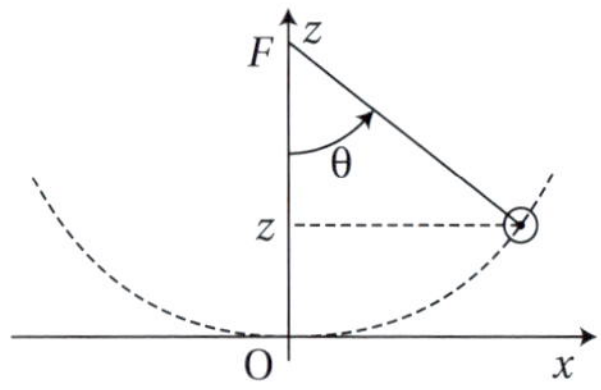

1. Représenter sans souci d'échelle les forces appliquées sur le pendule.

2. Donner l'expression de l'énergie cinétique du pendule simple.

3. Donner l'expression de l'énergie potentielle de pesanteur en fonction de z, puis en fonction de θ et L.

4. Donner l'expression de l'énergie mécanique totale du pendule.

5. Le logiciel d'acquisition des données nous fournit par la suite les évolutions des trois formes d'énergie selon l'abscisse x.

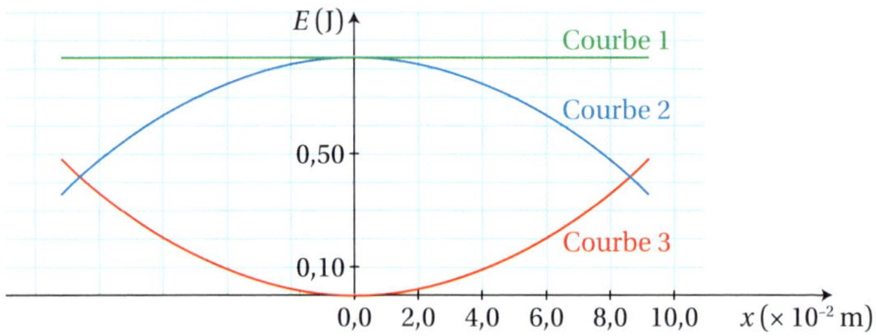

Attribuer à chaque type de courbe ci-dessus, la forme d'énergie correspondante. Justifier votre choix.

6. Vérifier la relation entre l'énergie mécanique et les énergies potentielle et cinétique à l'abscisse $x = 0{,}060$ m.

7. Établir les expressions des travaux des forces appliquées au pendule.

8. Quelle relation particulière relie la variation d'énergie potentielle au travail d'une des deux forces ?

9. Quelle force est responsable du transfert d'énergie au cours du mouvement ?

10. Est-ce qu'une force de frottement agit sur le pendule ?

SE TESTER

1 Réponse b. Faux : le travail résistant d'une force est négatif.

2 Réponse b. L'énergie cinétique a pour expression : $E_c = \frac{m \times v^2}{2}$.

3 Réponse b. Faux : le travail d'une force conservative est égal à l'opposé de la variation de l'énergie potentielle dont elle dérive.

4 Réponse b. Le travail du poids pour un système de masse m passant d'une altitude z_A à une altitude z_B a pour expression : $W_{AB}(\vec{P}) = m \times g \times (z_A - z_B)$.

S'ENTRAÎNER

5 Travail d'une force appliquée à un oscillateur

1.

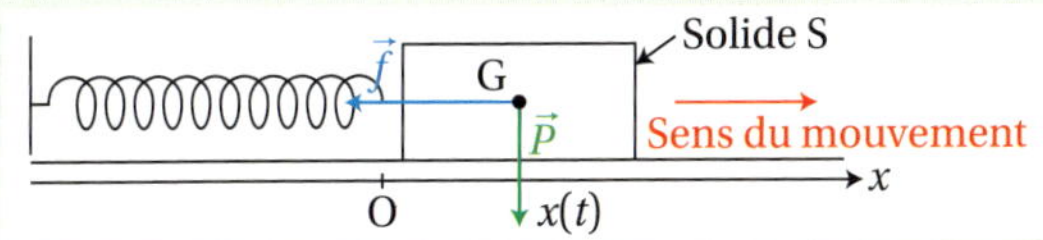

2. Calcul du poids du système : $P = m \times g$, avec $m = 20\,\text{g} = 20 \times 10^{-3}\,\text{kg}$ et $g = 9{,}81\,\text{m} \cdot \text{s}^{-2}$.
On obtient : $P = 0{,}20\,\text{N}$.

3. Calcul du travail de la force de frottement entre les instants t_1 et t_2 :

$$W(\vec{f}) = -f \times (x(t_2) - x(t_1))$$

avec $f = 10\,\text{N}$ et $x(t_2) - x(t_1) = 4{,}5 - 2{,}0 = 2{,}5\,\text{cm} = 2{,}5 \times 10^{-2}\,\text{m}$.

On obtient : $W(\vec{f}) = -0{,}25\,\text{J}$.

La valeur du travail de la force de frottement est négative : le travail est résistant.

4. Le poids est perpendiculaire au déplacement du système : le travail du poids est nul.

6 Particule dans un accélérateur linéaire

1. Expression du travail de la force électrique : $W(\vec{F}_e) = F_e \times L \times \cos\theta$, avec $\cos\theta = 1$ car la force électrique est dans le même sens que le déplacement et $F_e = e \times E$.

On obtient : $W(\vec{F}_e) = e \times E \times L$.

2. Avec $e = 1{,}602 \times 10^{-19}$ C, $E = 200$ V·m^{-1} et $L = 10{,}0$ m, on obtient :
$W(\vec{F}_e) = 3{,}20 \times 10^{-16}$ J.

La valeur du travail est positive : ce travail est moteur.

3. On sait que le travail de la force électrique a également pour expression :
$W(\vec{F}_e) = -q \times \Delta V$.

On en déduit que : $e \times E \times L = e \times \Delta V$ soit $\Delta V = E \times L$.

Avec $E = 200$ V·m^{-1} et $L = 10{,}0$ m, on obtient : $\Delta V = 2{,}00 \times 10^3$ V.

4. La force électrique effectuant un travail moteur, on en déduit que l'énergie cinétique de l'électron augmente (d'après le théorème de l'énergie cinétique). De plus, la force électrique étant conservative, l'énergie mécanique est constante au cours du temps : on en déduit que l'énergie potentielle électrique diminue au cours du mouvement.

7 Transfert d'énergie au cours des oscillations du système {solide + ressort}

1. Initialement, la vitesse est nulle et l'élongation x est différente de zéro. On en déduit donc que l'énergie cinétique est nulle initialement et l'énergie potentielle n'est pas nulle. La forme d'énergie représentée sur le graphique est donc l'énergie potentielle.

2. Pour une force conservative, nous avons : $\Delta E_p = -W(\vec{F})$.

3. La variation de l'énergie cinétique nous est donnée par le théorème de l'énergie cinétique : $\Delta E_c = W(\vec{F})$.

On peut donc exprimer la variation de l'énergie mécanique :

$$\Delta E_m = \Delta E_c + \Delta E_p = W(\vec{F}) - W(\vec{F}) = 0$$

L'énergie mécanique du système est constante au cours du mouvement car sa variation est nulle.

4.

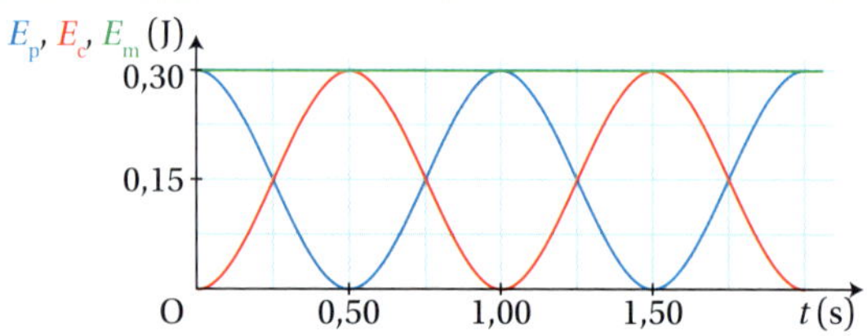

OBJECTIF BAC

8 Étude énergétique des oscillations du pendule simple

1. Deux forces s'appliquent sur le pendule :

- le poids $\vec{P}$;
- la tension $\vec{T}$ du fil.

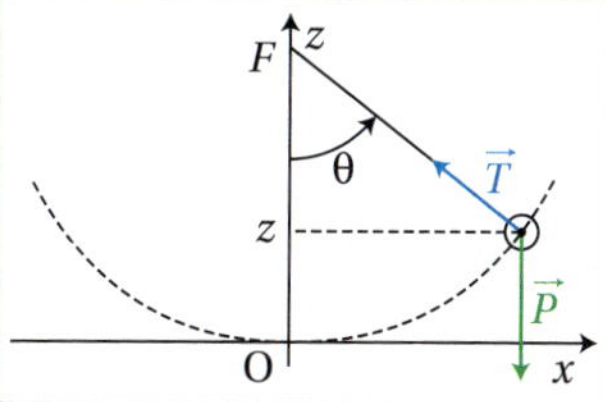

2. L'énergie cinétique du pendule simple a pour expression :

$$E_c = \frac{1}{2} \times m \times v^2$$

3. L'énergie potentielle de pesanteur a pour expression :

$$E_{pp} = m \times g \times z = m \times g \times L \times \cos\theta$$

4. L'énergie mécanique totale du pendule a pour expression :

$$E_m = E_c + E_{pp} = \frac{1}{2} \times m \times v^2 + m \times g \times L \times \cos\theta$$

5. L'énergie potentielle est nulle à $x = 0$: on en déduit que la courbe 3 correspond à l'énergie potentielle.

L'énergie cinétique est maximale à $x = 0$: on en déduit que la courbe 2 correspond à l'énergie cinétique.

La courbe 1 correspond à l'énergie mécanique : c'est la somme des énergies cinétique et potentielle.

6. Pour $x = 0{,}060$ m, on obtient graphiquement :

$E_m = 0{,}84$ J ;

$E_c = 0{,}64$ J ;

$E_{pp} = 0{,}20$ J ;

$E_m = E_c + E_{pp} = 0{,}64 + 0{,}20 = 0{,}84$ J.

La relation entre l'énergie mécanique et les énergies potentielle et cinétique est vérifiée.

7. Travail du poids : $W_{AB}\left(\vec{P}\right)=m\times g\times(z_A-z_B)$
soit $W_{AB}\left(\vec{P}\right)=m\times g\times L\times(\cos\theta_B-\cos\theta_A)$.

Travail de la tension du fil : $W_{AB}\left(\vec{T}\right)=0$, car la tension est constamment perpendiculaire à la trajectoire.

8. L'énergie mécanique étant constante, sa variation est nulle. On en déduit que :

$\Delta E_m=\Delta E_c+\Delta E_{pp}=0$ soit $\Delta E_c=-\Delta E_{pp}$.

Or d'après le théorème de l'énergie cinétique on a :

$\Delta E_c=\Sigma W_{AB}\left(\vec{F}_{ext}\right)=W_{AB}\left(\vec{P}\right)$.

On obtient au final : $\Delta E_{pp}=-W_{AB}\left(\vec{P}\right)$.

9. La force qui est responsable du transfert d'énergie au cours du mouvement est le poids : c'est la seule force qui travaille.

10. Lors d'un mouvement avec frottements, il n'y a plus conservation de l'énergie mécanique du système : une partie de l'énergie mécanique est transformée en énergie thermique. Ici, l'énergie mécanique est conservée : le pendule ne subit pas de frottements.

www.annabac.com

CHAPITRE

9 Le temps et la relativité restreinte

À la fin du XIXe siècle, la mécanique de Newton permettait de décrire le mouvement de tous les objets à la surface de la Terre, tout comme celui des planètes autour du Soleil. L'existence même d'une planète, Neptune, avait été prédite par des calculs (effectués par l'anglais Adams et le français Le Verrier) avant d'avoir pu être observée (le 23 février 1846 par l'astronome allemand Galle). Mais au début du XXe siècle, une nouvelle théorie allait révolutionner notre conception de l'espace et du temps : la relativité, conçue par Albert Einstein.

1 La relativité en mécanique classique

A La relativité du mouvement

- Deux observateurs liés à deux référentiels en mouvement l'un par rapport à l'autre décrivent différemment le mouvement d'un même point.

Exemple : Illustration du principe de relativité.
Considérons deux référentiels, notés (R_1) et (R_2). Le référentiel (R_1) est supposé fixe (trottoir) et le référentiel (R_2), le bus, est en mouvement par rapport à (R_1).

Tout point fixe dans le référentiel (R_2) est en mouvement par rapport au référentiel (R_1).

- Néanmoins, les lois de la physique, et en particulier les lois de Newton, s'appliquent de la même manière dans les deux référentiels.

B Le principe de relativité de Galilée

Les lois physiques sont invariantes lorsque l'on passe d'un référentiel à un autre qui est en mouvement rectiligne et uniforme par rapport au premier.

C La transformation de Galilée

Considérons un point M et deux référentiels galiléens (R_1) et (R_2) d'origines respectives O_1 et O_2. Le référentiel (R_2) est en mouvement rectiligne et uniforme par rapport à (R_1) et on note $\vec{v}$ la vitesse de (R_2) par rapport à (R_1). Ce point est repéré dans (R_1) par le vecteur position $\overrightarrow{O_1M}$ et par le temps t_1, dans (R_2) par $\overrightarrow{O_2M}$ et par le temps t_2. La transformation de Galilée donne les relations entre le repérage de M dans (R_1) et dans (R_2) :

$$\overrightarrow{O_1M} = \overrightarrow{O_2M} + \vec{v} \times t_1$$

$$t_1 = t_2$$

NOTION DE TEMPS ABSOLU

D'après la transformation de Galilée, le temps est indépendant du référentiel dans lequel on se trouve. Sa mesure est la même quel que soit le référentiel envisagé.

D La loi de composition des vitesses

- Elle se déduit de la transformation de Galilée en dérivant par rapport au temps la relation entre les vecteurs positions de M dans les deux référentiels.

$$\vec{v}_1 = \vec{v}_2 + \vec{v}$$

- *Application* : dans le cas où la vitesse $\vec{v}_2$ du point M dans le référentiel (R_2) est **colinéaire** à la vitesse $\vec{v}$ de déplacement du référentiel (R_2) par rapport au référentiel (R_1), on peut calculer simplement la valeur de la vitesse v_1 du point M dans le référentiel (R_1) :

si $\vec{v}$ et $\vec{v}_2$ ont même sens : $v_1 = v_2 + v$

La relation nous montre que les vitesses peuvent s'ajouter sans restriction : la mécanique classique ne prévoit pas l'existence d'une vitesse limite maximale.

2 Les limites de la mécanique classique

A Existence d'une vitesse limite des particules

- En 1964, une expérience est réalisée par W. Bertozzi pour montrer qu'il existe un désaccord flagrant entre l'expérience et la théorie de la mécanique classique dans l'étude de mouvements de particules rapides.

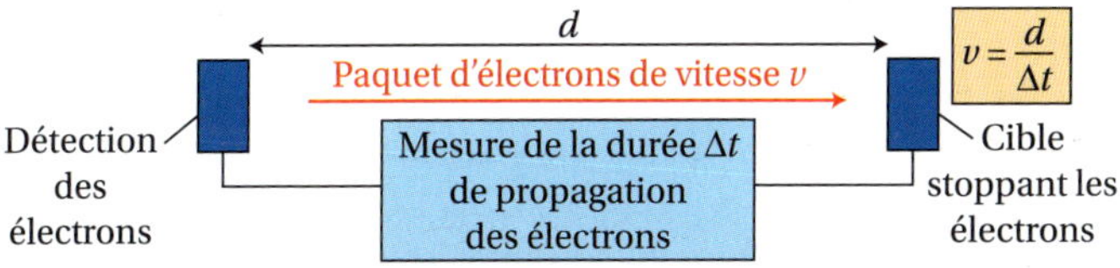

FIGURE 1 Principe de l'expérience de Bertozzi

- Cette expérience permet de mesurer la vitesse v d'électrons accélérés, ainsi que leur énergie cinétique E_c. La mécanique classique prévoit que la vitesse v augmente indéfiniment avec l'énergie cinétique :

$$E_c = \frac{1}{2} \times m \times v^2 \Leftrightarrow v = \sqrt{\frac{2 \times E_c}{m}}$$

- Les résultats obtenus expérimentalement montrent en revanche l'existence d'une **vitesse limite**, estimée à la valeur de la vitesse de la lumière dans le vide : $c = 3{,}0 \times 10^8\ \text{m}\cdot\text{s}^{-1}$

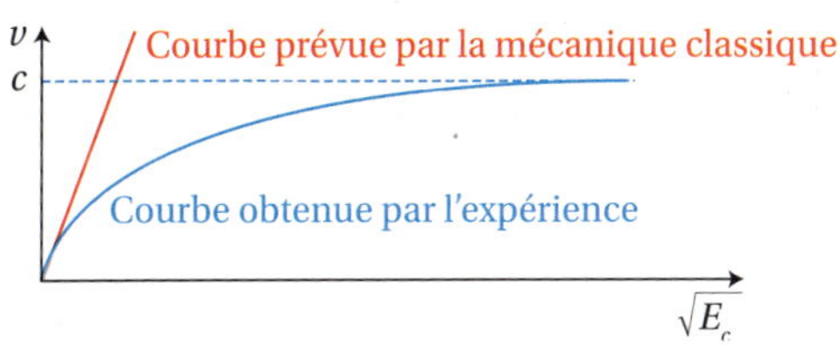

FIGURE 2 Résultats expérimentaux et résultats théoriques de la mécanique classique

B Mesure de la vitesse d'un rayonnement produit par une source en mouvement

- Une expérience réalisée au CERN en 1964 consistait à mesurer la vitesse de photons gamma (γ) émis lors de la désintégration de particules (mésons π^0) ayant une vitesse proche de celle de la lumière c dans le référentiel du laboratoire.

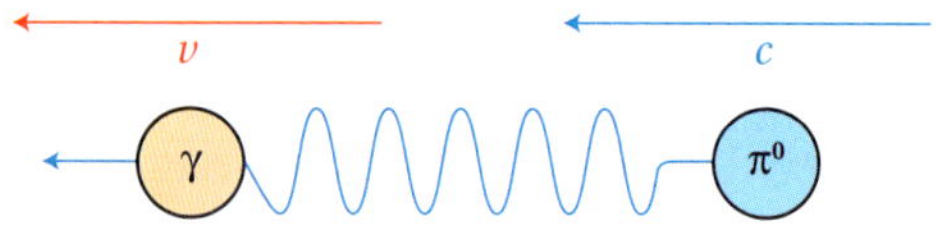

FIGURE 3 **Désintégration de mésons π^0 avec émission de photons γ**

- Les directions de propagation des mésons et des photons étant quasiment confondues, la loi de composition des vitesses de la mécanique classique prévoyait une vitesse v pour les photons égale à environ $2 \times c$ dans le référentiel du laboratoire.
- Les mesures réalisées ont montré au contraire, que la vitesse v des photons émis était égale à c. Ce résultat était en désaccord avec la mécanique classique.

3 Les postulats de la relativité restreinte

En 1905, Einstein a proposé trois hypothèses fondamentales (appelées postulats) qui sont les bases de la relativité restreinte.

- **Premier postulat : le principe de relativité**

Les lois physiques s'appliquent de la même manière dans tous les référentiels galiléens.

- **Second postulat : invariance de la vitesse de la lumière c**

Quel que soit le référentiel envisagé, la vitesse de la lumière c reste la même.

INVARIANCE DE c

Tous les rayonnements électromagnétiques (ultraviolets, infrarouges, micro-ondes, ondes radio, rayons X ou γ) se déplacent avec la vitesse c dans le vide. Cette vitesse est inchangée lors d'un changement de référentiel, mais dépend par contre du milieu dans lequel le rayonnement se déplace.

Milieu de propagation	Vide	Eau	Verre flint
Vitesse ($\times 10^8$ m·s^{-1})	3,0	2,2	1,8

- **Troisième postulat**

Pour de faibles vitesses devant celle de la lumière ($v < 0{,}14\,c$), la mécanique classique reste valable. En particulier, dans le domaine de l'astronomie.

4 Une conséquence de la relativité restreinte : l'abandon du temps absolu

■ On considère un véhicule qui se déplace avec une vitesse v par rapport à un référentiel supposé fixe (R_F). Il est muni de deux lampes L_1 et L_2 susceptibles de s'allumer, chacune fixée à l'une de ses extrémités. Un observateur O est placé au centre du véhicule. Si l'observateur reçoit à un même instant t, les lumières émises par les deux lampes, il en conclut que les deux lampes se sont allumées simultanément car la lumière émise par L_1 ou L_2 a parcouru la même distance.

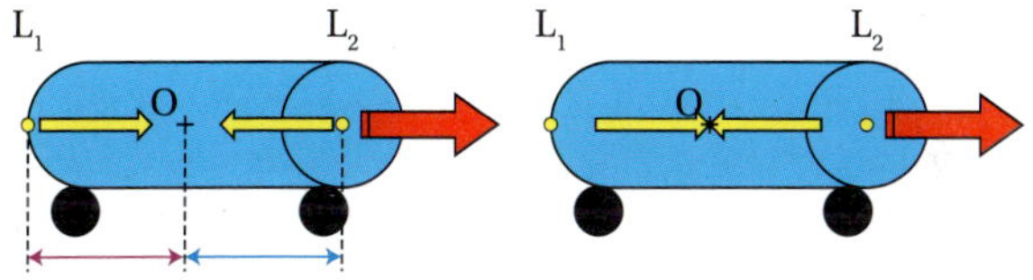

FIGURE 4 Allumage des deux lampes dans le référentiel mobile (R_V)

Dans le référentiel du véhicule (R_V), les deux événements « allumage de la lampe » sont simultanés : L_1 et L_2 se sont allumées en même temps.

> **NOTION D'ÉVÈNEMENT**
> La position d'un point est donnée par les trois coordonnées d'espace (x, y, z) et par l'instant t correspondant. Les quatre grandeurs scalaires (x, y, z, t) constituent un évènement.

■ Considérons maintenant un second observateur O′, fixe dans le référentiel (R_F), et qui reçoit lui aussi au même instant les lumières émises par les deux lampes. Pour cet observateur O′, le véhicule se déplaçant à la vitesse v et la vitesse de la lumière c étant constante, la lampe L_2 s'est allumée après la lampe L_1 car la lumière émise par L_2 a dû parcourir une distance plus courte que celle parcourue par L_1.

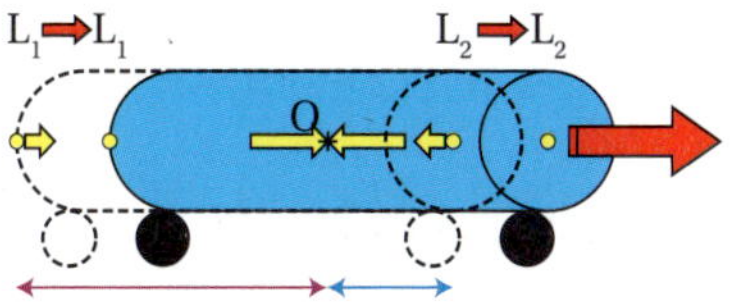

FIGURE 5 Allumage des deux lampes dans le référentiel fixe (R_F)

Dans le référentiel fixe (R_F), les deux évènements « allumage de la lampe » ne sont pas simultanés : L_2 s'allume après L_1.

On en conclut que l'on ne peut plus attribuer le même temps quel que soit le référentiel : le temps dépend du référentiel. L'hypothèse du temps absolu doit être abandonnée.

5 Notion de temps propre

- On appelle **horloge** un système délivrant un signal périodique dans le temps. On note Δt la période temporelle associée.
- La **période propre d'une horloge Δt_0** correspond à la valeur de la période du signal délivré dans le référentiel dans lequel l'horloge est au repos.
- On note Δt la période de l'horloge dans un référentiel en mouvement rectiligne et uniforme par rapport à l'horloge. La relation entre cette période et la période propre est la suivante :

$$\Delta t = \frac{\Delta t_0}{\sqrt{1-\left(\frac{v_e}{c}\right)^2}}$$

Δt et Δt_0 en secondes (s)
c, vitesse de la lumière dans le vide $(m \cdot s^{-1})$.
v_e, vitesse du référentiel par rapport à l'horloge $(m \cdot s^{-1})$

ÉTUDE DU CAS DES FAIBLES VITESSES

Lorsque la vitesse v_e est faible devant la vitesse c, on peut négliger le rapport $\left(\frac{v_e}{c}\right)$ dans l'expression précédente : $\Delta t = \frac{\Delta t_0}{\sqrt{1-(0)^2}} = \Delta t_0$.

On constate que les périodes sont les mêmes dans les deux référentiels.

On retrouve la notion de temps absolu de la mécanique classique.

- Conséquence : la **dilatation du temps**

La vitesse v_e étant toujours inférieure à la vitesse c, le dénominateur de l'expression précédente est toujours inférieur à un. En conséquence, la période Δt est toujours supérieure à la période propre Δt_0 : c'est le phénomène de dilatation du temps, $\mathbf{\Delta t > \Delta t_0}$.

EXPRESSION SIMPLIFIÉE DE LA PÉRIODE

On pose $\gamma_e = \frac{1}{\sqrt{1-\left(\frac{v_e}{c}\right)^2}}$ d'où $\Delta t = \gamma_e \times \Delta t_0$.

Confirmations expérimentales de la dilatation du temps

• *Première expérience* : étude de la désintégration des muons.

Les muons sont des particules dont la masse est égale à 207 fois celle de l'électron et portant une charge électrique élémentaire positive $(+e)$ ou négative $(-e)$. Ils se forment dans les hautes couches de l'atmosphère sous l'effet des rayons cosmiques. Ces particules sont instables et se désintègrent rapidement en émettant un électron et une paire neutrino-antineutrino.

La loi donnant l'évolution du nombre de muons $N(t)$ au cours du temps est de la forme suivante :

$$N(t) = N_0 \times e^{-\left(\frac{t}{\tau_0}\right)} \text{ avec } \tau_0 = 2{,}2 \times 10^{-6} \text{ s}$$

Une expérience (Frisch et Smith en 1963) a consisté à mesurer à l'aide de compteurs le nombre de muons par unité de temps à différentes altitudes.

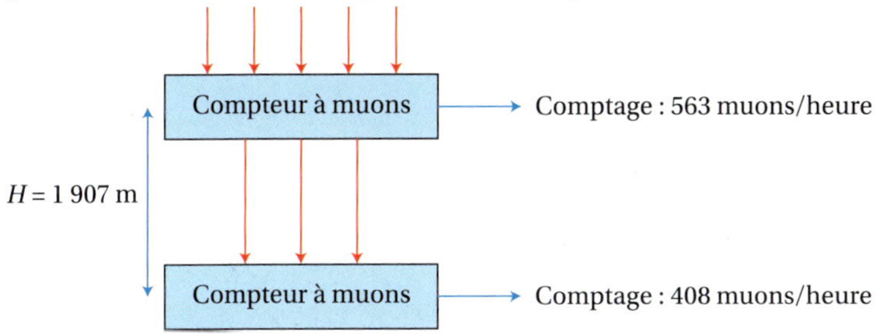

FIGURE 6 Étude de la désintégration des muons dans la haute atmosphère

La vitesse des muons détectés étant égale à $v = 0{,}9952 \times c$, la durée du trajet des muons entre les deux compteurs est égale à :

$\Delta t = \dfrac{H}{v}$ avec $H = 1\,907$ m et $v = 0{,}9\,952 \times 3{,}0 \times 10^8 \text{ m} \cdot \text{s}^{-1}$.

On obtient alors : $\Delta t = 6{,}4 \times 10^{-6}$ s.

On peut appliquer la relation donnant $N(t)$ pour cette durée afin de pouvoir comparer le résultat prévu par la loi de décroissance et celui donné par l'expérience : $N(\Delta t) = N_0 \times e^{-\left(\frac{t}{\tau_0}\right)}$,

avec $N_0 = 563$ muons/heure, $\Delta t = 6{,}4 \times 10^{-6}$ s et $\tau_0 = 2{,}2 \times 10^{-6}$ s.

On obtient alors : $N(\Delta t) = 31$ muons/heure.

La valeur obtenue par la loi de décroissance est beaucoup plus petite que celle trouvée par l'expérience (408 muons/heure).
L'explication de ce désaccord vient du fait que dans la loi de décroissance, on doit considérer des muons se désintégrant au repos et que le temps mis en jeu est un donc un **temps propre**.

Définition : le temps propre d'une particule correspond au temps s'écoulant dans le référentiel où la particule est fixe.

Dans l'expérience, les muons sont en mouvement à une vitesse proche de celle de la lumière. Il faut donc tenir compte du phénomène de dilatation du temps et trouver la durée propre Δt_0 à partir de la valeur de Δt :

$$\Delta t = \gamma_e \times \Delta t_0 \Leftrightarrow \Delta t_0 = \frac{\Delta t}{\gamma_e} \text{ avec : } \gamma_e = \frac{1}{\sqrt{1-\left(\frac{v_e}{c}\right)^2}} = \frac{1}{\sqrt{1-(0{,}9952)^2}} = 10{,}22$$

On trouve : $\Delta t_0 = \frac{6{,}4\times 10^{-6}}{10{,}22} = 6{,}3\times 10^{-7}$ s.

On utilise cette durée propre dans la loi de décroissance et on obtient :

$$N(\Delta t_0) = 423 \text{ muons/heure}$$

Il s'agit d'un résultat beaucoup plus proche de l'expérience.

• *Seconde expérience :* comparaison d'horloges atomiques.
Des horloges atomiques placées au sol et d'autres embarquées dans un avion faisant le tour de la Terre ont montré, compte tenu de leur grande précision, un décalage dans le temps : les horloges embarquées affichaient un retard inférieur à la microseconde.

Utiliser la dilatation du temps pour expliquer des phénomènes relativistes

ÉNONCÉ

Deux jumeaux travaillant dans une agence spatiale décident de se séparer le temps d'un voyage interstellaire. Le premier, muni d'une horloge H_1, reste pendant toute la durée du voyage sur la Terre. Le second, muni d'une horloge H_2, s'embarque à bord d'une fusée. Le mouvement de cette fusée peut être décomposé en cinq phases :

• dans une première phase, elle accélère jusqu'à atteindre une vitesse v proche de celle de la lumière ;

• dans une deuxième phase, elle s'éloigne de la Terre dans un mouvement rectiligne et uniforme à la vitesse v ;

• dans une troisième phase, elle fait demi-tour ;

• dans une quatrième phase, elle se rapproche de la Terre dans un mouvement rectiligne et uniforme à la vitesse v ;

• dans une cinquième phase, elle décélère pour s'immobiliser à son point de départ.

On note (R_1) le référentiel attaché au premier jumeau et supposé galiléen, et (R_2) celui attaché au second jumeau.

À l'arrivée, les deux jumeaux se retrouvent et ils constatent, étonnés, que le premier a plus vieilli que le second.

1 Dans quelles phases du mouvement de la fusée le référentiel (R_2) est-il galiléen ? Justifier.

2 Par rapport à quelle horloge le deuxième jumeau lira-t-il son temps propre t_{02} ? Même question pour le premier jumeau.

3 Exprimer la durée Δt_{02} du voyage écoulée dans le référentiel (R_2) en fonction de la durée Δt_1 écoulée dans le référentiel (R_1). Pour cela, on considère que l'essentiel du voyage est réalisé au cours des deuxième et quatrième phases.

4 En comparant les deux durées, expliquer pourquoi le deuxième jumeau revient sur Terre plus jeune que le premier jumeau.

5 La durée du voyage mesurée avec l'horloge H_1 est égale à $\Delta t_1 = 2{,}000$ ans. Calculer la durée Δt_{02}, puis déterminer l'écart d'âge entre les deux jumeaux (en jours).

Données : $c = 3{,}00 \times 10^8\ \text{m}\cdot\text{s}^{-1}$; $v = 2{,}50 \times 10^8\ \text{m}\cdot\text{s}^{-1}$.

MÉTHODE

1 Un référentiel est galiléen s'il est en mouvement rectiligne et uniforme par rapport à un autre référentiel galiléen.

2 Le temps propre d'un système correspond au temps écoulé dans le référentiel où le système est au repos.

3 Appliquer la relation : $\Delta t = \gamma_e \times \Delta t_0$ avec $\gamma_e = \dfrac{1}{\sqrt{1-\left(\frac{v}{c}\right)^2}}$.

4 La valeur de γ_e est supérieure à 1.

5 Convertir les unités de temps : 1 an = 365,25 j.

CORRIGÉ

1 Le référentiel (R_2) est galiléen dans les deuxième et quatrième phases, car il est en mouvement rectiligne uniforme par rapport au référentiel (R_1) qui est galiléen.

2 Le deuxième jumeau lira son temps propre t_{02} sur l'horloge H_2 car il est immobile dans le référentiel (R_2). Par un même raisonnement, le premier jumeau lira son temps propre t_{01} sur l'horloge H_1.

3 La durée du voyage écoulée dans le référentiel (R_2) a pour expression :

$$\Delta t_{02} = \frac{\Delta t_1}{\gamma_e} \quad \text{avec} \quad \gamma_e = \frac{1}{\sqrt{1-\left(\frac{v}{c}\right)^2}}$$

4 Sachant que γ_e est supérieur à 1, on en déduit que : $\Delta t_{02} < \Delta t_1$.
Δt_1 s'identifie avec le temps propre du premier jumeau : durant le voyage, le temps s'écoule plus lentement pour le deuxième jumeau que pour le premier. On en conclut que le deuxième jumeau sera plus jeune que le premier à son retour.

5 $\Delta t_{02} = \sqrt{1-\left(\frac{v}{c}\right)^2} \times \Delta t_1 = \sqrt{1-\left(\frac{2{,}50\times10^8}{3{,}00\times10^8}\right)^2} \times 2{,}000 = 1{,}106 \text{ an} = 1 \text{ an } 39 \text{ jours}$.

L'écart entre les deux jumeaux est égal à : $\Delta t_1 - \Delta t_{02} = 0{,}894 \text{ an} = 327 \text{ j}$.

SE TESTER QUIZ

Dans le questionnaire à choix multiple (QCM) suivant, indiquer, pour chaque proposition, la ou les réponses exactes.

1 Un référentiel est galiléen s'il est en mouvement rectiligne par rapport à un autre référentiel galiléen.

☐ **a.** vrai ☐ **b.** faux

2 Quelle est l'expression de la période Δt dans un référentiel galiléen en mouvement rectiligne et uniforme par rapport à une horloge ?

☐ **a.** $\Delta t = \frac{\gamma_e}{\Delta t_0}$ ☐ **b.** $\Delta t = \gamma_e \times \Delta t_0$ ☐ **c.** $\Delta t = \gamma_e$

3 Le temps propre d'une horloge correspond au temps dans le référentiel où l'horloge est au repos.

☐ **a.** vrai ☐ **b.** faux

4 Quelle est l'expression du coefficient γ_e ?

☐ **a.** $\gamma_e = \frac{1}{\sqrt{1+\left(\frac{v_e}{c}\right)^2}}$ ☐ **b.** $\gamma_e = \sqrt{1-\left(\frac{v_e}{c}\right)^2}$ ☐ **c.** $\gamma_e = \frac{1}{\sqrt{1-\left(\frac{v_e}{c}\right)^2}}$

S'ENTRAÎNER

5 Durée de vie d'une particule

Une particule instable est observée dans un laboratoire sur une durée séparant l'instant de sa formation de l'instant de sa désintégration. Elle parcourt alors une distance D égale à 6,12 m pendant une durée Δt égale à 28 ns.

1. Calculer la vitesse v de cette particule.

2. Déterminer la durée de vie propre Δt_0 de cette particule (dans le référentiel où la particule est au repos).

3. Comparer les deux durées de vie, celle dans le référentiel du laboratoire à celle dans le référentiel où elle est au repos.

4. Comment évoluerait cette durée de vie propre si pour une même durée Δt, la particule avait parcouru une distance D plus grande dans le laboratoire ?

Donnée : $c = 3{,}00 \times 10^8\ \text{m}\cdot\text{s}^{-1}$.

6 Énergie cinétique d'une particule dans un accélérateur linéaire

Un électron de masse m_e est accéléré par un champ électrique intense, puis injecté avec une vitesse v dans un tube où l'on mesure la durée de sa traversée. La longueur L du tube est égale à 50,0 m. Dans une première expérience, on mesure $\Delta t_1 = 357\ \mu s$ et dans une deuxième expérience $\Delta t_2 = 510$ ns.

L'énergie cinétique E_c s'exprime différemment en mécanique classique et en mécanique relativiste :

- expression classique : $E_c = \frac{1}{2} \times m \times v^2$;
- expression relativiste : $E_c = m \times c^2 \times (\gamma_e - 1)$.

1. Calculer les vitesses v_1 et v_2 de l'électron correspondant à chaque expérience.

2. Calculer pour l'expérience 1, les énergies cinétiques « classique » et « relativiste ». Comparer-les. Que peut-on conclure ?

3. Calculer pour l'expérience 2, les énergies cinétiques « classique » et « relativiste ». Comparer-les. Que peut-on conclure ?

Données : $m_e = 9{,}1 \times 10^{-31}$ kg ; $c = 3{,}00 \times 10^8\ m \cdot s^{-1}$.

7 Parcours d'une particule

Une particule instable possède une durée de vie propre τ_0 et se déplace à une vitesse $v = 2{,}00 \times 10^8\ m \cdot s^{-1}$ dans le référentiel du laboratoire.

1. Exprimer la distance D qu'elle parcourt dans le laboratoire en fonction de τ_0, v et c.

2. Le pion π^- est une particule de durée de vie propre τ_0 égale à $2{,}6 \times 10^{-8}$ s. Calculer la distance D de son parcours dans le laboratoire.

Donnée : $c = 3{,}00 \times 10^8\ m \cdot s^{-1}$.

OBJECTIF BAC

8 Les accélérateurs de particules du CERN

Le CERN est le plus grand centre au monde de physique des particules. Fondé en 1954 et basé à proximité de Genève en Suisse, il abrite des accélérateurs de particules (notamment le LHC, grand collisionneur de hadrons) qui permettent de sonder les constituants ultimes de la matière et d'étudier les lois de l'Univers.

Données : masse de l'électron : $m_e = 9,1 \times 10^{-31}$ kg ; masse du proton : $m_p = 1,67 \times 10^{-27}$ kg ; vitesse de la lumière : $c = 3,00 \times 10^8 \text{ m} \cdot \text{s}^{-1}$; valeur d'un électronvolt : $1 \text{ eV} = 1,602 \times 10^{-19}$ J.

• Partie A : la découverte de particules

En 1983, le CERN met en évidence l'existence de trois particules instables appelées bosons, notées Z_0, W^+ et W^-. Ces particules, dont l'existence était prédite depuis 1968, ont permis de valider la théorie électrofaible qui unifie la force d'interaction électromagnétique à la force d'interaction faible.

1. La durée de vie propre du boson Z_0 (dans le repère où la particule est au repos) est égale à $\tau_0 = 3 \times 10^{-25}$ s. Calculer sa durée de vie τ dans le référentiel du laboratoire sachant que sa vitesse est égale à $v = 2,99 \times 10^8 \text{ m} \cdot \text{s}^{-1}$.

2. Calculer la distance D parcourue dans le laboratoire par ce boson entre sa création et sa désintégration.

3. Avec la même vitesse que celle du boson Z_0, un neutron aurait parcouru une distance D égale à $3,3 \times 10^9$ km.

a. Calculer sa durée de vie τ dans le référentiel du laboratoire.

b. En déduire sa durée de vie propre τ_0.

c. Le neutron est-il plus stable ou moins stable que le boson Z_0 ?

• Partie B : énergie et particule

Le LHC (en service depuis 2008) est un collisionneur proton-antiproton, qui a succédé au LEP (en service de 1989 à 2000) qui était un collisionneur électron-antiélectron. Dans ces deux collisionneurs, les particules sont accélérées jusqu'à des vitesses très proches de celle de la lumière et sont considérées comme des particules ultra-relativistes.

La théorie de la relativité montre que l'énergie E d'une particule de masse m et de quantité de mouvement p a pour expression :

$$E^2 = p^2 \times c^2 + m^2 \times c^4$$

La quantité de mouvement relativiste p a pour expression :

$$p = \gamma_e \times m \times v$$

où v est la vitesse de la particule.

Pour une particule ultra-relativiste, on a l'inégalité suivante :

$$p^2 \times c^2 >> m^2 \times c^4$$

4. Trouver une expression simple de l'énergie E d'une particule ultra-relativiste.

5. Calculer les quantités de mouvement p_p du proton et p_e de l'électron se déplaçant chacun à une vitesse égale à $v = 2{,}95 \times 10^8 \text{ m} \cdot \text{s}^{-1}$.

6. En déduire les énergies E_p du proton et E_e de l'électron en mégaélectronvolts (MeV).

7. Comparer les deux énergies calculées et justifier ce qui est constaté.

SE TESTER

1 Réponse b. Faux : un référentiel est galiléen s'il est en mouvement rectiligne et uniforme par rapport à un autre référentiel galiléen.

2 Réponse b. La période Δt dans un référentiel galiléen en mouvement rectiligne et uniforme par rapport à une horloge a pour expression $\Delta t = \gamma_e \times \Delta t_0$.

3 Réponse a. Vrai : le temps propre d'une horloge correspond au temps dans le référentiel où l'horloge est au repos.

4 Réponse c. Le coefficient γ_e a pour expression : $\gamma_e = \dfrac{1}{\sqrt{1-\left(\dfrac{v_e}{c}\right)^2}}$.

S'ENTRAÎNER

5 Durée de vie d'une particule

1. Vitesse v de la particule : $v = \dfrac{D}{\Delta t} = \dfrac{6{,}12}{28\times10^{-9}} = 2{,}2\times10^8\ \text{m}\cdot\text{s}^{-1}$.

2. À partir de la formule : $\Delta t = \gamma_e \times \Delta t_0$, on isole la période propre :

$$\Delta t_0 = \frac{\Delta t}{\gamma_e} = \Delta t \times \sqrt{1-\left(\frac{v}{c}\right)^2}$$

d'où $\Delta t_0 = 28\times10^{-9} \times \sqrt{1-\left(\dfrac{2{,}2\times10^8}{3{,}0\times10^8}\right)^2} = 1{,}9\times10^{-8}\ \text{s} = 19\ \text{ns}$.

3. On remarque que $\Delta t_0 < \Delta t$: la particule a une durée de vie plus longue dans le référentiel du laboratoire.

4. Si la distance D parcourue par la particule pendant la même durée Δt augmente, sa vitesse augmente également. γ_e étant une fonction croissante de la vitesse de la particule, le terme γ_e est donc plus grand. On en déduit que $\Delta t_0 = \dfrac{\Delta t}{\gamma_e}$ est plus petit.

En conclusion, si la particule parcourt une distance D plus grande dans le laboratoire, alors sa durée de vie propre diminue.

6 Énergie cinétique d'une particule dans un accélérateur linéaire

1. Pour l'expérience 1 : $v_1 = \dfrac{L}{\Delta t_1} = \dfrac{50{,}0}{357\times10^{-6}} = 1{,}40\times10^5\ \text{m}\cdot\text{s}^{-1}$.

Pour l'expérience 2 : $v_2 = \dfrac{L}{\Delta t_2} = \dfrac{50{,}0}{510\times10^{-9}} = 9{,}80\times10^{7}\ \text{m}\cdot\text{s}^{-1}$.

2. Calcul de l'énergie cinétique classique :

$E_{\text{c (classique)}} = \dfrac{1}{2}\times m\times v_1^2 = \dfrac{1}{2}\times 9{,}1\times10^{-31}\times\left(1{,}40\times10^{5}\right)^2 = 8{,}9\times10^{-21}\ \text{J}$.

Calcul de l'énergie cinétique relativiste :

$$E_{\text{c (relativiste)}} = m\times c^2\times(\gamma_e - 1) = m\times c^2\times\left(\frac{1}{\sqrt{1-\left(\frac{v_1}{c}\right)^2}} - 1\right)$$

$$E_{\text{c (relativiste)}} = 9{,}1\times10^{-31}\times\left(3{,}0\times10^{8}\right)^2\times\left(\frac{1}{\sqrt{1-\left(\frac{1{,}40\times10^{5}}{3{,}0\times10^{8}}\right)^2}} - 1\right) = 8{,}9\times10^{-21}\ \text{J}$$

On remarque que l'énergie cinétique « relativiste » est égale à l'énergie cinétique « classique » : on en déduit que l'électron étudié n'est pas une particule relativiste.

3. Calcul de l'énergie cinétique classique :

$E_{\text{c (classique)}} = \dfrac{1}{2}\times m\times v_2^2 = \dfrac{1}{2}\times 9{,}1\times10^{-31}\times\left(9{,}80\times10^{7}\right)^2 = 4{,}4\times10^{-15}\ \text{J}$.

Calcul de l'énergie cinétique relativiste :

$$E_{\text{c (relativiste)}} = m\times c^2\times(\gamma_e - 1) = m\times c^2\times\left(\frac{1}{\sqrt{1-\left(\frac{v_2}{c}\right)^2}} - 1\right)$$

$$E_{\text{c (relativiste)}} = 9{,}1\times10^{-31}\times\left(3{,}0\times10^{8}\right)^2\times\left(\frac{1}{\sqrt{1-\left(\frac{9{,}80\times10^{7}}{3{,}0\times10^{8}}\right)^2}} - 1\right) = 4{,}8\times10^{-15}\ \text{J}$$

On remarque que l'énergie cinétique « relativiste » est différente de l'énergie cinétique classique : on en déduit que dans ce cas, l'électron étudié est une particule relativiste.

7 Parcours d'une particule

1. La distance parcourue par la particule dans le laboratoire a pour expression : $D = v \times \Delta t$.

En remplaçant Δt par son expression, on obtient : $D = v \times \gamma_e \times \tau_0$

soit $D = v \times \dfrac{1}{\sqrt{1-\left(\dfrac{v}{c}\right)^2}} \times \tau_0$.

2. D'après la question précédente, on a : $D = v \times \dfrac{1}{\sqrt{1-\left(\dfrac{v}{c}\right)^2}} \times \tau_0$

soit $D = 2{,}00 \times 10^8 \times \dfrac{1}{\sqrt{1-\left(\dfrac{2{,}00 \times 10^8}{3{,}00 \times 10^8}\right)^2}} \times 2{,}6 \times 10^{-8} = 7{,}0\,\text{m}$.

OBJECTIF BAC

8 Les accélérateurs de particules du CERN

1. Calcul de la durée de vie τ de la particule dans le référentiel du laboratoire :

$$\tau = \gamma_e \times \tau_0 = \frac{1}{\sqrt{1-\left(\frac{v}{c}\right)^2}} \times \tau_0 = \frac{1}{\sqrt{1-\left(\frac{2{,}99 \times 10^8}{3{,}00 \times 10^8}\right)^2}} \times 3 \times 10^{-25}$$

soit $\tau = 4 \times 10^{-24}$ s.

2. Calcul de la distance D parcourue dans le laboratoire par ce boson entre sa création et sa désintégration :

$D = v \times \tau$ soit $D = 2{,}99 \times 10^8 \times 4 \times 10^{-24} = 1 \times 10^{-15}$ m.

3. a. Calcul de la durée de vie τ du neutron dans le référentiel du laboratoire :

$\tau = \dfrac{D}{v} = \dfrac{3{,}3 \times 10^{12}}{2{,}99 \times 10^8} = 1{,}1 \times 10^4$ s.

b. On en déduit sa durée de vie propre τ_0 :

$$\tau_0 = \frac{\tau}{\gamma_e} = \tau \times \sqrt{1-\left(\frac{v}{c}\right)^2} = 1{,}1 \times 10^4 \times \sqrt{1-\left(\frac{2{,}99 \times 10^8}{3{,}00 \times 10^8}\right)^2} = 9{,}0 \times 10^2\ \text{s}.$$

c. La période propre du neutron est supérieure à celle du boson Z_0 : le neutron est plus stable que le boson Z_0.

4. Pour une particule ultra-relativiste : $p^2 \times c^2 >> m^2 \times c^4$.

On peut donc écrire : $E = p \times c$.

5. Calcul de la quantité de mouvement du proton :

$$p_\mathrm{p} = \gamma_\mathrm{e} \times m \times v = \frac{1}{\sqrt{1-\left(\frac{v}{c}\right)^2}} \times m \times v = \frac{1}{\sqrt{1-\left(\frac{2{,}95\times10^8}{3{,}00\times10^8}\right)^2}} \times 1{,}67\times10^{-27} \times 2{,}95\times10^8$$

soit $p_\mathrm{p} = 2{,}71\times10^{-18}\ \mathrm{kg\cdot m\cdot s^{-1}}$.

Calcul de la quantité de mouvement de l'électron :

$$p_\mathrm{e} = \gamma_\mathrm{e} \times m \times v = \frac{1}{\sqrt{1-\left(\frac{v}{c}\right)^2}} \times m \times v = \frac{1}{\sqrt{1-\left(\frac{2{,}95\times10^8}{3{,}00\times10^8}\right)^2}} \times 9{,}1\times10^{-31} \times 2{,}95\times10^8$$

soit $p_\mathrm{e} = 1{,}48\times10^{-21}\ \mathrm{kg\cdot m\cdot s^{-1}}$.

6. Calcul de l'énergie E_p du proton :

$E_\mathrm{p} = p_\mathrm{p} \times c = (2{,}71\times10^{-18}) \times (3{,}00\times10^8) = 8{,}13\times10^{-10}$ J.

Rappel : 1 J $= 1{,}602\times10^{-19}$ eV $= 1{,}602\times10^{-13}$ MeV.

$E_\mathrm{p} = 5{,}07\times10^3$ MeV.

Calcul de l'énergie E_e de l'électron :

$E_\mathrm{e} = p_\mathrm{e} \times c = (1{,}48\times10^{-21}) \times (3{,}00\times10^8) = 4{,}44\times10^{-13}$ J.

$E_\mathrm{e} = 2{,}77$ MeV.

7. On constate que l'énergie cinétique du proton est supérieure à celle de l'électron. Ceci se justifie par le fait que la masse du proton est supérieure à celle de l'électron.

www.annabac.com

CHAPITRE

10 Évolution dans le temps des systèmes chimiques

Toutes les transformations chimiques ne se font pas au même rythme. L'étude de la vitesse des réactions est appelée cinétique chimique. Pour rendre compte de la cinétique d'une réaction, il faut décrire l'évolution de son avancement au cours du temps. Pour cela, on suit l'évolution d'une ou plusieurs grandeurs caractéristiques de la réaction en fonction du temps.

1 Réactions lentes et rapides

- Les **réactions rapides** se produisent tellement vite qu'on ne peut pas observer leur évolution à l'œil nu : elles nous paraissent instantanées et terminées dès l'introduction des réactifs.

Exemple : réaction entre les ions permanganates et les ions fer II :

$$MnO_4^-{}_{(aq)} + 8\,H^+{}_{(aq)} + 5\,Fe^{2+}{}_{(aq)} \rightarrow Mn^{2+}{}_{(aq)} + 4\,H_2O_{(l)} + 5\,Fe^{3+}{}_{(aq)}$$

- Lorsque l'on peut suivre l'évolution d'une réaction au cours du temps, que les produits apparaissent progressivement, on parle de **réaction lente**. Elle peut durer de quelques secondes à quelques minutes.

Exemple : réaction entre les ions permanganates et l'acide oxalique :

$$2\,MnO_4^-{}_{(aq)} + 6\,H^+{}_{(aq)} + 5\,C_2H_2O_4{}_{(aq)} \rightarrow 2\,Mn^{2+}{}_{(aq)} + 8\,H_2O_{(l)} + 10\,CO_{2(g)}$$

- Lorsqu'une réaction est **infiniment lente**, on dit que le système est **cinétiquement inerte.**

Exemple : réactions chimiques ayant lieu dans le vin, responsables de son vieillissement.

2 Facteurs cinétiques

L'expérience montre que plusieurs facteurs peuvent agir sur la vitesse d'une réaction, en particulier la **température** et la **concentration** des réactifs.

A Influence de la température

Expérience : on étudie l'influence de la température sur le déroulement de la réaction entre la liqueur de Fehling et l'éthanal au cours de laquelle un précipité de couleur rouge brique apparaît.
On réalise l'expérience deux fois : dans la première, la réaction a lieu à température ambiante ; dans la seconde, le système chimique est chauffé.

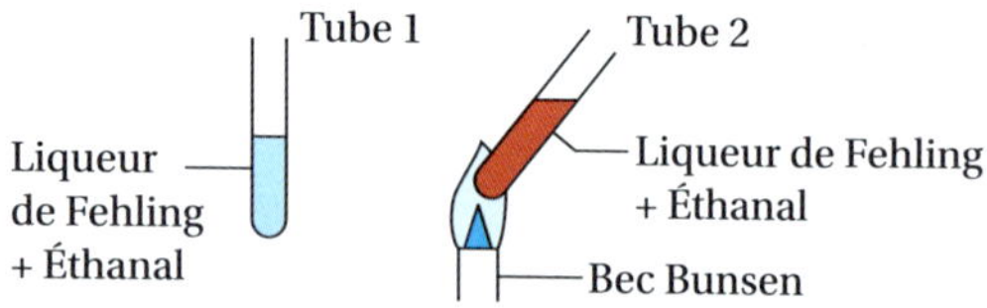

FIGURE 1 Réaction entre la liqueur de Fehling et l'éthanal

Observation : on constate que le précipité rouge brique apparaît d'autant plus vite que le milieu réactionnel est chauffé.

Conclusion : plus la température d'un système est élevée, plus la vitesse de réaction est grande.

B Influence de la concentration des réactifs

Expérience : on étudie l'influence de la concentration initiale en ions iodures sur le déroulement de la réaction entre les ions iodures I^- et les ions peroxodisulfates.
Au cours de la réaction, les ions iodures sont oxydés en diiode I_2 et les ions peroxodisulfates réduits en ions sulfates selon l'équation de réaction :

$$2\,I^-_{(aq)} + S_2O_8^{2-}{}_{(aq)} \rightarrow 2\,SO_4^{2-}{}_{(aq)} + I_{2(aq)}$$

Le diiode confère à la solution une couleur jaune qui s'intensifie pour virer au brun lorsque la concentration du diiode augmente.
Une même quantité d'ions peroxodisulfates est versée en même temps ($t = 0$ s) dans trois béchers contenants des ions iodures à des concentrations différentes $\left([I^-]_1 < [I^-]_2 < [I^-]_3\right)$, de façon à ce que le volume final soit le même. L'expérience a lieu à température ambiante et constante.

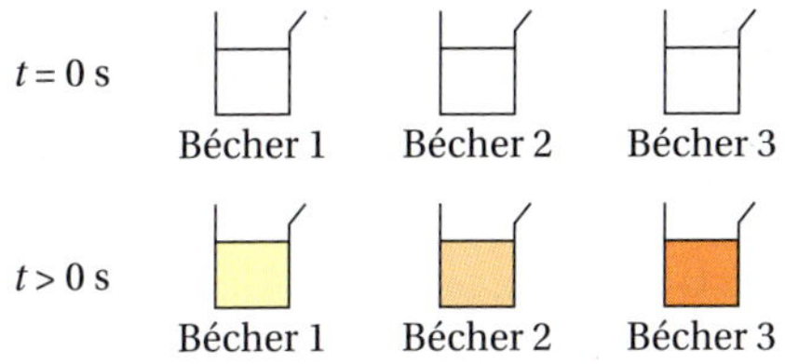

FIGURE 2 Réaction entre les ions iodures et les ions peroxodisulfates

- *Observation* : on constate que la teinte brune du diiode apparaît d'autant plus vite que la solution initiale est plus concentrée en ions iodures.

Conclusion : plus la concentration initiale d'un réactif est importante, plus la vitesse de réaction est grande.

COMMENT STOPPER UNE RÉACTION : LA TECHNIQUE DE LA TREMPE

Pour stopper une réaction ayant lieu en phase aqueuse, il suffit de mélanger le milieu réactionnel à un mélange d'eau et de glace fondante (la température de ce mélange est de 0 °C). Dans de telles conditions, on abaisse la température et on diminue par dilution la concentration des réactifs encore présents.

C Interprétation microscopique des facteurs cinétiques

- Dans un milieu réactionnel, l'**agitation permanente** des molécules entraîne des **chocs** entre les réactifs et toutes les autres espèces chimiques présentes.
- Ce sont les chocs entre réactifs qui permettent à la réaction chimique de se faire, car ils assurent le contact entre les différentes espèces réactives et peuvent provoquer des ruptures de liaisons.

Ces chocs sont efficaces s'ils permettent la transformation des réactifs en de nouvelles espèces chimiques : les produits de la réaction.

- Le nombre de chocs efficaces par unité de temps augmente avec la concentration des réactifs et la température.

La fréquence des chocs efficaces augmente avec la température et la concentration des réactifs, ce qui explique l'augmentation de la vitesse de réaction.

3 Vitesse de réaction

A Avancement d'une réaction chimique (rappels de 1re S)

- Pour prévoir l'évolution d'une transformation chimique, les chimistes utilisent l'**avancement de la réaction**, noté x et exprimé en moles (mol).
- Dans l'état initial cet avancement est nul ; au cours de la transformation, l'avancement augmente jusqu'à atteindre une valeur maximale dans l'état final, notée x_f et appelée **avancement final.**

Tableau d'avancement de la réaction :

Équation-bilan		α réactif 1 +	β réactif 2 →	γ produit 1 +	ε produit 2
État	Avancement (mol)	$n_{(\text{réactif 1})}$ (mol)	$n_{(\text{réactif 2})}$ (mol)	$n_{(\text{produit 1})}$ (mol)	$n_{(\text{produit 2})}$ (mol)
Initial	$x=0$	$n_{i(\text{réactif 1})}$	$n_{i(\text{réactif 2})}$	0	0
Intermédiaire	x	$n_{i(\text{réactif 1})}-\alpha x$	$n_{i(\text{réactif 2})}-\beta x$	γx	εx
Final	$x=x_f$	$n_{i(\text{réactif 1})}-\alpha x_f$	$n_{i(\text{réactif 2})}-\beta x_f$	γx_f	εx_f

L'avancement volumique (en $mol\cdot m^{-3}$) d'une réaction est égal au rapport de l'avancement $x(t)$ par le volume V du système chimique :

$$\text{avancement volumique}=\frac{x(t)}{V}$$

B Vitesse volumique de réaction

- La **vitesse volumique** d'une réaction est égale à la dérivée par rapport au temps de l'avancement volumique :

$$v(t)=\frac{d}{dt}\left(\frac{x(t)}{V}\right)$$

v : vitesse volumique de réaction (en $mol\cdot m^{-3}\cdot s^{-1}$)
V : volume de la solution (en m^3)
$x(t)$: avancement (en mol)

Lorsque le volume du système est constant au cours de la réaction, on peut sortir le terme V de la dérivée : la vitesse volumique d'une réaction est alors égale au quotient de la dérivée par rapport au temps de l'avancement de réaction par le volume du système chimique :

$$v(t)=\frac{1}{V}\frac{\mathrm{d}x(t)}{\mathrm{d}t}$$

Si le volume V est exprimé en litres, la vitesse de réaction est exprimée en $\mathrm{mol\cdot L^{-1}\cdot s^{-1}}$.

C Détermination graphique de la vitesse volumique de réaction

Pour évaluer graphiquement la vitesse volumique d'une réaction, on trace la tangente à la courbe $x=f(t)$ à la date t choisie. La valeur de la vitesse volumique de réaction est égale au rapport du coefficient directeur de la tangente à la courbe à la date $t\left(\frac{\mathrm{d}x(t)}{\mathrm{d}t}=\frac{x-x_0}{t-0}\right)$ par le volume de la solution.

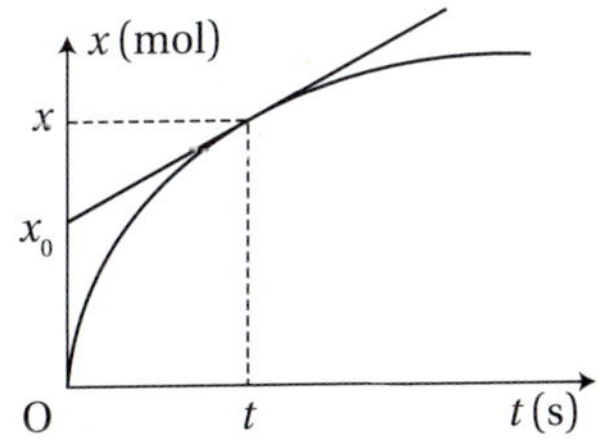

FIGURE 3 Détermination graphique de la vitesse volumique de réaction

Évolution de la vitesse de réaction au cours du temps :

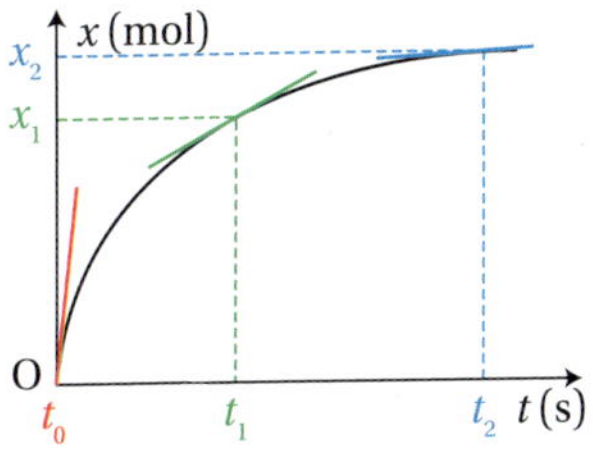

On note a, a_1 et a_2 les coefficients directeurs des tangentes à la courbe aux instants t_0, t_1 et t_2.

Graphiquement, on remarque que $a > a_1 > a_2$.
Sachant que la vitesse de réaction est proportionnelle au coefficient directeur de la tangente à la courbe à chaque instant, on a :

$$v(t_0) > v(t_1) > v(t_2)$$

Lors d'une transformation chimique, la vitesse de réaction diminue au cours du temps.

INTERPRÉTATION

Au cours du temps, les réactifs disparaissent, donc leur concentration diminue.
La concentration des réactifs étant un facteur cinétique, plus la concentration des réactifs est faible, plus la vitesse de réaction diminue.
Ainsi, au fur et à mesure que la transformation a lieu, la vitesse de réaction diminue.

D Temps de demi-réaction

- Le temps de demi-réaction, noté $t_{\frac{1}{2}}$, est la durée au bout de laquelle l'avancement x atteint la moitié de sa valeur finale :

$$t = t_{\frac{1}{2}} \text{ quand } x = \frac{x_f}{2}$$

- Le temps de demi-réaction est un **temps caractéristique** de l'évolution du système : au bout d'une durée égale à quelques fois $t_{\frac{1}{2}}$, la réaction est pratiquement terminée.

- **Détermination graphique**

Pour déterminer la valeur du temps de demi-réaction, on recherche x_f sur la courbe $x = f(t)$, puis on reporte la valeur $x = \frac{x_f}{2}$ sur l'axe des ordonnées. On déduit alors par simple lecture graphique la valeur de $t_{\frac{1}{2}}$ (FIGURE 4).

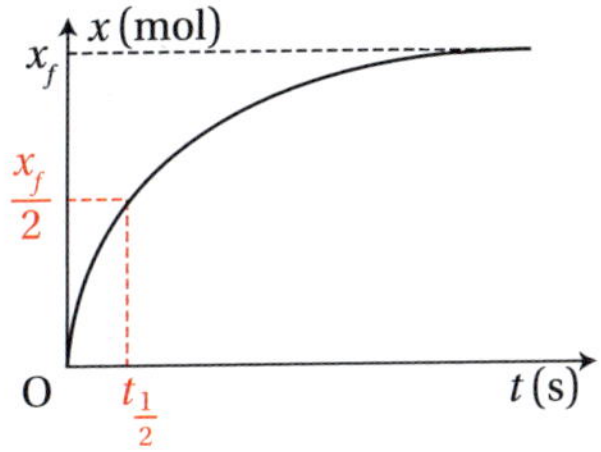

FIGURE 4 **Détermination graphique du temps de demi-réaction**

4 Action d'un catalyseur

- Un **catalyseur** est une espèce chimique qui **augmente la vitesse** d'une réaction sans intervenir dans son bilan. Il a un rôle purement cinétique : il ne modifie ni le sens d'évolution d'une transformation ni la composition du système à l'état final ; de plus, il est régénéré à la fin de la réaction.
- On indique parfois la présence du catalyseur par sa formule placée au-dessus de la flèche dans l'équation-bilan de la réaction.

Exemple : la déshydrogénation catalytique de l'éthanal est catalysée par le cuivre solide.

$$CH_3-CH_2-OH_{(l)} \xrightarrow{Cu_{(s)}} CH_3-CHO_{(g)}+H_{2(g)}$$

- Il existe deux types de catalyse :

• une catalyse est **homogène**, si le catalyseur et les réactifs constituent une seule phase.

Exemple : l'oxydation de l'acide oxalique ($C_2H_2O_2$) par les ions hypochlorites est catalysée par les ions fer II et fer III en solution aqueuse ;

• une catalyse est **hétérogène**, si le catalyseur et les réactifs forment plusieurs phases (en général, le catalyseur est solide et les réactifs sont gazeux ou liquides).

Exemple : la synthèse de l'ammoniac en phase gazeuse est catalysée par la magnétite de fer (solide).

AUTOCATALYSE

Une réaction est auto-catalytique si le catalyseur est produit par la réaction. Une telle réaction est d'abord lente puis le catalyseur qui se forme l'accélère provisoirement. Néanmoins, par la disparition des réactifs, la vitesse diminue de nouveau et finit par s'annuler.

Dans certains domaines, et principalement en biologie, la catalyse remplace avantageusement une élévation de température pour accélérer une réaction, car elle permet d'opérer à des températures suffisamment basses pour ne pas dénaturer les réactifs ou les produits.
La majorité des processus biologiques font intervenir des **catalyseurs enzymatiques**. Le catalyseur est alors une enzyme, c'est-à-dire une protéine élaborée par un organisme vivant.
Exemple : l'hydrolyse de l'amidon en maltose (processus de la digestion des animaux) est catalysée par l'amylase.

POISON DE CATALYSEUR

Certaines substances ont la propriété de diminuer, voire de supprimer totalement l'action catalytique.
Exemple : action du monoxyde de carbone sur le fer lors de la synthèse de l'ammoniac (synthèse hétérogène).

Étudier la cinétique d'une réaction chimique

ÉNONCÉ

On introduit un morceau de zinc solide dans un bécher contenant une solution d'acide chlorhydrique $\left(H^+{}_{(aq)} + Cl^-{}_{(aq)}\right)$ de concentration connue. La transformation a pour équation :

$$Zn_{(s)} + 2\,H^+{}_{(aq)} \rightarrow Zn^{2+}{}_{(aq)} + H_{2(g)}$$

On mesure le volume de dihydrogène $V(H_2)$ dégagé au cours de la transformation et on en déduit l'évolution de l'avancement de la réaction au cours du temps (voir graphe ci-dessous).

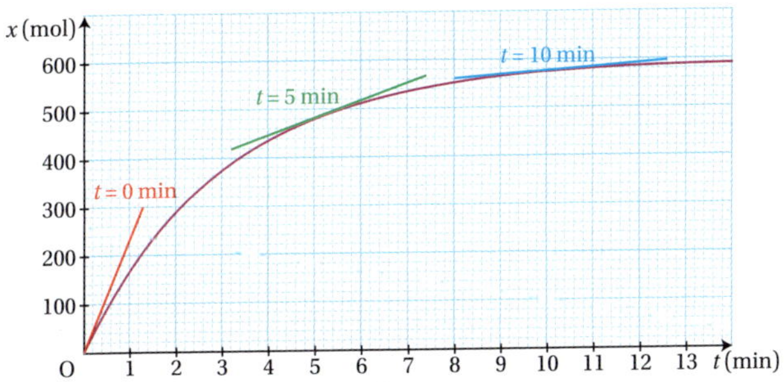

1 Sachant que le volume molaire des gaz $V_M = 24\ L \cdot mol^{-1}$ dans les conditions de l'expérience ($T = 20\ °C$), trouver la relation entre $n_{(H_2)}$ et $V_{(H_2)}$.

2 À l'aide d'un tableau d'avancement, montrer qu'à chaque instant on a la relation suivante : $x = \dfrac{V_{(H_2)}}{V_M}$.

3 À quel instant la vitesse est-elle maximale ?

4 Comparer les vitesses volumiques à $t = 5$ min et $t = 10$ min.

5 Comment expliquer la diminution de la vitesse de réaction au cours du temps ?

6 Comment évoluerait le système si la transformation s'effectuait à $t = 40\ °C$?

MÉTHODE

1 Utiliser la formule reliant la quantité de matière d'un gaz à son volume.

2 Trouver la relation entre avancement et quantité de matière de dihydrogène.

3 et **4** Savoir que la vitesse volumique de réaction et la pente de la tangente à la courbe sont proportionnelles.

5 et **6** Utiliser les facteurs cinétiques.

CORRIGÉ

1 La relation entre quantité de matière et volume de dihydrogène formé est : $n_{(H_2)} = \frac{V_{(H_2)}}{V_M}$.

2 Le tableau d'avancement correspondant à cette réaction est :

Équation-bilan		$Zn_{(s)}$ +	$2H^+_{(aq)}$ →	$Zn^{2+}_{(aq)}$ +	$H_{2\,(g)}$
État	Avancement (mol)	$n_{(Zn)}$ (mol)	$n_{(H^+)}$ (mol)	$n_{(Zn^{2+})}$ (mol)	$n_{(H_2)}$ (mol)
Initial	$x = 0$	$n_{i(Zn)}$	$n_{i(H^+)}$	0	0
Intermédiaire	x	$n_{i(Zn)} - x$	$n_{i(H^+)} - 2x$	x	x
Final	$x = x_f$	$n_{i(Zn)} - x_f$	$n_{i(H^+)} - 2x_f$	x_f	x_f

On en déduit : $x = n_{(H_2)}$ soit $x = \frac{V_{(H_2)}}{V_M}$.

3 La vitesse est maximale quand la pente de la tangente à la courbe est la plus grande, soit pour $t = 0$.

4 D'après le graphe, la pente de la tangente à la courbe à $t = 5$ min est supérieure à celle obtenue à $t = 10$ min : la vitesse volumique à $t = 5$ min est supérieure à celle à $t = 10$ min.

5 La vitesse de réaction diminue au cours du temps car la concentration des réactifs, qui est un facteur cinétique, diminue au fur et à mesure que la transformation a lieu.

6 La température est un facteur cinétique : plus la température d'un système est élevée, plus le système évolue rapidement. Si la transformation s'effectue à 40 °C, elle se terminera donc plus vite.

SE TESTER QUIZ

Dans le questionnaire à choix multiple (QCM) suivant, indiquer, pour chaque proposition, la ou les réponses exactes.

1 Quelle est la formule de la vitesse volumique de réaction ?

☐ **a.** $v(t)=\frac{\mathrm{d}}{\mathrm{d}t}\left(\frac{x(t)}{V}\right)$ ☐ **b.** $v(t)=\frac{x(t_\mathrm{f})-x(t_\mathrm{i})}{V}$

☐ **c.** $v(t)=x(t)\times\frac{\mathrm{d}V}{\mathrm{d}t}$

2 En quelle unité s'exprime la vitesse volumique de réaction ?

☐ **a.** en $\mathrm{mol\cdot s^{-1}}$ ☐ **b.** en $\mathrm{mol\cdot L\cdot s^{-1}}$ ☐ **c.** en $\mathrm{mol\cdot L^{-1}\cdot s^{-1}}$

3 Le rôle d'un catalyseur est de permettre une évolution plus lente du système chimique.

☐ **a.** vrai ☐ **b.** faux

4 La trempe est une technique permettant :

☐ **a.** d'arrêter une réaction chimique, en ajoutant suffisamment de solvant afin de diluer les réactifs pour qu'ils deviennent inactifs.

☐ **b.** d'arrêter une réaction chimique en mélangeant le milieu réactionnel à de l'eau froide et de la glace.

☐ **c.** de mesurer l'influence de la température sur une vitesse de réaction en faisant tremper un thermomètre dans le milieu réactionnel.

5 Plus la concentration des réactifs est grande, plus la réaction se fera rapidement.

☐ **a.** vrai ☐ **b.** faux

S'ENTRAÎNER

6 Étude graphique de la cinétique de la décomposition de l'eau oxygénée

L'eau oxygénée se décompose lentement en eau et en dioxygène. On a déterminé l'évolution temporelle de l'avancement de la réaction pour un volume de 100,0 mL d'eau oxygénée. On obtient le graphique suivant :

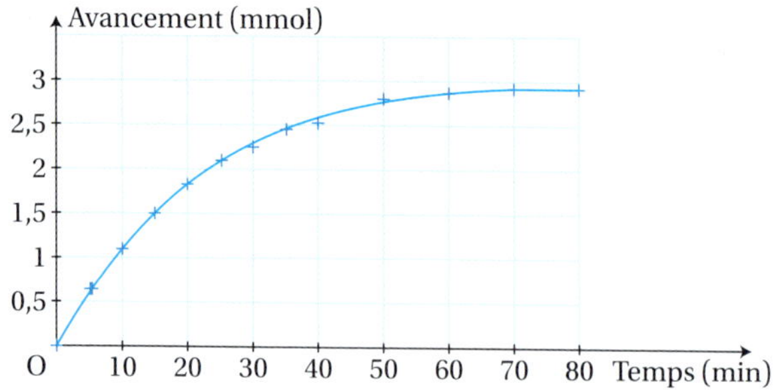

1. Sans calcul, décrire à partir du graphe, comment va évoluer la vitesse volumique de réaction (on néglige les variations de volume de la solution).

2. Définir le temps de demi-réaction et déterminer sa valeur.

7 Estimer la durée d'une réaction

On souhaite étudier la cinétique de la réaction entre les ions iodures et les ions peroxodisulfates en solution aqueuse.
L'équation-bilan de la réaction est :

$$2\,I^-{}_{(aq)} + S_2O_8^{2-}{}_{(aq)} \rightarrow I_{2\,(aq)} + 2\,SO_4^{2-}{}_{(aq)}$$

Le mélange réactionnel est formé par $V = 100{,}0\,mL$ d'une solution S de peroxodisulfate d'ammonium $\left(2\,NH_4^+{}_{(aq)} + S_2O_8^{2-}{}_{(aq)}\right)$ de concentration $C = 0{,}12\,mol \cdot L^{-1}$ et par $V' = 100{,}0\,mL$ d'une solution S'. d'iodure de potassium $\left(K^+{}_{(aq)} + I^-{}_{(aq)}\right)$ de concentration $C' = 0{,}20\,mol \cdot L^{-1}$. À intervalles de temps réguliers, on prélève un échantillon du mélange, qui est rapidement vidé dans un erlenmeyer rempli d'eau glacée.

1. Déterminer les quantités d'ions iodures et d'ions peroxodisulfates introduites à l'instant initial.

2. Trouver le réactif limitant.

3. Pourquoi mélange-t-on l'échantillon à de l'eau glacée ?

4. Pour chaque prélèvement, on détermine la concentration de diiode formé. Dans le tableau ci-dessous sont notés les résultats obtenus :

Erlenmeyer n°	1	2	3	4	5
t (min)	0	8	16	25	69
$[I_2]$ $(mmol \cdot L^{-1})$	0	6,0	10,0	14,0	23,0

Déterminer la quantité de diiode formé à $t = 69$ min.

5. Peut-on dire qu'à la fin de l'expérience (au bout de 69 minutes) la réaction étudiée est terminée ?

8 Influence des facteurs cinétiques sur la réaction d'oxydation du propan-2-ol

L'oxydation du propan-2-ol par les ions permanganates d'une solution aqueuse de permanganate de potassium acidifiée se fait selon l'équation-bilan suivante :

$$2\,MnO^-_{4\,(aq)} + 5\,CH_3CH(OH)CH_{3(l)} + 6\,H^+{}_{(aq)} \rightarrow 5\,CH_3COCH_{3(l)} + 2\,Mn^{2+}{}_{(aq)} + 8H_2O_{(l)}$$

On réalise plusieurs mélanges réactionnels différant les uns des autres par la concentration en ions permanganates ou par la température :

Numéro du mélange	1	2	3
$\left[MnO^-_{4\,(aq)}\right]$ $(mmol \cdot L^{-1})$	10	10	5
Température (°C)	18	33	18

Les ions permanganates confèrent à la solution une couleur violette dont l'intensité diminue lorsque la concentration en ions permanganates diminue. Toutes les autres entités chimiques sont incolores.

1. Qu'observerait-on si l'on comparait les colorations des mélanges 1 et 3 à un même instant t ?

2. Quel est le mélange pour lequel la coloration violette disparaîtra en premier ?

OBJECTIF BAC

9 Étude cinétique de la réaction entre les ions iodures et le peroxyde d'hydrogène

Les ions iodures réagissent avec le peroxyde d'hydrogène selon l'équation-bilan suivante :

$$H_2O_{2\,(aq)} + 2\,I^-{}_{(aq)} + 2\,H_3O^+{}_{(aq)} \rightarrow 4\,H_2O_{(l)} + I_{2\,(aq)}$$

On réalise le mélange de $V_1 = 40{,}0\,\text{mL}$ d'iodure de potassium $\left(K^+{}_{(aq)} + I^-{}_{(aq)}\right)$ de concentration $C_1 = 1{,}4 \times 10^{-2}\ \text{mol} \cdot \text{L}^{-1}$ et de $V_2 = 60{,}0\,\text{mL}$ de peroxyde d'hydrogène de concentration $C_2 = 2{,}0 \times 10^{-2}\ \text{mol} \cdot \text{L}^{-1}$.
Pour étudier la cinétique de cette réaction, on souhaite connaître la valeur de l'avancement x à différents instants. Pour cela, on prélève à différents instants un même volume $V = 5{,}0\,\text{mL}$ du mélange réactionnel, et on détermine la quantité de diiode présente dans le prélèvement.
Le graphe ci-dessous nous donne la variation de la quantité de diiode au cours du temps dans chaque prélèvement :

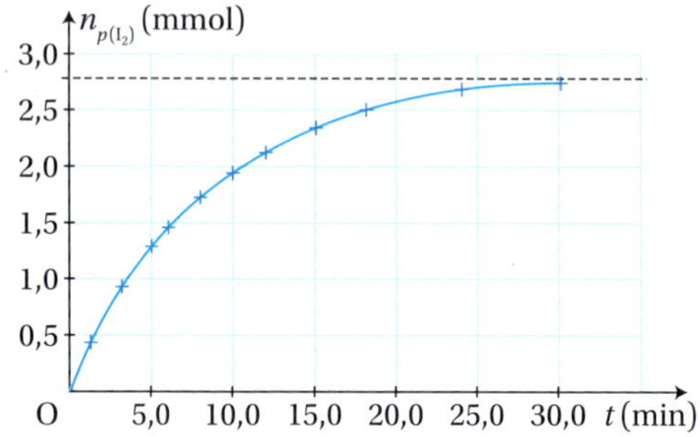

1. Afin de pouvoir déterminer la quantité de diiode formé dans chaque prélèvement, il faut stopper la réaction.
a. Quelle technique peut-on employer ?
b. En quoi consiste cette technique ?

2. À l'aide d'un tableau d'avancement, trouver la relation entre l'avancement x et la concentration en diiode $[I_2]$.

3. Exprimer la concentration $[I_2]$ en fonction de la quantité de diiode $n_{p(I_2)}$ dans chaque prélèvement, puis en déduire l'expression de l'avancement x en fonction de $n_{p(I_2)}$.

4. Justifier le fait que la courbe obtenue permet d'étudier l'évolution de l'avancement x au cours du temps.

5. Donner la formule de la vitesse volumique de réaction v, puis trouver son expression en fonction de $n_{p(I_2)}$.

6. Indiquer, en justifiant la réponse, comment évolue la vitesse volumique au cours du temps.

7. À partir de la courbe, déterminer quelle est la valeur de l'avancement final.

8. Déterminer le temps de demi-réaction $t_{\frac{1}{2}}$.

SE TESTER

1 Réponse a. La vitesse volumique de réaction a pour formule : $v(t)=\frac{\mathrm{d}}{\mathrm{d}t}\left(\frac{x(t)}{V}\right)$.

2 Réponse c. La vitesse volumique de réaction s'exprime en $\mathrm{mol{\cdot}L^{-1}{\cdot}s^{-1}}$.

3 Réponse b. Faux : le rôle d'un catalyseur est de permettre une évolution plus rapide du système chimique.

4 Réponse b. La trempe est une technique permettant d'arrêter une réaction chimique en mélangeant le milieu réactionnel à de l'eau froide et de la glace.

5 Réponse a. Plus la concentration des réactifs est grande, plus la réaction se fera rapidement.

S'ENTRAÎNER

6 Étude graphique de la cinétique de la décomposition de l'eau oxygénée

1. D'après la formule de la vitesse volumique, on peut affirmer que la vitesse est proportionnelle à la dérivée de l'avancement par rapport au temps. Cette dérivée s'identifie au coefficient directeur de la tangente à la courbe $x=f(t)$: on peut ainsi décrire l'évolution de la vitesse à partir de la courbe $x=f(t)$.
La vitesse est maximale à l'instant initial, puis diminue de manière continue jusqu'à s'annuler à partir de $t=70\text{ min}$, lorsque la réaction est terminée.

2. Le temps de demi-réaction est égal au temps au bout duquel l'avancement atteint la moitié de sa valeur finale.
On détermine graphiquement sa valeur : d'après le graphique, on a $x_\mathrm{f}=2,9\text{ mmol}$; on repère l'abscisse du point de la courbe ayant une ordonnée égale à $\frac{x_\mathrm{f}}{2}=1,45\text{ mmol}$. Par lecture graphique, on obtient : $t_{\frac{1}{2}}=15\text{ min}$.

7 Estimer la durée d'une réaction

1. Les quantités initiales des réactifs sont égales à :
$n_{0(\mathrm{S_2O_8^{2-}})}=C\times V=0,12\times 100,0\times 10^{-3}=0,012\text{ mol}$;

$n_{0(I^-)} = C' \times V' = 0{,}20 \times 100{,}0 \times 10^{-3} = 0{,}020\ \text{mol}.$

2. Si les ions peroxodisulfates sont le réactif limitant :

$n_{0(S_2O_8^{2-})} - x_{max1} = 0 \quad \text{soit} \quad x_{max1} = n_{0(S_2O_8^{2-})} = 0{,}012\ \text{mol}.$

Si les ions iodures sont le réactif limitant :

$$n_{0(I^-)} - 2x_{max2} = 0 \quad \text{soit} \quad x_{max2} = \frac{n_{0(I^-)}}{2} = 0{,}010\ \text{mol}.$$

On constate que : $x_{max2} < x_{max1}$.

On en déduit que les ions iodures sont le réactif limitant.

3. On mélange l'échantillon à de l'eau glacée afin de stopper la réaction.

4. D'après le tableau : à $t = 69\ \text{min}$, on a : $[I_2] = 23{,}0\ \text{mmol}\cdot\text{L}^{-1}$.

On en déduit : $n_{(I_2)} = [I_2] \times (V + V') = 23{,}0 \times 10^{-3} \times 200{,}0 \times 10^{-3} = 0{,}0046\ \text{mol}.$

5. Les ions iodures étant le réactif limitant, ceux-ci sont totalement transformés en diiode. On en déduit, compte-tenu de la stœchiométrie de l'équation-bilan, la quantité finale de diiode formé :

$$n_{f(I_2)} = \frac{n_{0(I^-)}}{2} = 0{,}010\ \text{mol}.$$

On constate que : $n_{f(I_2)} > n_{t=69\ \text{min}\ (I_2)}$.

On en déduit que la réaction n'est pas encore achevée.

8 Influence des facteurs cinétiques sur la réaction d'oxydation du propan-2-ol

1. Au cours du temps, l'intensité de la couleur violette décroît car les ions permanganates sont des réactifs.

À un même instant *t*, la coloration violette du mélange 1 est moins intense que celle du mélange 3 car la réaction y est plus rapide. En effet, les températures des deux mélanges sont les mêmes mais la concentration initiale en ions permanganates (qui est un facteur cinétique) est plus élevée dans le mélange 1 que dans le mélange 3.

2. Le mélange 2 possède à la fois la température la plus élevée et la plus forte concentration initiale en ions permanganates. C'est donc dans ce mélange que la réaction évolue le plus rapidement : la disparition de la coloration violette se fera en premier dans le mélange 2.

OBJECTIF BAC

9 Étude cinétique de la réaction entre les ions iodures et le peroxyde d'hydrogène

1. a. On peut utiliser la technique de la trempe.

b. On plonge le prélèvement dans un mélange d'eau et de glace. La réaction est stoppée car on diminue à la fois la température (mélange à $t = 0\,°\text{C}$) et la concentration des réactifs (par dilution dans l'eau).

2. Le tableau d'avancement est le suivant :

Équation-bilan		$H_2O_{2(aq)}$ +	$2\,I^-_{(aq)}$ +	$2\,H_3O^+_{(aq)}$ →	$4\,H_2O_{(\ell)}$ +	$I_{2(aq)}$
État	Avancement (mol)	$n_{(H_2O_2)}$ (mol)	$n_{(I^-)}$ (mol)	$n_{(H_3O^+)}$ (mol)	$n_{(H_2O)}$ (mol)	$n_{(I_2)}$ (mol)
Initial	$x = 0$	$n_{i(H_2O_2)}$	$n_{i(I^-)}$	$n_{i(H_3O^+)}$	excès	0
Intermédiaire	x	$n_{i(H_2O_2)} - x$	$n_{i(I^-)} - 2x$	$n_{i(H_3O^+)} - 2x$	excès	x
Final	$x = x_f$	$n_{i(H_2O_2)} - x_f$	$n_{i(I^-)} - 2x_f$	$n_{i(H_3O^+)} - 2x_f$	excès	x_f

D'après le tableau d'avancement : $n_{(I_2)} = x$.

On en déduit : $[I_2] = \dfrac{n_{(I_2)}}{V_1 + V_2} = \dfrac{x}{V_1 + V_2}$.

3. Pour chaque prélèvement, on a la relation suivante : $[I_2] = \dfrac{n_{p(I_2)}}{V}$.

Par identification des deux expressions de $[I_2]$, on obtient :

$$\frac{x}{V_1 + V_2} = \frac{n_{p(I_2)}}{V} \quad \text{soit} \quad x = \frac{n_{p(I_2)} \times (V_1 + V_2)}{V}.$$

4. D'après la relation précédente, l'avancement x est proportionnel à $n_{p(I_2)}$: les variations de x sont identiques à celles de $n_{p(I_2)}$. La courbe de $n_{p(I_2)}$ en fonction du temps obtenue permet donc d'étudier l'évolution de l'avancement x au cours du temps.

5. Sachant que le volume réactionnel est égal à (V_1+V_2), la formule de la vitesse volumique de réaction v est :

$$v=\frac{1}{(V_1+V_2)}\frac{\mathrm{d}x}{\mathrm{d}t}.$$

On remplace x par son expression trouvée dans la question 3 et on obtient :

$$v=\frac{1}{V}\frac{\mathrm{d}n_{p(I_2)}}{\mathrm{d}t}.$$

6. D'après la formule de la vitesse volumique trouvée à la question 5, on peut affirmer que la vitesse est proportionnelle à la dérivée de $n_{p(I_2)}$ par rapport au temps. Cette dérivée s'identifie au coefficient directeur de la tangente à la courbe $n_{p(I_2)}=f(t)$: on peut alors décrire l'évolution de la vitesse à partir de la courbe $n_{p(I_2)}=f(t)$.

La vitesse est maximale à l'instant initial, puis diminue de manière continue jusqu'à s'annuler à partir de $t=30\ \text{min}$, lorsque la réaction est terminée.

7. Par lecture graphique, on détermine la valeur de $n_{p(I_2)}$ lorsque la réaction est terminée : $n_{p(I_2)}=2{,}8\ \text{mmol}$.

On obtient alors la valeur de l'avancement final :

$$x_\text{f}=\frac{n_{pf(I_2)}\times(V_1+V_2)}{V}=\frac{2{,}8\times10^{-3}\times100{,}0\times10^{-3}}{5{,}0\times10^{-3}}=0{,}056\ \text{mol}.$$

8. Le temps de demi-réaction est égal au temps au bout duquel l'avancement atteint la moitié de sa valeur finale. Comme x est proportionnel à $n_{p(I_2)}$, on peut utiliser la courbe obtenue pour trouver le temps de demi-réaction.

On repère l'abscisse du point de la courbe ayant une ordonnée égale à $\frac{n_{pf(I_2)}}{2}=1{,}4\ \text{mmol}$.

Par lecture graphique, on obtient : $t_{\frac{1}{2}}=5{,}5\ \text{min}$.

www.annabac.com

CHAPITRE

11 Structure spatiale des molécules

Certaines propriétés des molécules organiques sont liées à leur structure spatiale, c'est-à-dire à l'arrangement de leurs atomes constitutifs dans l'espace. Les notions d'isomérie et de stéréoisomérie permettent de comprendre la géométrie des molécules, qui joue un rôle important dans la réactivité des molécules organiques.

1 Les différents types d'isomérie

- Des molécules sont dites **isomères** si elles possèdent la même formule brute mais ont des formules développées planes ou des représentations spatiales différentes.
- On peut distinguer trois sortes d'isomérie :

• l'**isomérie de fonction** : les molécules ne possèdent pas les mêmes groupes fonctionnels.

Exemple : l'éthanol et l'éther diméthylique de formule brute C_2H_6O.

$HO—CH_2—CH_3$ Éthanol

$CH_3—O—CH_3$ Éther diméthylique

• l'**isomérie de position** : les molécules possèdent les mêmes groupes fonctionnels, mais ils ne sont pas disposés de la même façon sur la chaîne carbonée.

Exemple : le butan-1-ol et le butan-2-ol de formule brute $C_4H_{10}O$.

$HO—CH_2—CH_2—CH_2—CH_3$ Butan-1-ol

$CH_3—CH(OH)—CH_2—CH_3$ Butan-2-ol

• l'**isomérie de configuration** : les molécules possèdent la même formule développée (ou semi-développée) plane, mais ont une disposition spatiale de leurs atomes différente. On parle alors de **stéréoisomérie**.

Exemple : les stéréoisomères de l'acide tartrique de formule $C_4H_6O_6$.

Les formules semi-développées planes des deux stéréoisomères de l'acide tartrique sont les mêmes :

$CO_2H—CHOH—CHOH—CO_2H$ $CO_2H—CHOH—CHOH—CO_2H$

Stéréoisomère A Stéréoisomère B

Les représentations de Cram des deux stéréoisomères de l'acide tartrique sont différentes :

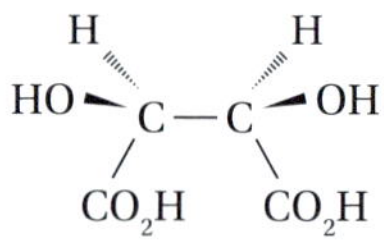

Stéréoisomère A

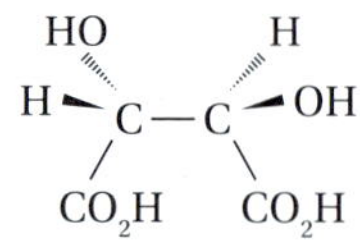

Stéréoisomère B

On constate que les deux molécules ne sont **pas superposables** dans l'espace : elles sont donc différentes.

REPRÉSENTATION DE CRAM

La représentation de Cram d'une molécule permet de la représenter en trois dimensions sur un support à deux dimensions. Elle fait apparaître les liaisons de la molécule en perspective les unes par rapport aux autres, afin de comprendre la structure dans l'espace de la molécule.

Les liaisons entre les atomes sont représentées de la façon suivante :

liaison dans le plan de la feuille : —

liaison en avant du plan de la feuille :

liaison en arrière du plan de la feuille :

Exemple : le méthane de formule CH_4

Modèle moléculaire

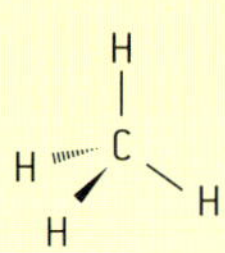

Représentation de Cram

2 Stéréoisomérie

A Énantiomérie et chiralité

- Des énantiomères sont des molécules isomères, images l'une de l'autre dans un miroir, mais non superposables même en effectuant une rotation de la molécule. Ces deux molécules forment un couple d'énantiomères.

Exemple : l'acide lactique de formule $C_3H_6O_3$.

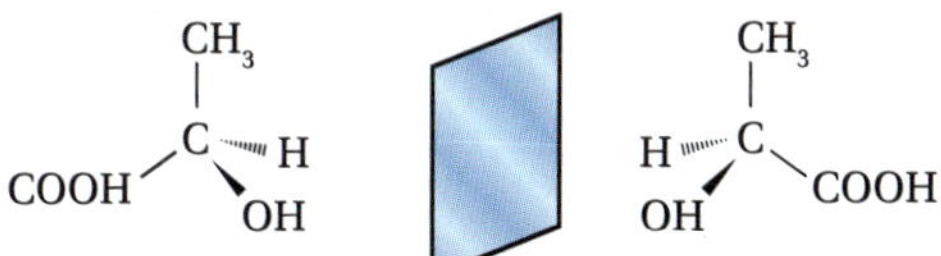

Molécule A   Molécule B

Les molécules A et B sont images l'une de l'autre par un miroir, mais ne sont pas superposables :

Molécule A   Molécule B après rotation

Les molécules A et B sont deux énantiomères de l'acide lactique.

- Une molécule est dite chirale (prononcer « kirale ») si son image par rapport à un miroir ne lui est pas superposable. Une molécule chirale ne possède ni centre ni plan de symétrie. Dans le cas contraire, on dit qu'elle est achirale.

Exemples : la molécule d'acide lactique est chirale (voir exemple précédent) ; la molécule de propan-2-ol est achirale (voir exemple suivant).

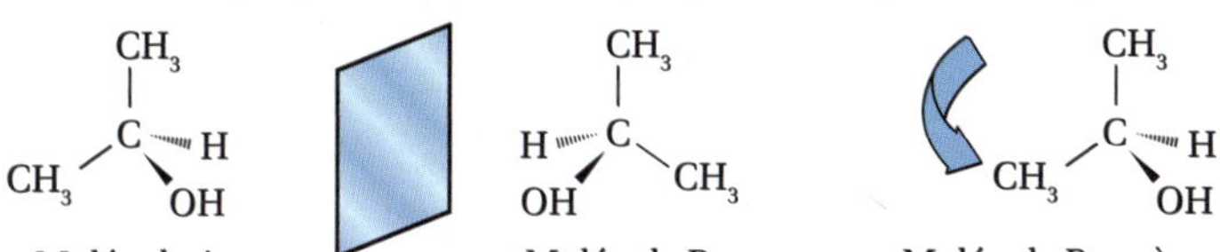

Molécule A   Molécule B   Molécule B après rotation

Une rotation de la molécule B permet de superposer les molécules A et B. Le plan contenant les deux groupes méthyles et le carbone central est plan de symétrie.

OBJETS CHIRAUX

La notion de chiralité ne se limite pas aux molécules : ce terme s'applique à n'importe quel objet ne possédant ni plan ni centre de symétrie.

Chirale : une main gauche	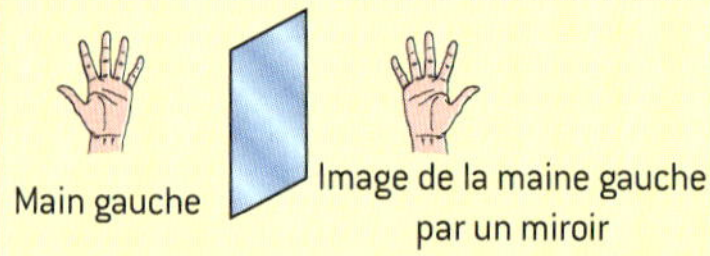	L'image de la main gauche est une main droite non superposable.
Achirale : la tour Eiffel	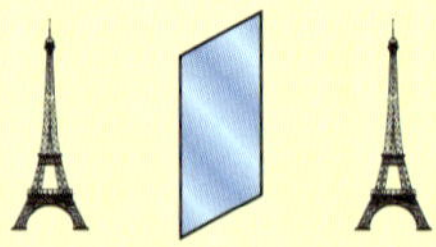	La tour Eiffel est identique à son image.

■ Les deux énantiomères d'une molécule chirale ont les mêmes propriétés physico-chimiques, à l'exception d'une propriété optique appelée **pouvoir rotatoire**. Une solution composée à 50 % d'un énantiomère d'une molécule chirale et à 50 % de l'autre énantiomère de cette molécule est appelée **mélange racémique**.

B Carbone asymétrique et chiralité

■ Si une molécule contient un atome de carbone portant quatre atomes ou groupes d'atomes différents, elle ne peut posséder de plan ou d'axe de symétrie : elle est chirale. Un tel carbone est appelé **carbone asymétrique** et est noté par un **astérisque *** sur la représentation de la molécule.

Exemple : l'alanine $C_3H_7O_2N$ possède un carbone asymétrique.

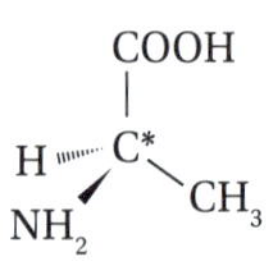

Seuls des carbones liés à quatre atomes ou groupes d'atomes différents peuvent être asymétriques : s'ils ne font que 2 ou 3 liaisons, ils ne sont pas asymétriques.

■ **Configuration des carbones asymétriques**

L'orientation spatiale des liaisons que forme un atome avec ses plus proches voisins constitue sa configuration. Pour distinguer les carbones asymétriques entre eux, on utilise une nomenclature spécifique basée sur leur configuration.

Exemple : recherche de la configuration du carbone asymétrique de l'alanine.

1. On classe les quatre substituants (atomes ou groupes d'atomes) reliés au carbone asymétrique en leur attribuant un « rang ». Le critère utilisé pour classer les substituants est leur « taille » en se référant aux numéros atomiques des différents atomes mis en jeu **(règle de Cahn, Ingold et Prelog)**.

On regarde le numéro atomique des atomes directement liés au carbone asymétrique : un atome d'azote, deux atomes de carbone et un atome d'hydrogène. Le numéro atomique de l'azote est $Z_N = 7$, celui du carbone est $Z_C = 4$ et celui de l'hydrogène $Z_H = 1$.

On en déduit que :

- le substituant de rang 1 est le groupement $-NH_2$ (plus grand numéro atomique) ;
- le substituant de rang 4 est l'atome d'hydrogène (plus petit numéro atomique).

Pour déterminer les substituants de rang 2 et 3, on regarde le ou les atome(s) au(x)quel(s) sont reliés les deux atomes de carbone. Le carbone du groupement méthyle est relié à trois atomes d'hydrogène de numéro atomique $Z_H = 1$. Le carbone du groupement carboxyle est relié à 2 atomes d'oxygène dont un avec une double liaison (cette liaison est considérée ici comme deux liaisons simples avec deux atomes d'oxygène) ; ce carbone est donc considéré comme reliés à 3 atomes d'oxygène.

Le groupement carboxyle est plus « gros » que le groupement méthyle, il prend donc le rang 2, et le groupement méthyle le rang 3.

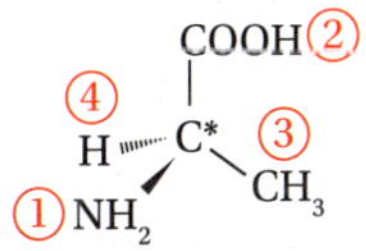

2. Une fois ce classement établi, on visualise la molécule dans l'axe de la liaison entre le carbone asymétrique et le substituant de rang 4, à partir du carbone. Puis on regarde dans quel sens on passe du substituant de rang 1 aux substituants de rangs inférieurs.

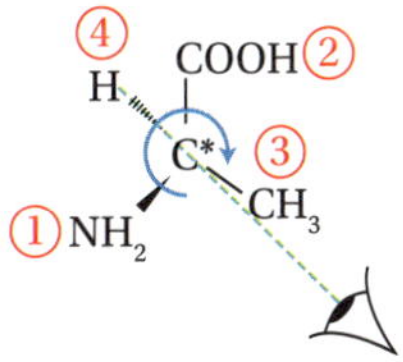

- Si le rang décroit dans le sens des aiguilles d'une montre, **la configuration du carbone asymétrique est *R*** (de *rectus*, « droite » en latin).
- Si le rang décroit dans le sens inverse des aiguilles d'une montre, **la configuration du carbone asymétrique est *S*** (de *sinister*, « gauche » en latin).

Dans le cas de l'alanine, le rang décroit dans le sens des aiguilles d'une montre (voir la flèche bleue) : le carbone asymétrique est un carbone *R*.

Remarque : l'alanine appartient à la famille des acides α-aminés, dont la caractéristique est de posséder une fonction acide carboxylique ainsi qu'une fonction amine sur le carbone lié directement à la fonction acide. Tout comme l'alanine, les acides α-aminés sont des molécules chirales du fait de la présence d'un carbone asymétrique.

CARBONES ASYMÉTRIQUES ET ÉNANTIOMÉRIE

Les carbones asymétriques d'un couple d'énantiomères ont des configurations inversées.

Exemple :

Les molécules A et B sont des énantiomères.

C Diastéréoisomérie

- Des **diastéréoisomères** sont des isomères de configuration qui ne sont pas images l'un de l'autre dans un miroir.
- Les diastéréoisomères n'ont pas les mêmes propriétés physico-chimiques, ce qui permet de les séparer facilement, contrairement aux énantiomères.

Exemples :

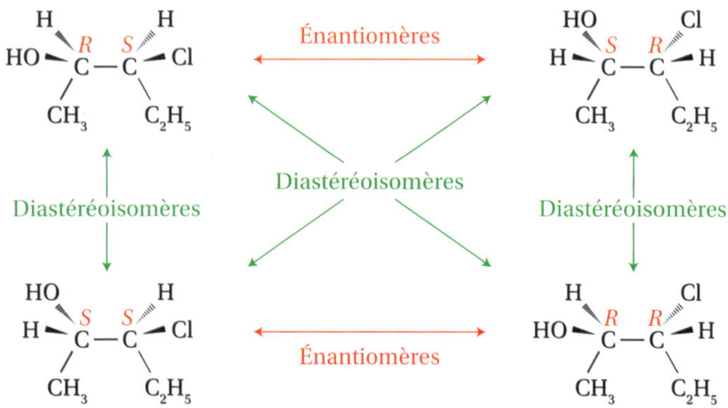

Les molécules contenant des liaisons multiples peuvent également être des diastéréoisomères.

Exemple : l'acide maléique (ou acide butènedioïque) existe sous deux configurations :

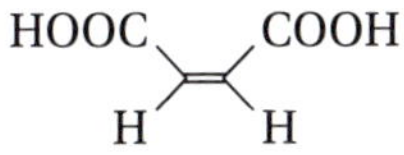

Diastéréoisomère A

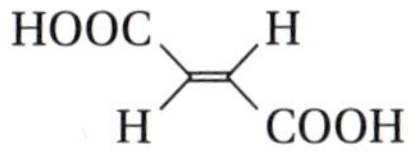

Diastéréoisomère B

Les groupes carboxyles ne sont pas placés de la même façon dans les deux molécules. Pour distinguer ces deux molécules, on utilise une nomenclature qui dépend de la position relative des groupes d'atomes par rapport à la double liaison. On attribue un « rang » aux atomes ou groupes d'atomes reliés à chaque carbone intervenant dans la double liaison selon la règle de Cahn, Inglod et Prelog.

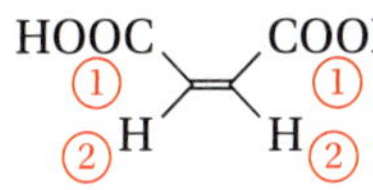

Diastéréoisomère A

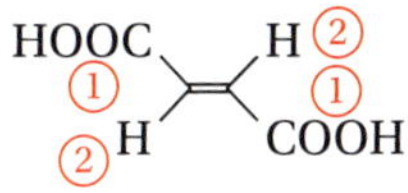

Diastéréoisomère B

Ici, les groupes COOH sont au rang 1 et les atomes d'hydrogène au rang 2. Si deux groupes de rang 1 se trouvent du même coté de la double liaison, la molécule sera le **stéréoisomère *Z*** (de l'allemand *zusammen* : ensemble) ; s'ils sont de chaque coté de la double liaison, la molécule sera le **stéréoisomère *E*** (de l'allemand *entgegen* : opposé).

Exemple :

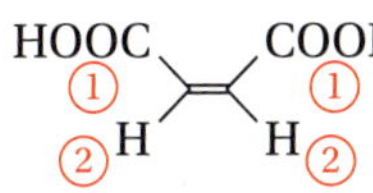

Diastéréoisomère A
acide *Z*-butènedioïque

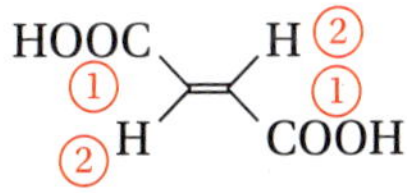

Diastéréoisomère B
acide *E*-butènedioïque

3 Isomérie de conformation

■ Lorsqu'on réalise le modèle moléculaire de l'éthane, on constate que les deux groupes CH_3 peuvent tourner librement autour de la liaison C — C. Les atomes d'hydrogène prennent alors différentes positions dans l'espace. Les molécules obtenues sont des isomères de conformation appelés **conformères**.

Conformère A Conformère B

Le passage d'un conformère à un autre se fait par rotation de la liaison C — C, sans rupture des liaisons covalente de la molécule.

■ **Représentation de Newman**

La représentation de Newman d'un composé organique est sa représentation sur papier permettant de visualiser ses différentes conformations.

Pour représenter une molécule dans une projection de Newman, il faut regarder la molécule dans l'axe d'une liaison simple carbone-carbone, puis on représente les liaisons entre tous les atomes ou groupes d'atomes et les deux atomes de carbone de la liaison, mais on ne représente pas ces atomes de carbone (FIGURE 1).

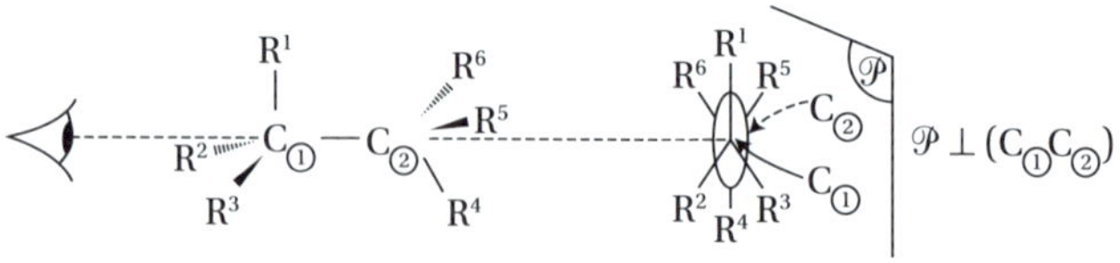

FIGURE 1 Principe de la représentation de Newman

Les liaisons du carbone au premier plan sont représentées par trois segments partant du même point, les angles entre chacun de ces segments sont de 120° comme dans la réalité. Le carbone en arrière-plan est représenté par un cercle sur lequel on place les trois liaisons restantes (FIGURE 2).

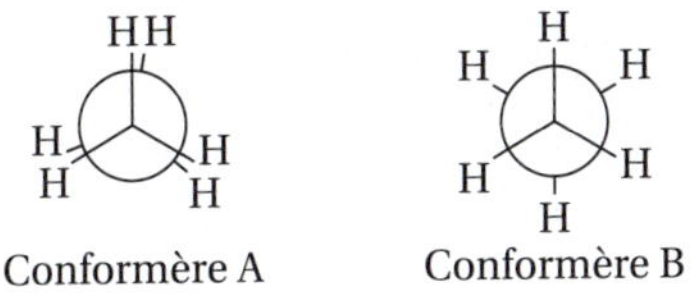

FIGURE 2 Représentation de Newman de conformères de l'éthane

La conformation la plus stable est celle pour laquelle les substituants des atomes de carbone exercent le moins d'interactions possibles les uns sur les autres : cela correspond à la conformation dans laquelle ils sont le plus éloignés les uns des autres. Dans la FIGURE 2, le conformère le plus stable est le conformère B.

Dans la FIGURE 2, la conformation de la molécule A est dite **éclipsée** : les substituants du carbone en arrière-plan sont éclipsés par rapport à ceux du carbone au premier plan. La conformation de la molécule B est dite **décalée** : les substituants du carbone en arrière-plan sont décalés par rapport à ceux du carbone au premier plan.

Représenter des molécules

ÉNONCÉ

L'éthylène glycol de formule brute $C_2H_6O_2$, a pour formule semi-développée :

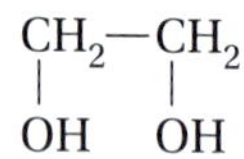

1 Donner la représentation topologique de cette molécule.

2 Donner les représentations de Cram des quatre isomères correspondant aux conformations éclipsées et décalées possibles pour cette molécule.

3 Donner les représentions de Newman, des quatre conformères précédents.

MÉTHODE

1 La représentation topologique est une représentation simplifiée des molécules organiques :

• la chaîne carbonée est disposée en zigzag ; c'est une ligne brisée qui peut comporter des ramifications ;

• les atomes de carbone et les atomes d'hydrogène qui leur sont liés ne sont pas représentés ; les liaisons multiples sont indiquées ;

• les atomes autres que C et H figurent par leur symbole, ainsi que les atomes d'hydrogène qu'ils portent éventuellement.

Exemple : formule développée et représentation topologique du propan-2-ol.

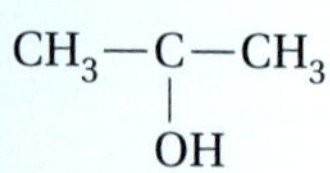

2 Les deux carbones portent chacun un groupe hydroxyle (—OH). Il faut donc faire tourner les groupements hydroxyles autour de la liaison C—C, en prenant soin d'éviter les doublons que l'on peut obtenir par rotation de la molécule.

3 Il faut s'appuyer sur la réponse à la question 2 et déterminer quel atome de carbone sera au second plan et le garder pour toutes les molécules.

CORRIGÉ

1 La représentation topologique de l'éthylène glycol est :

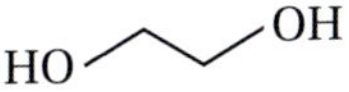

2 Représentation de Cram des isomères de configuration de l'éthylène glycol :

a.

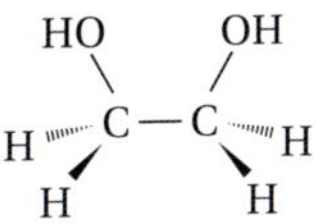

b.

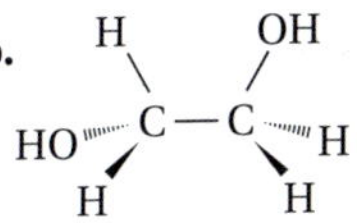

c.

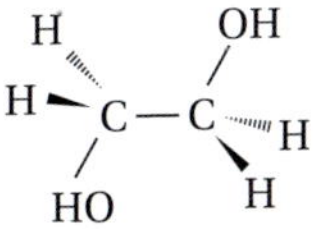

d.

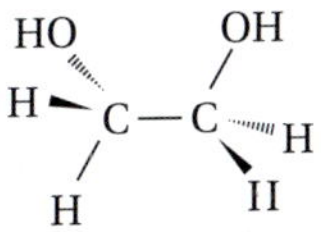

3 Représentation de Newman des isomères de configuration de l'éthylène glycol :

a.

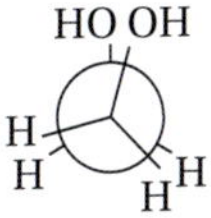

b.

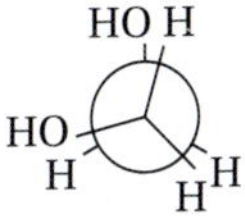

c.

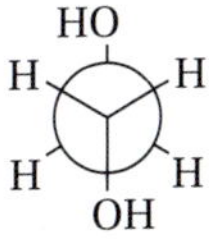

d.

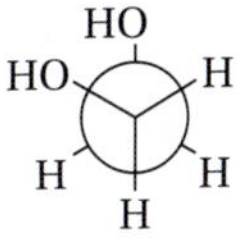

SE TESTER QUIZ

Dans le questionnaire à choix multiple (QCM) suivant, indiquer, pour chaque proposition, la ou les réponses exactes.

1 Des molécules dont les atomes sont agencés différemment sur la chaîne carbonée sont :

- ☐ **a.** des isomères de configuration
- ☐ **b.** des isomères de position

2 Des stéréoisomères possèdent la même formule développée plane, mais ont une disposition spatiale de leurs atomes différente.

☐ **a.** vrai ☐ **b.** faux

3 Des énantiomères sont des molécules isomères dont les images dans un miroir sont superposables.

☐ **a.** vrai ☐ **b.** faux

4 Un carbone asymétrique est :

- ☐ **a.** un carbone d'une molécule ne contenant aucun autre carbone ayant les mêmes substituants
- ☐ **b.** un carbone possédant quatre substituants différents
- ☐ **c.** un carbone qui n'a pas d'image dans un miroir

5 Les molécules représentées ci-dessous sont identiques :

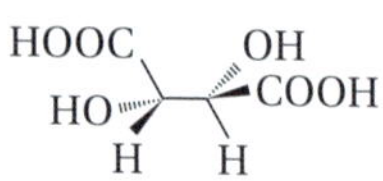

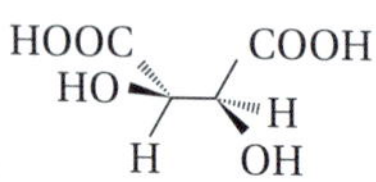

☐ **a.** vrai ☐ **b.** faux

S'ENTRAÎNER

6 Carbones asymétriques et configurations

Parmi les molécules suivantes :

1. indiquez lesquelles sont chirales ;
2. identifier les carbones asymétriques ;
3. déterminer la configuration des carbones asymétriques ;
4. donner, quand c'est possible, la configuration de Newman de la molécule.

a.

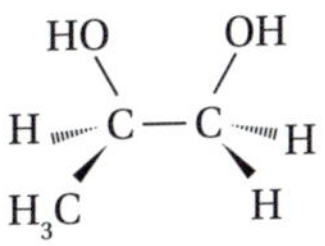

b.

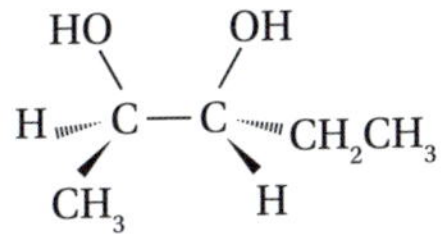

c.

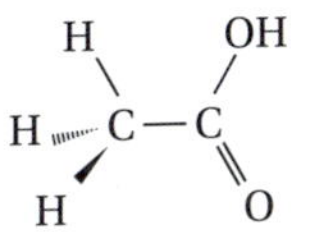

d.

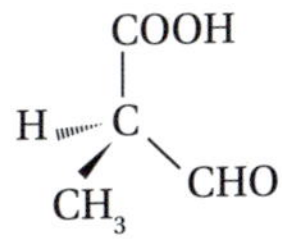

7 Molécules identiques, énantiomères ou diastéréoisomères ?

1. Pour chaque molécule, déterminer la configuration du ou des carbones asymétriques.

2. Identifier les couples de molécules énantiomères, diastéréoisomères et celles qui sont identiques.

a.

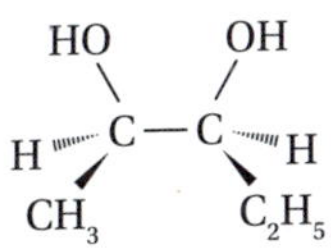

b.

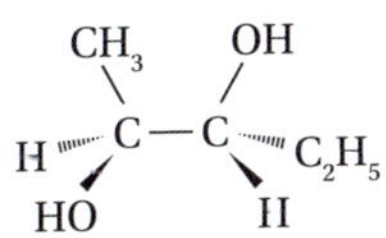

c.

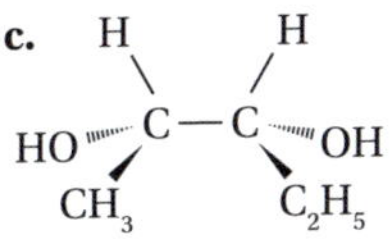

d.

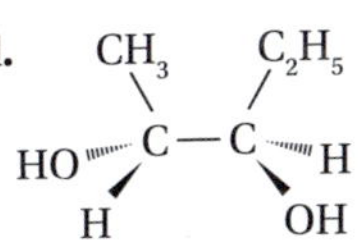

e.

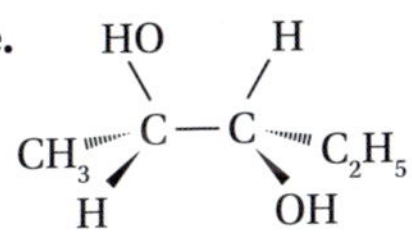

OBJECTIF BAC

8 Étude de molécules aromatiques

Une des molécules à l'origine de l'odeur et de la saveur des agrumes est le limonène de formule brute $C_{10}H_{16}$.

Les représentations de Cram du limonène présent dans les citrons et les oranges sont les suivantes :

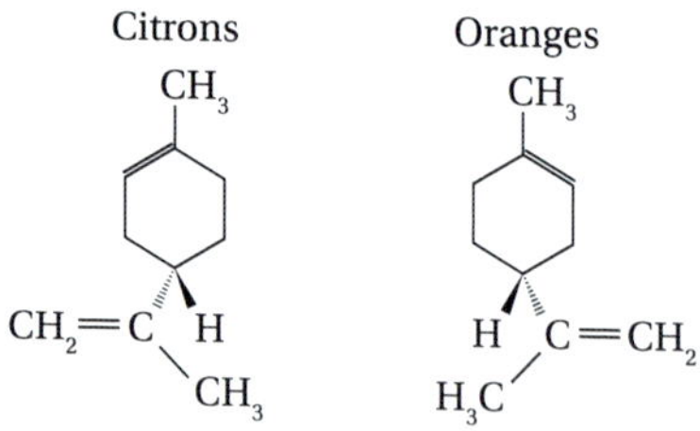

1. Ces deux molécules sont-elles images l'une de l'autre dans un miroir ?
2. Comment appelle-t-on de telles molécules ?
3. Pour chaque molécule, situer le carbone asymétrique.
4. Déterminer la configuration du carbone asymétrique de chaque molécule.
5. On peut modéliser ces deux isomères du limonène par :

a. 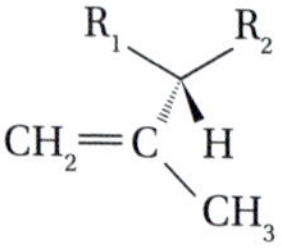 **b.** 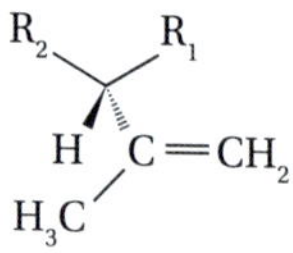

Donner la représentation topologique de ces deux molécules.

SE TESTER

1 Réponse b. Des molécules dont les atomes sont agencés différemment sur la chaîne carbonée sont des isomères de position.

2 Réponse a. Vrai : des stéréoisomères possèdent la même formule développée plane, mais ont une disposition spatiale de leurs atomes différente.

3 Réponse b. Faux : des énantiomères sont des molécules isomères, images l'une de l'autre dans un miroir, mais non superposables même en effectuant une rotation de la molécule.

4 Réponse b. Un carbone asymétrique est un carbone possédant quatre substituants différents.

5 Réponse a. Vrai : les molécules représentées ci-dessous sont identiques. Elles ne sont pas regardées depuis le même angle de vue : si on regarde la seconde depuis l'arrière du plan de la feuille, on retrouvera la première.

S'ENTRAÎNER

6 Carbones asymétriques et configurations

1. Les molécules a, b et d sont chirales, car elles possèdent toutes au moins un carbone asymétrique.

2. et 3. a.

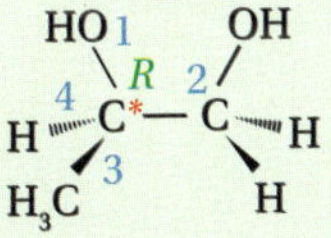

b.

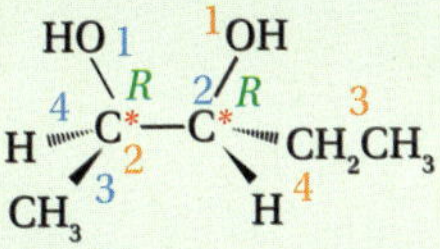

d.

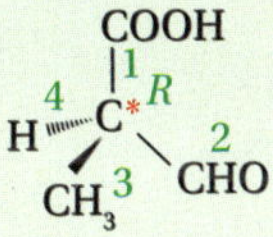

4. a.

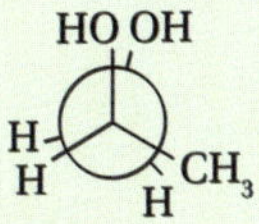

b.

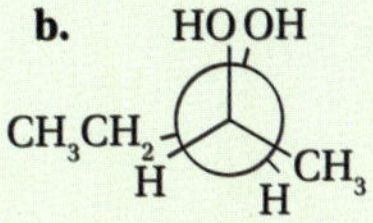

7 Molécules identiques, énantiomères ou diastéréoisomères ?

1. a.

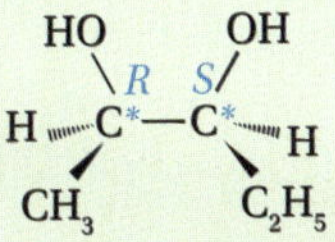

b.

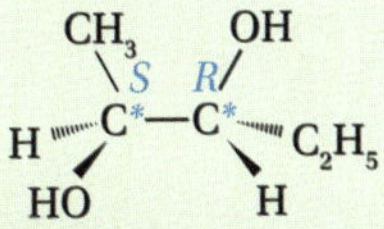

c.

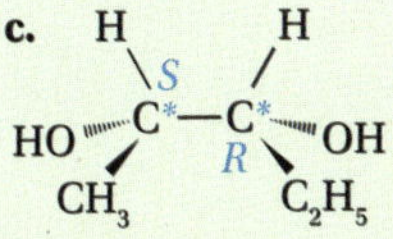

d.

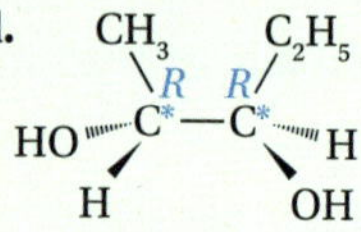

e.

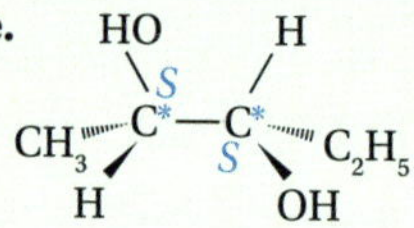

2. Les molécules (a et b), (a et c) et (d et e) sont des molécules énantiomères.
Les molécules (a et d), (a et e), (d et c), (d et b), (b et e) et (c et e) sont des diastéréoisomères.
Les molécules b et c sont identiques.

OBJECTIF BAC

8 Étude de molécules aromatiques

1. Oui, ces deux molécules sont images l'une de l'autre dans un miroir.

2. De telles molécules sont des molécules énantiomères.

3. et **4.**

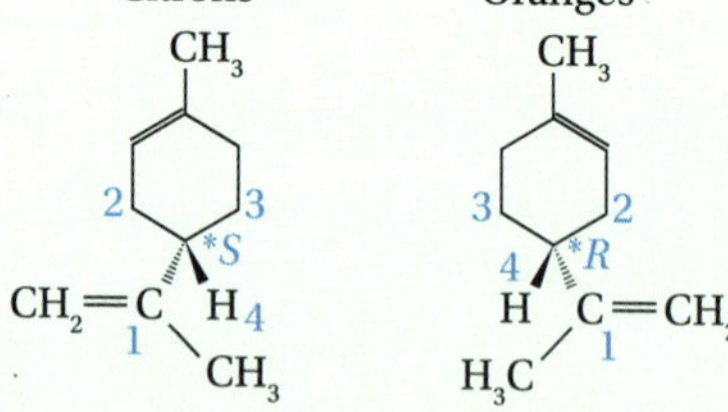

5. a.

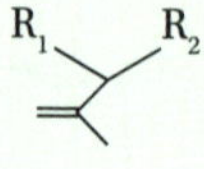

b.

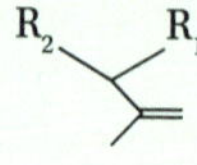

www.annabac.com

CHAPITRE

12 Transformation en chimie organique

L'étude et l'exploitation des transformations chimiques mettant en jeu des espèces organiques sont au cœur de l'activité humaine d'aujourd'hui : compréhension des mécanismes du vivant, exploitation industrielle ou encore fabrication de molécules actives dans le domaine de la santé…

1 La structure électronique des molécules

En chimie organique, les réactions se font par la rupture de liaisons chimiques suivie de la formation de nouvelles. Ces liaisons étant constituées par des paires d'électrons, il y a des **déplacements d'électrons** au cours des réactions. Pour comprendre les mécanismes réactionnels, il faut s'intéresser au comportement des électrons intervenant dans les liaisons.

A L'électronégativité des atomes

- Nous avons vu en 1re S que les atomes avaient une tendance plus ou moins forte à attirer vers eux les électrons d'une liaison covalente. Cette propriété est liée à l'électronégativité des atomes liés.
- Un atome est d'autant plus électronégatif qu'il a tendance à attirer à lui les électrons de la liaison. L'électronégativité des atomes peut être mesurée sur différentes échelles dont la plus usitée est l'**échelle de Pauling** :

Atome	Na	Mg	H	C	Cl	N	O	F
Électronégativité	1,0	1,2	2,2	2,5	2,8	3,0	3,5	4,0

B Effet inductif

- L'effet inductif correspond à un déplacement des électrons de la liaison covalente du fait de la différence d'électronégativité des atomes liés.

■ Lorsque deux atomes A et B d'une molécule AB ont des électronégativités différentes, il y a un déplacement du doublet de la liaison vers l'atome le plus électronégatif : la **liaison** est alors **polarisée** (chapitre 12 du prépabac 1re S).
■ L'atome le plus électronégatif porte un **excès de charge négative** noté δ^-, tandis que l'autre atome porte un **défaut de charge négative** noté δ^+.
Exemple : la liaison carbone-oxygène. L'oxygène étant plus électronégatif que le carbone, les électrons de la liaison carbone-oxygène sont davantage attirés par l'oxygène que par le carbone : $\overset{\delta^+}{C}-\overset{\delta^-}{O}$.

■ Il s'agit d'un **effet relatif** qui nécessite le choix d'un atome de référence qui est l'atome d'**hydrogène (H)**. Tout atome ou groupe d'atomes plus électronégatif que l'hydrogène attirera davantage les électrons que H et aura un **effet inductif attracteur –I**, alors que les atomes moins électronégatifs que H, auront un **effet inductif donneur +I**.

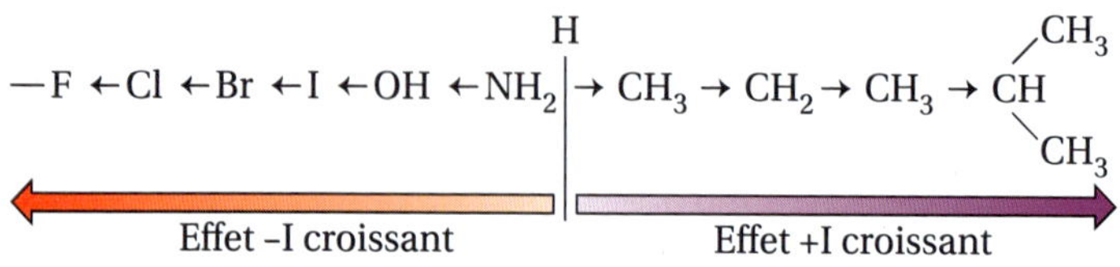

FIGURE 1 **Effets inductifs relatifs de différents atomes ou groupes d'atomes**

Exemples :

éthylamine : $CH_3-\overset{\delta^+}{CH_2}-\overset{\delta^-}{NH_2}$; acide éthanoïque : $CH_3-\underset{\underset{O}{\|}}{\overset{\delta^+}{C}}-\overset{\delta^-}{O}H$;

Les molécules présentent des zones plus ou moins denses en électrons : un site pauvre en électrons est susceptible d'accepter des électrons, tandis qu'un site riche en électrons est susceptible d'en donner.

2 Les réactions en chimie organique

Il existe deux grandes catégories de réactions en chimie organique :
• celles qui entraînent une **modification de la chaîne carbonée** (telles que la distillation fractionnée ou la polymérisation – vues en 1re S) ; la chaîne carbonée peut être allongée, raccourcie ou alors ramifiée : la technique choisie dépendra du résultat recherché ;

• celles qui entraînent une **modification du groupe caractéristique** de la molécule mise en jeu ; elles permettent, par exemple, de passer d'un chlorure d'acide à un amide ou encore d'un acide carboxylique à un ester. C'est cette dernière catégorie de réactions que nous allons étudier ici.

A Les différents types de réactifs

Il existe plusieurs sortes de réactifs et nous allons limiter notre étude aux réactifs nucléophiles et électrophiles.

Les réactifs nucléophiles

Ces réactifs disposent d'un excès d'électrons sous la forme de **doublets électroniques non liants.** Ils fournissent une paire d'électrons pour former une nouvelle liaison. Ils ont une affinité marquée pour les sites à faible densité électronique. Ce sont des molécules ou des anions notés **Nu^-** ou **Nu**.

Exemples : l'ion hydroxyde $H\overline{O}|^-$; la molécule d'eau $H_2\overline{O}$.

Les réactifs électrophiles

Les réactifs électrophiles agissent en acceptant un doublet d'électrons. Ils ont une affinité marquée pour les sites à forte densité électronique. Ils disposent d'un défaut d'électrons : leur couche électronique externe n'est pas saturée. Il s'agit souvent d'ions positifs ou de molécules possédant une **lacune électronique.** On les note E^+ ou E.

Exemples : le proton H^+ ; le chlorure d'aluminium $AlCl_3$.

B Les différents types de réactions

CONVENTION

déplacement de deux électrons

déplacement d'un seul électron

Il existe différentes catégories de réactions. On appelle **substrat** l'entité chimique qui réagit avec le réactif nucléophile ou électrophile.

Les réactions de substitution

Un atome (ou un groupe d'atomes) en remplace un autre dans le substrat. On distingue deux types de substitution :

• les **substitutions nucléophiles S_N** : le réactif nucléophile prend la place du groupement R, qui se retrouve avec un excès d'électrons.

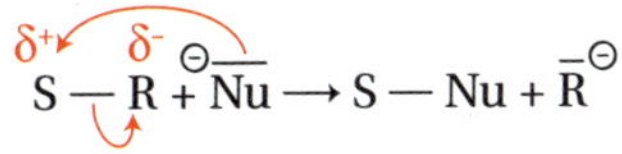

Exemple : réaction entre l'iodure de méthyle CH_3I et l'ion hydroxyde HO^-.

$$CH_3I + HO^- \longrightarrow CH_3OH + I^-$$

• les **substitutions électrophiles S_E** : le réactif électrophile prend la place du groupement R, qui se retrouve avec un défaut d'électrons.

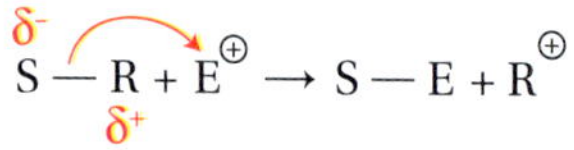

Exemple : réaction entre le benzène C_6H_6 et le dibrome Br_2.

$$C_6H_5-H + Br-Br \rightarrow C_6H_5-Br + HBr$$

Les réactions d'addition

Dans les réactions d'addition, les fragments d'une molécule (le réactif) vont se fixer sur deux atomes d'une autre molécule (le substrat) liés par une liaison multiple. Deux cas sont à considérer, en fonction de la nature du réactif :

• les **additions nucléophiles A_N** : le réactif est un nucléophile qui va se fixer en partie sur l'atome de carbone réalisant une liaison double avec un atome d'oxygène et présentant un défaut d'électrons. L'autre partie du réactif se fixe dans un deuxième temps sur l'atome d'oxygène.

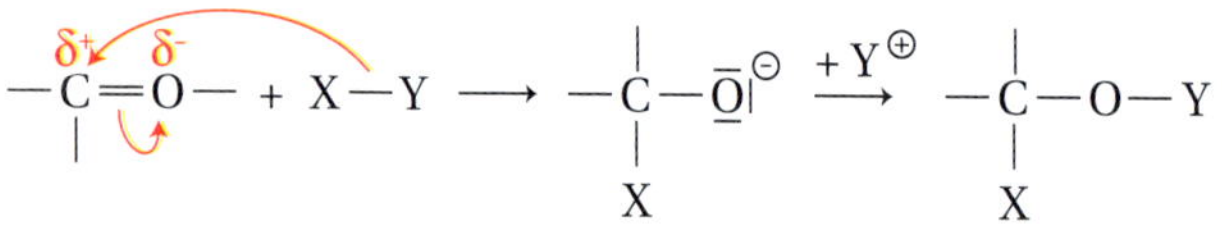

Exemple : réaction entre l'éthanal et le cyanure d'hydrogène.

$$H_3C-CH=O + HCN \longrightarrow H_3C-CH(CN)-OH$$

• les **additions électrophiles S_E** : le réactif est un électrophile, attiré par la double liaison entre deux atomes de carbone.

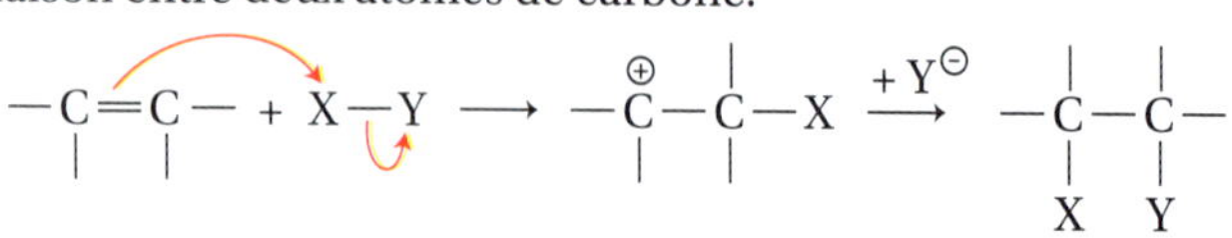

Exemple : réaction entre l'éthylène et le bromure d'hydrogène.

$$CH_2=CH_2 + HBr \rightarrow H-CH_2-CH_2-Br$$

Les réactions d'élimination

Au cours d'une réaction d'élimination, il y a un départ d'un groupe d'atomes du substrat sous l'action d'un réactif, puis formation d'une liaison double dans le substrat.

Exemple : déshydratation de l'éthanol.

$$CH_3-CH_2-OH \xrightarrow{H_2SO_4} CH_2=CH_2 + H_2O$$

Déterminer la catégorie d'une réaction à partir de l'examen de la nature des réactifs et des produits

ÉNONCÉ

On réalise une expérience dans laquelle sont mises en jeu des espèces chimiques organiques : il s'agit de la synthèse d'un amide à partir d'un chlorure d'acide. On dispose des formules semi-développées des réactifs et des produits.

Formules des réactifs :

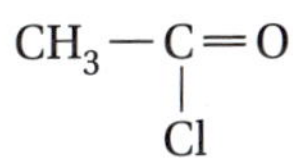

$CH_3-CH_2-CH_2-NH_2$

Chlorure d'éthanoyle — Propanamine

Formules des produits :

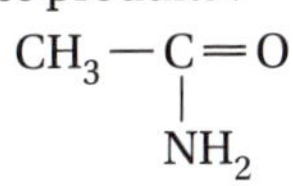

$CH_3-CH_2-CH_2-Cl$

Éthanamide — 1-chloropropane

1 Indiquer sur la formule de la propanamine les charges partielles portées par l'atome d'azote et par l'atome de carbone de la liaison C—N.

2 Indiquer sur la formule du chlorure d'éthanoyle les charges partielles portées par l'atome de chlore et par l'atome de carbone de la liaison C—Cl.

3 À l'aide des réponses aux questions précédentes, indiquer les déplacements des électrons au cours de la réaction.

4 Quel est le type de réaction étudié ?

MÉTHODE

1 et **2** ▶ L'atome le plus électronégatif porte une charge partielle négative et l'atome le moins électronégatif porte une charge partielle positive.

▶ Se reporter au tableau des valeurs d'électronégativité des éléments donné dans le cours.

3 Utiliser des flèches courbes pour indiquer le déplacement des électrons du site donneur vers le site accepteur. Ces flèches doivent être en accord avec les formules des produits obtenus.

4 La formule des produits, en particulier celle de l'éthanamide, permet de déduire le type de réaction ayant lieu.

CORRIGÉ

1 D'après le tableau des valeurs d'électronégativité des éléments, l'atome d'azote est plus électronégatif que l'atome de carbone. On peut donc indiquer sur la formule de la propanamine les charges partielles suivantes :

$$CH_3-CH_2-\overset{\delta+}{CH_2}-\overset{\delta-}{NH_2}$$

2 Toujours d'après le tableau des valeurs d'électronégativité des éléments, l'atome de chlore est plus électronégatif que l'atome de carbone. On peut donc indiquer sur la formule du chlorure d'éthanoyle les charges partielles suivantes :

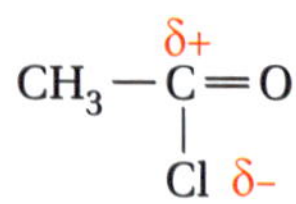

3 Les déplacements d'électrons sont les suivants :

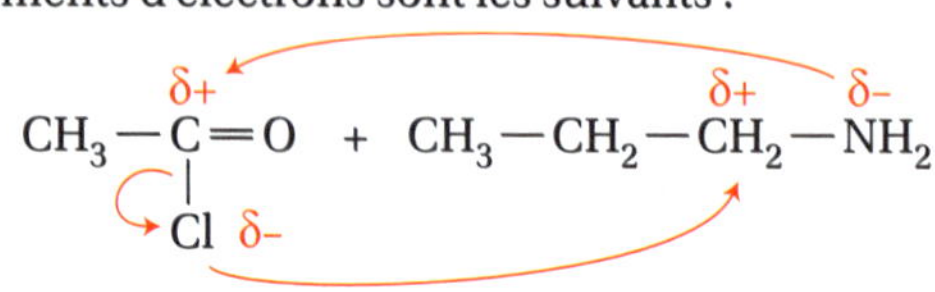

4 On constate que pour obtenir l'éthanamide, l'atome de chlore Cl a été remplacé par le groupe NH_2 dans le chlorure d'éthanoyle : il s'agit donc d'une réaction de substitution.

SE TESTER QUIZ

Dans le questionnaire à choix multiple (QCM) suivant, indiquer, pour chaque proposition, la ou les réponses exactes.

1 Si après le départ d'un groupe d'atomes d'un substrat il se forme une double liaison, il s'agit d'une réaction de substitution.

- ☐ **a.** vrai
- ☐ **b.** faux

2 Au cours d'une réaction, le chlorométhane CH_3Cl est transformé en méthanol CH_3OH. De quel type de réaction s'agit-il ?

- ☐ **a.** addition
- ☐ **b.** substitution
- ☐ **c.** élimination

3 L'électronégativité d'un atome A est inférieure à celle d'un atome B. Indiquer quelle est la répartition des charges sur les atomes A et B liés.

- ☐ **a.** $\overset{\delta+}{A}-\overset{\delta+}{B}$
- ☐ **b.** $\overset{\delta-}{A}-\overset{\delta+}{B}$
- ☐ **c.** $\overset{\delta+}{A}-\overset{\delta-}{B}$

4 Quelle est la formule du composé qui se forme au cours de la déshydratation du propan-1-ol ?

- ☐ **a.** $CH_3-CH_2-CH_3$
- ☐ **b.** $CH_3-CH=CH_2$
- ☐ **c.** $CH_3-CH_2-CH=O$

5 Plus l'électronégativité d'un atome est élevée et plus cet atome attire les électrons des liaisons dans lesquelles il est engagé.

- ☐ **a.** vrai
- ☐ **b.** faux

S'ENTRAÎNER

6 Identifier une réaction à partir de l'équation-bilan

Pour chaque équation-bilan, indiquer le type de réaction.

1. $CH_3-CH_2=CH_2 + Br_2 \longrightarrow CH_3-CH_2Br-CH_2Br$

2. $CH_3-CH_2-CH_2-OH \xrightarrow{H_2SO_4} CH_3-CH=CH_2 + H_2O$

3. $CH_3-CH_2-Cl + HO^- \longrightarrow CH_3-CH_2-OH + Cl^-$

7 Réaction entre l'iodure d'hydrogène et la propanone

La réaction entre l'iodure d'hydrogène de formule H—I et la propanone fournit le produit de formule suivante :

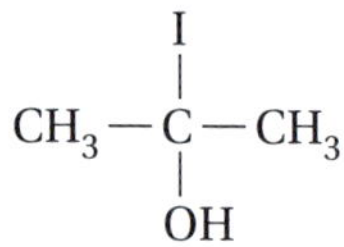

1. Donner la formule de la propanone, puis indiquer les charges partielles portées par les atomes de la liaison C═O.

2. Indiquer les charges partielles portées par les atomes de la liaison H—I.

3. Indiquer les déplacements d'électrons au cours de la réaction.

4. Quel est le type de réaction ?

Données :

Atome	H	C	I	O
Électronégativité	2,2	2,5	2,66	3,5

8 Trouver le produit d'une réaction

La réaction entre l'ion hydroxyde HO^- et l'éthanoate de méthyle induit les déplacements d'électrons suivants :

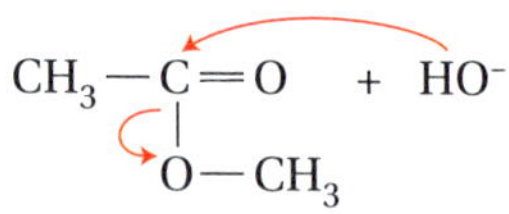

1. Déduire de ces transferts les charges partielles portées par les atomes de la liaison C—O de l'éthanoate de méthyle.

2. Donner les formules des deux produits obtenus.

3. Quel est le type de réaction ?

OBJECTIF BAC

9 Étude de la réactivité des dérivés carbonylés

Les dérivés carbonylés possèdent tous la double liaison carbone-oxygène, dont l'atome de carbone réalise par ailleurs des liaisons simples soit avec des atomes d'hydrogène soit avec des atomes de carbone. Nous allons étudier leur comportement au cours de diverses réactions chimiques.

1. Parmi les molécules suivantes, identifier les dérivés carbonylés puis les nommer.

2. L'hydrogénation d'un dérivé carbonylé consiste à le faire réagir avec du dihydrogène H_2, en présence de nickel de Raney qui joue le rôle de catalyseur, à une température de 120 °C et sous une pression de 120 bar. La réaction peut s'écrire sous la forme suivante :

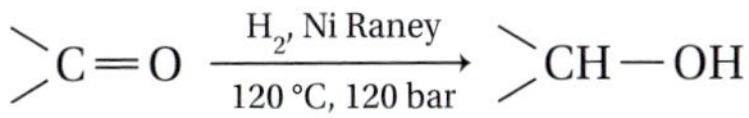

a. Quel est le rôle d'un catalyseur ?

b. Quel est le type de réaction ?

c. Donner la formule et le nom du produit obtenu par hydrogénation de la propanone.

3. La préparation d'un alcool à partir d'un dérivé carbonylé se fait en deux étapes. Au cours de la première étape, le dérivé carbonylé réagit avec un organomagnésien de formule R–Mg–Br (où R représente un groupe alkyle).

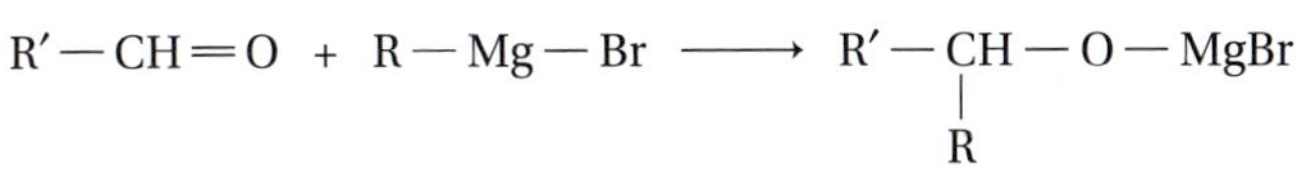

a. De quel type de réaction s'agit-il ?

b. Sachant que l'électronégativité du carbone est égale à 2,5 et celle de l'oxygène à 3,5, indiquer les charges partielles portées par les atomes de la liaison C=O du dérivé carbonylé.

c. L'organomagnésien utilisé a pour formule $CH_3-CH_2-Mg-Br$.
Compte-tenu du fait que l'atome de magnésium Mg est moins électronégatif que l'atome de carbone, indiquer les charges partielles portées par les atomes de la liaison C—Mg de l'organomagnésien.

d. Indiquer les déplacements d'électrons au cours de la réaction.

e. La seconde étape consiste en la réaction du produit de la première étape avec de l'eau :

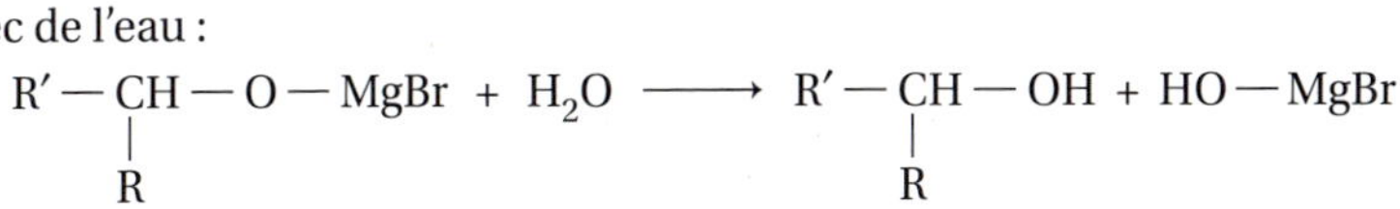

De quel type de réaction s'agit-il ?

SE TESTER

1 Réponse b. Faux : dans ce cas, il s'agit d'une réaction d'élimination.

2 Réponse b. Le chlore Cl a été remplacé par le groupe OH : c'est une substitution.

3 Réponse c. L'atome B attire davantage les électrons de la liaison que l'atome A : il possède donc un excès de charges négatives et l'atome A un déficit en charges négatives, soit $\overset{\delta+}{A}-\overset{\delta-}{B}$.

4 Réponse b. Au cours de la déshydratation du propan-1-ol, il se forme une double liaison C$=$C sur la chaîne carbonée, due au départ d'une molécule d'eau H_2O : le composé formé a donc pour formule $CH_3-CH=CH_2$.

5 Réponse a. Vrai : plus l'électronégativité d'un atome est grande et plus cet atome attire les électrons des liaisons dans lesquelles il est engagé.

S'ENTRAÎNER

6 Identifier une réaction à partir de l'équation-bilan

1. C'est une réaction d'addition car les deux atomes de brome du dibrome se greffent chacun sur l'un des atomes de carbone doublement liés.

2. C'est une réaction d'élimination car le substrat perd une molécule d'eau et forme une double liaison C$=$C.

3. C'est une réaction de substitution car l'atome de chlore est remplacé par le groupe OH.

7 Réaction entre l'iodure d'hydrogène et la propanone

1. La propanone a pour formule :

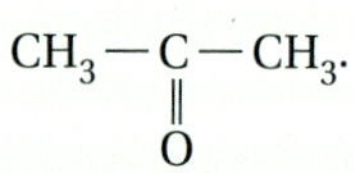

L'oxygène étant plus électronégatif que le carbone, il doit porter un excès de charges négatives et le carbone un déficit de charges négatives. On en déduit :

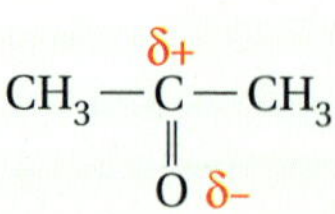

2. L'iode étant plus électronégatif que l'hydrogène, il doit porter un excès de charges négatives et l'hydrogène un déficit de charges négatives. On en déduit :

$$\overset{\delta+}{H}-\overset{\delta-}{I}$$

3. Les déplacements d'électrons au cours de la réaction sont les suivants :

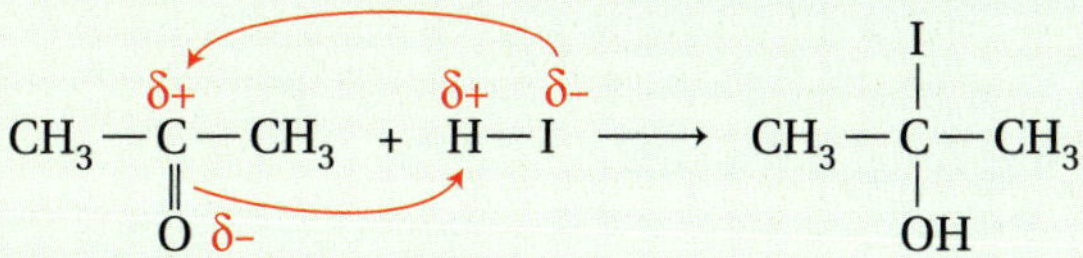

4. Il s'agit d'une réaction d'addition.

8 Trouver le produit d'une réaction

1. L'ion hydroxyde HO^- est attiré par un site nécessairement en déficit d'électrons. On en déduit alors :

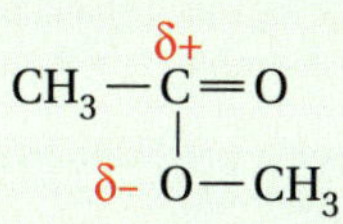

2. Les formules des deux produits obtenus sont les suivantes :

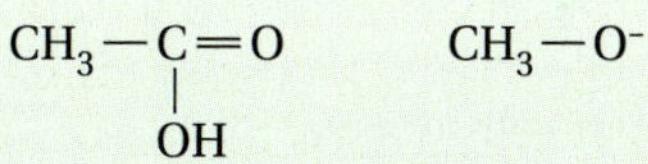

3. Il s'agit d'une réaction de substitution.

OBJECTIF BAC

9 Étude de la réactivité des dérivés carbonylés

1. Les dérivés carbonylés sont les suivants :

$CH_3-CH=O$

Éthanal

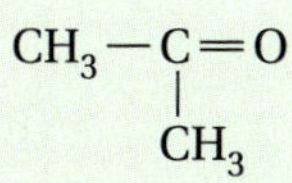

Propanone

2. a. Un catalyseur permet d'augmenter la vitesse d'une réaction, mais n'apparaît pas dans l'équation-bilan de celle-ci.
b. Il s'agit d'une réaction d'addition.
c. Le produit obtenu par hydrogénation de la propanone est le propan-2-ol de formule :

$$CH_3-\underset{\displaystyle CH_3}{\underset{|}{CH}}-OH$$

3. a. Il s'agit d'une réaction d'addition.
b. Les charges partielles portées par les atomes de la liaison C=O du dérivé carbonylé sont les suivantes :

$$R'-\overset{\delta+}{CH}=\overset{\delta-}{O}$$

c. Les charges partielles portées par les atomes de la liaison C—Mg de l'organomagnésien sont les suivantes :

$$CH_3-\overset{\delta-}{CH_2}-\overset{\delta+}{Mg}-Br$$

d. Les déplacements d'électrons au cours de la réaction sont les suivants :

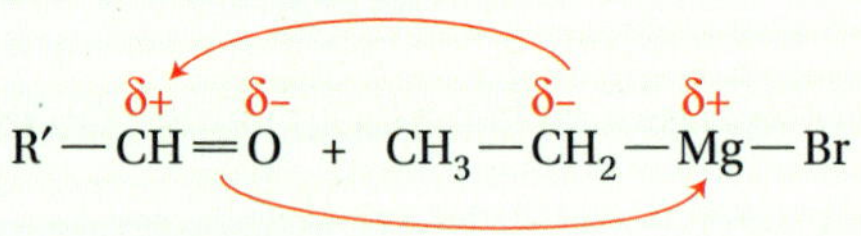

e. Il s'agit d'une réaction de substitution.

www.annabac.com

CHAPITRE

13 Les réactions acido-basiques

Les substances acides et basiques font partie de notre quotidien : boissons acides, produits ménagers basiques... Qu'est-ce qu'un acide, une base ? Quelle grandeur caractérise l'acidité d'une solution ? Que se passe-t-il quand on mélange des solutions acides et basiques ?

1 Acide-Base

Les notions d'acide et de base constituent un chapitre important de l'histoire de la chimie et leur définition a évolué en fonction des chimistes et des périodes. Dans ce chapitre, nous appliquerons la théorie de Brønsted, établie vers 1923.

A Définitions d'un acide et d'une base

Les notions d'acide et de base sont basées sur l'affinité des espèces chimiques vis-à-vis du proton (H^+) :

- un acide est une entité chimique susceptible de céder un ou plusieurs protons ;
- une base est une entité chimique susceptible de capter un ou plusieurs protons.

B Qu'est-ce qu'un couple acide/base ?

- Chaque fois qu'une entité chimique acide (AH) cède un proton, elle donne naissance à une base (A^-), sa base conjuguée. Un tel couple est appelé **acide/base conjugués** et est noté **AH/A^-**.
- On associe à chaque couple une **demi-équation acido-basique :**

$$AH = A^- + H^+$$

Exemples :

Couple CH_3COOH/CH_3COO^- : $CH_3COOH = CH_3COO^- + H^+$

Couple NH_4^+/NH_3 : $NH_4^+ = NH_3 + H^+$

■ Un **amphololyte** (ou **amphotère**) est une espèce chimique qui peut soit céder soit capter un ou plusieurs protons : il se comporte soit comme un acide, soit comme une base. Une espèce qui ne possède ni propriété acide, ni propriété basique est dite **aprotique**.

C Les réactions acido-basiques

■ Au cours d'une réaction acido-basique, il y a un transfert de protons H^+ fournis par l'acide d'un couple acide/base (transformé alors en sa base conjuguée) vers la base d'un autre couple acide/base (transformée alors en son acide conjugué).

CONSIGNES DE SÉCURITÉ

Au cours d'une réaction acido-basique, une partie de l'énergie chimique mise en jeu est transformée en énergie thermique. Pour des solutions concentrées, cela se traduit par une forte élévation de la température de la solution, pouvant aller jusqu'à des risques de projections. Pour se prémunir de ces risques, il faut porter des protections adaptées [gants, blouse et lunettes].

■ Une réaction acido-basique traduit un transfert de protons selon l'équation-bilan suivante :

$$AH_1 = H^+ + A_1^-$$

$$H^+ + A_2^- = AH_2$$

$$\overline{AH_1 + A_2^- \rightleftharpoons A_1^- + AH_2}$$

CONVENTION DE NOTATION

Il existe deux types de réactions :

• les réactions totales, à la fin desquelles au moins un des réactifs est totalement consommé. On utilise alors la simple flèche : $\longrightarrow$;

• les réactions limitées, à la fin desquelles tous les réactifs sont encore présents : le mélange a atteint un état d'équilibre chimique. On utilise alors la double flèche : $\rightleftharpoons$;

Pour les demi-équations [réactions acido-basiques et redox], on utilise le signe égal : =.

D Acides et bases dans l'eau

■ Réaction entre un acide et l'eau

La réaction entre un acide et l'eau correspond à un équilibre chimique : il y a dissociation partielle de l'acide. Soit un acide AH et sa base conjuguée A^-, l'équation de sa mise en solution s'écrit :

$$AH_{(aq)} + H_2O_{(l)} \rightleftharpoons A^-_{(aq)} + H_3O^+_{(aq)} \qquad (1)$$

AH/A^- constitue le premier couple acido-basique ;
H_3O^+/H_2O constitue le second couple acido-basique.

Constante d'acidité

À chaque équation de réaction entre un acide AH et l'eau, est associée une constante d'équilibre appelée **constante d'acidité du couple AH/A^-**. On la note K_a. Pour la réaction (1), on a :

$$K_a = \frac{[A^-]_{eq}[H_3O^+]_{eq}}{[AH]_{eq}}$$

K_a sans unité
$[X]$ en moles par litre $(mol \cdot L^{-1})$

Remarque : l'eau étant le solvant, elle n'apparaît pas dans l'expression de la constante d'acidité.

La constante d'acidité d'un couple acide/base dépend uniquement de la température.

On définit également le **pK_a** du couple acide/base :

$$pK_a = -\log(K_a) \quad \text{ou} \quad K_a = 10^{-pK_a}$$

pK_a sans unité

Autoprotolyse de l'eau

L'eau est une espèce ampholyte, elle appartient aux couples :

- H_3O^+/H_2O, où elle tient le rôle de base ;
- H_2O/HO^-, où elle tient le rôle d'acide.

Elle peut donc réagir avec elle-même selon l'équation suivante :

$$\underset{\text{Acide 1}}{H_2O} + \underset{\text{Base 2}}{H_2O} \rightleftharpoons \underset{\text{Base 1}}{HO^-} + \underset{\text{Acide 2}}{H_3O^+}$$

Cette réaction est appelée **autoprotolyse** de l'eau.

Produit ionique de l'eau

La constante d'équilibre correspondant à l'autoprotolyse de l'eau est appelée **produit ionique**. On le note K_e et a pour expression :

$$K_e = [H_3O^+]_{eq} \times [HO^-]_{eq}$$

K_e sans unité
$[X]$ en moles par litre $(mol \cdot L^{-1})$

Le produit ionique de l'eau ne dépend que de la température : à 25 °C, $K_e = 1,0 \times 10^{-14}$.

On définit une autre grandeur, directement reliée à K_e :

$$pK_e = -\log(K_e) \quad \text{ou} \quad K_e = 10^{-pK_e}$$

pK_e sans unité

Forces des acides et des bases dans l'eau

Un acide **partiellement dissocié** en solution aqueuse est qualifié d'**acide faible**. L'équilibre chimique atteint lors de sa mise en solution est défini par la constante d'acidité du couple auquel il appartient.

Exemple : l'acide éthanoïque est un acide faible.

$$CH_3-COOH_{(aq)}+H_2O_{(l)} \rightleftharpoons CH_3-COO^-_{(aq)}+H_3O^+_{(aq)}$$

Lorsque la dissociation en solution aqueuse d'un acide est **quasi totale**, on le qualifie **d'acide fort**. La réaction entre un acide fort et l'eau est totale.

Exemple : l'acide nitrique HNO_3 est un acide fort.

$$HNO_{3(aq)}+H_2O_{(l)} \rightarrow NO^-_{3(aq)}+H_3O^+_{(aq)}$$

De la même manière nous définissons la force des bases : une **base forte** est **totalement protonée** en solution aqueuse tandis qu'une **base faible** est **partiellement protonée**.

RÉACTION ENTRE UNE BASE ET L'EAU

Une base B dont l'acide conjugué est BH^+ réagit avec l'eau selon l'équation :

$$B_{(aq)}+H_2O_{(l)} \rightleftharpoons BH^+_{(aq)}+HO^-_{(aq)}$$

L'eau joue ici le rôle d'un acide

Les acides et les bases peuvent être classés en fonction de la valeur du pK_A du couple auquel ils appartiennent (FIGURE 1).

Force croissante de la base ↑

Base	pK_a à 25 °C	Acide
$C_2H_5O^-$	15,9	C_2H_5OH
HO^-	14	H_2O
CO_3^{2-}	10,3	HCO_3^-
NH_3	9,2	NH_4^+
HCO_3^-	6,35	CO_2, H_2O
CH_3COO^-	4,8	CH_3COOH
$HCOO^-$	3,7	$HCOOH$
H_2O	0	H_3O^+
NO_3^-	-1,8	HNO_3
Cl^-	-6,3	HCl

Force croissante de l'acide ↓

FIGURE 1 Échelle des pK_a

2 Le pH

A Définition

- Pour caractériser la concentration molaire en ions oxonium $\left(H_3O^+\right)$ d'une solution aqueuse (c'est-à-dire son caractère acide), on utilise une grandeur appelée **potentiel hydrogène** notée **pH**, telle que :

$$pH = -\log\left[H_3O^+\right]$$

pH sans unité
$\left[H_3O^+\right]$ en moles par litre $\left(mol \cdot L^{-1}\right)$

- Cette relation peut également s'écrire : $\left[H_3O^+\right] = 10^{-pH}$

Exemples :
- si $pH = 4{,}0$, alors $\left[H_3O^+\right] = 1{,}0 \times 10^{-4}\ mol \cdot L^{-1}$;
- si $\left[H_3O^+\right] = 1{,}0 \times 10^{-2}\ mol \cdot L^{-1}$, alors $pH = 2{,}0$.

- La valeur du pH dépend de la température : **à 25 °C**, il peut varier **entre 0 et 14.**

B Solutions aqueuses neutres, acides et basiques

- Les solutions neutres, acides ou basiques sont définies à partir de la valeur de leur pH **(FIGURE 2)**.
- Une solution **neutre** est une solution qui contient autant d'ions oxonium H_3O^+ que d'ions hydroxydes HO^- : $\left[H_3O^+\right] = \left[HO^-\right]$.

Calculons le pH d'une solution neutre :

À 25 °C, on a : $K_e = 10^{-14} \Leftrightarrow \left[H_3O^+\right]_{eq} \times \left[HO^-\right]_{eq} = 10^{-14} \Leftrightarrow \left[H_3O^+\right]_{eq}^2 = 10^{-14}$.

Soit $\left[H_3O^+\right] = 1{,}0 \times 10^{-7}\ mol \cdot L^{-1}$ et $\left[HO^-\right] = 1{,}0 \times 10^{-7}\ mol \cdot L^{-1}$.

On en déduit que : $pH = -\log\left(10^{-7}\right) = 7{,}0$.

- Une solution est **acide** si elle contient davantage d'ions oxonium que d'ions hydroxydes : $\left[H_3O^+\right] > \left[HO^-\right]$.

On en déduit que : $pH < 7{,}0$.

- Une solution est **basique** si elle contient moins d'ions oxonium que d'ions hydroxydes : $\left[H_3O^+\right] < \left[HO^-\right]$.

On en déduit que : $pH > 7{,}0$.

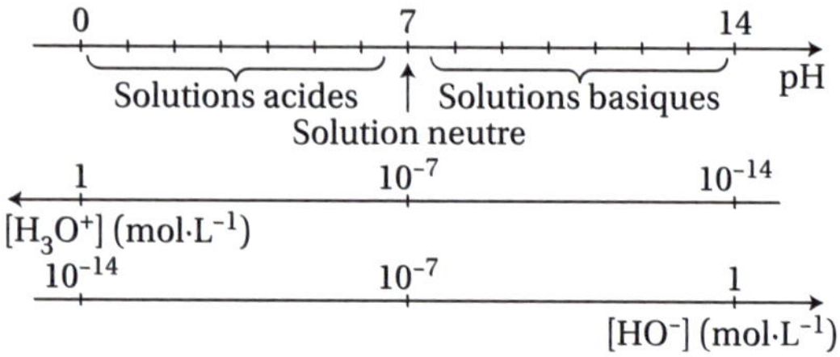

FIGURE 2 **Échelle de pH**

C Détermination du pH d'une solution par le calcul

Cas des acides et des bases faibles

À partir de l'expression de la constante d'acidité d'un couple acido-basique faible, nous obtenons l'expression du pH :

$$\mathrm{pH} = \mathrm{p}K_\mathrm{a} + \log\left(\frac{[\mathrm{A}^-]_{\mathrm{eq}}}{[\mathrm{AH}]_{\mathrm{eq}}}\right)$$

• Si dans la solution on a l'inégalité $[\mathrm{A}^-]_{\mathrm{eq}} > [\mathrm{AH}]_{\mathrm{eq}}$, on dit que la base est prédominante.

• Si dans la solution on a l'inégalité $[\mathrm{A}^-]_{\mathrm{eq}} < [\mathrm{AH}]_{\mathrm{eq}}$, on dit que l'acide est prédominant.

Les concentrations respectives en acide AH et en base A^- évoluent en fonction de la valeur du pH de la solution. Pour visualiser rapidement quelle espèce de l'acide ou de la base est prédominante, on peut utiliser un diagramme de prédominance.

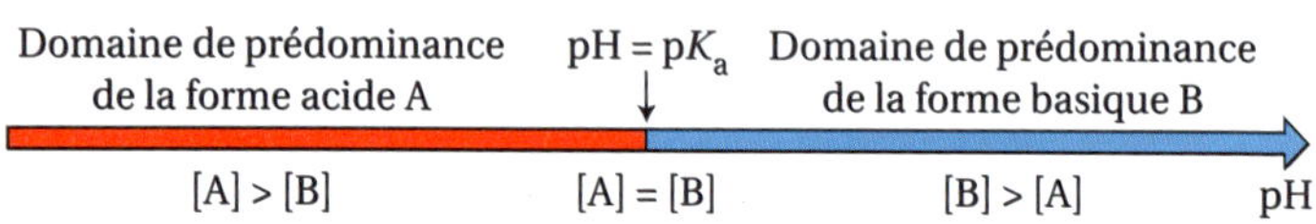

FIGURE 3 **Diagramme de prédominance d'un acide A et de sa base conjuguée B**

Cas des acides forts et des bases fortes

La dissociation d'un acide fort AH est totale : il est totalement dissocié en sa base conjuguée. La quantité d'ions oxonium formés est égale à la quantité d'acide introduit, soit : $[\mathrm{H_3O^+}] = [\mathrm{AH}]$.

On en déduit :

$$pH = -\log[AH]$$

Pour une base forte, la protonation est totale, ce qui signifie que la quantité d'ions hydroxydes formés est égale à la quantité de base introduite, soit : $[HO^-]=[B]$.

On obtient alors : $pH = -\log[H_3O^+] = -\log\left(\frac{K_e}{[HO^-]}\right) = -\log K_e + \log[HO^-]$

On en déduit :

$$pH = 14 + \log[B]$$

D Détermination expérimentale du pH d'une solution

■ Le pH peut être déterminé par différentes méthodes, le choix de la méthode dépendant du matériel disponible et de la précision nécessaire.

■ Pour déterminer une valeur peu précise du pH (de l'ordre de l'unité), on peut utiliser :

- un **indicateur coloré** : il s'agit d'une solution dont la couleur change en fonction de son pH (FIGURE 4) ;
- du **papier pH** : il s'agit d'un papier imprégné d'un mélange d'indicateurs colorés.

Indicateurs acide-base	Couleur forme acide	Zone de virage	Couleur forme basique
Hélianthine	Rouge	3,1 – 4,4	Jaune
Bleu de bromophénol	Jaune	3,0 – 4,6	Violet
Rouge de méthyle	Rouge	4,2 – 6,2	Bleu
Bleu de bromothymol (BBT)	Jaune	6,0 – 7,6	Bleu
Phénolphtaléine	Incolore	8,2 – 10,0	Rose

FIGURE 4 **Caractéristiques de quelques indicateurs colorés**

■ Pour obtenir une valeur précise du pH (à 0,05 unité près), on utilise un **pH-mètre**.

Déterminer le pH d'un mélange acide fort - base forte

ÉNONCÉ

1 On introduit $V = 15{,}0\,\text{mL}$ d'hydroxyde de sodium $\left(Na^{+}{}_{(aq)} + HO^{-}{}_{(aq)}\right)$ à $C = 2{,}60 \times 10^{-2}\ \text{mol} \cdot L^{-1}$ dans $V_{eau} = 100{,}0\,\text{mL}$ d'eau distillée. Quel est le pH de la solution obtenue, sachant que l'ion hydroxyde est une base forte ?

2 On ajoute $V' = 10{,}0\,\text{mL}$ de solution d'acide chlorhydrique $\left(H_3O^{+}{}_{(aq)} + Cl^{-}{}_{(aq)}\right)$ à $C' = 5{,}0 \times 10^{-2}\ \text{mol} \cdot L^{-1}$ à la solution initale. Quel est le nouveau pH de la solution, sachant que les ions oxonium H3O+ et hydroxydes HO– sont respectivement un acide fort et une base forte ?

MÉTHODE

1 ▸ Pour une solution aqueuse de base forte : $pH = 14 + \log[B]$.
▸ Déterminer la concentration en ions hydroxydes dans la solution finale.

2 ▸ Calculer les quantités de matière de base et d'acide mélangées.
▸ Trouver le réactif limitant entre H_3O^+ et HO^-.

CORRIGÉ

1 La quantité d'ions hydroxydes présente dans la solution est :
$n_{(HO^-)} = C \times V = 2{,}60 \times 10^{-2} \times 15{,}0 \times 10^{-3} = 3{,}90 \times 10^{-4}$ mol.

La concentration en ions hydroxydes de la solution est égale à :

$$[HO^-] = \frac{n_{(HO^-)}}{V_{\text{mélange}}} = \frac{n_{(HO^-)}}{V + V_{eau}} = \frac{3{,}90 \times 10^{-4}}{115{,}0 \times 10^{-3}} = 3{,}39 \times 10^{-3}\ \text{mol} \cdot L^{-1}.$$

Le pH de la solution obtenue est de : $pH = 14 + \log\left[HO^-\right] = 11{,}5$.

2 La réaction chimique ayant lieu dans le nouveau mélange est la suivante :

$$HO^- + H_3O^+ \rightarrow 2\,H_2O$$

Il s'agit d'une réaction totale.

Calcul de la quantité de matière apportée d'ions oxonium :

$$n_{(H_3O^+)_{\text{mélange initial}}} = [H_3O^+] \times V_{\text{mélange}} = 10^{-pH} \times V_{\text{mélange}} = 3{,}64 \times 10^{-13}\ \text{mol}.$$

$$n_{(H_3O^+)_{\text{solution acide}}} = C' \times V' = 5{,}0 \times 10^{-2} \times 10{,}0 \times 10^{-3} = 5{,}0 \times 10^{-4}\ \text{mol}.$$

$$n_{(H_3O^+)_{\text{mélange final}}} = n_{(H_3O^+)_{\text{mélange initial}}} + n_{(H_3O^+)_{\text{solution acide}}} = 5{,}0 \times 10^{-4}\ \text{mol}.$$

On constate que la quantité d'ions oxonium apportée par le mélange initial est négligeable par rapport à celle de la solution acide.

Calcul de la quantité de matière apportée des ions hydroxydes :

$$n_{(HO^-)_{\text{mélange initial}}} = C \times V = 2{,}60 \times 10^{-2} \times 15{,}0 \times 10^{-3} = 3{,}90 \times 10^{-4}\ \text{mol}.$$

$$n_{(HO^-)_{\text{solution acide}}} = [HO^-] \times V' = \frac{K_e}{[H_3O^+]} \times V' = \frac{10^{-14}}{5{,}0 \times 10^{-2}} \times 10{,}0 \times 10^{-3}$$

$$n_{(HO^-)_{\text{solution acide}}} = 2{,}0 \times 10^{-15}\ \text{mol}.$$

$$n_{(HO^-)_{\text{mélange final}}} = n_{(HO^-)_{\text{mélange initial}}} + n_{(HO^-)_{\text{solution acide}}} = 3{,}90 \times 10^{-4}\ \text{mol}.$$

On constate que la quantité d'ions hydroxydes apportés par la solution acide est négligeable par rapport à celle du mélange initial.

Par ailleurs, on constate que : $n_{(HO^-)_{\text{mélange final}}} < n_{(H_3O^+)_{\text{mélange final}}}$.

Donc, d'après la stœchiométrie de l'équation-bilan, ion hydroxyde constitue le réactif limitant.

Calcul de la quantité de matière d'ions oxonium en excès :

$$n_{(H_3O^+)_{\text{excès}}} = n_{(H_3O^+)_{\text{mélange final}}} - n_{(H_3O^+)_{\text{réagissant avec les ions hydroxydes}}}$$

$$n_{(H_3O^+)_{\text{excès}}} = 5{,}0 \times 10^{-4} - 3{,}90 \times 10^{-4} = 1{,}1 \times 10^{-4}\ \text{mol}.$$

La concentration finale en ions oxonium est :

$$[H_3O^+]_{\text{final}} = \frac{n_{(H_3O^+)_{\text{excès}}}}{V_{\text{mélange 2}}} = \frac{1{,}1 \times 10^{-4}}{(115{,}0 + 10{,}0) \times 10^{-3}} = 8{,}8 \times 10^{-4}\ \text{mol} \cdot \text{L}^{-1}.$$

La solution finale a pour pH :

$$pH = -\log[H_3O^+] = 3{,}1.$$

SE TESTER QUIZ

Dans le questionnaire à choix multiple (QCM) suivant, indiquer, pour chaque proposition, la ou les réponses exactes.

1 Un acide est une espèce chimique susceptible :
- ☐ **a.** de céder un ou plusieurs protons
- ☐ **b.** de capter un ou plusieurs protons
- ☐ **c.** de céder un ou plusieurs électrons

2 Lors d'une réaction acido-basique, l'acide et la base qui réagissent ensemble constituent un couple acide-base.
- ☐ **a.** vrai
- ☐ **b.** faux

3 Quelle est l'expression de la constante d'acidité d'un couple ?
- ☐ **a.** $K_a = \frac{[H_3O^+]_{eq}[AH]_{eq}}{[A^-]_{eq}}$
- ☐ **b.** $K_a = \frac{[A^-]_{eq}[H_3O^+]_{eq}}{[AH]_{eq}}$

4 Quelle est l'expression du pH d'une solution ?
- ☐ **a.** $pH = -\log[H_3O^+]$
- ☐ **b.** $pH = 10^{-[H_3O^+]}$

5 Si dans une solution d'acide faible on a l'inégalité $[A^-]_{eq} > [AH]_{eq}$, on dit que la base est prédominante.
- ☐ **a.** vrai
- ☐ **b.** faux

6 Comment s'écrit la réaction d'autoprotolyse de l'eau ?
- ☐ **a.** $H_2O + H_2O \rightleftharpoons HO^- + H_3O^+$
- ☐ **b.** $H_2O + HO^- \rightleftharpoons H_2O + H_3O^+$
- ☐ **c.** $H_2O + H_3O^+ \rightleftharpoons H_2O + HO^-$

S'ENTRAÎNER

7 Calculs de pH

Compléter le tableau suivant :

Solution	pH	$[H_3O^+]$ $(mol\cdot L^{-1})$	$[HO^-]$ $(mol\cdot L^{-1})$
S_1	2,2		
S_2	8,7		
S_3		$2{,}5\times10^{-3}$	
S_4			$6{,}3\times10^{-5}$

8 Domaine de prédominance

L'acide hypochloreux a pour formule HOCl. Sa base conjuguée ClO^- est l'ion hypochlorite.
Le document ci-dessous représente les pourcentages des espèces chimiques acide et basique du couple $HOCl/ClO^-$ en fonction du pH (diagramme de distribution) pour une solution de concentration molaire apportée C telle que :
$C = \left[HOCl_{(aq)}\right] + \left[ClO^-{}_{(aq)}\right] = 1{,}00 \times 10^{-2}\,mol \cdot L^{-1}$.

1. Identifier à quelle espèce chimique correspond chacune des deux courbes. Justifier la réponse.

2. Donner la composition du mélange, en pourcentages, lorsque la solution a un pH = 6,5, puis en déduire les concentrations de l'acide et de la base conjuguée.

3. En quel point le pH est-il égal au pK_a ? En déduire la valeur du pK_a du couple étudié.

4. Sur un axe gradué en pH, placer les domaines de prédominance des espèces acide et basique du couple étudié.

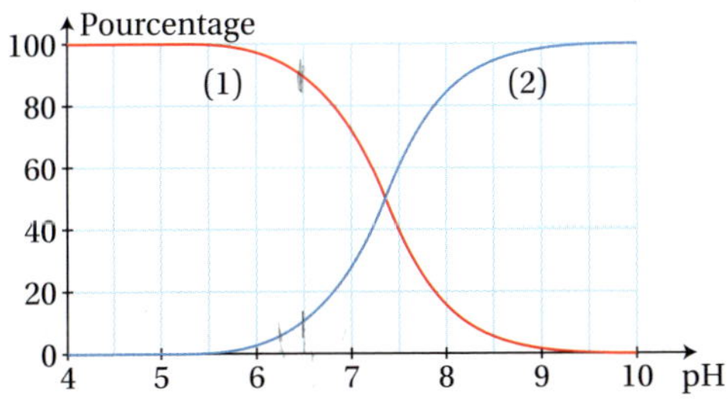

-10% de ClO⁻
90% de HOCl

9 Mélange d'acide fort et de base forte

1. Calculer la concentration molaire d'une solution d'acide nitrique HNO_3 dont le pH est égal à 2,05. L'acide nitrique est un acide fort.

2. On mélange $V = 30\,mL$ de cette solution à $V' = 50\,mL$ d'une solution de soude $\left(Na^+{}_{(aq)} + HO^-{}_{(aq)}\right)$ de concentration égale à $3{,}7 \times 10^{-2}\,mol \cdot L^{-1}$. Quel est le pH de la solution obtenue ? La soude est une base forte.

Donnée : $K_e = 10^{-14}$.

10 Étude du pouvoir tampon du sang

Une solution tampon est une solution dont le pH varie peu, soit par dilution, soit par addition d'acide ou de base. Elle est en général constituée d'un mélange d'acide faible et de sa base conjuguée, présents dans des proportions comparables. Les organismes vivants sont extrêmement sensibles à la moindre variation de pH (processus métaboliques, perméabilité membranaire, etc.). Un pH constant est donc une nécessité biologique : le corps humain contient des systèmes tampons dont le but est de minimiser les variations de pH face à une agression acide ou basique.

La solution tampon ayant le rôle le plus important dans la régulation du pH sanguin (autour de 7,4) est formée par le couple $CO_{2(aq)}/HCO_{3(aq)}^-$ de $pK_a = 6{,}1$ à 37 °C.

L'équilibre entre le CO_2 dissous dans le sang et le CO_2 gazeux expiré par le corps humain, impose au CO_2 dissous une concentration constante : $[CO_2] = 1{,}18 \times 10^{-3}$ mol·L^{-1}.

1. Déterminer la concentration en ions hydrogénocarbonates (HCO_3^-) du sang.

2. La personne ingère une boisson acide de telle sorte que la concentration en ions hydrogénocarbonates devient égale à 19 mmol·L^{-1}. Déterminer la nouvelle valeur du pH du sang.

3. La personne ingère une boisson basique de telle sorte que la concentration en ions hydrogénocarbonates devient égale à 29 mmol·L^{-1}. Déterminer la nouvelle valeur du pH du sang.

OBJECTIF BAC

11 Étude de l'acide acétylsalicylique

L'acide acétylsalicylique, plus connu sous le nom d'aspirine, est la substance active de nombreux médicaments utilisés dans le traitement de fièvres et de douleurs associées à de nombreuses pathologies.

L'acide acétylsalicylique, de formule brute $C_9H_8O_4$ (notée AH), est l'acide conjugué de l'ion acétylsalicylate noté A^-.
La formule développée de l'aspirine est :

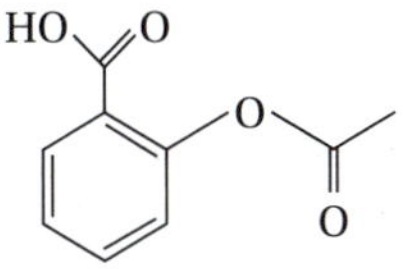

On dissout un comprimé d'aspirine 500 dans un verre d'eau de volume $V = 25{,}0\,\text{cL}$. La masse correspondante d'aspirine dissoute est $m = 500\,\text{mg}$. On note S la solution ainsi préparée.
À 25 °C, la mesure du pH de la solution S à l'équilibre donne 2,7.
Donnée : $M_{C_9H_8O_4} = 180{,}0\,\text{g}\cdot\text{mol}^{-1}$.

1. Entourer la fonction acide carboxylique de l'aspirine dans la formule précédente.

2. Écrire l'équation de la réaction se produisant entre l'eau et l'aspirine.

3. Déterminer la concentration en ions oxonium de la solution S.

4. Déterminer l'avancement final x_f de la réaction.

5. En déduire les concentrations $[A^-]_{eq}$ et $[AH]_{eq}$ à l'équilibre.

6. Établir l'expression du pK_a du couple AH/A^- en fonction du pH et des concentrations $[A^-]_{eq}$ et $[AH]_{eq}$, et calculer sa valeur.

7. Le pH de l'estomac humain varie entre 1,5 (pendant la nuit) et 5 (en début de digestion). Pour chacune de ces deux valeurs du pH, quelle est l'espèce, AH ou A^-, qui prédomine dans l'estomac après la prise d'un comprimé de 500 mg ? Justifier à l'aide d'un diagramme de prédominance.

SE TESTER

1 Réponse a. Un acide est une espèce chimique susceptible de céder un ou plusieurs protons.

2 Réponse b. Faux : un couple acide/base est constitué d'un acide et de sa base conjuguée, reliés par une demi-équation acido-basique.

3 Réponse b. La constante d'acidité d'un couple a pour expression :

$$K_a = \frac{[A^-]_{eq}[H_3O^+]_{eq}}{[AH]_{eq}}$$

4 Réponse a. Le pH d'une solution a pour expression : $pH = -\log[H_3O^+]$.

5 Réponse a. Vrai : si dans la solution d'acide faible on a l'inégalité $[A^-]_{eq} > [AH]_{eq}$, on dit que la base est prédominante.

6 Réponse a. La réaction d'autoprotolyse de l'eau s'écrit :

$$H_2O + H_2O \rightleftharpoons HO^- + H_3O^+$$

S'ENTRAÎNER

7 Calculs de pH

On complète le tableau à partir des formules suivantes :
$pH = -\log[H_3O^+]$; $[H_3O^+] = 10^{-pH}$; $K_e = [H_3O^+]_{eq} \times [HO^-]_{eq} = 10^{-14}$

Solution	pH	$[H_3O^+]$ $(mol \cdot L^{-1})$	$[HO^-]$ $(mol \cdot L^{-1})$
S_1	2,2	$6,3 \times 10^{-3}$	$1,6 \times 10^{-12}$
S_2	8,7	$2,0 \times 10^{-9}$	$5,0 \times 10^{-6}$
S_3	2,6	$2,5 \times 10^{-3}$	$4,0 \times 10^{-12}$
S_4	9,8	$1,6 \times 10^{-10}$	$6,3 \times 10^{-5}$

8 Domaine de prédominance

2. La courbe 1 correspond à l'acide HOCl, car pour un pH faible, c'est la forme acide qui prédomine.
La courbe 2 correspond à la base ClO^-, car pour un pH élevé, c'est la forme basique qui prédomine.

3. Une détermination graphique nous permet de dire que pour pH = 6,5, le mélange est composé de :

- 10 % de base (ClO^-) ;
- 90 % d'acide (HOCl).

On en déduit que : $\left[ClO^-_{(aq)}\right] = 10\,\%$ de C et $\left[HOCl_{(aq)}\right] = 90\,\%$ de C.

Donc : $\left[ClO^-_{(aq)}\right] = 0{,}10 \times C = 1{,}00 \times 10^{-3}\ mol \cdot L^{-1}$.

$\left[HOCl_{(aq)}\right] = 0{,}90 \times C = 9{,}00 \times 10^{-3}\ mol \cdot L^{-1}$.

4. Le pH est égal au pK_a, lorsque les deux espèces sont présentes dans les mêmes proportions : 50 %. Le pK_a du couple étudié correspond donc à l'abscisse du point d'intersection des deux courbes : on obtient $pK_a = 7{,}3$.

5. Diagramme de prédominance :

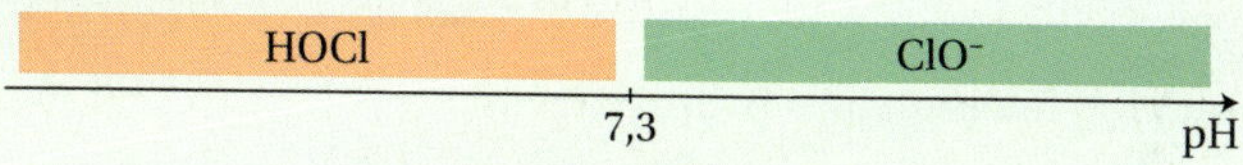

9 Mélange d'acide fort et de base forte

1. Pour un acide fort, tout l'acide introduit est dissocié donc :

$[H_3O^+] = [HNO_3]$.

On en déduit : $pH = -\log[HNO_3]$.

On obtient : $[HNO_3] = 10^{-pH} = 10^{-2{,}05} = 8{,}91 \times 10^{-3}\ mol \cdot L^{-1}$

2. La réaction chimique ayant lieu dans le nouveau mélange est :

$$HO^- + H_3O^+ \rightarrow 2H_2O$$

Il s'agit d'une réaction totale.

Calcul de la quantité de matière apportée d'ions oxonium :

$$n_{(H_3O^+)_{\text{solution initiale}}} = [H_3O^+] \times V = 10^{-pH} \times V = 2{,}67 \times 10^{-4}\ mol$$

$$n_{(H_3O^+)_{\text{solution ajoutée}}} = [H_3O^+] \times V' = \frac{K_e}{[OH^-]} \times V' = 1{,}4 \times 10^{-14}\ mol.$$

$$n_{(H_3O^+)_{\text{mélange}}} = n_{(H_3O^+)_{\text{solution initiale}}} + n_{(H_3O^+)_{\text{solution ajoutée}}} = 2{,}67 \times 10^{-4}\ mol.$$

On constate que la quantité d'ions oxonium apportée par la solution ajoutée est négligeable par rapport à celle de la solution initiale.

Calcul de la quantité de matière apportée des ions hydroxydes :

$$n_{(HO^-)_{\text{solution initiale}}} = \frac{K_e}{[H_3O^+]} \times V = 3{,}37 \times 10^{-14}\ mol.$$

$$n_{(HO^-)_{\text{solution ajoutée}}} = [HO^-] \times V' = 1{,}9 \times 10^{-3}\ mol.$$

$n_{(HO^-)_{melange}} = n_{(HO^-)_{solution\ initiale}} + n_{(HO^-)_{solution\ ajoutée}} = 1,9 \times 10^{-3}$ mol.

On constate que la quantité d'ions hydroxydes apportés par la solution initiale est négligeable par rapport à celle du de la solution ajoutée.

De plus, on a : $n_{(HO^-)_{melange}} > n_{(H_3O^+)_{melange}}$.

D'après la stœchiométrie de l'équation-bilan, l'ion oxonium est le réactif limitant.

Calcul de la quantité de matière d'ions hydroxydes en excès :

$n_{(HO^-)_{excès}} = n_{(HO^-)_{melange}} - n_{(HO^-)_{réagissant\ avec\ les\ ions\ oxonium}}$

$n_{(HO^-)_{excès}} = 1,9 \times 10^{-3} - 2,67 \times 10^{-4} = 1,6 \times 10^{-3}$ mol.

La concentration finale en ions hydroxydes est :

$$[HO^-]_{finale} = \frac{n_{(HO^-)_{excès}}}{V_{mélange}} = \frac{1,6 \times 10^{-3}}{(50+30) \times 10^{-3}} = 2,0 \times 10^{-2}\ mol \cdot L^{-1}.$$

Le pH de la solution finale est : $pH = 14 + \log[HO^-] = 12,3$.

10 Étude du pouvoir tampon du sang

1. La concentration en ions hydrogénocarbonates $[HCO_3^-]$ du sang se calcule à partir de la constante d'acidité du couple $CO_{2(aq)}/HCO_3^-$:

$$K_a = \frac{[HCO_3^-]_{eq} \times [H_3O^+]_{eq}}{[CO_2]_{eq}} \Leftrightarrow [HCO_3^-]_{eq} = \frac{10^{-pK_a} \times [CO_2]_{eq}}{10^{-pH}}$$

$$[HCO_3^-] = \frac{10^{-6,1} \times 1,18 \times 10^{-3}}{10^{-7,4}} = 2,35 \times 10^{-2}\ mol \cdot L^{-1}.$$

2. Le pH se calcule avec la formule suivante :

$$pH = pK_a + \log\left(\frac{[HCO_3^-]_{eq}}{[CO_2]_{eq}}\right) = 6,1 + \log\left(\frac{19}{1,18}\right) = 7,31.$$

3. À partir de la formule du pH, on trouve :

$$pH = pK_a + \log\left(\frac{[HCO_3^-]_{eq}}{[CO_2]_{eq}}\right) = 6,1 + \log\left(\frac{29}{1,18}\right) = 7,49.$$

OBJECTIF BAC

11 Étude de l'acide acétylsalicylique

1. Fonction carboxylique de l'aspirine :

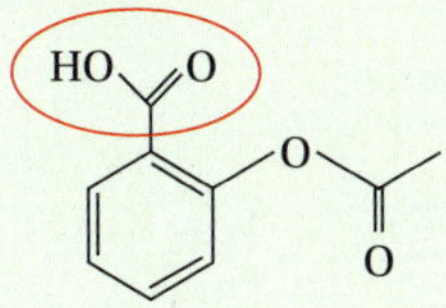

2. Équation de la réaction se produisant entre l'eau et l'aspirine :

$AH_{(aq)} + H_2O_{(l)} \rightleftharpoons A^-{}_{(aq)} + H_3O^+{}_{(aq)}$

3. Concentration en ions oxonium de la solution S :

$[H_3O^+] = 10^{-pH} = 2{,}0 \times 10^{-3}\ mol \cdot L^{-1}$.

4. On écrit le tableau d'avancement :

Équation-bilan		$AH_{(aq)}$	+ $H_2O_{(l)}$	$\rightleftharpoons A^-{}_{(aq)}$	+ $H_3O^+{}_{(aq)}$
État	Avancement (mol)	$n_{(AH)}$ (mol)	$n_{(H_2O)}$ (mol)	$n_{(A^-)}$ (mol)	$n_{(H_3O^+)}$ (mol)
Initial	$x = 0$	$n_{i(AII)}$	excès	0	0
Intermédiaire	x	$n_{i(AH)} - x$	excès	x	x
Final	$x = x_f$	$n_{i(AH)} - x_f$	excès	x_f	x_f

On en déduit que : $x_f = [H_3O^+]_{eq} \times V = 10^{-pH} \times V = 10^{-2{,}7} \times 25{,}0 \times 10^{-2}$

Soit : $x_f = 5{,}0 \times 10^{-4}$ mol.

5. D'après le tableau d'avancement :

$[A^-]_{eq} = [H_3O^+] = 2{,}0 \times 10^{-3}\ mol \cdot L^{-1}$.

$$[AH]_{eq} = \frac{n_{i(AH)} - x_f}{V}$$

avec $n_{i_{(AH)}} = \dfrac{m}{M_{C_9H_8O_4}} = \dfrac{0{,}500}{180{,}0} = 2{,}78 \times 10^{-3}$ mol.

On obtient : $[AH]_{eq} = \dfrac{(2{,}78 \times 10^{-3} - 5{,}0 \times 10^{-4})}{25{,}0 \times 10^{-2}} = 9{,}1 \times 10^{-3}\ mol \cdot L^{-1}$.

6. L'expression du pK_a du couple AH/A^- en fonction du pH et des concentrations $[A^-]_{eq}$ et $[AH]_{eq}$, est la suivante :

$$pK_a = pH - \log\left(\frac{[A^-]_{eq}}{[AH]_{eq}}\right) = 2{,}7 - \log\left(\frac{2{,}0}{9{,}1}\right) = 3{,}4.$$

7. Diagramme de prédominance :

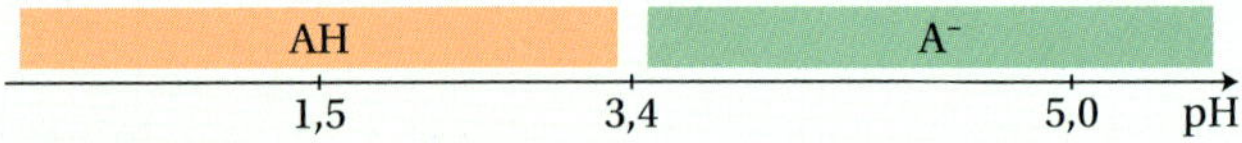

La nuit, c'est l'espèce AH qui prédomine, tandis qu'avant la digestion, il s'agit de l'espèce A^-.

www.annabac.com

CHAPITRE 14 Échanges d'énergie aux niveaux macroscopique et microscopique

Tout système macroscopique, c'est-à-dire dont les dimensions sont à notre échelle, est constitué d'un très grand nombre de particules microscopiques (plusieurs milliards de milliards). Ces systèmes échangent de l'énergie sous différentes formes avec l'extérieur. La thermodynamique est la discipline qui s'occupe de modéliser ces transferts d'énergie et de prévoir l'évolution de l'énergie des systèmes macroscopiques. Elle permet d'expliquer les transferts d'énergie à l'aide de modèles microscopiques de la matière.

1 Énergie d'un système macroscopique

A Du microscopique au macroscopique

- Le **mouvement brownien** est historiquement la première mise en évidence du mouvement des particules à l'échelle microscopique : de très petites sphères, de l'ordre du micron $\left(10^{-6}\ \text{m}\right)$, sont mises en mouvement sous l'effet des innombrables chocs des particules du liquide dans lequel elles se trouvent en suspension. Les observations montrent que leur mouvement est désordonné.

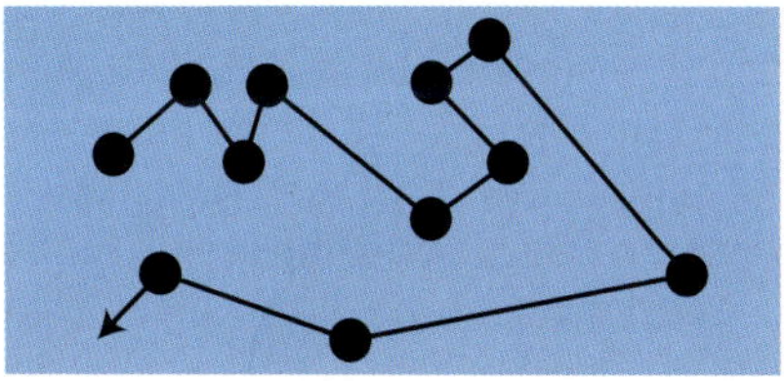

FIGURE 1 **Illustration du mouvement brownien**

- En 1811, Amedeo Avogadro découvre la loi suivante : « À de très faibles pressions, des volumes égaux de gaz différents contiennent le même nombre de moles ». Il ajoute également une hypothèse : **« Une mole renferme toujours le même nombre de molécules »**.

Cette hypothèse, qui n'a jamais été depuis contredite par l'expérience, fait le lien entre le monde macroscopique et le monde microscopique. Dans une mole, on trouve un nombre de particules égal au **nombre d'Avogadro**, noté N_A :

$$N_A = 6{,}02 \times 10^{23}\,\text{mol}^{-1}$$

Un système macroscopique est décrit par quelques paramètres permettant de définir son état. Ces grandeurs sont mesurables à notre échelle et sont appelées **variables d'état**.

• La **quantité de matière** n : il s'agit du nombre de moles de particules contenues dans le système. Elle est reliée au nombre total N de particules du système par la relation suivante :

$$n = \frac{N}{N_A}$$

n en moles (mol)
N_A en mol^{-1}

• La **température** T: elle s'exprime en **kelvins (K)** et correspond à notre échelle à une mesure de la vitesse moyenne d'agitation désordonnée des particules. La température est une fonction croissante de cette vitesse.
Pour un gaz parfait monoatomique (tel que l'hélium) de masse molaire M, on a la relation suivante entre la vitesse moyenne v et la température T :

$$T = \frac{M \times v^2}{3 \times R}$$

T est en kelvins (K)
M en kilogrammes par mole $\left(\text{kg}\cdot\text{mol}^{-1}\right)$
v en mètres par seconde $\left(\text{m}\cdot\text{s}^{-1}\right)$
R, constante des gaz parfaits $\left(R = 8{,}31\,\text{J}\cdot\text{K}^{-1}\right)$

• La **pression** P : elle s'exprime en **pascals (Pa)** et correspond à la force par unité de surface exercée par le système sur les parois le séparant de l'extérieur. Cette pression est la résultante des forces exercées par les innombrables chocs des particules sur la surface de la paroi contenant le système (FIGURE 2).

$$P = \frac{F}{S}$$

P en pascals (Pa)
F en newtons (N)
S en mètres carrés (m^2)

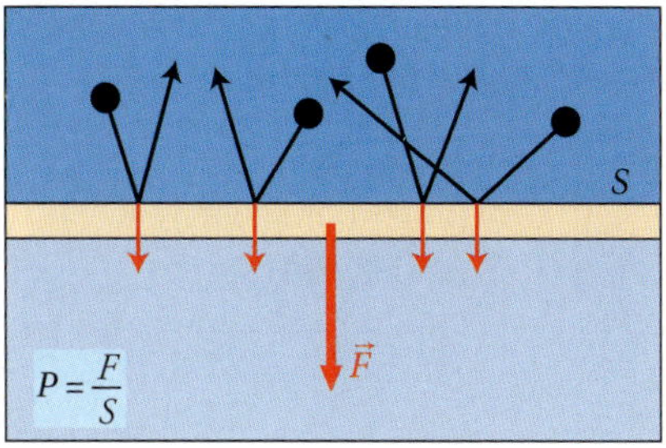

FIGURE 2 **Illustration de la pression d'un système**

• Le **volume** V : il s'agit de la place occupée dans l'espace par le système. Il s'exprime en **mètres cube (m^3).**

B Énergie interne

■ L'**énergie interne d'un système** est égale à la somme des énergies que possède un système au niveau microscopique : l'énergie potentielle microscopique (E_{pm}) et l'énergie cinétique microscopique (E_{cm}). On la note U et elle s'exprime en **joules (J)**.

$$U = E_{pm} + E_{cm}$$

U, E_{pm}, E_{cm} en joules (J)

■ L'**énergie cinétique microscopique** correspond à l'agitation thermique des particules, c'est-à-dire à leur mouvement désordonné. L'augmentation de la température d'un corps est la cause la plus fréquente de l'augmentation de l'énergie cinétique microscopique.

■ L'**énergie potentielle microscopique** correspond aux énergies des interactions existant entre les particules du système.

2 Transferts d'énergie thermique au niveau macroscopique

A Capacité thermique d'un corps

■ La **capacité thermique C** d'un corps est égale à l'énergie thermique reçue par le corps lorsque celui-ci voit sa température augmenter d'un degré. Elle a pour unité le **joule par kelvin** $(J \cdot K^{-1})$.

■ L'**énergie thermique Q** reçue par un corps de capacité thermique C lorsque celui-ci passe d'une température T_1 à une température T_2 est égale à :

$$Q = C \times (T_2 - T_1)$$

Q en joules (J)
C en joules par kelvin $(\mathrm{J \cdot K^{-1}})$
T_1, T_2 en kelvins (K)

Si la température du corps augmente : $Q > 0$.
Si la température du corps diminue : $Q < 0$.

B Transfert thermique entre deux corps à des températures différentes

On considère une paroi plane de surface S et d'épaisseur L, dont les deux faces sont à des températures différentes, notées T_1 et T_2.

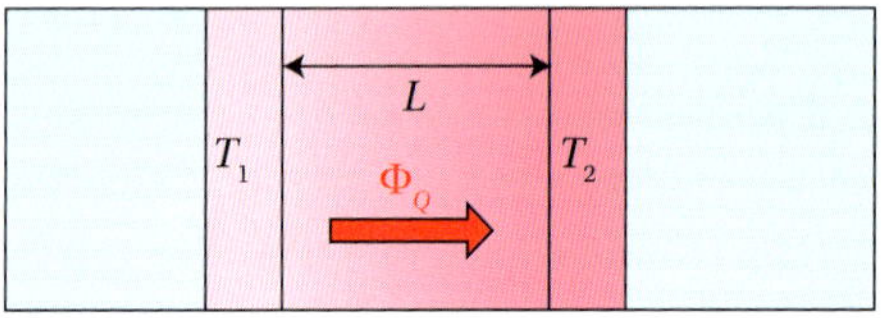

FIGURE 3 **Transfert thermique à travers une paroi**

■ Le **flux thermique Φ_Q** est égal à l'énergie thermique traversant la paroi par seconde, de la face de température T_1 vers la face de température T_2. Il s'exprime en **watts (W)** et a pour expression :

$$\Phi_Q = \lambda \times S \times \frac{(T_1 - T_2)}{L}$$

Φ_Q en watts (W)
S en mètres carrés (m^2)
T_1, T_2 en kelvins (K)
L en mètres (m)
λ en watts par mètre par kelvin $(\mathrm{W \cdot m^{-1} \cdot K^{-1}})$

Si $T_1 > T_2$ alors $\Phi_Q > 0$.
Si $T_1 < T_2$ alors $\Phi_Q < 0$.

λ est une grandeur caractéristique du matériau constituant la paroi appelée **conductivité thermique.**

Matériau	Cuivre	Béton brut	Bois	Polystyrène expansé
λ $(\mathrm{W \cdot m^{-1} \cdot K^{-1}})$	390	1,75	0,15	0,04

L'énergie thermique est toujours transférée du corps à la température la plus élevée vers le corps à la température la plus basse.

NOTION D'IRRÉVERSIBILITÉ
Un phénomène est dit irréversible si on ne peut pas assister au phénomène inverse. Le transfert d'énergie thermique d'un corps chaud vers un corps froid est un exemple de phénomène irréversible.

- La **résistance thermique** R_{TH} d'une paroi représente la capacité de celle-ci à s'opposer au passage d'un flux thermique entre les deux faces qui sont à des températures différentes.

$$R_{TH} = \frac{(T_1 - T_2)}{\Phi_Q} = \frac{L}{\lambda \times S}$$

R_{TH} en kelvins par watt $(K \cdot W^{-1})$
T_1, T_2 en kelvins (K)
Φ_Q en watts (W)
L en mètres (m)
S en mètres carrés (m^2)
λ en watts par mètre par kelvin $(W \cdot m^{-1} \cdot K^{-1})$

La résistance thermique dépend à la fois de l'épaisseur L de la paroi, de la surface commune S des faces et du matériau qui constitue la paroi (par l'intermédiaire de la valeur de λ).

3 Les différents types de transferts thermiques dans la matière

On distingue trois modes de transferts thermiques :
- la **conduction thermique** : elle a lieu entre deux corps à des températures différentes et qui sont reliés entre eux. Le transfert s'effectue de proche en proche, grâce aux chocs incessants des molécules du matériau qui relie les deux corps ;
- la **convection thermique** : elle a lieu grâce à un mouvement de matière dans les fluides, qui se déplace des régions les plus chaudes vers les régions les plus froides ;
- le **rayonnement thermique** : c'est un transfert qui s'effectue sans contact, même dans le vide, porté par des rayonnements électromagnétiques (de longueurs d'onde comprises entre 0,1 µm et 100 µm).

4 Bilan d'énergie d'un système macroscopique

A Le premier principe de la thermodynamique

Considérons un système au repos qui échange de l'énergie avec l'extérieur. Ces échanges s'effectuent sous deux formes :
- le travail W des forces extérieures appliquées au système ;
- l'énergie thermique Q qui est transférée entre le système et l'extérieur.

La variation de l'énergie interne ΔU du système a alors pour expression :

$$\Delta U = W + Q$$

ΔU, W et Q en joules (J)

CONVENTION ALGÉBRIQUE POUR *W* ET *Q*

Le travail et le transfert thermique étant comptés par rapport au système, il s'ensuit la convention suivante :
- si le système reçoit du travail ou de l'énergie thermique, alors W et Q sont positifs ;
- si le système cède du travail ou de l'énergie thermique, alors W et Q sont négatifs.

Dans le cas où un système de capacité thermique C échange uniquement de l'énergie thermique avec l'extérieur, le premier principe peut s'écrire :

$$\Delta U = C \times \Delta T$$

ΔU en joules (J)
C en joules par kelvin $(\mathrm{J \cdot K^{-1}})$
ΔT en kelvins (K)

où ΔT représente la variation de température du système entre son état final à la température T_2 et son état initial à la température T_1 : $\Delta T = T_2 - T_1$.

B Travail d'une force de pression

Dans un grand nombre de cas, le travail W correspond au travail des forces de pression qui s'exercent sur les parois délimitant le système.
Considérons un système dont le volume passe d'une valeur V_1 à une valeur V_2 sous l'effet d'une pression extérieure uniforme et constante P_{ext}. Le travail de la force de pression exercée sur le système a pour expression :

$$W = -P_{ext} \times (V_2 - V_1) = -P_{ext} \times \Delta V$$

W en joules (J)
P en pascals (P_a)
V en mètres cubes (m^3)

Effectuer un bilan d'énergie

ÉNONCÉ

On réalise les deux expériences suivantes.

Expérience 1 : un système constitué d'un gaz enfermé dans un cylindre fermé par un piston est placé dans une enceinte thermostatée (dont la température reste constante). On exerce sur le piston une force de pression constante $F = 2\,000\,\text{N}$. La force s'exerce de manière uniforme sur toute la surface $S = 100\,\text{cm}^2$ du piston. Le volume du gaz passe d'une valeur $V_1 = 40{,}0\,\text{dm}^3$ à une valeur $V_2 = 32{,}0\,\text{dm}^3$.

1 Calculer la pression extérieure P.

2 Calculer le travail W de la force de pression.

3 Calculer la variation d'énergie interne ΔU du système.

4 Le système a-t-il perdu ou gagné de l'énergie ?

Expérience 2 : un système est constitué d'un liquide de capacité thermique $C = 2{,}5\,\text{J}\cdot\text{K}^{-1}$ contenu dans un récipient. Celui-ci est placé dans un réfrigérateur. Au cours du refroidissement, la température du système passe de la valeur $T_1 = 20{,}0\ °\text{C}$ à la valeur $T_2 = 4{,}0\ °\text{C}$.

5 Sachant que le liquide est incompressible, calculer le travail des forces de pression sur le système.

6 Calculer le transfert thermique Q.

7 Calculer la variation d'énergie interne ΔU du système.

8 Le système a-t-il perdu ou gagné de l'énergie ?

MÉTHODE

1 ▸ Appliquer la formule $P = \dfrac{F}{S}$.

▸ Convertir la surface : $1\,\text{cm}^2 = 10^{-4}\ \text{m}^2$.

2 ▸ Appliquer la relation du travail : $W = -P \times \Delta V$.

▸ Convertir les volumes : $1\,\text{dm}^3 = 10^{-3}\ \text{m}^3$.

3 et **7** ▸ Si la température est constante, alors $\Delta T = 0\text{K}$.

▸ Appliquer la relation $Q = C \times \Delta T$.

▸ Appliquer le premier principe de la thermodynamique : $\Delta U = W + Q$.

4 et **8** Relier le signe de ΔU à une perte ou un gain d'énergie.

5 Le volume d'un liquide incompressible reste constant.

6 ▶ Appliquer la relation du transfert thermique $Q = C \times \Delta T$.
▶ La différence de température ΔT a la même valeur en degrés Celsius et en kelvins.

CORRIGÉ

1 La pression extérieure P est égale à : $P = \frac{F}{S}$.
On a : $F = 2\,000\ \text{N}$ et $S = 100\ \text{cm}^2 = 1{,}00 \times 10^{-2}\ \text{m}^2$.
On obtient : $P = 2{,}00 \times 10^5\ \text{Pa}$.

2 Le travail W de la force de pression a pour expression :
$W = -P \times (V_2 - V_1)$.
On a : $P = 2{,}00 \times 10^5\ \text{Pa}$
et $V_2 - V_1 = 32{,}0 - 40{,}0 = -8{,}0\ \text{dm}^3 = -8{,}0 \times 10^{-3}\ \text{m}^3$.
On obtient : $W = 1{,}6 \times 10^3\ \text{J}$.

3 On applique le premier principe de la thermodynamique : $\Delta U = W + Q$.
On a : $Q = C \times \Delta T$ avec $\Delta T = 0\ \text{K}$ car la température n'évolue pas.
On en déduit que : $Q = 0\ \text{J}$.
On obtient : $\Delta U = 1{,}6 \times 10^3 + 0 = 1{,}6 \times 10^3\ \text{J}$.

4 Le système a gagné de l'énergie car ΔU est positif.

5 Sachant que le liquide est incompressible, la variation de volume est nulle : $\Delta V = 0\ \text{m}^3$. On en déduit que le travail des forces de pression sur le système est forcément nul : $W = 0\ \text{J}$.

6 $Q = C \times \Delta T$ avec $\Delta T = T_2 - T_1 = 4{,}0 - 20{,}0 = -16{,}0\ \text{K}$ (ou °C).
On obtient : $Q = 2{,}5 \times (-16{,}0) = -40\ \text{J}$.

7 On applique le premier principe de la thermodynamique : $\Delta U = W + Q$.
On obtient : $\Delta U = 0 + (-40) = -40\ \text{J}$.

8 Le système a perdu de l'énergie car ΔU est négatif.

SE TESTER QUIZ

Dans le questionnaire à choix multiple (QCM) suivant, indiquer, pour chaque proposition, la ou les réponses exactes.

1 L'énergie interne d'un système est égale à :
- ☐ **a.** la somme des énergies cinétique et potentielle microscopiques.
- ☐ **b.** la somme du travail W et du transfert thermique Q.
- ☐ **c.** la somme des énergies cinétique et potentielle de pesanteur.

2 Le transfert thermique Q est négatif si la température du système augmente.
- ☐ **a.** vrai ☐ **b.** faux

3 L'énergie interne augmente si le système reçoit de l'énergie thermique.
- ☐ **a.** vrai ☐ **b.** faux

4 Le flux thermique à travers la paroi est d'autant plus élevé que :
- ☐ **a.** la différence de température entre les surfaces de la paroi est grande
- ☐ **b.** l'épaisseur de la paroi est grande

5 La résistance thermique a pour expression :
- ☐ **a.** $R_{\text{TH}} = \dfrac{\lambda}{L \times S}$ ☐ **b.** $R_{\text{TH}} = \dfrac{\lambda \times S}{L}$ ☐ **c.** $R_{\text{TH}} = \dfrac{L}{\lambda \times S}$

S'ENTRAÎNER

6 Énergie interne d'un gaz d'argon

L'argon est un gaz parfait monoatomique qui représente environ 1 % en volume de l'atmosphère terrestre. On l'utilise aussi bien comme gaz de remplissage des lampes à incandescence que pour gonfler les combinaisons étanches des plongeurs sous-marins ou comme gaz conservateur des aliments.

1. Calculer la vitesse moyenne des atomes d'argon pour une température égale à 300 K. Comment évolue cette vitesse lorsque la température augmente ?

2. Dans le cas d'un gaz parfait monoatomique, l'énergie potentielle microscopique est nulle. À quoi est alors égale l'énergie interne du gaz ?

3. Pour une mole d'argon, l'énergie cinétique microscopique s'exprime en fonction de la masse molaire du gaz M et de la vitesse moyenne v des atomes :
$E_{\text{cm}} = \dfrac{1}{2} \times M \times v^2$.

Montrer que l'énergie interne U d'une mole d'argon a alors pour expression : $U = \frac{3}{2} \times R \times T$.

4. Calculer cette énergie interne pour une température égale à 300 K. Comment évolue l'énergie interne lorsque la température augmente ?
Données : $R = 8{,}31\,\text{J}\cdot\text{K}^{-1}$; $M = 39{,}9\,\text{g}\cdot\text{mol}^{-1}$.

7 Vol d'un ballon-sonde

Un ballon-sonde est utilisé pour faire des mesures physiques dans l'atmosphère terrestre jusqu'à des altitudes pouvant atteindre 35 km. Le système étudié est constitué par le gaz contenu dans l'enveloppe du ballon. Au sol, une fois gonflé, le volume du ballon est égal à $V_0 = 12{,}5\,\text{m}^3$. Les conditions de température et de pression au niveau du sol, juste avant le décollage sont les suivantes : $T_0 = 298\,\text{K}$ et $P_0 = 1{,}00 \times 10^5\,\text{Pa}$. Arrivé à une altitude égale à 11 km, les nouvelles conditions de température et de pression sont les suivantes : $T_1 = 217\,\text{K}$ et $P_1 = 2{,}3 \times 10^4\,\text{Pa}$. Pour étudier les réactions du ballon-sonde, on le place dans un caisson où la pression et la température peuvent varier.

1. Dans une première expérience, la température du caisson est constante et égale à T_0 tandis que la pression est fixée à P_1. Le volume passe alors de V_0 à $V_1 = 54{,}4\,\text{m}^3$. Calculer le travail W des forces de pression.

2. Dans une seconde expérience, la température a baissée jusqu'à la valeur T_1, la pression restant égale à P_1. Le volume passe alors de V_1 à $V_2 = 39{,}6\,\text{m}^3$. Calculer le travail W et le transfert thermique Q sachant que l'on considère que la température du gaz est égale à celle de l'air du caisson et que la capacité thermique C moyenne du gaz est égale à $1{,}51 \times 10^4\,\text{J}\cdot\text{K}^{-1}$.

3. Calculer la variation d'énergie interne du système au cours de chacune des deux expériences.

8 Isolation thermique d'une maison

Une habitation possède un mur réalisé en brique donnant sur l'extérieur. Ce mur d'épaisseur $L = 35{,}0\,\text{cm}$ a une surface en contact avec l'air extérieur à la température $t_1 = 3{,}0\ °\text{C}$ et l'autre en contact avec l'air intérieur à la température $t_2 = 19{,}5\ °\text{C}$. La surface totale du mur est égale à $S = 10\,\text{m}^2$.

1. Calculer le flux thermique à travers le mur, de l'extérieur vers l'intérieur.

2. Dans quel sens s'effectue le transfert thermique ?

3. Calculer la résistance thermique du mur.

4. On pose sur le mur intérieur une plaque de polystyrène expansé d'épaisseur L_1 égale à 8,0 cm et de même surface *S*. Calculer le flux thermique à travers la plaque en considérant que la température de la face en contact avec le mur est égale à la température extérieure.

5. Quel est le rôle du polystyrène expansé dans ce cas ?

Données des conductivités thermiques :
brique : $\lambda_B = 0{,}69\ W \cdot m^{-1} \cdot K^{-1}$; polystyrène expansé : $\lambda_E = 0{,}03\ W \cdot m^{-1} \cdot K^{-1}$

OBJECTIF BAC

9 La cuisson des pâtes, vue par un physicien

Un professeur de physique fait chauffer de l'eau dans une casserole dans le but de se préparer des pâtes. Le système considéré est l'eau contenue dans la casserole dont la capacité thermique *C* est égale à $4{,}2 \times 10^3\ J \cdot K^{-1}$. Au début du chauffage, la température t_1 de l'eau est égale à 18,0 °C et le physicien jette les pâtes dans l'eau lorsque celle-ci se met à bouillir, pour une température t_2 égale à 100,0 °C. L'eau est considérée comme un liquide incompressible au cours du chauffage.

1. Calculer le transfert thermique *Q* au cours du chauffage.

2. Sachant que l'eau est un liquide incompressible, quelle est la valeur du travail *W* des forces de pression ?

3. Calculer la variation d'énergie interne au cours du chauffage.

4. Le moyen de chauffage utilisé est une plaque électrique dont la température de surface est égale à $t_S = 200\ °C$. L'eau se trouve dans une casserole dont le fond a une épaisseur *e* égale à $e = 4{,}0\ mm$ et une surface *S* égale à $S = 1{,}257 \times 10^3\ cm^2$. Le matériau de la casserole est de la fonte dont la conductivité thermique est égale à $\lambda = 55\ W \cdot m^{-1} \cdot K^{-1}$.

a. Donner l'expression littérale du flux thermique à travers le fond de la casserole, de la plaque vers l'eau lorsque la température de l'eau est égale à une valeur notée *t*.

b. Calculer le flux thermique à travers le fond de la casserole, de la plaque vers l'eau lorsque la température de l'eau est égale à $t = 18\ °C$.

c. Calculer le flux thermique à travers le fond de la casserole, de la plaque vers l'eau lorsque la température de l'eau est égale à $t = 99\ °C$.
d. Comment évolue le flux thermique au cours du chauffage ? Expliquer cette évolution.

5. Le professeur dispose de trois casseroles de même diamètre et donc de même surface $S = 0{,}1257\ m^2$, dont les caractéristiques sont réunies dans le tableau suivant :

Matériau de la casserole	Fonte	Laiton	Inox
Conductivité thermique $\lambda(W \cdot m^{-1} \cdot K^{-1})$	55	125	16
Épaisseur *e* (mm)	4,0	4,0	4,5

a. Exprimer littéralement la résistance thermique du fond de chaque casserole.
b. Quelle est la casserole dont la résistance thermique est la plus grande ? Calculer cette résistance.
c. Quelle est la casserole dont la résistance thermique est la plus faible ? Calculer cette résistance.
d. Avec quelle casserole le professeur va-t-il cuire le plus rapidement ses pâtes ? Justifier la réponse.

6. Sur le schéma suivant, on représente par des flèches les différents transferts thermiques s'opérant au cours du chauffage de l'eau de cuisson des pâtes. Indiquer de quel type de transfert thermique il s'agit.

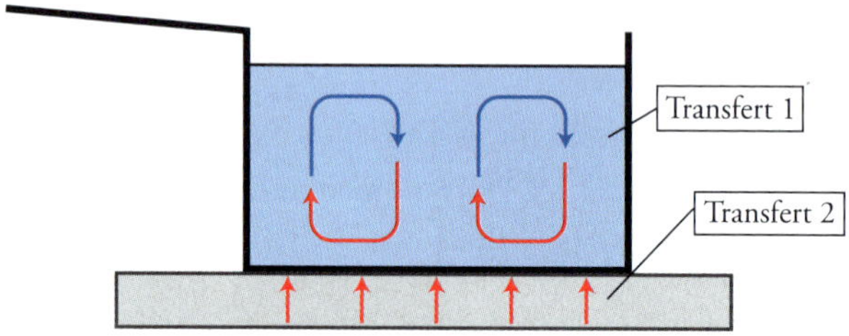

SE TESTER

1 Réponse a. L'énergie interne d'un système est égale à la somme des énergies cinétique et potentielle microscopiques.

2 Réponse b. Faux : le transfert thermique Q est positif si la température du système augmente.

3 Réponse a. Vrai : l'énergie interne augmente si le système reçoit de l'énergie thermique.

4 Réponse a. Le flux thermique à travers la paroi est d'autant plus élevé que la différence de température entre les surfaces de la paroi est grande et d'autant plus faible que l'épaisseur de la paroi est grande.

5 Réponse c. La résistance thermique a pour expression : $R_{TH} = \frac{L}{\lambda \times S}$.

S'ENTRAÎNER

6 Énergie interne d'un gaz d'argon

1. On applique la formule : $T = \frac{M \times v^2}{3 \times R} \Leftrightarrow v = \sqrt{\frac{3 \times R \times T}{M}}$

On convertit M : $M = 39{,}9 \times 10^{-3}\,\text{kg}\cdot\text{mol}^{-1}$.

On obtient : $v = \sqrt{\frac{3 \times 8{,}31 \times 300}{39{,}9}} = 433\,\text{m}\cdot\text{s}^{-1}$.

La vitesse est une fonction croissante de la température T : elle augmente lorsque la température augmente.

2. Si l'énergie potentielle microscopique est nulle, l'énergie interne du gaz est égale à l'énergie cinétique microscopique.

3. Pour une mole d'argon, l'énergie cinétique microscopique s'exprime de la façon suivante :

$$U = E_{cm} = \frac{1}{2} \times M \times v^2 = \frac{1}{2} \times M \times \frac{3 \times R \times T}{M} = \frac{3}{2} \times R \times T$$

L'énergie interne U d'une mole d'argon a bien pour expression : $U = \frac{3}{2} \times R \times T$.

4. $U = \frac{3}{2} \times 8{,}31 \times 300 = 3{,}74 \times 10^3$ J

L'énergie interne augmente lorsque la température augmente.

7 Vol d'un ballon-sonde

1. Le travail W des forces de pression a pour expression :
$W=-P_1\times(V_1-V_0)$.

On a : $V_1-V_0=54{,}4-12{,}5=41{,}9\ \text{m}^3$.

On obtient : $W=-2{,}3\times10^4\times41{,}9=-9{,}6\times10^5\ \text{J}$.

2. Le travail W des forces de pression a pour expression :
$W=-P_1\times(V_2-V_1)$

On a : $V_2-V_1=39{,}6-54{,}4=-14{,}8\ \text{m}^3$.

On obtient : $W=2{,}3\times10^4\times14{,}8=3{,}4\times10^5\ \text{J}$.

Le transfert thermique a pour expression :

$Q=C\times\Delta T$ avec $\Delta T=T_1-T_0=217-298=-81\ \text{K}$.

On obtient : $Q=1{,}51\times10^4\times(-81)=-1{,}2\times10^6\ \text{J}$.

3. *Première expérience* : on applique le premier principe de la thermodynamique, soit $\Delta U=W+Q$.
La température du caisson étant constante et égale à T_0, le transfert thermique Q est nul.
On obtient : $\Delta U=-9{,}6\times10^5+0=-9{,}6\times10^5\ \text{J}$.

Seconde expérience : on applique le premier principe de la thermodynamique, soit $\Delta U=W+Q$.
On obtient : $\Delta U=3{,}4\times10^5+\left(-1{,}2\times10^6\right)=-8{,}6\times10^5\ \text{J}$.

8 Isolation thermique d'une maison

1. Le flux thermique à travers le mur a pour expression : $\Phi_Q=\lambda_B\times S\times\dfrac{(t_1-t_2)}{L}$.

On obtient : $\Phi_Q=0{,}69\times10\times\dfrac{(3{,}0-19{,}5)}{0{,}350}=-3{,}3\times10^2\ \text{W}$.

2. Le transfert thermique étant négatif, il s'effectue de la face intérieure du mur de briques vers la face extérieure.

3. La résistance thermique du mur a pour expression : $R_{TH}=\dfrac{L}{\lambda_B\times S}$.

On obtient : $R_{TH}=\dfrac{0{,}350}{0{,}69\times10}=5{,}1\times10^{-2}\ \text{K}\cdot\text{W}^{-1}$.

4. Le flux thermique à travers la plaque de polystyrène a pour expression :

$$\Phi_Q = \lambda_E \times S \times \frac{(t_1 - t_2)}{L_1}$$

On obtient : $\Phi_Q = 0{,}03 \times 10 \times \frac{(3{,}0 - 19{,}5)}{0{,}080} = -6 \times 10^1$ W

5. On calcule le rapport des deux flux thermiques :

$$\frac{\Phi_{Q_{(\text{brique})}}}{\Phi_{Q_{(\text{polystyrène})}}} = \frac{-3{,}3 \times 10^2}{-6 \times 10^1} = 6$$

On constate que le flux thermique à travers la plaque de polystyrène expansé est environ 6 fois plus faible que celui à travers le mur de briques. Le polystyrène expansé joue donc le rôle d'isolant thermique.

OBJECTIF BAC

9 La cuisson des pâtes vue par un physicien

1. Calcul du transfert thermique Q au cours du chauffage :

$Q = C \times (t_2 - t_1) = 4{,}2 \times 10^3 \times (100{,}0 - 18{,}0) = 3{,}4 \times 10^5$ J

2. Sachant que l'eau est un liquide incompressible, la variation de volume ΔV est nulle, donc la valeur du travail W des forces de pression est égale à 0 J.

3. On applique le premier principe de la thermodynamique : $\Delta U = W + Q$.
On obtient : $\Delta U = 0 + 3{,}4 \times 10^5 = 3{,}4 \times 10^5$ J.

4. **a.** L'expression littérale du flux thermique à travers le fond de la casserole, de la plaque vers l'eau lorsque la température de l'eau est égale à une valeur notée t, est la suivante :

$$\Phi_Q = \lambda \times S \times \frac{(t_S - t)}{e}$$

b. On a : $\Phi_Q = 55 \times 1{,}257 \times 10^{-1} \times \frac{(200 - 18)}{4{,}0 \times 10^{-3}} = 3{,}1 \times 10^5$ J.

c. On a : $\Phi_Q = 55 \times 1{,}257 \times 10^{-1} \times \frac{(200 - 99)}{4{,}0 \times 10^{-3}} = 1{,}7 \times 10^5$ J.

d. Le flux thermique diminue au cours du chauffage. Cette évolution s'explique par le fait que la différence de température entre la plaque et le fond de la casserole diminue.

5. a. La résistance thermique du fond de chaque casserole a pour expression :
$R_{TH} = \frac{e}{\lambda \times S}$.

b. La casserole en inox est celle dont la résistance thermique est la plus grande car elle possède à la fois la plus faible des conductivités thermiques et la plus grande des épaisseurs.

On a : $R_{TH} = \frac{4,5 \times 10^{-3}}{16 \times 0,1257} = 2,2 \times 10^{-3}\ K \cdot W^{-1}$.

c. La casserole en laiton est celle dont la résistance thermique est la plus petite car elle possède à la fois la plus grande des conductivités thermiques et la plus petite des épaisseurs.

On a : $R_{TH} = \frac{4,0 \times 10^{-3}}{125 \times 0,1257} = 2,5 \times 10^{-4}\ K \cdot W^{-1}$.

d. Le professeur va cuire le plus rapidement ses pâtes avec la casserole en laiton car c'est celle qui possède la résistance thermique la plus faible.

6. Transfert 1 : convection thermique.

Transfert 2 : conduction thermique.

www.annabac.com

CHAPITRE

15 Des particules aux ondes

La lumière se présente sous deux formes qui semblent totalement en contradiction l'une de l'autre : tantôt il s'agit d'une onde lumineuse sujette aux phénomènes de diffraction et d'interférences, tantôt elle se comporte comme un ensemble de particules appelées photons. Cette contradiction est levée en 1923 par le physicien Louis de Broglie, qui montre que la matière peut aussi bien se comporter comme une onde que comme un ensemble de particules. En 1950, les physiciens parviennent à produire et à amplifier une lumière à partir d'un ensemble de particules : c'est le principe du laser qui verra le jour en 1960.

1 La dualité onde-corpuscule de la lumière

A Le modèle ondulatoire de la lumière

- La lumière est une **onde électromagnétique** : il s'agit d'un phénomène de propagation sans transport de matière, mais avec transport d'énergie se déplaçant dans le vide à la célérité $c = 3{,}00 \times 10^8\ \mathrm{m \cdot s^{-1}}$.
- Une radiation lumineuse est périodique à la fois dans le temps et dans l'espace. Elle est caractérisée par sa **longueur d'onde** λ (qui représente la période spatiale) exprimée en **mètres (m)** et par sa **période temporelle** T exprimée en **secondes (s)** ou par sa **fréquence** ν en **hertz (Hz)**.
- La longueur d'onde est égale à la distance parcourue par la radiation lumineuse pendant une durée égale à la période. On en déduit la relation suivante :

$$c = \frac{\lambda}{T} = \lambda \times \nu$$

c en mètres par seconde $(\mathrm{m \cdot s^{-1}})$
λ en mètres (m)
T en secondes (s)
ν en hertz (Hz)

La fréquence est égale au nombre de périodes contenues dans une seconde : $\nu = \frac{1}{T}$.

B Le modèle corpusculaire de la lumière : le photon

- La lumière peut être décrite comme constituée de petites particules de lumière appelées **photons**. Les photons ont une **masse nulle** et se déplacent à la **vitesse de la lumière**. Chaque photon possède une énergie égale à un **quantum d'énergie** E, qui dépend de la fréquence ν de la radiation lumineuse :

$$E = h \times \nu$$

E en joules (J)
h en joules secondes (J·s)
ν en hertz (Hz)

La constante h est appelée **constante de Planck : $h = 6,626 \times 10^{-34}$ J·s**.

UNITÉS D'ÉNERGIE

En physique atomique, le joule étant une unité trop grande, on utilise de préférence l'électronvolt et ses multiples :

$$1\ \text{eV} = 1,602 \times 10^{-19}\ \text{J}$$

$$1\ \text{keV} = 10^3\ \text{eV}\ ;\ 1\ \text{MeV} = 10^6\ \text{eV}\ ;\ 1\ \text{GeV} = 10^9\ \text{eV}$$

- L'énergie d'un photon en fonction de la longueur d'onde de la radiation est la suivante :

$$E = \frac{h \times c}{\lambda}$$

E en joules (J)
h en joules secondes (J·s)
c en mètres par seconde ($\text{m} \cdot \text{s}^{-1}$)
ν en hertz (Hz)

2 Transferts d'énergie au niveau quantique

A Absorption d'une radiation par un atome

- L'énergie d'un atome pris dans son état fondamental (ce qui correspond à la plus petite énergie possible) peut augmenter en passant sur des niveaux supérieurs correspondant à des états excités (FIGURE 1).
- Pour cela, il doit absorber un photon dont l'énergie est exactement égale à la différence d'énergie ΔE entre l'énergie de l'état excité et l'énergie de l'état fondamental.

Prenons l'exemple de la transition entre le niveau 1 (fondamental) et le niveau 2 (FIGURE 1). Pour être absorbé, le photon doit avoir une énergie E égale à la différence entre E_2 et E_1 :

$$E = E_2 - E_1 = h \times \nu \quad \text{soit} \quad E = \Delta E = h \times \nu$$

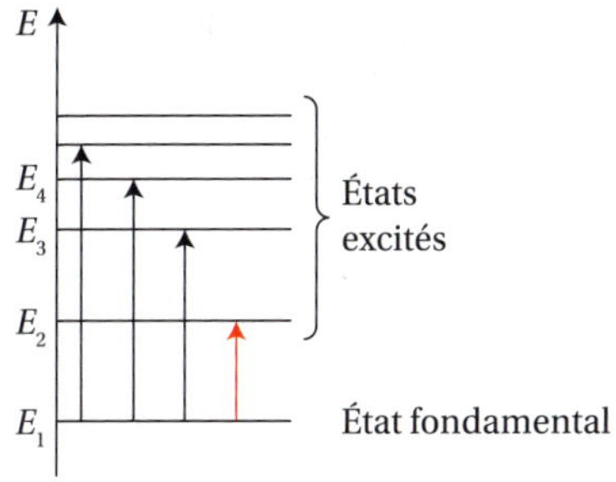

FIGURE 1 Augmentation de l'énergie d'un atome pris dans son état fondamental

Pour augmenter son énergie, un atome peut absorber un photon si l'énergie du photon est exactement égale à la différence d'énergie entre deux niveaux d'énergie de l'atome.

B Émission d'une radiation par un atome

- L'énergie d'un atome pris dans un état excité peut diminuer en passant sur des niveaux d'énergie inférieurs (FIGURE 2).
- Pour cela, il doit émettre un photon dont l'énergie est exactement égale à la différence d'énergie ΔE entre l'énergie de l'état excité de départ et l'énergie de l'état inférieur.

Prenons l'exemple de la transition entre le niveau 4 et le niveau 1 (FIGURE 2). Le photon émis doit avoir une énergie E égale à la différence entre E_4 et E_1 :

$$E = E_4 - E_1 = h \times \nu \quad \text{soit} \quad E = \Delta E = h \times \nu$$

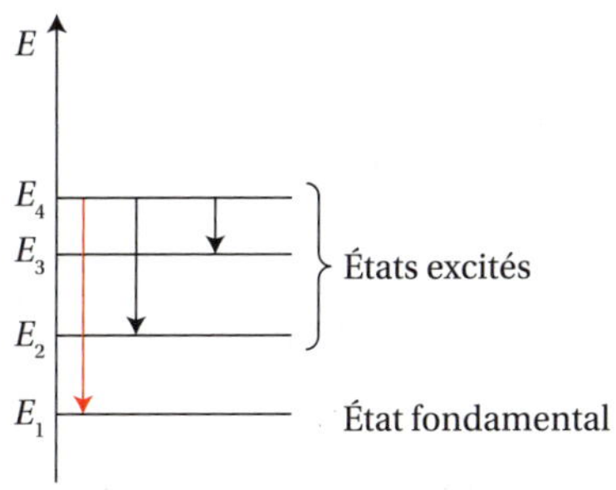

FIGURE 2 Diminution de l'énergie d'un atome pris dans un état excité

Pour diminuer son énergie, un atome peut émettre un photon dont l'énergie est exactement égale à la différence d'énergie entre deux niveaux d'énergie de l'atome.

C Émission stimulée d'une radiation

- Lorsqu'un photon atteint un atome se trouvant déjà dans un état excité, l'atome peut émettre un deuxième photon en tout point identique au premier : c'est l'émission stimulée.

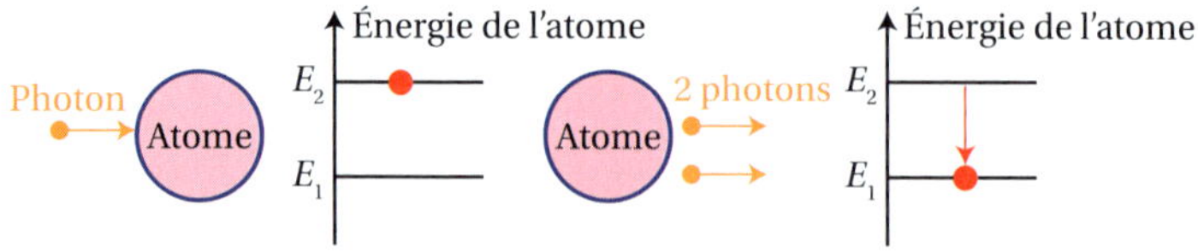

FIGURE 3 Émission stimulée d'un photon par un atome

- L'émission stimulée des photons synchrones est à la base du **principe du laser** : elle permet **l'amplification de la lumière** qui conduit à l'effet laser.

3 Production de la lumière laser

- Le laser peut être schématisé de la façon suivante :

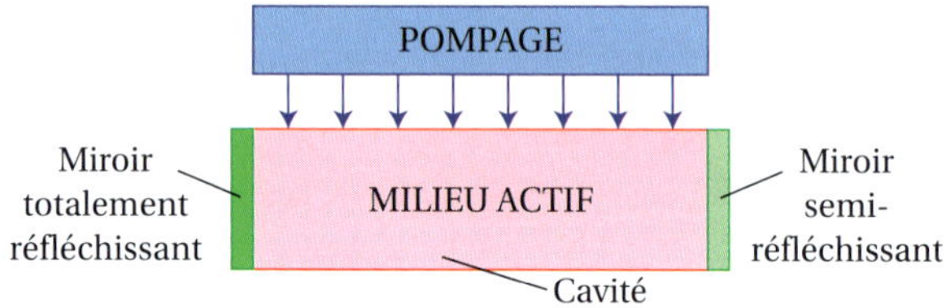

Le milieu actif contient les atomes que l'on va exciter, le pompage est le système destiné à exciter les atomes et la cavité avec les deux miroirs constituent la cavité résonante qui va permettre d'amplifier la lumière laser.

Étape 1 : il s'agit du démarrage du laser. Le **pompage** mis en action excite les atomes du milieu actif afin de les placer sur un niveau d'énergie excité. On réalise une **inversion de population**, c'est-à-dire qu'un plus grand nombre d'atomes sont dans un état excité que dans l'état fondamental. Les premiers photons sont émis par la désexcitation de certains atomes.

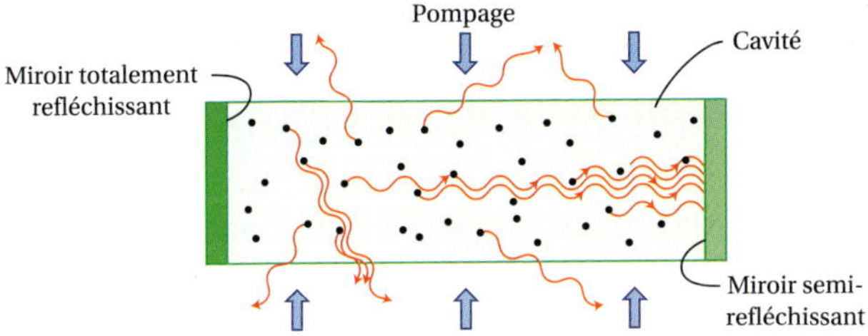

Étape 2 : il s'agit de l'**amplification**. Grâce aux miroirs de la cavité résonante, les photons émis font un très grand nombre d'aller-retour dans le milieu actif, parmi les atomes excités. Par **émission stimulée**, de plus en plus de photons synchrones sont émis.

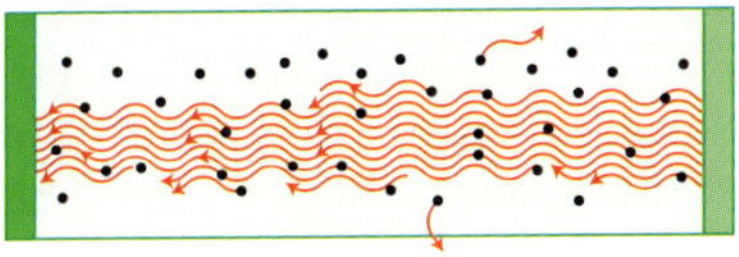

Étape 3 : il s'agit de l'**émission de la lumière laser** à travers le miroir semi-réfléchissant.

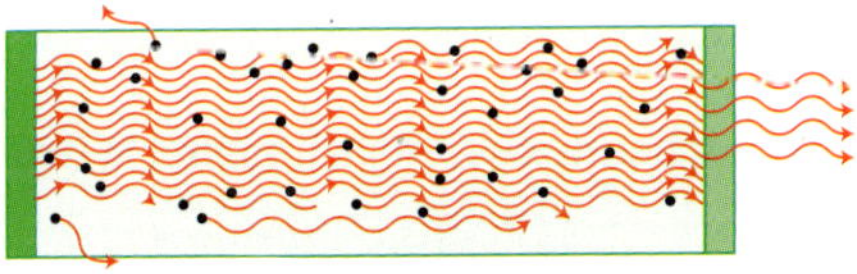

- Le faisceau laser émis possède les propriétés suivantes :
- une **grande directivité** : tous les photons se déplacent selon la même direction ;
- la **monochromaticité** : tous les photons possèdent la même longueur d'onde λ ;
- la **concentration spatio-temporelle de l'énergie** : un faisceau laser peut déposer sur une petite surface une grande énergie pendant un court intervalle de temps.

4 La dualité onde-particule

A Le caractère ondulatoire de la matière : la relation de de Broglie

- En 1923, le physicien Louis de Broglie émet l'hypothèse que les particules de matière peuvent avoir un comportement ondulatoire. Il traduit ce double comportement particule-onde par la relation suivante :

$$\lambda = \frac{h}{p}$$

λ en mètres (m)
h en joules secondes $(\mathrm{J \cdot s})$
p en kilogrammes mètres par seconde $(\mathrm{kg \cdot m \cdot s^{-1}})$

λ est la **longueur d'onde** de l'onde associée, tandis que p est la **quantité de mouvement** de la particule. Ces deux grandeurs qui représentent chacune un des deux aspects (ondulatoire et particulaire) sont reliées par la **constante de Planck h**, ce qui montre l'origine quantique de ce double comportement.

- Pour des vitesses faibles devant celle de la lumière $(c = 3{,}00 \times 10^8\ \mathrm{m \cdot s^{-1}})$, la relation s'écrit :

$$\lambda = \frac{h}{m \times v}$$

m en kilogrammes (kg)
v en mètres par seconde $(\mathrm{m \cdot s^{-1}})$

- Pour des vitesses proches de celle de la lumière, la relation s'écrit :

$$\lambda = \frac{h}{m \times v} \times \sqrt{1 - \frac{v^2}{c^2}}$$

B Mise en évidence expérimentale du caractère ondulatoire de la matière

- La nature ondulatoire de l'électron a été mise en évidence par l'expérience de Davisson et Germer en 1927. Un faisceau d'électrons accélérés sous une tension de 54 V bombarde un cristal de nickel. On observe alors une figure de diffraction composée par les électrons diffusés par le cristal (FIGURE 4 ET 5).

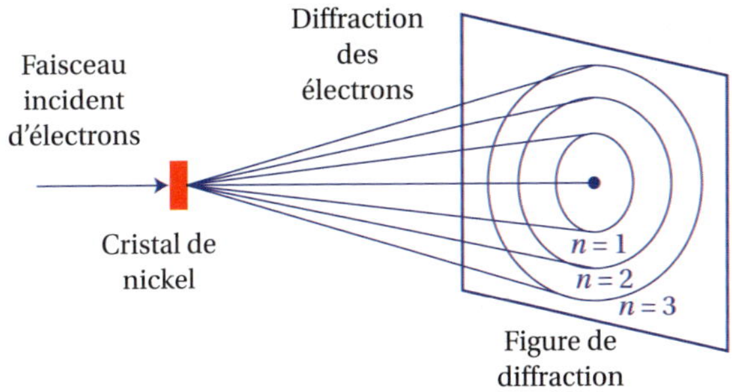

FIGURE 4 **Expérience de Davisson et Germer (1927)**

La diffraction d'un faisceau d'électrons par un cristal a été la première mise en évidence de la nature ondulatoire de la matière.

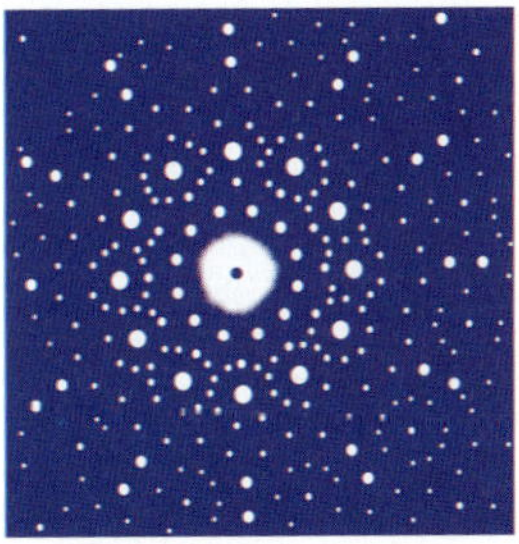

FIGURE 5 **Figure de diffraction des électrons**

Exploiter des informations sur la dualité onde-particule

ÉNONCÉ

Une expérience est réalisée en utilisant une source lumineuse qui délivre par petits paquets des photons de longueur d'onde $\lambda = 500\,\text{nm}$. On fait passer ces photons à travers deux fentes parallèles séparées de $a = 1{,}0\,\text{mm}$ et on place un écran derrière à une distance $D = 1{,}5\,\text{m}$, dont la surface sensible permet de repérer les points d'impact des photons. On enregistre quatre images d'écran au cours de l'expérience, à des instants différents : $t_0 < t_1 < t_2 < t_3$.

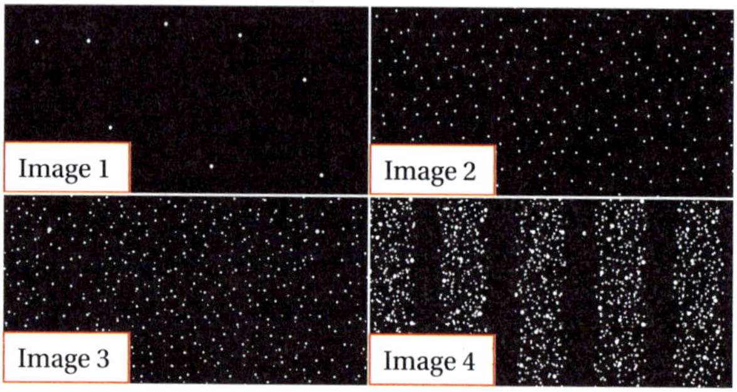

1 Attribuer à chaque image d'écran, un des instants d'enregistrement.

2 Quelles sont les images pour lesquelles la lumière a un comportement particulaire et celles pour lesquelles la lumière a un comportement ondulatoire ?

3 Calculer l'énergie E portée par un photon, en électronvolts (eV).

4 Calculer la quantité de mouvement p d'un photon.

5 Calculer l'interfrange i de la figure de diffraction obtenue.

Données : $h = 6{,}63 \times 10^{-34}\,\text{J·s}$; $c = 3{,}00 \times 10^{8}\,\text{m·s}^{-1}$.

MÉTHODE

1 Le nombre de photons émis augmente au cours du temps.

2 Le dispositif est celui des fentes d'Young qui permet de mettre en évidence le phénomène d'interférences d'une onde lumineuse.

3 ▶ Appliquer la formule $E=\frac{h\times c}{\lambda}$.

▶ Convertir les joules en électronvolts : $1\,\text{eV}=1{,}602\times10^{-19}$ J.

4 ▶ Appliquer la formule $p=\frac{h}{\lambda}$.

▶ Connaître la formule de l'interfrange (voir chap. 3) : $i=\frac{\lambda\times D}{a}$.

CORRIGÉ

1 Le nombre d'impact des photons sur l'écran augmentant au cours du temps, on en déduit les attributions suivantes :

Image 1 : t_0 ; image 2 : t_1 ; image 3 : t_2 ; image 4 : t_3.

2 Sur les images 1 à 3, on observe une répartition aléatoire d'impacts des photons individuels : cela correspond au comportement particulaire de la lumière.
Sur l'image 4, on reconnaît une alternance de franges sombres et claires qui correspond au phénomène d'interférences d'une onde lumineuse : la lumière à donc un comportement ondulatoire sur cette image.

3 L'énergie a pour expression $E=\frac{h\times c}{\lambda}$, soit :

$$E=\frac{6{,}63\times10^{-34}\times3{,}00\times10^{8}}{500\times10^{-9}}=3{,}98\times10^{-19}\text{ J}.$$

On convertit en électronvolts : $E=\frac{3{,}98\times10^{-19}}{1{,}602\times10^{-19}}=2{,}48\,\text{eV}$.

4 La quantité de mouvement a pour expression $p=\frac{h}{\lambda}$, soit :

$$p=\frac{6{,}63\times10^{-34}}{500\times10^{-9}}=1{,}33\times10^{-27}\text{ kg}\cdot\text{m}\cdot\text{s}^{-1}.$$

5 L'interfrange a pour expression $i=\frac{\lambda\times D}{a}$, soit :

$$i=\frac{500\times10^{-9}\times1{,}5}{1{,}0\times10^{-3}}=7{,}5\times10^{-4}\text{ m}.$$

SE TESTER QUIZ

Dans le questionnaire à choix multiple (QCM) suivant, indiquer, pour chaque proposition, la ou les réponses exactes.

1 Le quantum d'énergie porté par un photon appartenant à une radiation de longueur d'onde λ a pour expression :

☐ **a.** $E=\frac{h+c}{\lambda}$ ☐ **b.** $E=\frac{h\times c}{\lambda}$ ☐ **c.** $E=\frac{\lambda}{h\times c}$

2 Un atome peut absorber des photons de n'importe quelle énergie.

☐ **a.** vrai ☐ **b.** faux

3 Le pompage dans un laser permet de réaliser l'inversion de la population des atomes.

☐ **a.** vrai ☐ **b.** faux

4 L'amplification de la lumière laser se fait grâce à :

☐ **a.** la cavité résonante

☐ **b.** l'émission stimulée des atomes du milieu actif

5 La valeur de la longueur d'onde λ associée à une particule de quantité de mouvement p est :

☐ **a.** $\lambda=h\times p$ ☐ **b.** $\lambda=\frac{h}{p}$ ☐ **c.** $\lambda=\frac{p}{h}$

S'ENTRAÎNER

6 Étude d'une lampe à vapeur de sodium

Les lampes à vapeur de sodium sont aujourd'hui utilisées en horticulture, car elles permettent de faire pousser des plantes en intérieur. La lumière émise est jaune orangée, semblable à celle que l'on aurait durant une belle journée d'été. L'émission de la lumière est due à l'atome de sodium qui, lors de la transition entre les niveaux E_1 et E_2 émet un photon.

1. Calculer le quantum d'énergie porté par le photon émis, en joules.

2. Déterminer la longueur d'onde de la radiation émise en nanomètres. S'agit-il bien d'une radiation lumineuse ?

3. Déterminer si l'atome de sodium pris dans son état d'énergie fondamental peut absorber une radiation de longueur d'onde égale à 331 nm.

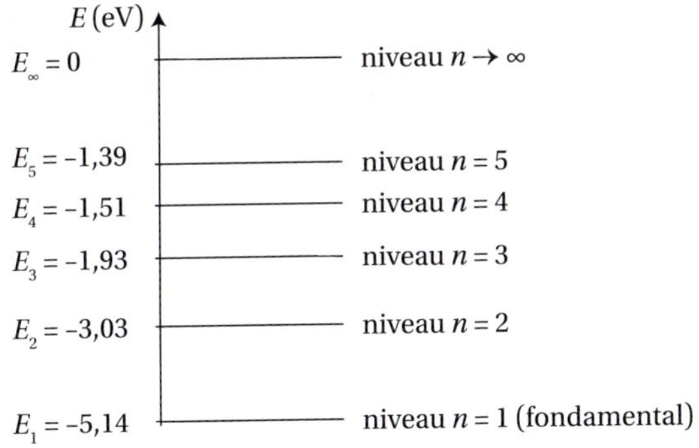

Données : $h = 6{,}63 \times 10^{-34}$ J·s ; $c = 3{,}00 \times 10^{8}$ m·s^{-1} ; 1 eV $= 1{,}602 \times 10^{-19}$ J.

7 Expérience de diffraction atomique

Depuis le début des années 1990, de nombreux laboratoires de recherche s'ingénient à réaliser la diffraction d'atomes, ouvrant ainsi la voie à une branche de la physique très prometteuse : l'optique atomique.

1. On réalise la diffraction d'atomes de lithium de masse $m = 1{,}15 \times 10^{-26}$ kg, se déplaçant à une vitesse $v = 1\,065$ m·s^{-1}.

a. Calculer le rapport $\frac{c}{v}$. Que peut-on en déduire ?

b. Calculer la longueur d'onde associée en nanomètres, puis en picomètres.

2. Comment évoluerait la longueur d'onde associée si la vitesse des atomes de lithium était plus grande ?

3. Les atomes d'hélium possédant une masse inférieure à celle des atomes de lithium, comparer leur longueur d'onde associée à celle des atomes de lithium, pour une même vitesse.

Données : $h = 6{,}63 \times 10^{-34}$ J·s ; $c = 3{,}00 \times 10^{8}$ m·s^{-1}.

8 Relation entre fréquence, longueur d'onde et énergie d'un photon

Compléter le tableau suivant :

Énergie (eV)	6,0			
Énergie (J)		$3{,}62 \times 10^{-19}$		
Fréquence (Hz)			$4{,}62 \times 10^{14}$	
Longueur d'onde (nm)				800

Données : $h = 6{,}63 \times 10^{-34}$ J·s ; $c = 3{,}00 \times 10^{8}$ m·s^{-1} ; 1 eV $= 1{,}602 \times 10^{-19}$ J.

OBJECTIF **BAC**

9 Étude du fonctionnement d'un laser YAG

Le laser YAG est un laser utilisé en ophtalmologie dans le traitement du glaucome et de certaines rétinites, ainsi qu'en médecine esthétique pour la réduction des rides ou l'épilation laser. Le milieu actif est un solide constitué d'un cristal YAG (grenat d'yttrium et d'aluminium) dopé en ions néodyme Nd^{3+}, qui sont ceux qui interviennent à la fois dans le pompage et l'émission stimulée. Le pompage est assuré par des diodes laser qui fournissent des radiations de longueur d'onde $\lambda_p = 804$ nm. Les ions néodyme dans un état excité passent alors rapidement sur un état métastable, où ils resteront assez longtemps pour que le phénomène d'émission stimulée puisse avoir lieu. Ils émettent alors une radiation de longueur d'onde $\lambda_{YAG} = 1\,064$ nm : c'est la radiation laser.

1. Quel est le but du pompage ?

2. Comment est assuré le pompage pour le laser YAG ?

3. Le pompage correspond-il à une absorption ou à une émission de radiations ?

4. À quels domaines de radiations appartiennent les radiations citées dans le texte ?

5. Calculer la fréquence de la radiation utilisée pour le pompage.

6. Calculer le quantum d'énergie porté par le photon de la radiation laser en électronvolts.

7. Le laser YAG est un laser fonctionnant avec quatre niveaux d'énergie comme nous l'indique le schéma suivant :

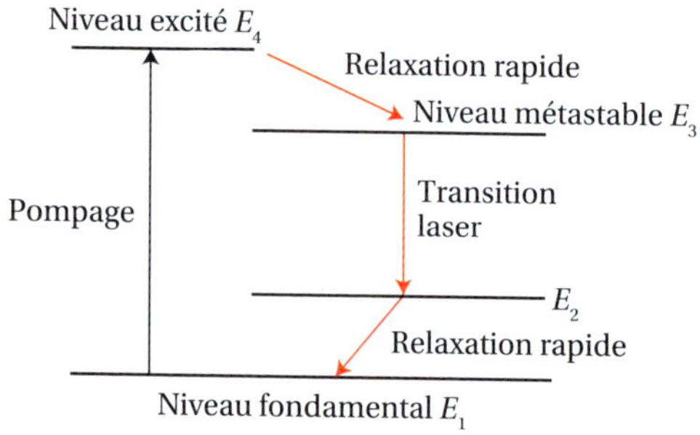

Donner les expressions littérales des transitions d'énergie correspondant d'une part au pompage ΔE_P et d'autre part à l'émission de la lumière laser ΔE_{YAG} en fonction des niveaux d'énergie.

8. Calculer ΔE_{YAG} en électronvolts.

9. Le processus d'émission stimulée n'est pas suffisant pour produire à lui seul un faisceau laser. Le milieu actif est alors placé dans un résonateur optique, de longueur L, muni à ses deux extrémités d'un miroir totalement réfléchissant et d'un autre semi-réfléchissant. Afin de sélectionner une radiation de longueur d'onde λ, la longueur L du résonateur doit être un multiple de cette longueur d'onde.
Donner l'expression littérale de L en fonction de λ.

10. Calculer les trois premières longueurs possibles de L.

11. Un laser YAG produit un faisceau cylindrique de rayon $r = 0{,}4$ mm qui intercepte perpendiculairement un écran. Ce faisceau transporte une puissance égale à $P = 50$ W.
Quelle est la valeur de la surface S touchée par le faisceau laser ?

12. Quelle est la puissance par unité de surface P_s déposée sur l'écran ?

Données : $h = 6{,}63 \times 10^{-34}$ J·s ; $c = 3{,}00 \times 10^{8}$ m·s^{-1} ; 1 eV $= 1{,}602 \times 10^{-19}$ J.

SE TESTER

1 Réponse b. Le quantum d'énergie porté par un photon appartenant à une radiation de longueur d'onde λ a pour expression : $E = \frac{h \times c}{\lambda}$.

2 Réponse b. Faux : l'énergie d'un atome étant quantifiée, l'atome ne peut absorber que des photons correspondant à des transitions d'énergie autorisées.

3 Réponse a. Vrai : le pompage dans un laser permet de réaliser l'inversion de la population des atomes.

4 Réponse a et b. L'amplification de la lumière laser se fait grâce à l'émission stimulée des atomes du milieu actif et aux nombreux allers-retours des photons émis dans la cavité résonante.

5 Réponse b. La valeur de la longueur d'onde λ associée à une particule de quantité de mouvement p est : $\lambda = \frac{h}{p}$.

S'ENTRAÎNER

6 Étude d'une lampe à vapeur de sodium

1. Calcul du quantum d'énergie porté par le photon émis :

$E = E_2 - E_1 = -3{,}03 + 5{,}14 = 2{,}11 \text{ eV}$.

On convertit en joules : $E = 2{,}11 \times 1{,}602 \times 10^{-19} = 3{,}38 \times 10^{-19} \text{ J}$.

2. Calcul de la longueur d'onde de la radiation émise :

$$\lambda = \frac{h \times c}{E} = \frac{6{,}63 \times 10^{-34} \times 3{,}00 \times 10^{8}}{3{,}38 \times 10^{-19}} = 5{,}88 \times 10^{-7} \text{ m} = 588 \text{ nm}.$$

Il s'agit bien d'une radiation lumineuse car la longueur d'onde est comprise entre 400 nm et 800 nm.

3. Calcul de l'énergie portée par le photon absorbé :

$$E = \frac{h \times c}{\lambda} = \frac{6{,}63 \times 10^{-34} \times 3{,}00 \times 10^{8}}{331 \times 10^{-9}} = 6{,}01 \times 10^{-19} \text{ J}.$$

On convertit en électronvolts : $E = \frac{6{,}01 \times 10^{-19}}{1{,}602 \times 10^{-19}} = 3{,}75 \text{ eV}$.

Si l'atome pris dans son état fondamental absorbe le photon, sa nouvelle énergie E_a sera égale à : $E_a = E_1 + E$.

Soit : $E_a = -5{,}14 + 3{,}75 = -1{,}39 \text{ eV} = E_5$.

L'énergie coïncide avec le niveau d'énergie autorisé E_5 : l'atome de sodium peut donc absorber une radiation de longueur d'onde égale à 331 nm.

7 Expérience de diffraction atomique

1. a. Le rapport $\frac{c}{v}$ est égal à : $\frac{3,00\times10^8}{1065}=2,82\times10^5$.

Ce rapport étant très grand, on peut en déduire que les atomes de lithium ne sont pas des particules relativistes.

b. La longueur d'onde associée a pour expression :

$$\lambda=\frac{h}{p}=\frac{h}{m\times v}=\frac{6,63\times10^{-34}}{1,15\times10^{-26}\times1065}=5,41\times10^{-11}\text{ m}.$$

Soit $\lambda=5,41\times10^{-2}$ nm $=54,1$ pm.

2. Si la vitesse des atomes de lithium était plus grande, la longueur d'onde associée diminuerait car c'est une fonction décroissante de v : $\lambda=\frac{h}{m\times v}$.

3. Les atomes d'hélium possédant une masse inférieure à celle des atomes de lithium, leur longueur d'onde associée est supérieure à celle des atomes de lithium, pour une même vitesse, car λ est une fonction décroissante de m : $\lambda=\frac{h}{m\times v}$.

8 Relation entre fréquence, longueur d'onde et énergie d'un photon

On utilise les formules suivantes : $\lambda=\frac{h\times c}{E}$ et $E=h\times\nu$.

Énergie (eV)	6,0	2,26	1,91	1,55
Énergie (J)	$9,6\times10^{-19}$	$3,62\times10^{-19}$	$3,06\times10^{-19}$	$2,49\times10^{-19}$
Fréquence (Hz)	$1,4\times10^{15}$	$5,46\times10^{14}$	$4,62\times10^{14}$	$3,76\times10^{14}$
Longueur d'onde (nm)	207	549	650	800

OBJECTIF BAC

9 Étude du fonctionnement d'un laser YAG

1. Le pompage permet d'exciter les atomes du milieu actif et de les placer sur un niveau d'énergie excité. Le pompage réalise ainsi une inversion de population des atomes du milieu.

2. Le pompage du laser YAG est assuré par des diodes laser.

3. Le pompage correspond à une absorption de radiations par les atomes du milieu actif.

4. Les radiations citées dans le texte appartiennent au domaine des radiations infrarouges, car leurs longueurs d'onde sont supérieures à 800 nm.

5. La fréquence de la radiation utilisée pour le pompage a pour expression $\nu = \frac{c}{\lambda_P}$, soit : $\nu = \frac{3{,}00 \times 10^8}{804 \times 10^{-9}} = 3{,}73 \times 10^{14}$ Hz.

6. Le quantum d'énergie porté par le photon de la radiation laser a pour expression $E = \frac{h \times c}{\lambda_{YAG}}$, soit : $E = \frac{6{,}63 \times 10^{-34} \times 3{,}00 \times 10^8}{1064 \times 10^{-9}} = 1{,}87 \times 10^{-19}$ J.

On convertit en électronvolts : $E = \frac{1{,}87 \times 10^{-19}}{1{,}602 \times 10^{-19}} = 1{,}17$ eV.

7. La transition d'énergie correspondant au pompage a pour expression : $\Delta E_P = E_4 - E_1$.

La transition d'énergie correspondant à l'émission de la lumière laser a pour expression : $\Delta E_{YAG} = E_3 - E_2$.

8. ΔE_{YAG} est égal au quantum d'énergie porté par le photon de la radiation laser émise (et déjà calculé à la question 6) : $\Delta E_{YAG} = 1{,}17$ eV.

9. L'expression littérale de L en fonction de λ est la suivante :

$L = k \times \lambda$ où k est un nombre entier non nul.

10. Les trois premières longueurs possibles de L sont celles obtenues respectivement pour $k = 1$, 2 et 3 et $\lambda = \lambda_{YAG} = 1064 \times 10^{-9}$ m :

$L_1 = 1064 \times 10^{-9}$ m ; $L_2 = 2128 \times 10^{-9}$ m ; $L_3 = 3192 \times 10^{-9}$ m ;

11. La valeur de la surface S touchée par le faisceau laser est égale à : $S = \pi \times r^2 = \pi \times (0{,}4)^2 = 0{,}5 \text{ mm}^2 = 5 \times 10^{-7} \text{ m}^2$.

12. La puissance par unité de surface P_s déposée sur l'écran est égale à : $P_s = \frac{P}{S} = \frac{50}{0{,}5} = 1 \times 10^2 \text{ W} \cdot \text{mm}^{-2} = 1 \times 10^8 \text{ W} \cdot \text{m}^{-2}$.

www.annabac.com

CHAPITRE

16 Sciences, environnement et développement durable

Le développement durable est un développement qui répond aux besoins du présent sans compromettre la capacité des générations futures à répondre aux leurs (rapport Brundtland, 1987). Il a pour principaux objectifs de réduire le gaspillage, d'économiser les ressources et de limiter les pollutions afin de préserver l'environnement. Tous les secteurs d'activité sont concernés, en particulier l'habitation, les transports ou encore l'industrie.

1 Enjeux énergétiques

A Chaînes énergétiques

- L'énergie utilisée pour faire fonctionner un objet suit plusieurs étapes. Depuis la source primaire d'énergie jusqu'à la transformation de l'énergie par l'objet, elle est stockée, distribuée, transformée puis transmise. L'ensemble de ces étapes est appelée **chaîne énergétique.**

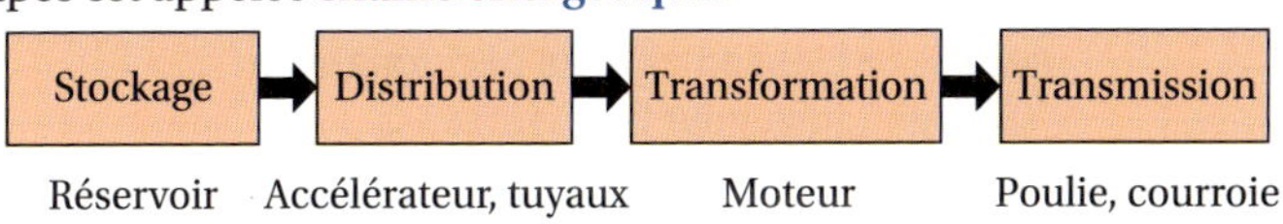

FIGURE 1 **Chaîne énergétique d'une voiture essence**

CHAÎNE ÉNERGÉTIQUE D'UNE VOITURE ESSENCE

Fonction stockage : l'essence (énergie primaire de type fossile) est stockée dans le réservoir.

Fonction distribution : l'essence est envoyée vers le moteur (le volume d'essence transmis au moteur est géré par la pédale d'accélérateur).

Fonction transformation : le moteur transforme l'essence (énergie primaire) en énergie mécanique (énergie secondaire), grâce à une réaction de combustion de l'essence, pour faire tourner les courroies et les engrenages.

Fonction transmission : l'énergie mécanique est transmise aux roues.

S'inscrire dans une démarche de développement durable, c'est réaliser des économies d'énergie et en limiter les pertes dans le but d'avoir le meilleur **bilan énergétique** possible, c'est-à-dire avoir le meilleur équilibre possible entre quantités d'énergies produites, consommées et perdues durant toute la chaîne énergétique.

B Développement durable dans le domaine de l'habitation

Le gouvernement français a mis en place en 2007 les **diagnostiques performances énergétiques (DPE)** permettant de classer les logements en fonction de leur bilan énergétique sur le même principe que la classification existant pour les appareils électroménagers.

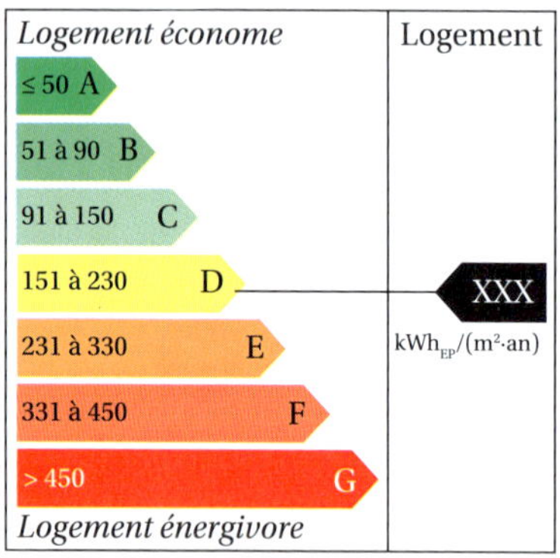

FIGURE 2 Classement des performances énergétiques pour les logements

> $kWh_{EP}/(m^2 \cdot an)$: kilowattheure d'énergie primaire par mètre carré et par an.

Dans les logements, il existe plusieurs pôles de la chaîne énergétique sur lesquels on peut travailler pour améliorer le bilan énergétique : choix du type d'énergie primaire, du dispositif de transformation, ou encore des dispositifs de transmission.

C Développement durable dans les transports

Le domaine des transports a un rôle important dans les actions à mener pour un développement durable. En effet, qu'ils soient aériens, maritimes ou routiers, les transports sont de grands consommateurs d'énergie et surtout d'énergie issue de **combustibles fossiles** (pétrole).

Les industriels travaillent activement à trouver des solutions pour remplacer les moteurs fonctionnant aux hydrocarbures par des moteurs électriques ou fonctionnant avec des carburants non issus des ressources épuisables de la Terre.

D Action citoyenne et respect des principes du développement durable

Des économies d'énergies peuvent être réalisées par :

- un **changement de comportement** des hommes tendant vers la suppression ou la limitation des activités consommatrices en énergie non essentielles (par exemple, acheter des fruits et des légumes qui ne viennent pas de l'autre bout du monde permet de limiter les consommations en carburant des avions et des bateaux les transportant) ;
- une **réduction de la consommation d'énergie** tout en gardant une même qualité de service (diminuer de 1 °C le thermostat des chauffages domestiques permet de diminuer la consommation d'énergie de près de 10 %) ;
- une **amélioration des processus industriels** (en appliquant à l'échelle industrielle les actions que peut réaliser un particulier).

2 Chimie et environnement

Née en 1990, la **chimie verte** s'appuie sur 12 principes, dont le but est d'inscrire la chimie dans le cadre d'un développement durable. Ceci passe notamment par la réduction, voire l'élimination des substances dangereuses dans les synthèses chimiques.

A Les agroressources

La chimie verte concerne la fabrication de nouveaux matériaux, de nouveaux produits, de nouvelles énergies issues de l'agriculture. Les enjeux sont énormes car les végétaux peuvent remplacer le pétrole dans les procédés industriels dans un très grand nombre de cas. L'avantage de ces végétaux est non seulement d'être renouvelables et biodégradables, mais aussi de faiblement contribuer à l'émission des gaz à effet de serre.

Il reste néanmoins à démontrer l'efficacité tant au niveau industriel qu'environnemental de la chimie verte.

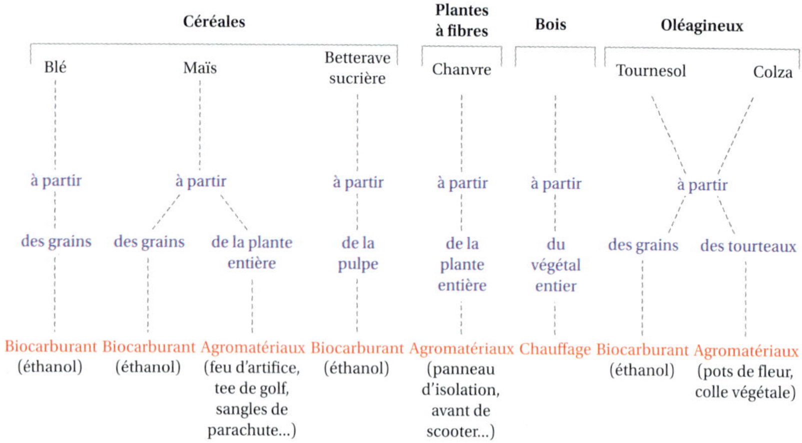

FIGURE 3 **Utilisations possibles des végétaux**

B Valorisation du dioxyde de carbone (CO_2)

Aujourd'hui, seulement 0,5 % du dioxyde de carbone (CO_2) rejeté annuellement est valorisé, c'est-à-dire consommé comme réactif chimique, solvant, ou gaz dans les boissons. Des études montrent que 10 % du CO_2 pourraient être valorisés.

Trois voies de valorisation sont explorées :

- la **voie biologique** : le CO_2 est utilisé pour produire des microalgues destinées à être transformées en carburant ;
- la **voie chimique** : fabrication des polycarbonates ou de produits énergétiques par photoélectrolyse ;
- la **voie physique** : utilisation du CO_2 comme solvant, comme additif aux boissons, ou comme gaz d'extraction du pétrole.

C Économie d'atomes

L'économie d'atomes consiste à réduire la quantité des sous-produits formés et à maximiser l'utilisation des produits utilisés au cours de la synthèse pour les retrouver dans le produit final. Plus simplement, il s'agit de **réduire les déchets résultant de la synthèse**.

La chimie verte permet non seulement d'évaluer l'efficacité d'une synthèse chimique par son rendement, mais aussi et surtout de connaître la quantité de sous-produits formés et non réutilisés à l'aide de nouveaux indicateurs.

• *Premier indicateur* : l'**utilisation atomique (UA)** ou l'**économie atomique**
Elle est égale au rapport de la masse molaire du produit désiré sur la somme des masses molaires de tous les produits formés à la fin de la synthèse.

$$\text{UA} = \frac{M(\text{produit désiré})}{\sum_i M(\text{produit } i)} \times 100\,\% = \frac{M(\text{produit désiré})}{\sum_j M(\text{réactif } j)} \times 100\,\%$$

La synthèse chimique sera considérée d'autant plus efficace en termes de minimisation des déchets que son utilisation atomique sera proche de 100 %.

• *Deuxième indicateur* : le **facteur E**
Il est égal au rapport de la somme des masses molaires des déchets sur celle du produit désiré.

$$\text{Facteur E} = \frac{\sum_i M(\text{déchet } i)}{M(\text{produit désiré})}$$

La valeur de ce facteur doit être la plus petite possible et tendre vers zéro pour une synthèse la plus efficace possible.

Un calcul nous montre que l'utilisation atomique (UA) peut s'exprimer uniquement en fonction du facteur E :

$$\text{UA} = \frac{1}{1+\text{E}}$$

Les ordres de grandeur du facteur E dans les trois grands secteurs de l'activité chimique sont donnés dans le tableau suivant :

Activité chimique	Domaine de valeur de E
Chimie lourde (pétrochimie, production en grandes quantités de produits peu élaborés)	$1 < \text{E} < 5$
Chimie fine (production de produits élaborés en faibles quantités tels que les parfums synthétiques, les produits phytosanitaires…)	$5 < \text{E} < 50$
Industrie pharmaceutique (production de médicaments)	$25 < \text{E} < 100$

Plus les produits élaborés sont complexes et plus E est grand. Il en résulte que les industries pharmaceutiques et de chimie fine génèrent autant de déchets que la chimie lourde bien que les quantités produites soient bien inférieures.

Comparaison de procédés de synthèse d'un point de vue développement durable

ÉNONCÉ

La synthèse du méthylpropène se fait selon la réaction d'équation-bilan suivante :

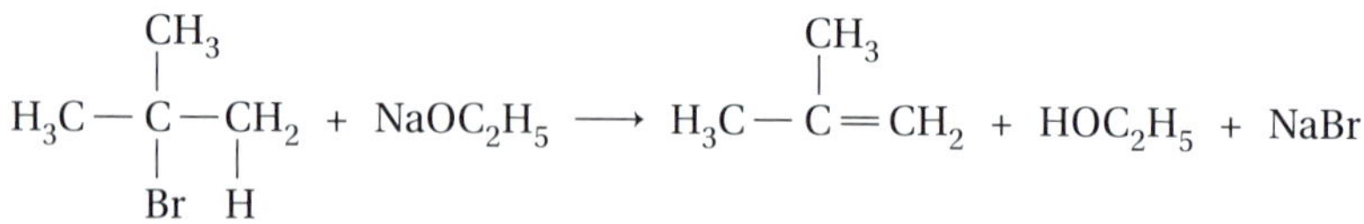

C'est une réaction de déshydrohalogénation d'un halogénoalcane.
On peut aussi réaliser cette synthèse par une autre réaction d'équation-bilan suivante :

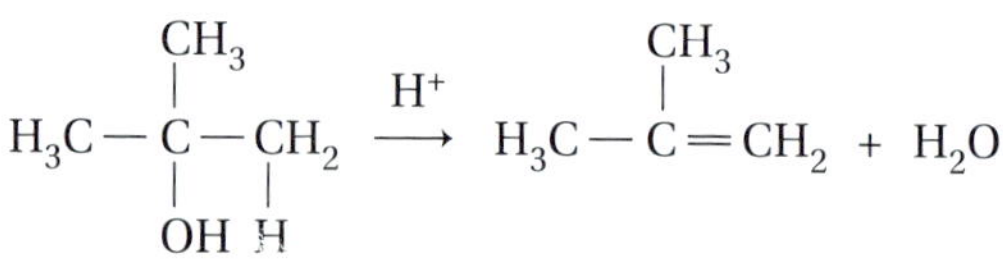

Cette réaction, dite de déshydratation, est catalysée par les ions hydrogène H^+.

1 Identifier la formule du méthylpropène, puis réécrire la première équation-bilan en mettant en vert les atomes qui sont utilisés pour la synthèse du méthylpropène et en rouge ceux que l'on retrouve dans les autres produits de la réaction.

2 Calculer l'utilisation atomique de la première réaction.

3 Réécrire la deuxième équation-bilan en mettant en vert les atomes qui sont utilisés pour la synthèse du méthylpropène et en rouge ceux que l'on retrouve dans les autres produits de la réaction.

4 Calculer l'utilisation atomique de la seconde réaction.

5 Calculer le facteur E pour chacune des deux réactions.

6 Laquelle de ces deux synthèses respecte le plus l'environnement ?

Données des masses molaires atomiques :

$M_H = 1{,}0\,g \cdot mol^{-1}$; $M_C = 12{,}0\,g \cdot mol^{-1}$; $M_O = 16{,}0\,g \cdot mol^{-1}$;
$M_{Na} = 23{,}0\,g \cdot mol^{-1}$; $M_{Br} = 79{,}9\,g \cdot mol^{-1}$.

MÉTHODE

1 Le méthylpropène est un alcène qui, comme tous les alcènes, possède une double liaison carbone-carbone.

2 et **4** ▶ Calcul d'une masse molaire moléculaire : il s'agit de la somme des masses molaires atomiques des atomes constituant la molécule.

▶ Appliquer la formule de l'utilisation atomique :

$$\text{UA} = \frac{M\,(\text{produit désiré})}{\sum\limits_i M\,(\text{produit } i)} \times 100\,\%.$$

5 Appliquer la formule du facteur E :

$$\text{Facteur E} = \frac{\sum\limits_i M(\text{déchet } i)}{M(\text{produit désiré})}.$$

6 Un procédé chimique est d'autant plus respectueux de l'environnement que son utilisation atomique est grande et que son facteur E est petit et proche de zéro.

CORRIGÉ

1 La formule du méthylpropène est la suivante : 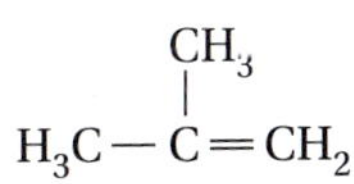

L'équation-bilan peut s'écrire :

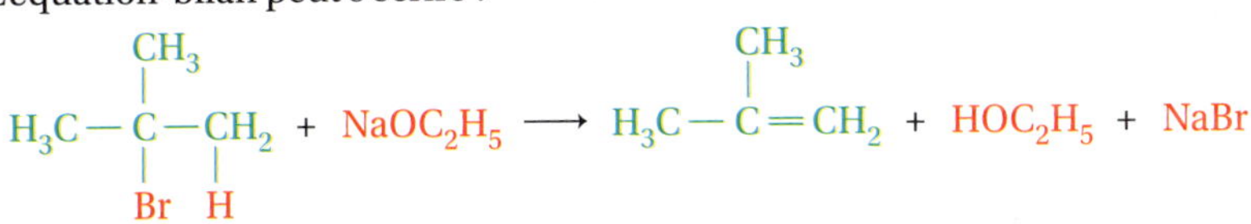

2 L'utilisation atomique a pour expression :

$$\text{UA} = \frac{M(C_4H_8)}{M(C_4H_8) + M(C_2H_6O) + M(\text{NaBr})} \times 100\,\%$$

soit : $\text{UA} = \dfrac{56{,}0}{56{,}0 + 46{,}0 + 102{,}9} \times 100\,\% = 27{,}3\,\%.$

3 L'équation-bilan peut s'écrire :

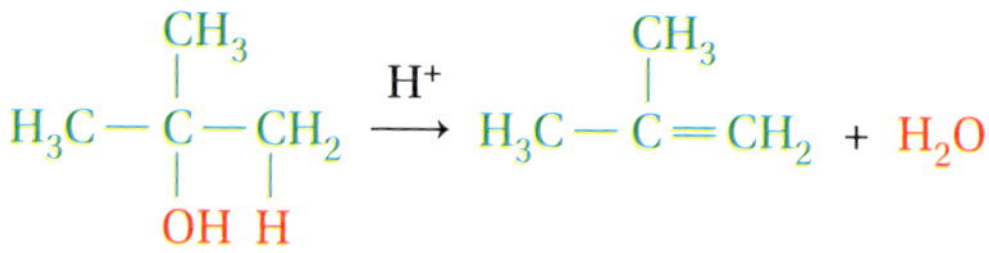

4 L'utilisation atomique a pour expression :

$$\text{UA} = \frac{M(\text{C}_4\text{H}_8)}{M(\text{C}_4\text{H}_8) + M(\text{H}_2\text{O})} \times 100\,\%$$

soit : $\text{UA} = \dfrac{56{,}0}{56{,}0 + 18{,}0} \times 100\,\% = 75{,}7\,\%$.

5 Pour la réaction de déshydrohalogénation, le facteur E a pour expression :

$$\text{E} = \frac{M(\text{C}_2\text{H}_6\text{O}) + M(\text{NaBr})}{M(\text{C}_4\text{H}_8)}$$

soit : $\text{E} = \dfrac{46{,}0 + 102{,}9}{56{,}0} = 2{,}66$.

Pour la réaction de déshydratation, le facteur E a pour expression :

$$\text{E} = \frac{M(\text{H}_2\text{O})}{M(\text{C}_4\text{H}_8)}$$

soit : $\text{E} = \dfrac{18{,}0}{56{,}0} = 0{,}321$.

6 On constate que :

UA (déshydrohalogénation) < UA(déshydratation)

E (déshydrohalogénation) > E (déshydratation)

On en conclut que pour obtenir le méthylpropène, la déshydratation est plus respectueuse de l'environnement.

SE TESTER QUIZ

Dans le questionnaire à choix multiple (QCM) suivant, indiquer, pour chaque proposition, la ou les réponses exactes.

1 Un bilan énergétique satisfaisant d'une maison est tel que :
- ☐ **a.** l'énergie consommée et l'énergie perdue par la maison sont égales
- ☐ **b.** l'énergie perdue est la plus faible possible
- ☐ **c.** l'énergie reçue par la maison est égale à la somme des énergies consommées et perdues

2 La chimie verte concerne l'extraction des espèces chimiques de l'agriculture biologique.

☐ **a.** vrai ☐ **b.** faux

3 Une synthèse chimique est d'autant plus efficace d'un point de vue des déchets que l'utilisation atomique est proche de 0 %.

☐ **a.** vrai ☐ **b.** faux

4 Le facteur E permet d'évaluer :
- ☐ **a.** le rapport de la somme des masses molaires des déchets sur celle du produit fabriqué
- ☐ **b.** le rapport de la masse molaire du produit fabriqué sur la somme de celles des réactifs

5 Quelle est l'expression de l'utilisation atomique en fonction du facteur E :

☐ **a.** $UA = \frac{E}{1+E}$ ☐ **b.** $UA = \frac{1}{1+E}$ ☐ **c.** $UA = \frac{1+E}{E}$

S'ENTRAÎNER

6 Calculer une utilisation atomique ou un facteur E

Compléter le tableau ci-dessous en calculant les valeurs manquantes de l'utilisation atomique UA ou du facteur E.

Laquelle de ces réactions est la plus respectueuse vis-à-vis de l'environnement ?

Réaction	Réaction 1	Réaction 2	Réaction 3	Réaction 4
Utilisation atomique	80 %		0,18	
Facteur E		2,0		0,43

7 Préparation de l'oxyde d'éthylène

L'oxyde d'éthylène de formule C_2H_4O peut être synthétisé de deux manières différentes.

Première méthode (appelée voie classique) :

$$C_2H_4 + Cl_2 + Ca(OH)_2 \rightarrow C_2H_4O + CaCl_2 + H_2O$$

Seconde méthode (méthode industrielle dans la pétrochimie) :

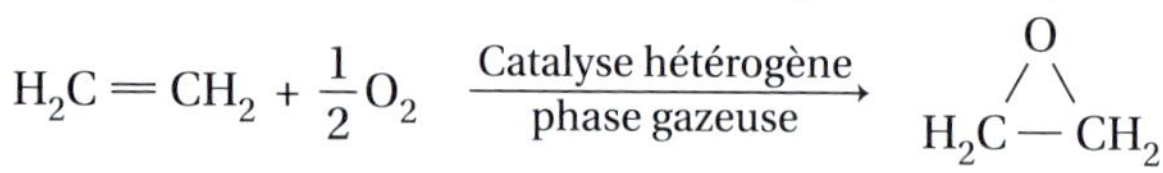

1. Calculer l'utilisation atomique UA pour chacune des deux méthodes.

2. Déduire des valeurs de UA calculées, la valeur du facteur E pour chacune des deux méthodes.

3. Quelle est la méthode la plus intéressante d'un point de vue du respect de l'environnement ?

Données : $M_H = 1{,}0\,g \cdot mol^{-1}$; $M_C = 12{,}0\,g \cdot mol^{-1}$; $M_O = 16{,}0\,g \cdot mol^{-1}$; $M_{Cl} = 35{,}5\,g \cdot mol^{-1}$; $M_{Ca} = 40{,}1\,g \cdot mol^{-1}$.

8 Bilan énergétique d'une habitation

On s'intéresse au système de chauffage d'une maison. La maison est chauffée au fioul, qui est un dérivé du pétrole.

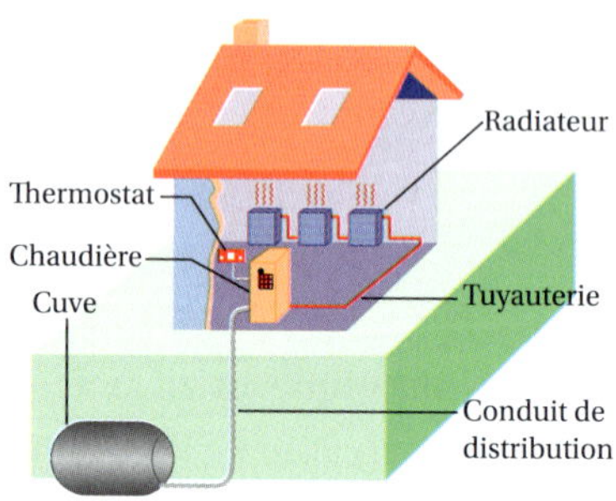

1. Quelle est la forme de l'énergie primaire utilisée pour chauffer la maison (mécanique, fossile, thermique, chimique, électrique) ?

2. Quelle est la forme de l'énergie secondaire utilisée pour chauffer la maison (mécanique, fossile, thermique, chimique, électrique) ?

3. Dans la chaîne d'énergie, quelle est la fonction de la chaudière ?

4. Quels sont les éléments du circuit de chauffage qui assurent la transmission de l'énergie secondaire ?

5. Construire la chaîne énergétique du système de chauffage de cette maison.

OBJECTIF BAC

9 Étude de quelques réactions sur les alcools

Les phénols sont des alcools aromatiques (la fonction alcool est portée par un carbone d'un noyau benzénique C_6H_6) que l'on peut extraire des végétaux. Le phénol le plus simple a pour formule :

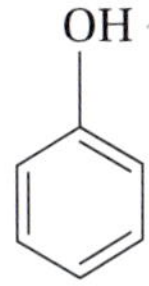

1. De quel type de formule s'agit-il ? Trouver la formule semi-développée du phénol.

2. L'allylation du phénol consiste à substituer l'atome d'hydrogène lié à l'oxygène par un groupe $-CH_2-CH=CH_2$.

L'équation de la réaction est la suivante :

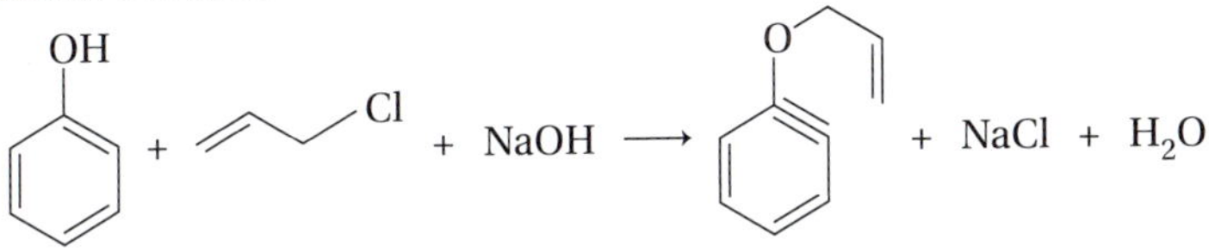

a. Réécrire l'équation-bilan en mettant en vert les atomes utilisés dans le produit final désiré et en rouge les autres atomes.
b. Calculer l'utilisation atomique UA.
c. Calculer le facteur E.
d. L'utilisation d'un catalyseur pour une telle réaction permet d'obtenir les valeurs suivantes : UA = 90 % et E = 0,11. Que peut-on conclure quant à l'utilisation d'un catalyseur pour cette réaction ?

3. L'oxydation d'un alcool consiste à faire réagir l'alcool avec un oxydant tel que le trioxyde de chrome (en présence d'eau) pour obtenir une cétone ou un aldéhyde :

$$CH_3CH(OH)CH_3 + CrO_3 + H_2O \rightarrow CH_3COCH_3 + HCrO_3^- + H_3O^+$$

a. Nommer l'alcool et donner sa formule topologique.

b. Nommer le produit formé (aldéhyde ou cétone) et donner sa formule topologique.

c. Réécrire l'équation-bilan en mettant en vert les atomes utilisés dans le produit final désiré et en rouge les autres atomes.

d. Calculer l'utilisation atomique UA.

e. Calculer le facteur E.

f. L'utilisation d'un catalyseur pour une telle réaction permet d'obtenir les valeurs suivantes : UA = 85 % et E = 0,18. Que peut-on conclure quant à l'utilisation d'un catalyseur pour cette réaction ?

4. Faut-il favoriser l'utilisation des catalyseurs dans les synthèses chimiques ?

Données : $M_H = 1{,}0\ g \cdot mol^{-1}$; $M_C = 12{,}0\ g \cdot mol^{-1}$; $M_O = 16{,}0\ g \cdot mol^{-1}$;

$M_{Cl} = 35{,}5\ g \cdot mol^{-1}$; $M_{Na} = 23{,}0\ g \cdot mol^{-1}$; $M_{Cr} = 52{,}0\ g \cdot mol^{-1}$.

SE TESTER

1 **Réponse b.** Un bilan énergétique satisfaisant d'une maison est tel que l'énergie perdue est la plus faible possible.

2 **Réponse b.** Faux : la chimie verte concerne la fabrication de nouveaux matériaux, de nouveaux produits et de nouvelles énergies issues de l'agriculture.

3 **Réponse b.** Faux : une synthèse chimique est d'autant plus efficace d'un point de vue des déchets que l'utilisation atomique est proche de 100 %.

4 **Réponse a.** Le facteur E permet d'évaluer le rapport de la somme des masses molaires des déchets sur celle du produit fabriqué.

5 **Réponse b.** L'expression de l'utilisation atomique en fonction du facteur E est : $\text{UA} = \frac{1}{1+\text{E}}$.

S'ENTRAÎNER

6 Calculer une utilisation atomique ou un facteur E

Pour remplir le tableau, on utilise les formules suivantes :

$$\text{UA} = \frac{1}{1+\text{E}} \quad \text{et} \quad \text{E} = \frac{1-\text{UA}}{\text{UA}}$$

Réaction	Réaction 1	Réaction 2	Réaction 3	Réaction 4
Utilisation atomique	80 %	33 % ou 0,33	0,18	70 % ou 0,70
Facteur E	0,25	2,0	4,6	0,43

La réaction la plus respectueuse vis-à-vis de l'environnement est celle dont la valeur de UA est la plus élevée et la valeur de E la plus faible. Il s'agit donc de la réaction 1.

7 Préparation de l'oxyde d'éthylène

1. Pour la première méthode, on applique la formule suivante :

$$\text{UA} = \frac{M(\text{C}_2\text{H}_4\text{O})}{M(\text{C}_2\text{H}_4\text{O}) + M(\text{CaCl}_2) + M(\text{H}_2\text{O})} \times 100\,\%$$

soit : $\text{UA} = \dfrac{44{,}0}{44{,}0 + 111{,}1 + 18{,}0} \times 100\,\% = 25{,}4\,\%$.

Pour la seconde méthode, on applique la formule suivante :

$$\text{UA} = \frac{M(\text{C}_2\text{H}_4\text{O})}{M(\text{C}_2\text{H}_4) + 0{,}5 \times M(\text{O}_2)} \times 100\,\%$$

Soit : $\text{UA} = \dfrac{44{,}0}{28{,}0 + 0{,}5 \times 32{,}0} \times 100\,\% = 100\,\%$.

2. On applique la formule : $\text{E} = \dfrac{1 - \text{UA}}{\text{UA}}$.

On obtient :
$\text{E} = 2{,}94$ pour la première méthode ;
$\text{E} = 0$ pour la seconde méthode.

3. La méthode la plus intéressante d'un point de vue du respect de l'environnement est celle dont la valeur de UA est la plus proche de 100 % et la valeur de E la plus proche de zéro. Il s'agit donc de la seconde méthode.

8 Bilan énergétique d'une habitation

1. L'énergie primaire utilisée pour chauffer la maison est une énergie fossile (le fioul est un dérivé du pétrole).

2. L'énergie secondaire utilisée pour chauffer la maison est l'énergie thermique (chaleur).

3. La chaudière a pour fonction de transformer l'énergie fossile en énergie thermique.

4. La tuyauterie et les radiateurs assurent la transmission de l'énergie secondaire.

5.

Énergie fossile → Stocker (cuve) → Énergie fossile → Distribuer (conduit de distribution) → Énergie fossile → Transformer (chaudière) → Énergie thermique → Transmettre (tuyauterie et radiateurs) → Énergie thermique →

OBJECTIF BAC

9 Étude de quelques réactions sur les alcools

1. Il s'agit d'une formule topologique. La formule semi-développée est la suivante :

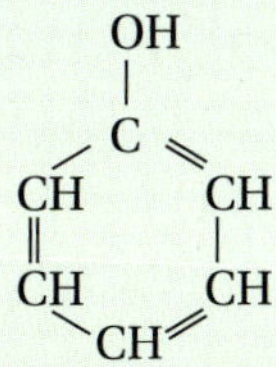

2. a. L'équation-bilan peut se réécrire :

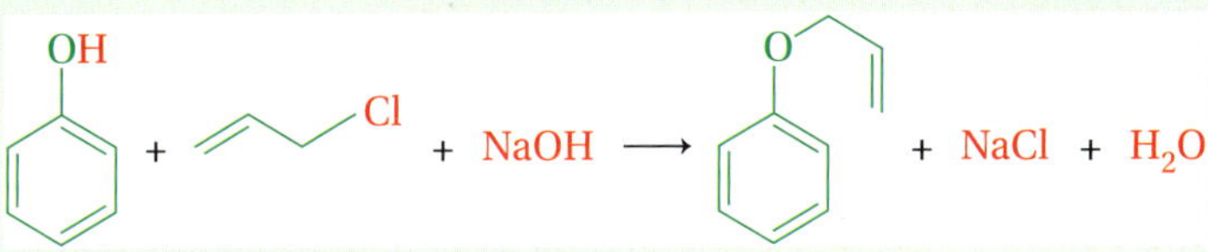

b. L'utilisation atomique UA a pour expression :

$$UA = \frac{M(C_9H_{10}O)}{M(C_9H_{10}O) + M(NaCl) + M(H_2O)} \times 100\,\%$$

soit : $UA = \frac{134{,}0}{134{,}0 + 58{,}5 + 18{,}0} \times 100\,\% = 63{,}7\,\%$.

c. Le facteur E a pour expression : $E = \frac{M(NaCl) + M(H_2O)}{M(C_9H_{10}O)}$

soit : $E = \frac{58{,}5 + 18{,}0}{134{,}0} = 0{,}571$.

d. On constate que l'utilisation d'un catalyseur pour une telle réaction permet d'obtenir une réaction plus respectueuse de l'environnement, car les valeurs de UA et E sont plus proches respectivement de 100 % et 0.

3. a. L'alcool est le propan-2-ol dont la formule topologique est :

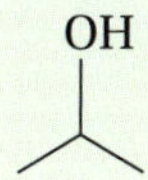

b. Le produit formé est la propanone (c'est une cétone) et sa formule topologique est :

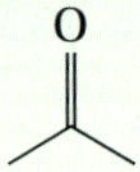

c. L'équation-bilan peut se réécrire :

$$CH_3CH(OH)CH_3 + CrO_3 + H_2O \rightarrow CH_3COCH_3 + HCrO_3^- + H_3O^+$$

d. L'utilisation atomique UA a pour expression :

$$UA = \frac{M(C_3H_6O)}{M(C_3H_6O) + M(HCrO_3^-) + M(H_3O^+)} \times 100\ \%$$

soit : $UA = \frac{58,0}{58,0 + 101,0 + 19,0} \times 100\ \% = 32,6\ \%.$

e. Le facteur E a pour expression : $E = \frac{M(HCrO_3^-) + M(H_3O^+)}{M(C_3H_6O)}$

soit : $E = \frac{101,0 + 19,0}{58,0} = 2,07.$

f. On constate que l'utilisation d'un catalyseur pour une telle réaction permet d'obtenir une réaction plus respectueuse de l'environnement, car les valeurs de UA et E sont plus proches respectivement de 100 % et 0.

4. Oui, il faut favoriser l'utilisation des catalyseurs dans les synthèses chimiques car on obtient des valeurs de UA et de E plus proches respectivement de 100 % et de 0.

www.annabac.com

CHAPITRE

17 Méthodes physiques pour le contrôle qualité

Pour contrôler la qualité d'un aliment ou celle d'un produit cosmétique, il faut déterminer les proportions dans lesquelles les constituants du produit étudié sont présents. Pour réaliser ces analyses, les chimistes réalisent des dosages.

1 Dosage par étalonnage

- Pour déterminer la concentration d'une espèce chimique en solution, on réalise un dosage par étalonnage en reliant une des propriétés physico-chimiques de l'échantillon (absorbance, conductance...) à la concentration de l'espèce chimique considérée.
- Cette méthode permet de déterminer la concentration d'une espèce chimique en solution à partir d'une **courbe d'étalonnage** préalablement tracée. La grandeur physique mesurée est choisie de telle façon qu'il existe une relation de proportionnalité entre cette grandeur et la concentration de l'espèce chimique en solution.

• *Étape 1* : on mesure la valeur d'une grandeur physique reliée à la concentration en espèce chimique d'une série de solutions étalons de concentrations connues en l'espèce chimique considérée.
• *Étape 2* : on trace une courbe des variations de la grandeur physique étudiée en fonction de la concentration de l'espèce chimique en solution.
• *Étape 3* : on mesure la grandeur physique de la solution de concentration inconnue. On porte sur l'axe des ordonnées la valeur mesurée. On trouve le point de la courbe d'étalonnage ayant cette ordonnée, puis on lit l'abscisse de ce point : c'est la concentration inconnue recherchée.

2 Dosage spectrophotométrique

A Absorbance d'une solution

- L'**absorbance** est une grandeur qui mesure la capacité d'une espèce chimique colorée en solution à absorber une radiation lumineuse de longueur d'onde λ. Elle dépend de la nature de l'espèce chimique colorée et de la longueur d'onde de la radiation lumineuse.

- Pour déterminer l'absorbance d'une solution, on utilise un **spectrophotomètre** : une radiation monochromatique traverse une cuve remplie de la solution colorée dont on veut déterminer la concentration. On mesure l'absorbance de celle-ci.

L'absorbance est d'autant plus grande que la proportion de lumière absorbée est grande.

- Absorbance et concentration sont reliées par la **loi de Beer-Lambert** :

$A = \varepsilon_\lambda \times l \times C$	A, absorbance de la solution (sans unité) l, longueur de la solution traversée par la lumière (en cm) C, concentration de l'espèce chimique colorée (en $mol \cdot L^{-1}$) ε_λ, coefficient d'extinction molaire (en $L \cdot mol^{-1} \cdot cm^{-1}$) dépendant de la nature de la solution et de la longueur d'onde

Remarque : la loi de Beer-Lambert est valable uniquement pour de faibles concentrations : $C < 10^{-2}\ mol \cdot L^{-1}$.

B Courbe d'étalonnage

Dans les dosages spectrophotométriques, la courbe d'étalonnage est la représentation graphique de l'absorbance en fonction de la concentration $A = f(C)$ pour une longueur d'onde précise.

CHOISIR LA LONGUEUR D'ONDE POUR MESURER L'ABSORBANCE

On effectue un balayage sur toutes les longueurs d'onde avec une solution contenant l'espèce chimique à analyser. Puis on se place à la longueur d'onde pour laquelle l'absorbance est maximale pour effectuer la mesure.

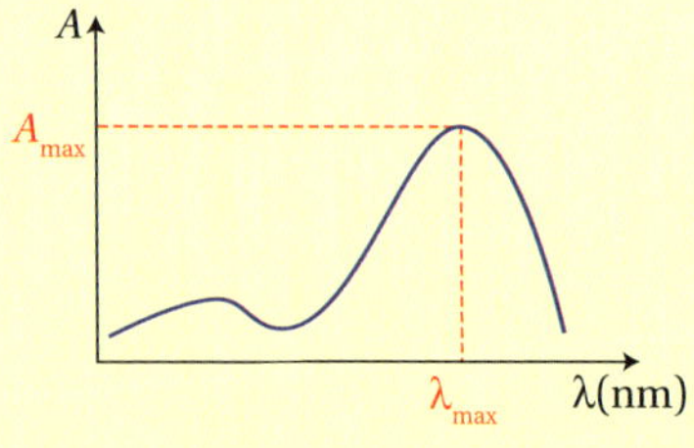

FIGURE 1 Variation de l'absorbance d'une espèce chimique en fonction de la longueur d'onde de la radiation

C Exemple : détermination de la concentration d'une solution S de permanganate de potassium

On règle le spectrophotomètre sur une longueur d'onde $\lambda = 530\,\text{nm}$ et on détermine l'absorbance de plusieurs solutions de permanganate de potassium de concentrations connues.

Concentration $(\text{mol}\cdot\text{L}^{-1})$	$1{,}0\times10^{-4}$	$8{,}0\times10^{-5}$	$6{,}0\times10^{-5}$	$4{,}0\times10^{-5}$	$2{,}0\times10^{-5}$
Absorbance	0,221	0,179	0,131	0,088	0,044

1. On trace la courbe d'étalonnage.

2. On mesure l'absorbance de la solution de concentration inconnue $(A = 0{,}14)$, puis on détermine graphiquement la concentration de cette solution : par lecture graphique, on trouve que la solution S a une concentration $C = 6{,}4\times10^{-5}\,\text{mol}\cdot\text{L}^{-1}$.

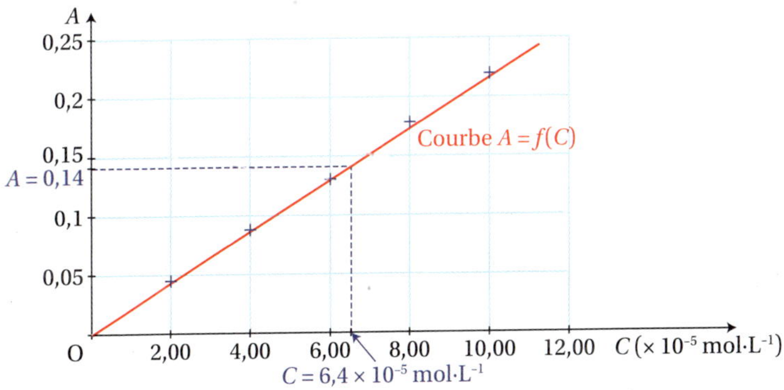

FIGURE 2 Courbe d'étalonnage de l'absorbance pour des solutions de permanganate de potassium

3 Dosage conductimétrique

A Conductance et conductivité d'une solution

- Une **solution électrolytique** est une solution qui conduit le courant électrique. Les ions présents dans la solution permettent la circulation du courant. Les anions (–) se déplacent vers l'anode (+) et les cations (+) vers la cathode (–).

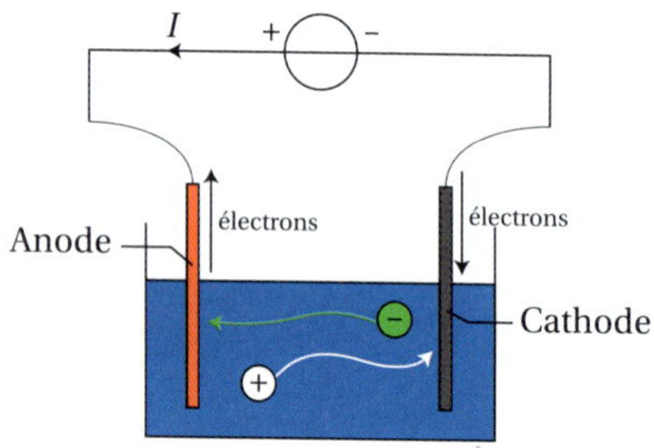

FIGURE 3 Déplacement des charges dans une solution électrolytique

- La **conductance,** notée *G*, est égale à l'inverse de la résistance électrique (notée *R*). Elle est d'autant plus grande que la solution laisse passer le courant électrique.

$$G = \frac{1}{R}$$

$G = \frac{1}{R}$	*G* en siemens (S) *R* en ohms (Ω)

- On peut exprimer la conductance en fonction de l'intensité *I* du courant et de la tension U à l'aide de la **loi d'Ohm :** $U = R \times I$ donc $R = \frac{U}{I}$.

On en déduit que :

$G = \frac{I}{U}$	*G* en siemens (S) *I* en ampères (A) *U* en volts (V)

■ On peut mesurer la conductance en plongeant dans une solution électrolytique une cellule conductimétrique constituée de deux électrodes parallèles de surface immergée S écartées d'une longueur L :

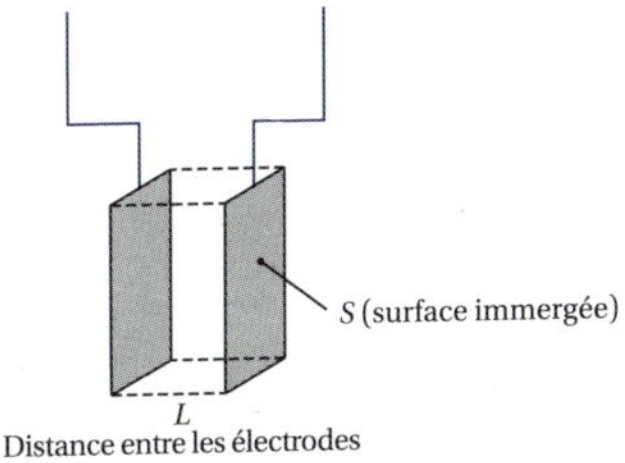

FIGURE 4 **Cellule conductimétrique**

■ La conductance G est proportionnelle à la surface S immergée des électrodes et inversement proportionnelle à la distance L qui les sépare :

$$G = \sigma \times \frac{S}{L}$$

G, conductance de la solution (en S)
σ, conductivité de la solution (en $S \cdot m^{-1}$)
S, surface immergée des électrodes (en m^2)
L, distance séparant les électrodes (en m)

■ La **conductivité** σ d'une solution traduit son aptitude à conduire un courant électrique. Elle dépend des concentrations des ions en solution et de leur nature. Dans le cas d'une solution ionique contenant des ions $M^+_{(aq)}$ et $X^-_{(aq)}$ dont les concentrations sont notées $\left[M^+_{(aq)}\right]$ et $\left[X^-_{(aq)}\right]$, on peut écrire :

$$\sigma = \lambda\left(M^+_{(aq)}\right) \times \left[M^+_{(aq)}\right] + \lambda\left(X^-_{(aq)}\right) \times \left[X^-_{(aq)}\right]$$

avec :
σ : conductivité de la solution (en $S \cdot m^{-1}$) ;
$\lambda\left(M^+_{(aq)}\right)$: conductivité molaire ionique de l'ion $M^+_{(aq)}$ (en $S \cdot m^2 \cdot mol^{-1}$) ;
$\lambda\left(X^-_{(aq)}\right)$: conductivité molaire ionique de l'ion $X^-_{(aq)}$ (en $S \cdot m^2 \cdot mol^{-1}$) ;
$\left[M^+_{(aq)}\right]$: concentration en ions $M^+_{(aq)}$ de la solution (en $mol \cdot m^{-3}$) ;
$\left[X^-_{(aq)}\right]$: concentration en ions $X^-_{(aq)}$ de la solution (en $mol \cdot m^{-3}$).

Attention : dans les calculs de conductivité, la concentration de la solution doit être exprimée en $mol \cdot m^{-3}$: $1\,mol \cdot m^{-3} = 1 \times 10^{-3}\,mol \cdot L^{-1}$.

Expression de la concentration effective des ions en fonction de la concentration de la solution en soluté ionique

On prépare une solution de chlorure de fer III de concentration C. L'équation de dissolution de ce solide dans l'eau est :

$$FeCl_{3\,(s)} \rightarrow Fe^{3+}{}_{(aq)} + 3\,Cl^{-}{}_{(aq)}$$

D'après l'équation de dissolution, une mole de chlorure de fer III solide donne trois moles d'ions chlorures Cl^{-} et une mole d'ions Fe^{3+} en solution. On en déduit : $\left[Fe^{3+}\right] = C$ et $\left[Cl^{-}\right] = 3 \times C$.

Expression de la conductivité en fonction de la concentration C de la solution

On déduit de ce qui précède :

$$\sigma = \lambda\left(Fe^{3+}{}_{(aq)}\right) \times \left[Fe^{3+}{}_{(aq)}\right] + \lambda\left(Cl^{-}{}_{(aq)}\right) \times \left[Cl^{-}{}_{(aq)}\right]$$

$$\sigma = \lambda\left(Fe^{3+}{}_{(aq)}\right) \times C + \lambda\left(Cl^{-}{}_{(aq)}\right) \times 3 \times C$$

$$\sigma = \left[\lambda\left(Fe^{3+}{}_{(aq)}\right) + 3 \times \lambda\left(Cl^{-}{}_{(aq)}\right)\right] \times C$$

Pour un soluté ionique de formule $A_{\alpha}B_{\beta}$, on a :

$$\sigma = \lambda\left(A^{\beta+}{}_{(aq)}\right) \times \left[A^{\beta+}{}_{(aq)}\right] + \lambda\left(B^{\alpha-}{}_{(aq)}\right) \times \left[B^{\alpha-}{}_{(aq)}\right]$$

$$\sigma = \lambda\left(A^{\beta+}{}_{(aq)}\right) \times \alpha \times C + \lambda\left(B^{\alpha-}{}_{(aq)}\right) \times \beta \times C$$

$$\sigma = \left[\alpha \times \lambda\left(A^{\beta+}{}_{(aq)}\right) + \beta \times \lambda\left(B^{\alpha-}{}_{(aq)}\right)\right] \times C$$

Comme pour l'absorbance, on remarque qu'il y a proportionnalité entre la grandeur physico-chimique (la conductivité de la solution) et la concentration C de la solution en soluté ionique. Cette relation de proportionnalité est valable uniquement pour de faibles concentrations : $C < 10^{-2}\,mol \cdot L^{-1}$.

B Courbe d'étalonnage

Dans les dosages conductimétriques, la courbe d'étalonnage peut être la représentation graphique de la conductance de la solution en fonction de la concentration $G = f(C)$ ou alors la représentation graphique de la conductivité de la solution en fonction de la concentration $\sigma = f(C)$.

C Exemple : détermination de la concentration d'une solution S de chlorure de sodium

Après avoir réglé le conductimètre, on introduit la cellule conductimétrique dans des solutions de chlorure de sodium de concentrations connues et on détermine la valeur de la conductivité de chaque solution.

$C \times 10^{-2} (mol \cdot L^{-1})$	0,0	1,0	2,0	3,0	4,0	5,0	6,0	7,0	8,0	9,0	10,0
$\sigma \times 10^{-3} (S \cdot m^{-1})$	0,0	1,4	3,0	4,9	6,6	8,3	9,8	11,4	13,4	15,2	16,7

1. On trace la courbe d'étalonnage.

2. On mesure la conductivité de la solution de concentration inconnue ($\sigma = 0,0142$), puis on détermine graphiquement la concentration de cette solution : par lecture graphique, on trouve que la solution S a une concentration égale à $C = 8,6 \times 10^{-2}$ mol·L^{-1}.

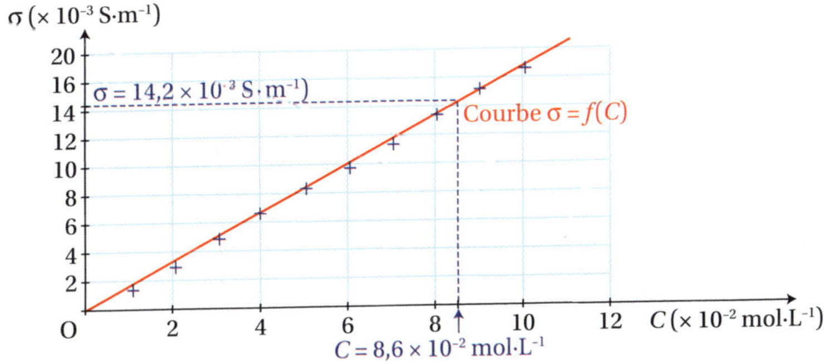

FIGURE 5 **Courbe d'étalonnage de la conductivité pour des solutions de chlorure de sodium**

Déterminer la concentration d'une espèce chimique dans une solution ionique par mesure d'intensité et de tension

ÉNONCÉ

On souhaite déterminer la concentration en ions potassium K^+ d'une solution de chlorure de potassium $\left(K^+_{(aq)} + Cl^-_{(aq)}\right)$. Pour cela, on a mesuré la valeur I de l'intensité du courant pour des solutions de chlorure de potassium de concentrations différentes. La tension appliquée à la cellule est maintenue constante pendant toute l'expérience.
À l'aide des valeurs obtenues expérimentalement, on a tracé le graphe ci-dessous :

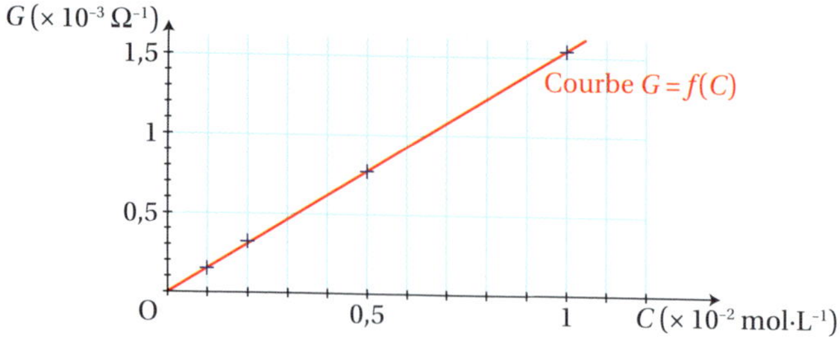

1 Donner la relation mathématique existant entre la conductance d'une solution, l'intensité du courant traversant la cellule conductimétrique et de la tension électrique entre ses bornes.

2 Donner l'expression de la conductance G en fonction de la concentration C de la solution.

3 Pourquoi peut-on utiliser la mesure de la conductance pour déterminer la concentration d'une solution par étalonnage ?

4 On mesure l'intensité du courant pour une solution de concentration inconnue en ions potassium et on obtient : $G = 4{,}0 \times 10^{-4}\,S$.
Déterminer graphiquement la valeur de C.

MÉTHODE

1 Connaître la relation entre conductance, intensité du courant et tension électrique.

2 Connaître les formules faisant intervenir conductance, conductivité et concentration d'une solution.

3 Pour pouvoir faire un dosage par étalonnage, il est nécessaire d'étudier une grandeur physique qui est proportionnelle à la concentration de la solution.

4 Savoir lire un graphique pour en extraire une donnée (abscisse ou ordonnée).

CORRIGÉ

1 La relation est : $G = \frac{I}{U}$.

2 On sait que : $G = \sigma \times \frac{S}{L}$.

Pour cette solution, σ a pour expression : $\sigma = \left[\lambda\left(K^{+}{}_{(aq)}\right) + \lambda\left(Cl^{-}{}_{(aq)}\right)\right] \times C$

On en déduit que :

$$G = \left[\lambda\left(K^{+}_{(aq)}\right) + \lambda\left(Cl^{-}_{(aq)}\right)\right] \times C \times \frac{S}{L}.$$

Les dimensions de la cellule et les conductivités molaires ioniques étant constantes, on peut écrire :

$$G = K \times C$$

avec *K*, coefficient de proportionnalité tel que :

$$K = \left[\lambda\left(K^{+}{}_{(aq)}\right) + \lambda\left(Cl^{-}{}_{(aq)}\right)\right] \times \frac{S}{L}.$$

3 D'après la question précédente, nous pouvons dire que la conductance d'une solution est proportionnelle à sa concentration. La mesure de la conductance permet donc de déterminer la valeur de la concentration de la solution.

4 Par lecture graphique, on obtient : $C = 2{,}5 \times 10^{-3}\ \text{mol} \cdot \text{L}^{-1}$.

SE TESTER QUIZ

Dans le questionnaire à choix multiple (QCM) suivant, indiquer, pour chaque proposition, la ou les réponses exactes.

1 Le dosage par étalonnage consiste à mesurer la valeur d'une caractéristique physico-chimique de solutions de mêmes concentrations mais contenant des espèces chimiques différentes.

☐ **a.** vrai ☐ **b.** faux

2 Un dosage par étalonnage est valide pour des concentrations en espèces chimiques inférieures à $10^{-1}\,\text{mol}\cdot\text{L}^{-1}$.

☐ **a.** vrai ☐ **a.** faux

3 D'après la loi de Beer-Lambert, la relation existant entre absorbance et concentration d'une solution est :

☐ **a.** $A = \varepsilon_{\lambda} \times l \times C$ ☐ **b.** $A = \dfrac{C}{\varepsilon_{\lambda} \times l}$ ☐ **c.** $A = \dfrac{\varepsilon_{\lambda} \times l}{C}$

4 Dans une solution électrolytique, ce sont les électrons qui permettent la circulation du courant.

☐ **a.** vrai ☐ **b.** faux

5 La conductivité σ d'une solution ne dépend pas de la nature des ions présents dans la solution.

☐ **a.** vrai ☐ **b.** faux

S'ENTRAÎNER

6 Relations entre intensité, tension, résistance et conductance

Compléter le tableau suivant :

Intensité (A)	Tension (V)	Résistance (Ω)	Conductance (S)
15×10^{-3}	0,50		
$12{,}0 \times 10^{-3}$			18×10^{-3}
	2,0	70	

7 Utilisation d'une courbe d'étalonnage

On dispose d'une solution S de concentration inconnue en diiode et de solutions (S_1 à S_7) de différentes concentrations en diiode connues.
On mesure, pour les solutions S_1 à S_7, l'absorbance de la solution et on obtient la courbe d'étalonnage suivante :

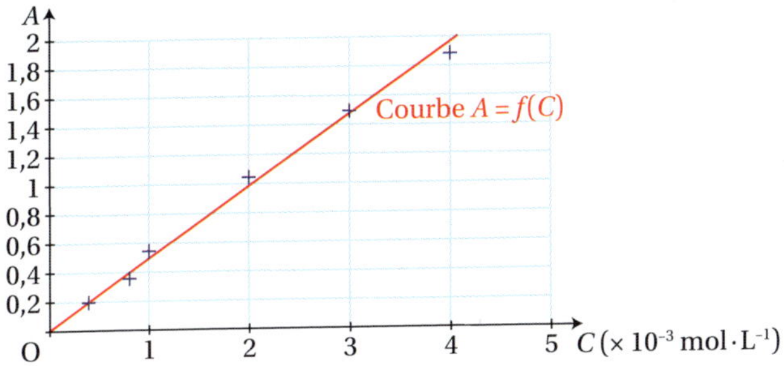

Pour la solution S, l'absorbance mesurée a une valeur de 1,6.
Déterminer la valeur de la concentration de la solution S.

8 Concentration molaire et conductivité

On introduit 0,120 g de chlorure de calcium ($CaCl_2$) dans 500 mL d'eau.

1. Déterminer la concentration C de la solution en chlorure de calcium.

2. Écrire l'équation de dissolution de ce solide ionique.

3. Déterminer la concentration effective en ions calcium (Ca^{2+}) et en ions chlorures (Cl^-).

4. Donner l'expression de la conductivité de cette solution en fonction de la concentration C de la solution, et calculer sa valeur.

Données :
$M_{Cl} = 35{,}5\ g \cdot mol^{-1}$; $M_{Ca} = 40{,}1\ g \cdot mol^{-1}$;
$\lambda(Cl^-) = 7{,}63 \times 10^{-3}\ S \cdot m^2 \cdot mol^{-1}$; $\lambda(Ca^{2+}) = 11{,}9 \times 10^{-3}\ S \cdot m^2 \cdot mol^{-1}$.

OBJECTIF **BAC**

9 Dosage des ions Cu^{2+} par deux méthodes

On dispose d'une solution contenant des ions Cu^{2+} de concentration inconnue $[Cu^{2+}]$. La couleur bleue de la solution est due aux ions cuivre II. Toutes les autres entités chimiques de la solution sont incolores.
On se propose de réaliser le dosage des ions Cu^{2+} selon deux méthodes. Pour réaliser ces dosages, la solution initiale a été diluée 100 fois.

• Partie A : Dosage spectrophotométrique

On donne le spectre d'absorption des ions Cu^{2+} :

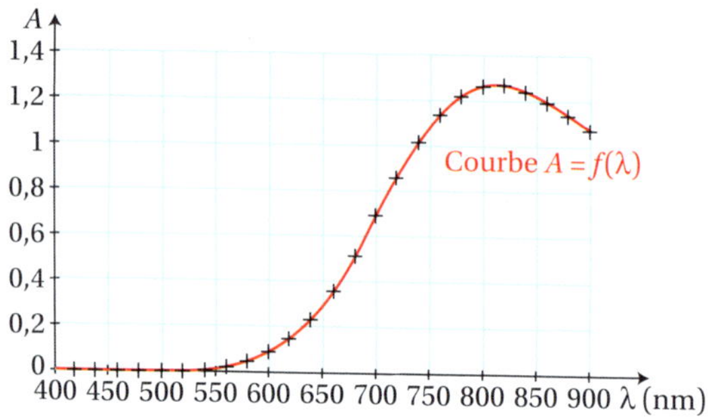

1. Déterminer λ_{max} pour le réglage du spectrophotomètre.

2. On mesure l'absorbance de toute une série de solutions de concentrations connues en ions Cu^{2+} et on trace la courbe d'étalonnage suivante :

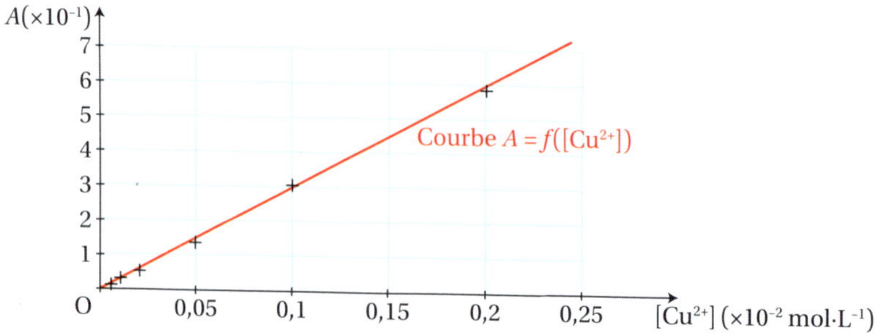

On mesure l'absorbance de la solution diluée de concentration inconnue et on trouve $A = 0,35$.

a. Trouver graphiquement la concentration C' de la solution diluée.
b. En déduire la concentration C de la solution initiale.
c. Pourquoi a-t-on dû diluer la solution initiale ?

3. Sachant que les cuves utilisées pour le spectrophotomètre ont une épaisseur l égale à 1,0 cm, trouver le coefficient ε_λ des ions Cu^{2+}.

• Partie B : Dosage conductimétrique

On mesure la conductivité de toute la série de solutions de concentrations connues en ions Cu^{2+} utilisées précédemment et on trace la courbe d'étalonnage suivante :

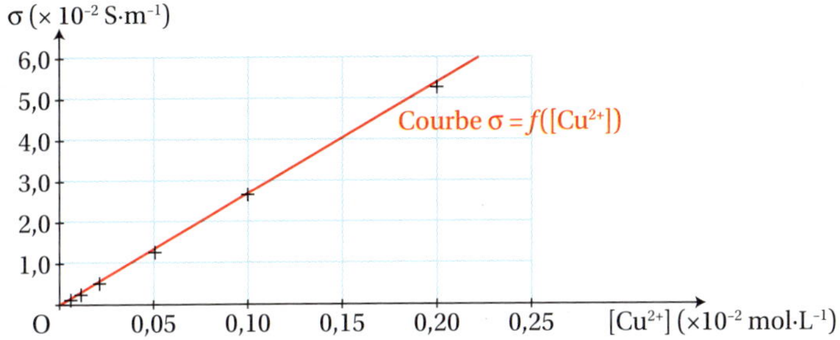

On mesure la conductivité de la solution diluée de concentration inconnue et on trouve $\sigma = 3{,}25 \times 10^{-2}\ \text{S} \cdot \text{m}^{-1}$.

4. Trouver graphiquement la concentration C_1' de la solution diluée.

Le résultat était-il prévisible ?

5. La solution contient aussi des ions $SO_4^{\ 2-}$. Exprimer σ en fonction des concentrations des différents ions de la solution diluée.

6. L'équation de dissolution du solide ionique ayant permis la préparation de la solution est : $CuSO_{4(s)} \rightarrow Cu^{2+}_{(aq)} + SO_4^{\ 2-}{}_{(aq)}$.

Exprimer la concentration C' de la solution diluée en fonction de σ et des conductivités molaires ioniques des ions.

7. Calculer la concentration C_2' de la solution diluée en $\text{mol} \cdot \text{L}^{-1}$.

8. Comparer la précision de la concentration en ions cuivre II calculée C_2' à celle obtenue graphiquement C_1'.

Données : conductivité molaire ionique des ions cuivre II :
$\lambda(Cu^{2+}) = 10{,}7 \times 10^{-3}\ \text{S} \cdot \text{m}^2 \cdot \text{mol}^{-1}$;

conductivité molaire ionique des ions sulfates :
$\lambda(SO_4^{\ 2-}) = 16{,}0 \times 10^{-3}\ \text{S} \cdot \text{m}^2 \cdot \text{mol}^{-1}$.

SE TESTER

1 Réponse b. Faux : le dosage par étalonnage consiste à mesurer la valeur d'une caractéristique physico-chimique de solutions contenant les mêmes espèces chimiques mais de concentrations différentes.

2 Réponse b. Faux : un dosage par étalonnage est valide pour des concentrations en espèces chimiques inférieures à $10^{-2}\,\text{mol}\cdot\text{L}^{-1}$.

3 Réponse a. D'après la loi de Beer-Lambert, la relation existant entre absorbance et concentration d'une solution est : $A = \varepsilon_\lambda \times l \times C$.

4 Réponse b. Faux : dans une solution électrolytique, ce sont les ions qui permettent la circulation du courant.

5 Réponse b. Faux : la conductivité σ d'une solution dépend de la nature des ions présents dans la solution.

S'ENTRAÎNER

6 Relations entre intensité, tension, résistance et conductance

On applique les relations suivantes : $U = R \times I$; $G = \frac{I}{U}$; $G = \frac{1}{R}$.

Intensité (A)	Tension (V)	Résistance (Ω)	Conductance (S)
15×10^{-3}	0,50	33	30×10^{-3}
$12{,}0 \times 10^{-3}$	0,67	56	18×10^{-3}
29×10^{-3}	2,0	70	14×10^{-3}

7 Utilisation d'une courbe d'étalonnage

Par détermination graphique, on obtient : $C = 3{,}3 \times 10^{-3}\,\text{mol}\cdot\text{L}^{-1}$.

8 Concentration molaire et conductivité

1. Expression de la concentration de la solution de chlorure de calcium :

$$C = \frac{n}{V} = \frac{m}{M_{CaCl_2} \times V}.$$

Soit : $C = \frac{0{,}120}{(40{,}1 + (35{,}5 \times 2)) \times 500 \times 10^{-3}} = 2{,}16 \times 10^{-3}\,\text{mol}\cdot\text{L}^{-1}$.

2. Équation de dissolution du chlorure de calcium solide :

$$CaCl_{2(s)} \rightarrow Ca^{2+}{}_{(aq)} + 2Cl^{-}{}_{(aq)}$$

3. D'après l'équation de dissolution, nous pouvons dire qu'une mole de chlorure de calcium solide donne une mole d'ions calcium Ca^{2+} et deux moles chlorures Cl^- en solution.
On en déduit :
$[Ca^{2+}] = C = 2{,}16 \times 10^{-3}\,mol \cdot L^{-1}$;

$[Cl^-] = 2 \times C = 4{,}32 \times 10^{-3}\,mol \cdot L^{-1}$.

4. Expression de la conductivité de cette solution en fonction de la concentration C de la solution :
$\sigma = \left(2 \times \lambda(Cl^-) + \lambda(Ca^{2+})\right) \times C$

or $C = 2{,}16 \times 10^{-3}\,mol \cdot L^{-1} = 2{,}16\,mol \cdot m^{-3}$;

d'où $\sigma = \left(2 \times 7{,}63 \times 10^{-3} + 11{,}9 \times 10^{-3}\right) \times 2{,}16$

soit $\sigma = 5{,}87 \times 10^{-2}\,S \cdot m^{-1}$.

> Ne pas oublier d'exprimer la concentration de la solution en $mol \cdot m^{-3}$.

OBJECTIF BAC

9 Dosage des ions Cu^{2+} par deux méthodes

1. Par détermination graphique, on obtient : $\lambda_{max} = 810\,nm$.

2. a. Par détermination graphique, on obtient : $C' = 1{,}2 \times 10^{-3}\,mol \cdot L^{-1}$.
b. La solution initiale est cent fois plus concentrée donc :
$C = 100 \times C' = 1{,}2 \times 10^{-1}\,mol \cdot L^{-1}$.
c. Les dosages par étalonnage ne sont utilisables que pour des concentrations inférieures à $10^{-2}\,mol \cdot L^{-1}$. Au-delà, il n'y a plus proportionnalité entre la grandeur physique mesurée et la concentration de la solution.

3. On isole le terme ε_λ de la loi de Beer-Lambert : $\varepsilon_\lambda = \dfrac{A}{l \times C'}$.

Soit : $\varepsilon_\lambda = \dfrac{0{,}35}{1{,}0 \times 1{,}2 \times 10^{-3}} = 2{,}9 \times 10^2\,L \cdot mol^{-1} \cdot cm^{-1}$.

4. Par lecture graphique, on obtient :
$C'_1 = 0{,}12 \times 10^{-2}\,mol \cdot L^{-1} = 1{,}2 \times 10^{-3}\,mol \cdot L^{-1}$.

Ce résultat était prévisible, car on a déterminé la concentration de la même solution que celle de la première expérience.

5. $\sigma = \lambda(Cu^{2+}) \times [Cu^{2+}] + \lambda(SO_4^{2-}) \times [SO_4^{2-}]$.

6. D'après l'équation de dissolution du solide ionique considéré :

$$CuSO_{4(s)} \rightarrow Cu^{2+}_{(aq)} + SO^{2-}_{4(aq)}$$

on peut écrire que $[Cu^{2+}] = [SO_4^{2-}] = C'$.

Donc : $\sigma = (\lambda(Cu^{2+}) + \lambda(SO_4^{2-})) \times C'$.

On isole C' de l'expression obtenue à la question précédente :

$$C' = \frac{\sigma}{\lambda(Cu^{2+}) + \lambda(SO_4{}^{2-})}.$$

7. Application numérique :

Ne pas oublier que le résultat est exprimé en $mol \cdot m^{-3}$.

$$C'_2 = \frac{3{,}25 \times 10^{-2}}{10{,}7 \times 10^{-3} + 16{,}0 \times 10^{-3}}$$

$$C'_2 = 1{,}22 \text{ mol} \cdot m^{-3}$$

$$C'_2 = 1{,}22 \times 10^{-3} \text{ mol} \cdot L^{-1}.$$

8. $C'_1 = 1{,}2 \times 10^{-3} \text{ mol} \cdot L^{-1}$ et $C'_2 = 1{,}22 \times 10^{-3} \text{ mol} \cdot L^{-1}$

On remarque que les deux valeurs sont du même ordre de grandeur, mais la valeur C'_2 est plus précise que la valeur C'_1, car elle est écrite avec un chiffre significatif de plus.

CHAPITRE

18 Dosage par titrage d'une espèce chimique

Déterminer la concentration d'une solution par comparaison avec d'autres solutions de concentrations connues n'est pas une méthode applicable à toutes les solutions. Mais les chimistes disposent d'autres techniques de dosage…

1 Principe d'un dosage direct

- Doser par **titrage** (ou **titrer**) une espèce chimique dans une solution aqueuse, c'est déterminer par une **méthode expérimentale** sa **concentration** dans la solution considérée.
- Pour cela on suit une transformation chimique ayant lieu entre l'espèce chimique à doser (composé A) appelé **réactif à titrer** ou à doser, et une autre espèce chimique en solution aqueuse dont la concentration est connue (composé B) appelé **réactif titrant**.

Cette transformation chimique est appelée **réaction support du dosage** ; elle doit être **rapide** et **totale**.

• *Étape 1* : on introduit un volume connu de solution contenant le composé A dans un erlenmeyer, et on remplit une burette graduée de la solution contenant le composé B. On verse alors un volume connu de solution de B dans l'erlenmeyer.

• *Étape 2* : on détermine avec le maximum de précision, la quantité de B nécessaire à la consommation complète de A, puis on en déduit la quantité de A présente dans la solution à titrer en effectuant un bilan de matière sur la réaction chimique entre A et B.

La méthode de dosage par titrage est une méthode destructive, car elle consomme l'espèce à titrer.

A Mélange initial stoechiométrique

- Les chimistes modélisent les transformations chimiques qu'ils étudient par une équation-bilan de la réaction qui est de la forme :

$$\alpha\,\text{réactif A} + \beta\,\text{réactif B} \rightarrow \gamma\,\text{produit C} + \varepsilon\,\text{produit D}$$

où α, β, γ et ε sont les **coefficients stœchiométriques** : ils indiquent dans quelles proportions les réactifs et les produits sont consommées ou formés lors de la transformation.

Exemple : réaction entre le diiode et les ions thiosulfates.

$$I_{2(aq)} + 2\,S_2O_3^{2-}{}_{(aq)} \rightarrow S_4O_6^{2-}{}_{(aq)} + 2\,I^-{}_{(aq)}$$

D'après l'équation-bilan, nous pouvons dire qu'une mole de diiode réagit avec deux moles d'ions thiosulfates pour donner une mole d'ions tétrathionates et deux moles d'ions iodures.

- À l'aide d'un **tableau d'avancement**, on peut établir la relation existant à chaque instant entre les quantités de matière initiales des réactifs et celles des produits formés en fonction de l'avancement de la réaction.

Équation-bilan		α réactif A + β réactif B $\rightarrow$ γ produit C + ε produit D			
État	Avancement (mol)	$n_{(\text{réactif A})}$ (mol)	$n_{(\text{réactif B})}$ (mol)	$n_{(\text{réactif C})}$ (mol)	$n_{(\text{réactif D})}$ (mol)
Initial	$x = 0$	$n_{\text{i(réactif A)}}$	$n_{\text{i(réactif B)}}$	0	0
Intermédiaire	x	$n_{\text{i(réactif A)}} - \alpha x$	$n_{\text{i(réactif B)}} - \beta x$	γx	εx
Final	$x = x_f$	$n_{\text{i(réactif A)}} - \alpha x_f$	$n_{\text{i(réactif B)}} - \beta x_f$	γx_f	εx_f

Si à l'état final, tous les réactifs ont été entièrement consommés pour une même valeur de l'avancement de réaction, cela implique que les réactifs ont été introduits dans les proportions de l'équation de la réaction : on parle alors de **mélange initial stœchiométrique**.

Lorsque l'état initial correspond à un mélange stœchiométrique, l'état final n'est constitué que des produits de la transformation.

- Relation entre quantités de matière des réactifs pour un mélange stœchiométrique : si les réactifs ont été introduits dans les proportions stœchiométriques, on a : $n_{\text{i(réactif A)}} - \alpha x_f = 0$ et $n_{\text{i(réactif B)}} - \beta x_f = 0$

on en déduit : $x_f = \dfrac{n_{\text{i(réactif A)}}}{\alpha}$ et $x_f = \dfrac{n_{\text{i(réactif B)}}}{\beta}$

soit : $\dfrac{n_{\text{i(réactif A)}}}{\alpha} = \dfrac{n_{\text{i(réactif B)}}}{\beta}$

Exemple : réaction entre le diode et les ions thiosulfates.

$$I_{2(aq)} + 2\,S_2O_3^{2-}{}_{(aq)} \rightarrow S_4O_6^{2-}{}_{(aq)} + 2\,I^-{}_{(aq)}$$

Si les réactifs ont été introduits dans les proportions stœchiométriques, on a : $n_{i(I_2)} = \dfrac{n_{i(S_2O_3^{2-})}}{2}$

B Équivalence d'un dosage

- L'équivalence du dosage est atteinte lorsque les **réactifs titrant et titré** ont été introduits dans les **proportions stœchiométriques**.

À l'équivalence, les quantités de matière de l'espèce à titrer et du réactif titrant sont nulles : ces deux espèces ont été **entièrement consommés**, le mélange initial étant stoechiométrique.

Il y a **changement de réactif limitant** (avant l'équivalence, le réactif titrant est limitant, après l'équivalence, c'est le réactif titré).

- Comment repérer l'équivalence d'un dosage ?

L'équivalence est repérée de façons différentes en fonction du type de dosage effectué (voir section 2).

À l'équivalence, le volume de la solution de B versé est appelé **volume équivalent** ; on le note $\boldsymbol{V_{eq}}$.

- Relation entre les concentrations des réactifs mis en jeu dans la réaction de dosage : à l'équivalence, les réactifs ont été introduits dans les proportions stœchiométriques de l'équation-bilan de la réaction :

$$\frac{n_{i(\text{réactif A})}}{\alpha} = \frac{n_{i(\text{réactif B})}}{\beta} \Leftrightarrow \frac{(C_A \times V_A)}{\alpha} = \frac{(C_B \times V_B)}{\beta}$$

$$C_A = \frac{\alpha}{\beta} \times \frac{C_B \times V_B}{V_A}$$

C Montage d'un dosage

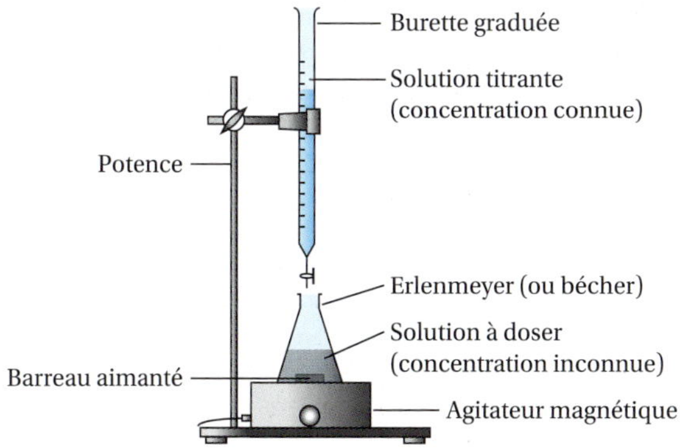

2 Différents types de dosages

Il existe différents types de dosages directs, le choix de la technique utilisée dépend des espèces chimiques à doser.

A Le dosage colorimétrique

- Le principe d'un dosage colorimétrique repose sur un changement de couleur du milieu réactionnel au moment de l'équivalence.
- Dans les dosages colorimétriques, on repère l'équivalence :

• par l'**apparition** ou la **disparition de la coloration** due à l'un des réactifs : disparition de la couleur du réactif à doser ou apparition de la couleur du réactif titrant.

Exemple : dosage des ions fer II par une solution de permanganate de potassium.

$$\underset{\text{vert pâle}}{5\,Fe^{2+}{}_{(aq)}} + \underset{\text{incolore}}{8\,H^{+}{}_{(aq)}} + \underset{\text{violet}}{MnO^{-}_{4\,(aq)}} \rightarrow \underset{\text{jaune pâle}}{5\,Fe^{3+}{}_{(aq)}} + 4\,H_2O_{(l)} + \underset{\text{incolore}}{Mn^{2+}{}_{(aq)}}$$

– Avant l'équivalence, le réactif en excès est Fe^{2+} (réactif titré). La solution contient les ions Fe^{2+} restants, les ions Fe^{3+} formés, de l'eau et des ions manganèse Mn^{2+} : la solution est vert pâle.

– À l'équivalence, on est dans les proportions stœchiométriques : tous les ions Fe^{2+} et les ions permanganates MnO_4^- introduits sont consommés.

– Après l'équivalence, on ajoute des ions MnO_4^- alors que tous les ions Fe^{2+} ont été consommés. La solution contient donc les ions Fe^{3+} et Mn^{2+} formés, de l'eau et des ions MnO_4^- en excès (réactif titrant) : la solution est violette.

L'équivalence est repérée par la persistance de la couleur violette due aux ions permanganates introduits ;

• par un **changement de couleur** due à une espèce chimique ajoutée dans le milieu réactionnel dès le début du dosage, appelée **indicateur coloré**.

Exemple : dosage des ions chlorures d'une eau salée par une solution de nitrate d'argent.

$$\underset{\text{incolore}}{Ag^{+}{}_{(aq)}} + \underset{\text{incolore}}{Cl^{-}{}_{(aq)}} \rightarrow \underset{\text{blanc (solide)}}{AgCl_{(s)}}$$

Les réactifs et le produit ayant des couleurs difficiles à distinguer à l'œil nu, on introduit dans le milieu réactionnel un indicateur coloré : une solution de dichlorofluorescéine. En présence d'ions chlorures Cl^-, la solution obtenue a une couleur jaune ; par contre en présence d'ions argent Ag^+, la solution de dichlorofluorescéine prend une couleur rose-rouge.

- Avant l'équivalence, le réactif en excès est Cl^- (réactif titré). La solution contient les ions Cl^- restants et la dichlorofluorescéine : la solution est jaune.
- À l'équivalence, on est dans les proportions stœchiométriques, tous les ions Cl^- et les ions Ag^+ introduits sont consommés.
- Après l'équivalence, on ajoute des ions Ag^+ alors que tous les ions Cl^- ont été consommés. La solution contient donc la dichlorofluorescéine et des ions Ag^+ en excès (réactif titrant) : la solution est rose-rouge.

L'équivalence est repérée grâce au passage de la couleur jaune à la couleur rose-rouge.

B Le dosage pH-métrique

■ Pour un dosage pH-métrique, on mesure l'évolution du pH du milieu réactionnel au cours du dosage grâce à un **pH-mètre** et on trace la courbe correspondante $pH = f(V_B)$.

Exemple : dosage de l'acide éthanoïque contenu dans du vinaigre par une solution d'hydroxyde de sodium.

Équation-bilan support du dosage :

$$CH_3COOH_{(aq)} + HO^-_{(aq)} \rightarrow CH_3COO^-_{(aq)} + H_2O_{(l)}$$

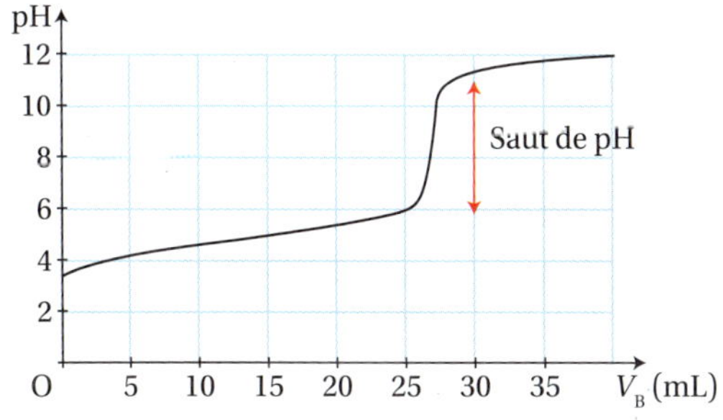

FIGURE 1 Courbe $pH = f(V_B)$ pour la réaction entre l'acide éthanoïque et une solution d'hydroxyde de sodium

On observe sur le graphe une variation rapide du pH appelée **saut de pH**.

■ Pour les dosages pH-métriques, on détermine la valeur du volume équivalent graphiquement, en appliquant la **méthode des tangentes** (FIGURE 2).

UTILISER LA MÉTHODE DES TANGENTES

Tracer, de part et d'autre du saut de pH, deux tangentes (T_1 et T_2) à la courbe, parallèles entre elles.

Tracer une droite perpendiculaire (D) à ces deux tangentes : elle coupe en deux points les deux tangentes.

Tracer la médiatrice au segment formé par les deux points précédents : elle coupe la courbe pH $= f(V_B)$ en un point dont l'abscisse correspond au volume équivalent.

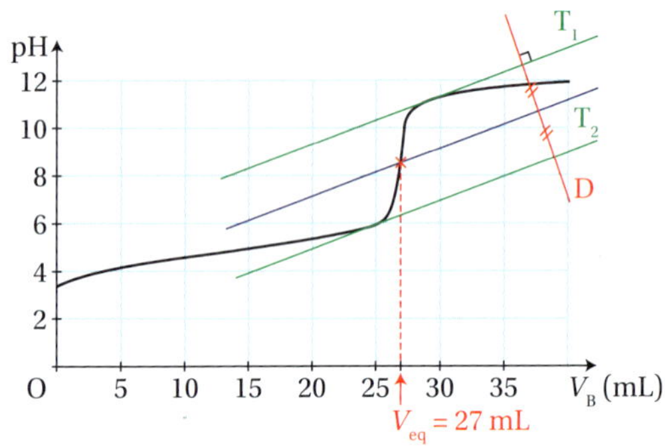

FIGURE 2 **Détermination du volume équivalent V_{eq} par la méthode des tangentes**

C Le dosage conductimétrique

Pour un dosage conductimétrique, on mesure l'évolution la conductivité ou de la conductance de la solution au cours du dosage grâce à un **conductimètre** et on trace la courbe correspondante $\sigma = f(V_B)$ ou $G = f(V_B)$.

Exemple : dosage de l'acide chlorhydrique par une solution d'hydroxyde de sodium.

Équation-bilan support du dosage : $H_3O^+_{(aq)} + HO^-_{(aq)} \rightarrow 2\,H_2O_{(l)}$

Pour les dosages conductimétriques, on détermine la valeur du volume équivalent graphiquement : **l'équivalence est repérée par un changement de pente**.

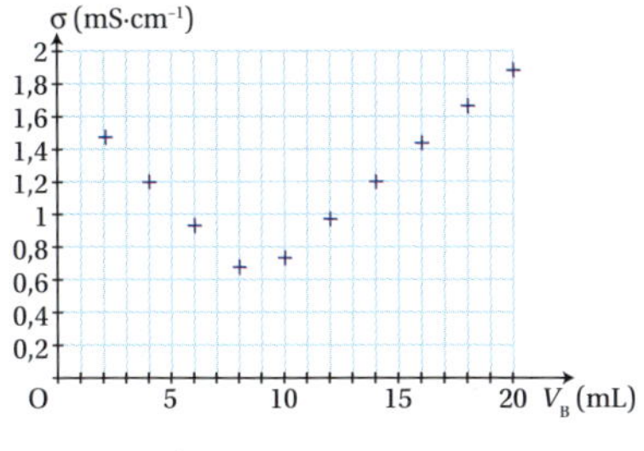

FIGURE 3 **Courbe $\sigma = f(V_B)$ pour la réaction entre l'acide chlorhydrique et une solution d'hydroxyde de sodium**

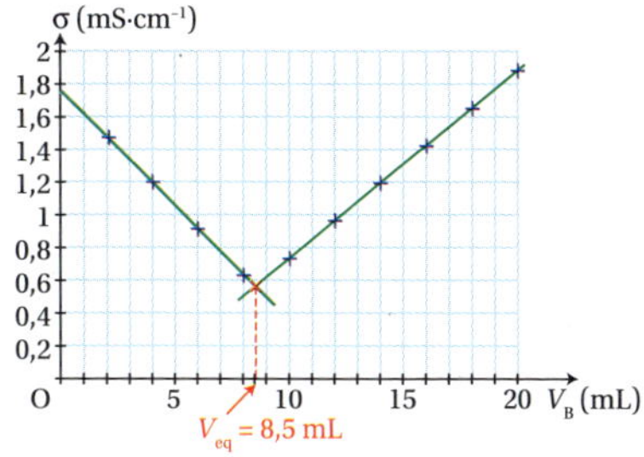

FIGURE 4 **Détermination graphique du volume V_{eq}**

INTERPRÉTER QUALITATIVEMENT L'ALLURE D'UNE COURBE DE CONDUCTIMÉTRIE

La conductivité d'une solution dépend de la concentration des ions présents en solution et de leur conductivité molaire ionique. Tous les ions présents dans le milieu réactionnel (réactifs, produits et ions spectateurs) influent sur la valeur de la conductivité.

Dans l'exemple précédent :

• avant l'équivalence, la conductivité diminue : en versant la solution d'hydroxyde de sodium, on introduit des ions hydroxydes qui vont tous réagir avec les ions oxonium présents dans la solution (ils n'auront donc pas d'influence sur la conductivité de la solution) et des ions sodium qui sont spectateurs. La conductivité molaire ionique des ions oxonium étant supérieure à celle des ions sodium ($\lambda(H_3O^+) = 34{,}98 \times 10^{-3}\,S \cdot m^2 \cdot mol^{-1}$ et $\lambda(Na^+) = 5{,}01 \times 10^{-3}\,S \cdot m^2 \cdot mol^{-1}$), on en déduit que la conductivité de la solution diminue au fur et à mesure de l'introduction de la solution d'hydroxyde de sodium ;

• après l'équivalence, la conductivité augmente : tous les ions oxonium ont été consommés, donc tous les ions introduits par l'ajout de la solution d'hydroxyde de sodium ont une influence sur la conductivité de la solution. Comme leurs concentrations augmentent, la conductivité de la solution augmente également.

3 Le dosage indirect

Le dosage indirect (ou dosage en retour) est une méthode de détermination indirecte de la quantité de matière de l'espèce à titrer.

- Cette technique de dosage s'effectue en trois étapes.

• Étape 1 : on mélange une quantité $n_{i,B}$ connue et en excès d'une espèce chimique (espèce B) à un échantillon de la solution contenant l'espèce chimique à titrer (espèce A) ;

• Étape 2 : on détermine la quantité $n_{r,B}$ de l'espèce B restant dans le milieu réactionnel du mélange précédent en effectuant un dosage direct ;

• Étape 3 : la différence entre les quantités de matière $n_{i,B}$ et $n_{r,B}$ permet de trouver la quantité d'espèce A présente initialement.

- Cette technique est utile lorsque la réaction entre l'espèce à titrer et l'espèce titrante n'est pas instantanée.

Exemple : dosage indirect de la vitamine C contenue dans un jus de fruit par du diiode.

• Étape 1 : on introduit dans un volume connu de jus de fruit une quantité connue de diiode en excès n_{i,I_2}. La totalité de la vitamine C présente dans l'échantillon (acide ascorbique de quantité égale à $n_{C_6H_8O_6}$) a réagi avec le diiode (I_2) en excès. La réaction entre l'acide ascorbique et le diiode est :

$$C_6H_8O_{6(aq)} + I_{2(aq)} \rightarrow C_6H_6O_{6(aq)} + 2\,I^-_{(aq)} + 2\,H^+_{(aq)}$$

D'après l'équation-bilan, les quantités de diiode et d'acide ascorbique ayant réagi sont égales ; on en déduit la quantité de diiode n'ayant pas réagi n_{r,I_2} :

$$n_{r,I_2} = n_{i,I_2} - n_{C_6H_8O_6} \quad (1)$$

• Étape 2 : le diiode restant est dosé par une solution de thiosulfate de sodium ($Na_2S_2O_3$). La réaction entre le diiode et les ions thiosulfates est :

$$I_{2(aq)} + 2\,S_2O_3^{2-}{}_{(aq)} \rightarrow 2I^-{}_{(aq)} + S_4O_6^{2-}{}_{(aq)}$$

On réalise un dosage direct du diiode restant à la fin de la transformation précédente. D'après l'équation-bilan de la réaction, on peut écrire : $n_{I_2} = \dfrac{n_{S_2O_3^{2-}}}{2}$.

On en déduit : $$n_{r,I_2} = \frac{\left[S_2O_3^{2-}\right] \times V_{eq}}{2} \quad (2)$$

• Étape 3 : calcul de la quantité d'acide ascorbique initialement présente, à partir des équations (1) et (2) :

$$n_{C_6H_8O_6} = n_{i,I_2} - \frac{\left[S_2O_3^{2-}\right] \times V_{eq}}{2}$$

Exploiter un dosage pour déterminer une concentration

ÉNONCÉ

Une solution d'hydroxyde de sodium $\left(Na^{+}{}_{(aq)} + HO^{-}{}_{(aq)}\right)$ a une concentration molaire inconnue. On note S cette solution. On prélève un volume $V_S = 10{,}0\,\text{mL}$ de la solution S que l'on verse dans un erlenmeyer.

On dose cet échantillon par de l'acide chlorhydrique $\left(H_3O^{+}{}_{(aq)} + Cl^{-}{}_{(aq)}\right)$ dont la concentration molaire est $C_a = 1{,}0 \times 10^{-1}\,\text{mol}\cdot\text{L}^{-1}$, en présence de quelques gouttes de bleu de bromothymol. L'équivalence est atteinte pour un volume $V_{eq} = 12{,}6\,\text{mL}$.

Données : le bleu de bromothymol est jaune en présence d'ions H_3O^+ et bleu en présence d'ions HO^- ;
équation-bilan support du dosage : $H_3O^{+}_{(aq)} + HO^{-}_{(aq)} \rightarrow 2\,H_2O_{(l)}$.

1 Identifier l'espèce à titrer et l'espèce titrante.

2 Quel est le réactif limitant avant l'équivalence ? Après l'équivalence ?

3 Où doit-on placer ces espèces dans un montage pour effectuer un dosage ?

4 Quel est le rôle du bleu de bromothymol ?

5 Comment sait-on que l'équivalence est atteinte ?

6 Exprimer la concentration des ions hydroxydes $\left[HO^-\right]$ de la solution S en fonction de V_s, C_a, et V_{eq}. Déterminer sa valeur.

MÉTHODE

1 L'espèce à titrer est l'espèce dont on souhaite déterminer la concentration, et l'espèce titrante est celle dont on connaît la concentration et dont on va se servir pour déterminer la concentration de l'espèce à titrer.

2 Avant l'équivalence, le réactif limitant est l'espèce titrante et après l'équivalence, le réactif limitant est l'espèce à titrer.

3 Connaître le montage d'un dosage.

4 et **5** Connaitre le rôle et le comportement d'un indicateur coloré.

6 Retrouver la relation entre les quantités de matière des réactifs pour un mélange stœchiométrique.

CORRIGÉ

1 L'espèce à titrer est l'ion hydroxyde et l'espèce titrante est l'ion oxonium.

2 Avant l'équivalence, l'ion oxonium est limitant ; après l'équivalence, le réactif limitant est l'ion hydroxyde.

3 L'espèce à titrer est placée dans un erlenmeyer, tandis que l'espèce titrante est placée dans une burette graduée placée au-dessus de l'erlenmeyer.

4 Le bleu de bromothymol est un indicateur coloré : il permet de visualiser l'équivalence par un changement de couleur.

5 À l'équivalence, le bleu de bromothymol change de couleur : il passe du bleu au jaune.

6 À l'équivalence, les réactifs ont été introduits dans les proportions stœchiométriques de l'équation-bilan, on peut donc écrire : $n_{H_3O^+} = n_{OH^-}$.

On en déduit : $\left[OH^-\right]=\dfrac{C_a \times V_{eq}}{V_s}$.

Application numérique :

$$\left[OH^-\right]=\frac{1,0\times10^{-1}\times12,6\times10^{-3}}{10,0\times10^{-3}}$$

$$\left[OH^-\right]=0,13\ \text{mol}\cdot\text{L}^{-1}$$

SE TESTER QUIZ

Dans le questionnaire à choix multiple (QCM) suivant, indiquer, pour chaque proposition, la ou les réponses exactes.

1 Un mélange est dit stœchiométrique si :
- ☐ **a.** les réactifs sont introduits dans les mêmes proportions
- ☐ **b.** les réactifs sont introduits dans les proportions de l'équation-bilan de la réaction
- ☐ **c.** les réactifs sont totalement consommés à la fin de la transformation

2 La solution à titrer est la solution :
- ☐ **a.** dont on veut déterminer la concentration
- ☐ **b.** que l'on utilise pour déterminer la concentration d'une solution de concentration inconnue

3 Pour être une réaction support d'un dosage direct, une réaction doit être :
☐ **a.** rapide ☐ **b.** lente ☐ **c.** équilibrée

4 Pour suivre un dosage direct, on peut :
- ☐ **a.** faire une mesure spectrophotométrique d'une solution colorée
- ☐ **b.** faire une mesure conductimétrique
- ☐ **c.** observer l'évolution de la couleur d'un indicateur coloré

5 Le dosage direct peut être utilisé pour toutes les déterminations de concentration d'une espèce chimique.
☐ **a.** vrai ☐ **b.** faux

S'ENTRAÎNER

6 Déterminer graphiquement un volume équivalent

Déterminer, à partir du graphe ci-contre et à l'aide de la méthode des tangentes, le volume équivalent du dosage pH-métrique réalisé.

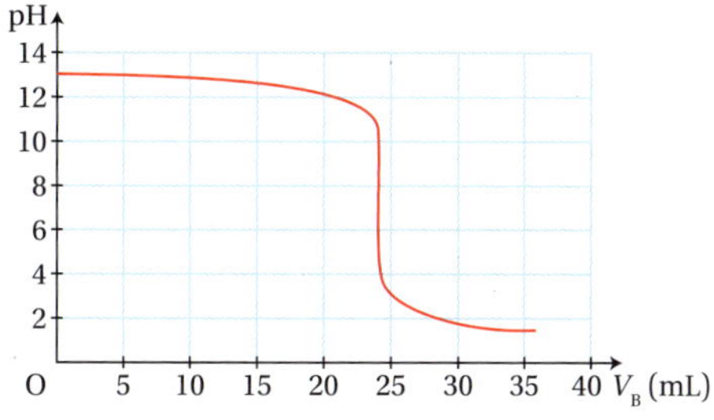

7 Exploiter une courbe de conductivité

On souhaite déterminer la concentration en ions chlorures d'une eau. Pour cela, on dose un volume $V = 10{,}0$ mL d'eau par une solution de nitrate d'argent de concentration en ions argent égale à $\left[Ag^+\right] = 2{,}0 \times 10^{-3}\ \text{mol} \cdot L^{-1}$. On mesure la conductivité de la solution grâce à un conductimètre. On a reporté sur le graphique ci-dessous l'évolution de la conductivité σ de la solution en fonction du volume de solution de nitrate d'argent versé.

1. Déterminer graphiquement le volume équivalent du dosage.

2. Justifier, sans calcul, la diminution de la conductivité avant l'équivalence.

3. Justifier, sans calcul, l'augmentation de la conductivité après l'équivalence.

4. Calculer la concentration de la solution en ions chlorures, sachant que la réaction support du dosage est : $Ag^+{}_{(aq)} + Cl^-{}_{(aq)} \rightarrow AgCl_{(s)}$.

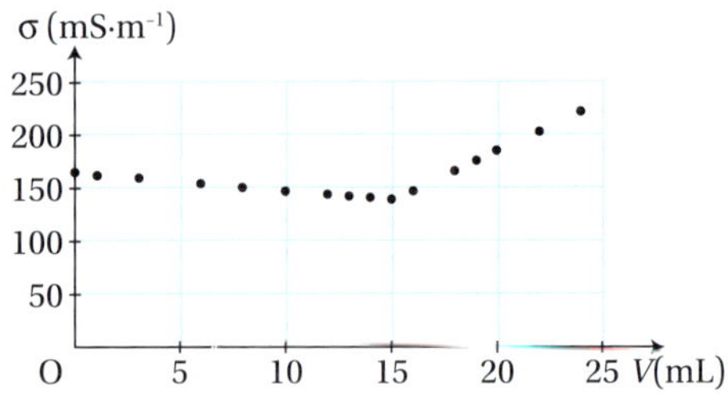

Données :

$\lambda\left(Ag^+\right) = 6{,}20 \times 10^{-3}\ S \cdot m^2 \cdot mol^{-1}$; $\lambda\left(NO_3{}^-\right) = 7{,}14 \times 10^{-3}\ S \cdot m^2 \cdot mol^{-1}$;

$\lambda\left(Cl^-\right) 7{,}63 \times 10^{-3}\ S \cdot m^2 \cdot mol^{-1}$.

8 Doser des ions argent

On souhaite déterminer la concentration en ions argent Ag^+ contenus dans une solution de nitrate d'argent.

• *Principe du dosage* : un excès connu d'ions fer II $\left(Fe^{2+}\right)$ réagit avec les ions argent contenus dans la solution de nitrate d'argent.

Les ions $\left(Fe^{2+}\right)$ qui n'ont pas réagi sont titrés par une solution de dichromate de potassium de concentration connue.

• *Protocole expérimental* : on introduit dans un bécher $V = 20{,}0$ mL de solution de nitrate d'argent et 25,0 mL de solution S_1 de chlorure ferreux $\left(Fe^{2+}{}_{(aq)} + 2\,Cl^-{}_{(aq)}\right)$ de concentration molaire $C_1 = 0{,}20\ \text{mol} \cdot L^{-1}$.

Une solution de dichromate de potassium de concentration molaire $C_2 = 5{,}00 \times 10^{-2}\ \text{mol} \cdot \text{L}^{-1}$ permet d'effectuer le titrage des ions Fe^{2+} restants.

1. S'agit-il d'un dosage direct ou indirect ? Justifier.

2. Quelle est la quantité de matière en ions Fe^{2+}, notée n_1, présente dans un prélèvement de volume $V_1 = 25{,}0\ \text{mL}$ de solution S_1 ?

3. Soit l'équation-bilan de la réaction entre les ions dichromates et les ions Fe^{2+} :

$$Cr_2O_7^{2-}{}_{(aq)} + 14\,H^+{}_{(aq)} + 6\,Fe^{2+}{}_{(aq)} \rightarrow 2\,Cr^{3+}{}_{(aq)} + 7\,H_2O_{(\ell)} + 6\,Fe^{3+}{}_{(aq)} \quad (1)$$

Trouver la relation existant à l'équivalence, entre les quantités de matière des ions $Cr_2O_7^{2-}$ et Fe^{2+}.

4. Sachant que le volume équivalent trouvé lors du titrage est $V_{eq} = 15{,}9\ \text{mL}$, en déduire la quantité de matière n_2 en ions Fe^{2+} dosée par les ions dichromates.

5. La réaction entre les ions Fe^{2+} et les ions Ag^+ a pour équation-bilan :

$$Fe^{2+}{}_{(aq)} + Ag^+{}_{(aq)} \rightarrow Fe^{3+}{}_{(aq)} + Ag_{(s)} \quad (2)$$

Exprimer la quantité de matière initiale des ions Ag^+ en fonction de n_1 et n_2.

6. Déterminer la concentration des ions argent dans la solution de nitrate d'argent.

OBJECTIF BAC

9 Détermination de l'acidité d'un vinaigre

On souhaite vérifier le degré d'acidité d'un vinaigre commercial (solution S) dont l'étiquette annonce 7°. Le degré d'acidité d'un vinaigre correspond à la masse, en grammes, d'acide éthanoïque CH_3COOH pur contenu dans 100 g de vinaigre.

Protocole expérimental :

- on dilue 10 fois la solution S, et on prélève $V' = 20{,}0\ \text{mL}$ de solution fille S′ que l'on introduit dans un bécher ;

• on introduit dans le bécher 20 mL d'eau distillée, un barreau aimanté et on y plonge une sonde pH-métrique ;
• on remplit la burette avec une solution titrée d'hydroxyde de sodium de concentration $C_B = 1{,}0 \times 10^{-1}\,\text{mol}\cdot\text{L}^{-1}$.

Les mesures ont permis de tracer la courbe ci-dessous :

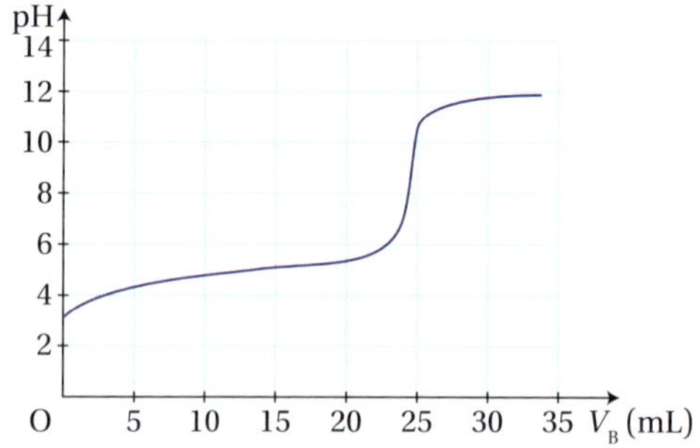

1. Sachant que l'acide éthanoïque réagit avec les ions hydroxydes HO^-, écrire l'équation-bilan de la réaction support du dosage.

2. Quel est le réactif limitant avant l'équivalence ? Après l'équivalence ?

3. Écrire la relation existant entre les quantités de matière des réactifs à l'équivalence.

4. Déterminer par la méthode des tangentes la valeur du volume à l'équivalence V_{eq}.

5. Exprimer la concentration C' en acide éthanoïque apporté dans la solution diluée S′ en fonction de C_B, V_{eq} et V'. La calculer.

6. En déduire la concentration C en acide éthanoïque du vinaigre commercial S.

7. Calculer la quantité de matière d'acide éthanoïque contenu dans 100 mL de vinaigre commercial (solution S).

8. En déduire la masse correspondante.

9. Calculer le degré d'acidité du vinaigre sachant que 100 mL de vinaigre ont une masse de 100 g, et le comparer avec l'indication de l'étiquette.

Données :
couples acide-base mis en jeu : CH_3COOH/CH_3COO^- ; H_2O/OH^- ;

$M_C = 12{,}0\,\text{g}\cdot\text{mol}^{-1}$; $M_H = 1{,}0\,\text{g}\cdot\text{mol}^{-1}$; $M_O = 16{,}0\,\text{g}\cdot\text{mol}^{-1}$.

SE TESTER

1 Réponse b et c. Un mélange est dit stœchiométrique si les réactifs sont introduits dans les proportions de l'équation-bilan de la réaction, les réactifs sont alors totalement consommés à la fin de la transformation.

2 Réponse a. La solution à titrer est la solution dont on veut déterminer la concentration.

3 Réponse a. Pour être une réaction support d'un dosage direct, une réaction doit être rapide.

4 Réponse b et c. Pour suivre un dosage direct, on peut faire une mesure conductimétrique ou observer l'évolution de la couleur d'un indicateur coloré et relever la valeur du volume pour lequel il y a changement de couleur.

5 Réponse b. Faux : le dosage direct peut être utilisé seulement si la réaction support du dosage est totale et rapide.

S'ENTRAÎNER

6 Déterminer graphiquement un volume équivalent

On détermine le volume équivalent, en appliquant la méthode des tangentes. On trouve $V_{eq} = 24$ mL.

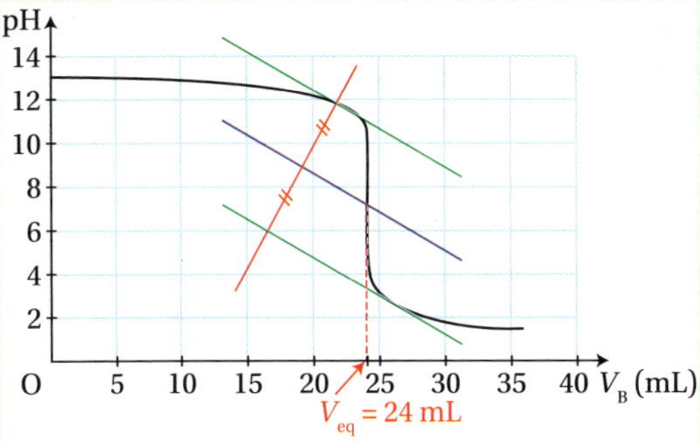

7 Exploiter une courbe de conductivité

1. Graphiquement, on obtient : $V_{eq} = 15$ mL.

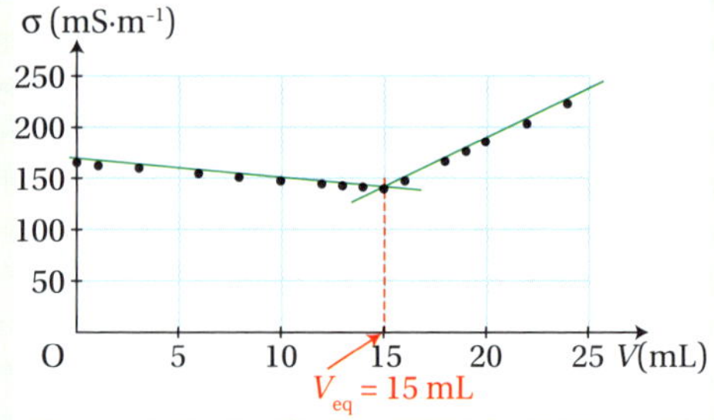

2. Dans la première partie du graphe (avant l'équivalence), le réactif limitant est l'ion argent.
Lorsque l'on verse du nitrate d'argent dans le bécher, tous les ions argent introduits réagissent avec les ions chlorures et autant d'ions nitrates sont introduits qu'il y a d'ions chlorures consommés. Les ions argent n'ont donc pas d'influence sur la conductivité de la solution.
En comparant les conductivités molaires ioniques, on remarque que :

$$\lambda(NO_3^-) < \lambda(Cl^-)$$

On en déduit qu'au fur et à mesure de l'introduction du nitrate d'argent dans le bécher, avant l'équivalence, la conductivité de la solution diminue.

3. Dans la seconde partie du graphe (après l'équivalence), le réactif limitant est l'ion chlorure qui a été totalement consommé : les ions chlorure n'ont donc pas d'influence sur la conductivité de la solution.
Lorsque l'on verse du nitrate d'argent dans le bécher, tous les ions introduits influent sur la valeur de la conductivité de la solution.
On en déduit qu'au fur et à mesure de l'introduction du nitrate d'argent dans le bêcher, après l'équivalence, la conductivité de la solution augmente.

4. À l'équivalence, les réactifs ont été introduits dans les proportions stœchiométriques de l'équation-bilan de la réaction : $n_{Ag^+} = n_{Cl^-}$.

On obtient : $[Cl^-] = \dfrac{[Ag^+] \times V_{eq}}{V}$.

Application numérique : $[Cl^-] = \dfrac{2{,}0 \times 10^{-3} \times 15 \times 10^{-3}}{10{,}0 \times 10^{-3}} = 3{,}0 \times 10^{-3}\ mol \cdot L^{-1}$.

8 Doser des ions argent

1. Il s'agit d'un dosage indirect, car on ne dose pas directement les ions argent. Ce sont les ions Fe^{2+} introduits en excès dans la solution de nitrate d'argent qui sont dosés.

2. $n_1 = C_1 \times V_1$

$n_1 = 0{,}20 \times 25{,}0 \times 10^{-3}$

$n_1 = 5{,}0 \times 10^{-3}$ mol.

3. Sachant que les réactifs ont été introduits dans les proportions stœchiométriques de l'équation-bilan (1), nous pouvons écrire :

$$n_{Cr_2O_7^{2-}} = \frac{n_{Fe^{2+}_{(aq)}}}{6}$$

4. $n_2 = n_{Fe^{2+}_{(aq)}} = 6 \times n_{Cr_2O_7^{2-}}$

$n_2 = 6 \times C_2 \times V_{eq}$

$n_2 = 6 \times 5{,}00 \times 10^{-2} \times 15{,}9 \times 10^{-3}$

$n_2 = 4{,}77 \times 10^{-3}$ mol.

5. D'après l'équation-bilan (2), nous pouvons écrire : $n_{Ag^+} = n_{Fe^{2+}(\text{réagit})}$.

On en déduit : $n_{Ag^+} = n_1 - n_2$.

6. Calcul de la concentration de la solution en ions argent :

$$[Ag^+] = \frac{n_{Ag^+}}{V}$$

avec $n_{Ag^+} = 5{,}0 \times 10^{-3} - 4{,}77 \times 10^{-3} = 2{,}3 \times 10^{-4}$ mol.

$$[Ag^+] = \frac{2{,}3 \times 10^{-4}}{20{,}0 \times 10^{-3}} = 1{,}2 \times 10^{-2}\ \text{mol} \cdot \text{L}^{-1}.$$

OBJECTIF BAC

9 Détermination de l'acidité d'un vinaigre

1. $CH_3COOH_{(aq)} + HO^-_{(aq)} \rightarrow CH_3COO^-_{(aq)} + H_2O_{(l)}$

2. Avant l'équivalence, le réactif limitant est l'espèce titrante : l'ion hydroxyde. Après l'équivalence, le réactif limitant est l'espèce titrée : l'acide éthanoïque.

3. À l'équivalence, les réactifs ont été introduits dans les proportions stœchiométriques de l'équation-bilan de la réaction : $n_{CH_3COOH} = n_{HO^-}$.

4. Graphiquement, on obtient : $V_{eq} = 24$ mL.

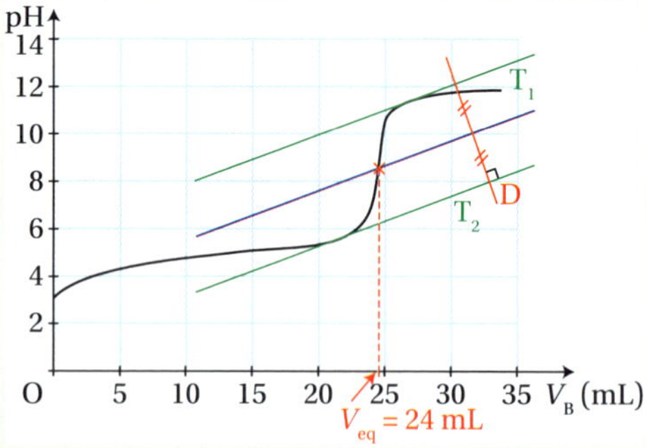

5. D'après la question 3, nous avons : $n_{CH_3COOH} = n_{HO^-}$.

On en déduit : $C' \times V' = C_B \times V_{eq}$ d'où $C' = \dfrac{C_B \times V_{eq}}{V'}$.

Application numérique :

$$C' = \frac{1{,}0 \times 10^{-1} \times 24 \times 10^{-3}}{20{,}0 \times 10^{-3}} = 0{,}12\ \text{mol} \cdot \text{L}^{-1}$$

6. D'après l'énoncé, nous pouvons écrire : $C = 10 \times C'$.

On en déduit : $C = 10 \times 0{,}12 = 1{,}2\ \text{mol} \cdot \text{L}^{-1}$

7. $n_{CH_3COOH} = C \times V$

$n_{CH_3COOH} = 1{,}2 \times 100 \times 10^{-3} = 0{,}12$ mol.

8. $m_{CH_3COOH} = n_{CH_3COOH} \times M_{CH_3COOH}$

$m_{CH_3COOH} = 0{,}12 \times 60{,}0 = 7{,}2$ g.

9. D'après l'énoncé, nous savons que 100 mL de vinaigre ont une masse de 100 g, donc nous pouvons dire que le degré d'acidité du vinaigre étudié est de 7,2 °.

Les résultats expérimentaux sont proches de l'indication de l'étiquette.

www.annabac.com

CHAPITRE

19 La synthèse des molécules organiques

La chimie organique est l'un des piliers de l'économie mondiale actuelle. Son but est de synthétiser des molécules qui interviennent aussi bien dans les matières plastiques que dans les médicaments ou les matières textiles. Les défis du chimiste organicien consistent à trouver les meilleures conditions pour réaliser des synthèses organiques.

1 Principe d'une synthèse organique

A Quelques réactions de synthèse organique

- **La synthèse d'un ester** (appelée **estérification**) s'effectue en faisant réagir un alcool sur un acide carboxylique.

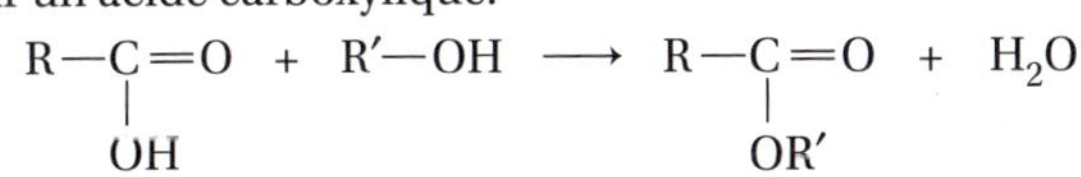

- La **synthèse d'un alcool** s'effectue en faisant réagir du dihydrogène sur un aldéhyde ou une cétone : réaction **d'hydrogénation.**

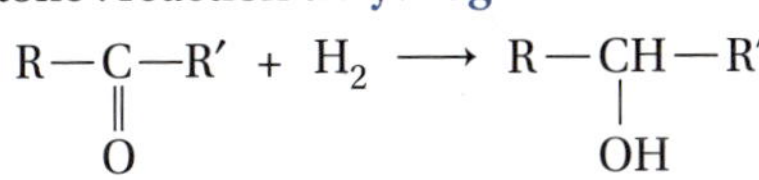

- Ces réactions s'effectuent en une seule étape. Il existe d'autres synthèses qui nécessitent plusieurs étapes.

B Rendement de la réaction

- Le rendement d'une synthèse, noté ρ, est égal au rapport de la quantité réelle de produit formé (ou de sa masse) sur la quantité maximale de produit attendu (ou de sa masse).

$$\rho = \frac{n_{\text{réel}}}{n_{\max}} = \frac{m_{\text{réel}}}{m_{\max}}$$

ρ sans unité : $0 \leq \rho \leq 1$
ou en pourcentage (%)

2 Piloter une synthèse organique

Le choix des paramètres expérimentaux fait partie du travail du chimiste afin que la réaction désirée puisse se réaliser dans les meilleures conditions, en minimisant la durée de la réaction tout en obtenant le meilleur rendement possible.

A Créer les conditions favorables à la transformation

Le choix du solvant

Le solvant est le liquide dans lequel va s'effectuer la transformation chimique. Son choix est lié aux caractéristiques de la réaction et à l'orientation voulue pour former préférentiellement tel ou tel produit.

On distingue trois types de solvants :

• les **solvants protoniques** : il s'agit de solvants dont les molécules peuvent réaliser des liaisons hydrogène avec les autres molécules. Pour cela, ces molécules doivent disposer d'atomes d'hydrogène disponibles ou d'atomes possédant des doublets électroniques non liants pouvant s'engager avec les atomes d'hydrogène des autres molécules.

Exemples : l'eau H_2O, l'éthanol C_2H_5OH sont des solvants protoniques, tandis que le chloroforme $CHCl_3$ est un solvant aprotonique ;

• les **solvants dissociants** : il s'agit de solvants capables de séparer des ions formés après la dissolution d'un solide ionique. La constante diélectrique ε est la grandeur permettant de mesurer ce pouvoir dissociant : un solvant est d'autant plus dissociant que ε est grande.

Exemples : l'eau H_2O est fortement dissociante $(\varepsilon = 80)$, l'éthanol C_2H_5OH l'est moyennement $(\varepsilon = 25)$, et les hydrocarbures le sont très peu $(\varepsilon = 2)$;

• les **solvants polaires** : ce sont des solvants dont les molécules sont polaires, c'est-à-dire dont le barycentre des charges positives ne coïncide pas avec le barycentre des charges négatives. Ces molécules ont une grande affinité pour les ions ou pour les sites chargés des molécules. Un solvant polaire sera choisi préférentiellement pour jouer un rôle dans une réaction, alors qu'un solvant apolaire ne jouera aucun rôle chimique.

Exemples : l'eau H_2O, le diméthylsulfoxyde DMSO ou $(CH_3)_2SO$ sont des solvants polaires, tandis que les hydrocarbures sont apolaires.

Le choix du pH

Certaines réactions chimiques organiques font intervenir, à côté des réactifs, soit les ions oxonium H_3O^+ soit les ions hydroxydes HO^-. Le pH de la solution nous renseigne sur leurs concentrations relatives dans la solution.

RECONNAÎTRE LE CARACTÈRE ACIDE, BASIQUE OU NEUTRE D'UNE SOLUTION

Les solutions neutres, acides ou basiques sont définies à partir de la valeur de leur pH :

Type de solution	Relation entre les concentrations	Valeur du pH (à 25 °C)
Solution neutre	$[H_3O^+]_{eq} = [HO^-]_{eq}$	pH=7
Solution acide	$[H_3O^+]_{eq} > [HO^-]_{eq}$	pH<7
Solution basique	$[H_3O^+]_{eq} < [HO^-]_{eq}$	pH>7

Pour une réaction nécessitant la présence d'ions oxonium, la solution doit être acide, tandis que s'il s'agit d'ions hydroxydes, la solution doit être basique.

B Diminuer la durée de la transformation

En règle générale, les réactions organiques sont des réactions lentes, dont la durée peut être de quelques heures. Le chimiste dispose de deux méthodes pour diminuer la durée de la réaction :

- **augmenter la température** : la température est un facteur cinétique. La vitesse de la réaction est une fonction croissante de la température. La durée sera d'autant plus courte que la température sera élevée. Cette méthode est limitée par les températures d'ébullition des espèces qui réagissent ;
- **utiliser un catalyseur** : il s'agit d'une espèce chimique qui augmente la vitesse de la réaction, mais qui n'apparaît pas dans l'équation-bilan. Un catalyseur est spécifique à certains types de réaction.

C Augmenter le rendement

Un grand nombre de réactions organiques sont **limitées**, c'est-à-dire que dans l'état final coexistent encore les deux réactifs : la réaction n'est pas totale. Dans un tel cas, le rendement est inférieur à 1 car la quantité du produit synthétisé est forcément inférieure à la quantité maximale que l'on pourrait obtenir si la réaction était totale.

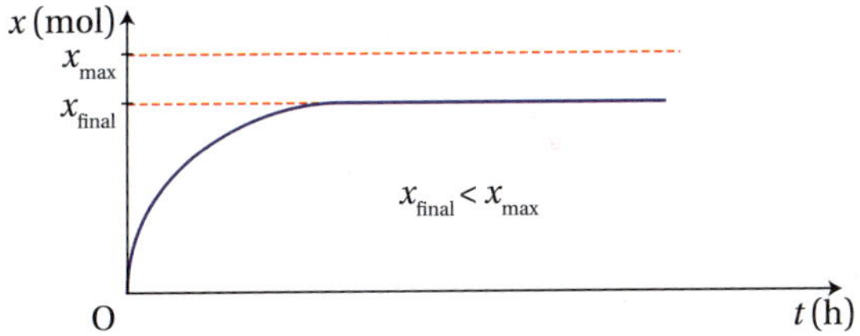

FIGURE 1 **Évolution de l'avancement *x* d'une réaction limitée**

■ Afin d'augmenter le rendement, le chimiste peut procéder de deux façons différentes :
• mettre l'un des réactifs en large excès par rapport à l'autre ;
• éliminer l'un des produits au cours de la transformation.

Expression du rendement d'une synthèse en une étape en fonction de l'avancement : $\rho = \frac{x_{final}}{x_{max}}$.

3 Les montages en synthèse organique

A Le montage de chauffage à reflux

■ Il permet de chauffer un milieu réactionnel liquide, tout en minimisant les pertes par évaporation.

■ Dans le **réfrigérant à boules** (ou **condenseur**), une circulation d'eau permet de refroidir la paroi interne. Au contact de ces parois, les vapeurs générées dans le ballon se liquéfient et retombent en fines gouttelettes dans le ballon. Il n'y a pas de pertes de matière au cours de la transformation.

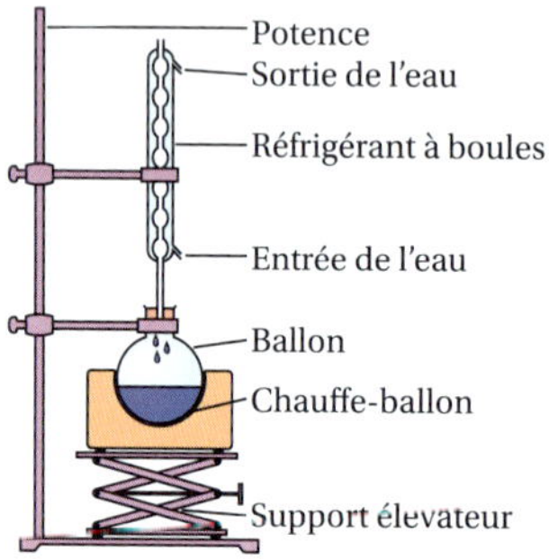

FIGURE 2 **Montage de chauffage à reflux**

B Le montage de distillation

■ Il permet de séparer des constituants d'un mélange liquide homogène en fonction de leur température d'ébullition.

■ Le composant le plus volatil (dont la température d'ébullition est la plus basse) est celui qui arrive le premier en tête de colonne. Les vapeurs passent alors dans le réfrigérant droit (ou condenseur) où elles se liquéfient. Tant que la température mesurée en tête de colonne reste constante, une espèce chimique pure est présente et peut être séparée.

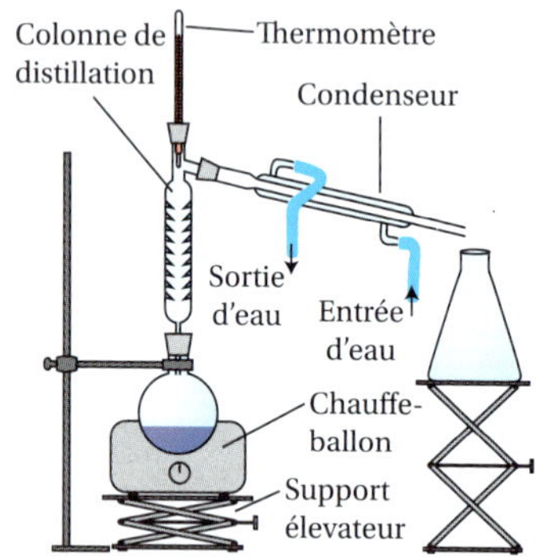

FIGURE 3 **Montage de distillation**

4 Techniques de séparation et de purification du produit synthétisé

Le produit formé se trouve généralement mélangé avec d'autres espèces chimiques dans le mélange final. Il existe plusieurs méthodes pour l'isoler et le purifier.

A La filtration sous vide (ou sur Büchner)

Elle permet de séparer la phase solide de la phase liquide d'un mélange hétérogène. La trompe à eau permet de réaliser un vide partiel dans la fiole, ce qui améliore la filtration.

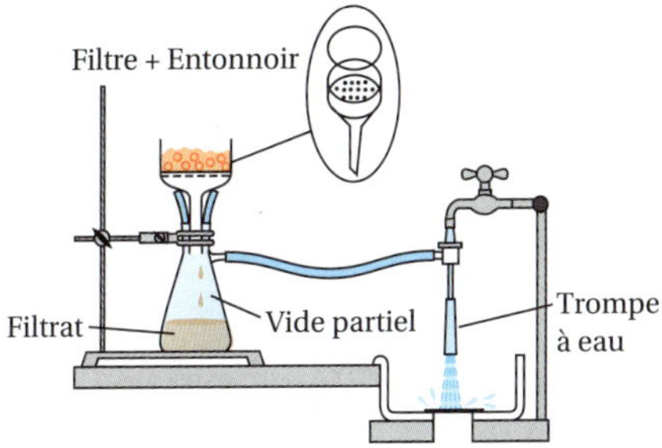

FIGURE 4 **Filtration sous vide**

B La distillation

Si le produit recherché est dans la phase liquide, une distillation est possible dans la mesure où les températures d'ébullition sont suffisamment éloignées les unes des autres (au moins 10 °C d'écart). Cette technique est particulièrement adaptée à la synthèse si l'espèce chimique la plus volatile est celle à synthétiser : elle peut ainsi être extraite du milieu réactionnel au fur et à mesure de sa formation.

La solubilité correspond à la concentration maximale de l'espèce chimique dans le solvant. La solubilité est une fonction croissante de la température, d'où la possibilité de purifier un produit par recristallisation.

C La recristallisation

Cette technique consiste à refroidir suffisamment le milieu réactionnel pour voir précipiter le produit synthétisé, puis le séparer par filtration des autres espèces chimiques. Ceci peut être réalisé si l'espèce synthétisée est peu soluble à froid dans le solvant utilisé et si toutes les impuretés y sont solubles.

5 La sélectivité en chimie organique

- Dans le cas où l'un des réactifs est un composé polyfonctionnel, le choix de l'autre réactif permet d'orienter la réaction dans une direction ou dans une autre, de manière à aboutir à la production d'espèces chimiques différentes. Le chimiste doit choisir un réactif **chimiosélectif** qui réagira uniquement sur un seul type de fonction organique, afin d'obtenir le produit désiré.
- Les acides aminés sont des molécules où se retrouvent une fonction amine et une fonction acide carboxylique. Le type le plus courant correspond aux acides α-aminés de formule générale :

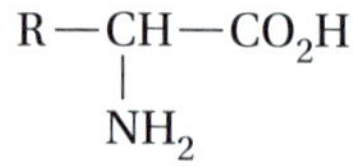

En fonction du réactif choisi, seule l'une des deux fonctions (amine ou acide carboxylique) réagira.

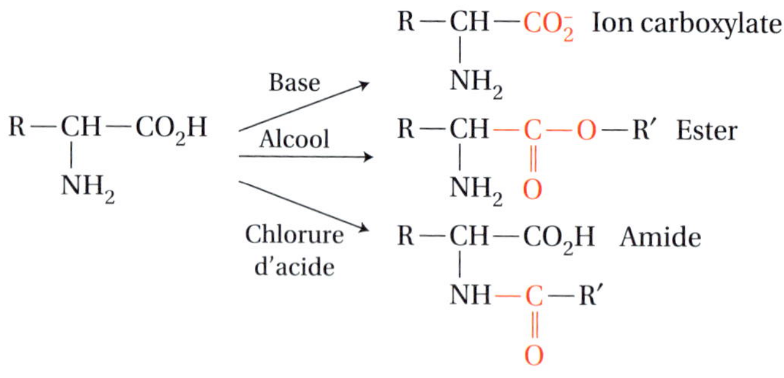

- La protection de fonctions est une technique très employée, qui consiste à rendre inactive certaines fonctions de la molécule en les transformant en de nouvelles fonctions qui ne réagiront pas avec le réactif proposé. Une fois la réaction terminée, on régénère ces fonctions par la transformation inverse des nouvelles fonctions.

Savoir analyser un protocole expérimental

ÉNONCÉ

L'acide benzoïque de formule $C_6H_5CO_2H$ est un conservateur alimentaire dont le code européen est E210. C'est un solide blanc qui peut être préparé par synthèse en laboratoire à partir de l'alcool benzylique. Cette synthèse s'effectue en plusieurs étapes.

• *Étape 1 : oxydation de l'alcool benzylique*

On réalise l'oxydation, en milieu basique et à chaud de l'alcool benzylique $C_6H_5CO_2H$ par les ions permanganates MnO_4^- en excès. Cette réaction, totale et lente, produit des ions benzoates $C_6H_5CO_2^-$ en solution aqueuse et du dioxyde de manganèse MnO_2 (solide brun).

On verse dans un ballon placé sous la hotte un volume $V_1 = 5{,}0\ \text{mL}$ d'alcool benzylique et on ajoute environ 40 mL de soude $\left(Na^+_{(aq)} + HO^-_{(aq)}\right)$ de concentration $3\ \text{mol}\cdot\text{L}^{-1}$. On introduit ensuite quelques grains de pierre ponce dans le ballon pour réguler l'ébullition lors du chauffage. On verse lentement une solution aqueuse de permanganate de potassium dans le ballon ($V = 100\ \text{mL}$ et $C = 0{,}40\ \text{mol}\cdot\text{L}^{-1}$), puis on porte le mélange à ébullition douce pendant 50 minutes.

• *Étape 2 : élimination des ions permanganates en excès de la phase liquide*

Afin d'éliminer les ions permanganates en excès, on introduit quelques millilitres d'éthanol de formule C_2H_5OH, jusqu'à la disparition de la couleur violette de la phase liquide. L'éthanol transforme les ions permanganates en dioxyde de manganèse.

• *Étape 3 : élimination du dioxyde de manganèse*

On sépare la phase liquide de la phase solide contenant le dioxyde de manganèse, en réalisant une filtration du contenu du ballon. La filtration est réalisée à l'aide d'un filtre Büchner.

• *Étape 4 : formation de l'acide benzoïque par cristallisation*

L'ion benzoate $C_6H_5CO^-_{2(aq)}$ est une base au sens de Brønsted. On verse le filtrat dans un erlenmeyer puis on ajoute une solution d'acide chlorhydrique $\left(H_3O^+_{(aq)} + Cl^-_{(aq)}\right)$ de concentration égale à $3\ \text{mol}\cdot\text{L}^{-1}$. Au cours de la cristallisation, la transformation des ions benzoates en acide benzoïque se fait selon l'équation chimique :

$$C_6H_5CO^-_{2(aq)} + H_3O^+_{(aq)} \rightleftharpoons C_6H_5CO_2H_{(s)} + H_2O_{(l)}$$

• *Étape 5 : récupération de l'acide benzoïque*
On filtre le contenu de l'erlenmeyer sur Büchner, puis on rince le solide avec de l'eau glacée. On sèche les cristaux à l'étuve. Une fois secs, on mesure la masse des cristaux : $m_{exp} = 3{,}4\ g$.

1 Quel montage doit-on utiliser dans l'étape 1 ?

2 Le mélange réactionnel de l'étape 1 est-il acide ou basique ?

3 Quels sont les réactifs de l'étape 1 et quel est le réactif limitant ?

4 Quel est le rôle de l'éthanol ?

5 Lors de la filtration, doit-on garder la phase solide ou la phase liquide ?

6 Quelle propriété de l'acide benzoïque met en lumière l'étape 4 ?

7 Les impuretés étant très solubles dans l'eau tandis que l'acide benzoïque ne l'est pas, quelle méthode est utilisée pour le purifier ?

8 La masse maximale espérée étant égale à 4,1 g, calculer le rendement de la synthèse.

MÉTHODE

1 Connaître les montages en synthèse organique et leur utilisation :
• la distillation pour séparer l'espèce la plus volatile ;
• le chauffage à reflux pour chauffer le milieu réactionnel sans perte de matière.

2 Une solution sera acide en présence d'ions oxonium et basique en présence d'ions hydroxydes.

3, **4**, **5** et **6** Extraire et exploiter des informations.

7 Connaître les techniques de séparation et de purification :
• la filtration ;
• la recristallisation ;
• la distillation.

8 Utiliser la formule du rendement : $\rho = \dfrac{m_{exp}}{m_{max}}$.

CORRIGÉ

1 Le montage à utiliser dans l'étape 1 est celui du chauffage à reflux car on porte le mélange à ébullition douce pendant 50 minutes.

2 Le mélange réactionnel de l'étape 1 est basique, car initialement on ajoute de la soude concentrée qui contient des ions hydroxydes.

3 Les réactifs de l'étape 1 sont l'alcool benzylique $C_6H_5CH_2OH$ et les ions permanganates MnO_4^- (qui sont en excès). L'alcool benzylique est donc le réactif limitant.

4 Le rôle de l'éthanol est de transformer les ions permanganates en excès en dioxyde de manganèse.

5 Lors de la filtration, on doit garder la phase liquide car elle contient les ions benzoates qui pourront ensuite être transformés en acide benzoïque.

6 L'acide benzoïque cristallise rapidement, ce qui montre qu'il est peu soluble dans l'eau.

7 On purifie l'acide benzoïque en effectuant une recristallisation.

8 Le rendement de la synthèse a pour expression : $\rho = \dfrac{m_{exp}}{m_{max}}$.

Soit $\rho = \dfrac{m_{exp}}{m_{max}} = \dfrac{3{,}4}{4{,}1} = 0{,}83$ ou $\rho = 83\,\%$.

SE TESTER QUIZ

Dans le questionnaire à choix multiple (QCM) suivant, indiquer, pour chaque proposition, la ou les réponses exactes.

1 Augmenter la température du milieu réactionnel permet :
- ☐ **a.** d'augmenter la durée de la réaction
- ☐ **b.** de diminuer le rendement
- ☐ **c.** de diminuer la durée de la réaction

2 Un catalyseur augmente la vitesse de toutes les réactions chimiques.
- ☐ **a.** vrai
- ☐ **b.** faux

3 La distillation permet de séparer en premier l'espèce la plus volatile.
- ☐ **a.** vrai
- ☐ **b.** faux

4 Pour augmenter le rendement d'une réaction :
- ☐ **a.** on augmente les quantités initiales de tous les réactifs
- ☐ **b.** on augmente la quantité initiale d'un seul réactif

5 Le rendement d'une réaction pour expression :
- ☐ **a.** $\rho = \frac{m_{max}}{m_{exp}}$
- ☐ **b.** $\rho = \frac{n_{exp}}{n_{max}}$
- ☐ **c.** $\rho = \frac{m_{exp}}{m_{max}}$

S'ENTRAÎNER

6 Dernière étape de la synthèse du paracétamol : la purification par recristallisation

Le paracétamol est un médicament qui présente des propriétés analgésique et antipyrétique. Il est synthétisé à partir du para-aminophénol et de l'anhydride éthanoïque. La formule semi-développée du paracétamol est donnée ci-contre :

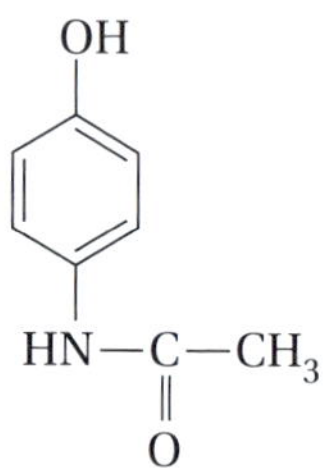

Données physico-chimiques concernant les réactifs et le produit de la synthèse :

	Para-aminophénol	Paracétamol	Anhydride éthanoïque
État physique à 25 °C	Solide	Solide	Liquide
Solubilité dans l'eau	Très peu soluble à froid, plus soluble à chaud	Peu soluble à froid, soluble à chaud	Réagit vivement avec l'eau

Les cristaux obtenus après la synthèse ne sont pas constitués de paracétamol pur, il est nécessaire d'effectuer une purification par recristallisation :

- transvaser les cristaux dans un erlenmeyer propre et ajouter 40 mL d'eau, porter à ébullition sur l'agitateur magnétique chauffant et maintenir une agitation douce. Si la dissolution n'est pas complète, ajouter 5 à 10 mL d'eau et porter de nouveau à ébullition ;
- la dissolution étant complète, placer l'erlenmeyer dans un bain d'eau glacée et laisser refroidir la solution. Attendre la cristallisation complète ;
- filtrer sur Büchner les cristaux obtenus ; les rincer avec un peu d'eau froide ;
- avant séchage à l'étuve, les transvaser dans un couvercle de boîte de pétri préalablement taré. Sécher à 80 °C. Peser les cristaux secs ;

1. Entourer la fonction amide sur la formule du paracétamol.

2. La recristallisation est effectuée à froid. En déduire si les impuretés sont plus ou moins solubles dans l'eau à froid que le paracétamol. Où se trouvent-elles ?

3. Quel est l'intérêt de la trompe à eau pour la filtration sur Büchner ?

4. Pourquoi doit-on rincer à l'eau glacée le paracétamol solide purifié ?

7 Calculer un rendement et l'améliorer

On réalise la synthèse de l'éthanoate d'éthyle en faisant réagir une mole d'éthanol avec une mole d'acide éthanoïque. C'est une réaction lente et limitée. L'avancement final de la réaction est égal à $x_f = 0,33 \text{ mol}$, tandis que l'avancement maximal calculé vaut $x_{max} = 1,0 \text{ mol}$. L'état final du système est atteint au bout de quelques heures.

1. Calculer le rendement de la réaction.

2. Proposer une méthode pour diminuer la durée de la réaction.

3. Parmi les propositions suivantes, choisir celles qui peuvent augmenter le rendement.

Quantités initiales (mol)	Proposition 1	Proposition 2	Proposition 3	Proposition 4
n_0 (éthanol)	10,0	1,0	$2{,}0 \times 10^{-1}$	5,0
n_0 (acide éthanoïque)	10,0	10,0	$2{,}0 \times 10^{-3}$	4,0

4. Pourrait-on envisager pour cette synthèse une distillation de l'ester synthétisé ? Justifier.

Données :

Espèce chimique	Éthanol	Acide éthanoïque	Éthanoate d'éthyle
$T_{\text{ébullition}}$ (°C)	79	118	77

8 Protection de la fonction alcool

La protection de la fonction alcool peut se faire en la faisant réagir avec un acide carboxylique ou un chlorure d'acide pour obtenir un ester.

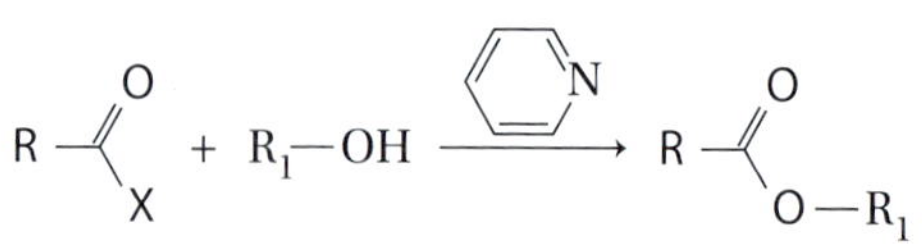

Le symbole X correspond au groupement -OH dans le cas d'un acide carboxylique, ou au groupement -Cl dans le cas d'un chlorure d'acide.

1. Dans l'équation précédente, entourer la fonction alcool et la fonction ester.

2. On fait réagir l'acide éthanoïque avec le propan-1-ol. Trouver la formule et le nom de l'ester obtenu.

3. Une des méthodes de déprotection est l'hydrolyse en milieu acide de l'ester.

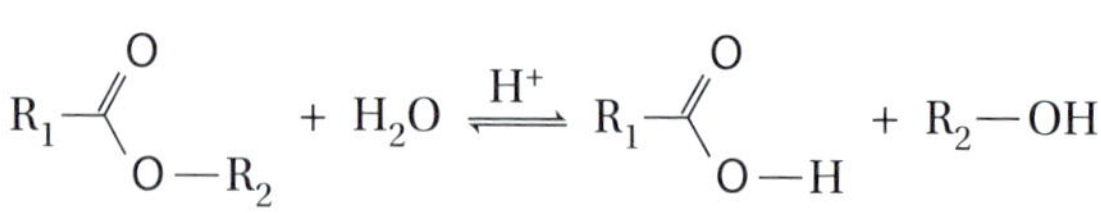

Trouver la formule semi-développée de l'alcool obtenu par hydrolyse du propanoate d'éthyle, et le nommer.

OBJECTIF BAC

9 Synthèse d'un parfum à l'odeur de lavande

L'acétate (ou éthanoate) de linalyle est utilisé pour parfumer les savons. Il est présent dans l'essence naturelle de lavande. On peut aussi le préparer au laboratoire par action de l'acide éthanoïque sur le linalol. À température ordinaire, le linalol est un liquide incolore et odorant, de formule semi-développée suivante :

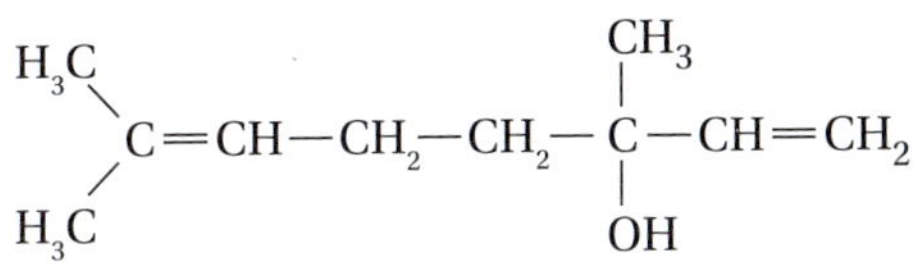

L'équation-bilan de la réaction s'écrit :

$C_{10}H_{17}OH$	+	CH_3CO_2H	$\rightarrow$	$C_{12}O_2H_{20}$	+	H_2O
Linalol		Acide éthanoïque		Acétate de linalyle		Eau

Données sur les espèces chimiques :

Nom de l'espèce chimique	Acétate de linalyle	Linalol	Acide éthanoïque	Eau
Masse volumique $(g \cdot L^{-1})$	$8{,}9 \times 10^2$	$8{,}7 \times 10^2$	$1{,}05 \times 10^3$	$1{,}0 \times 10^3$
Température d'ébullition (sous $P_{atm} = 10^5$ Pa)	220 °C	199 °C	118 °C	100 °C
Masse molaire $(g \cdot mol^{-1})$	196	154	60	18

Le montage expérimental utilisé pour la synthèse est le suivant :

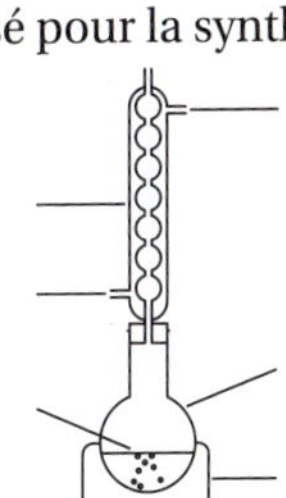

• Étude du montage expérimental

1. Légender le schéma du montage.

2. Quel est le rôle du chauffe-ballon ?

3. Quel est le rôle du réfrigérant ?

4. Comment s'appelle un tel montage ?

• Étude des réactifs

5. Le linalol a les propriétés d'un alcool. Réécrire la molécule et entourer la fonction caractéristique.

6. Écrire la formule semi-développée de l'acide éthanoïque. Entourer la fonction caractéristique et indiquer à quelle famille il appartient.

• Étude de la réaction

Le mélange initial est constitué par le mélange de $V_1 = 120$ mL d'acide éthanoïque et de $V_2 = 50$ mL de linalol.

7. Déterminer les quantités de matière à l'état initial.

8. À l'aide d'un tableau d'avancement, trouver le réactif limitant et la valeur de l'avancement maximal.

9. En déduire la quantité n_{max} d'acétate de linalyle que l'on peut produire.

10. La réaction permet de produire 2,5 mL d'acétate de linalyle. Calculer la quantité $n_{réel}$ de produit formé. Comparer cette valeur à n_{max}. Que peut-on en déduire ?

11. Calculer le rendement de la synthèse de l'acétate de linalyle.

SE TESTER

1 Réponse c. Augmenter la température du milieu réactionnel permet de diminuer la durée de la réaction, car la température est un facteur cinétique.

2 Réponse b. Faux : un catalyseur augmente la vitesse d'une seule réaction chimique : il est sélectif.

3 Réponse a. Vrai : la distillation permet de séparer en premier l'espèce la plus volatile : c'est celle dont la température d'ébullition est la plus basse.

4 Réponse b. Pour augmenter le rendement de la réaction, on augmente la quantité initiale d'un seul réactif. Seul l'un des réactifs doit être en excès par rapport à l'autre.

5 Réponse b et **c.** Le rendement d'une réaction a pour expression : $\rho = \frac{n_{exp}}{n_{max}}$ ou $\rho = \frac{m_{exp}}{m_{max}}$.

S'ENTRAÎNER

6 Dernière étape de la synthèse du paracétamol : la purification par recristallisation

1. Entourons la fonction amide sur la formule du paracétamol :

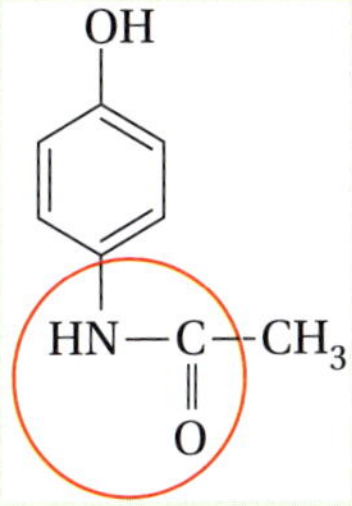

2. La recristallisation étant effectuée à froid, on en déduit que les impuretés sont plus solubles dans l'eau à froid que le paracétamol. On les trouve dans la phase liquide.

3. La trompe à eau pour la filtration sur Büchner permet de réaliser un vide partiel dans la fiole, ce qui améliore la filtration.

4. On rince à l'eau glacée le paracétamol solide purifié car d'après le tableau des données, il est peu soluble à froid et soluble à chaud. On minimise ainsi les pertes du produit formé.

7 Calculer un rendement et l'améliorer

1. Rendement de la réaction : $\rho = \dfrac{x_f}{x_{max}} = \dfrac{0{,}33}{1} = 0{,}33$ soit $\rho = 33\,\%$.

2. Pour diminuer la durée de la réaction, on peut augmenter la température du milieu réactionnel ou alors utiliser un catalyseur.

3. Pour augmenter le rendement, l'un des deux réactifs doit être en large excès par rapport à l'autre. Les propositions 2 et 3 conviennent.

4. L'ester synthétisé pourrait être distillé en premier car il est le plus volatil ; cependant, la différence de température avec l'éthanol n'est pas assez importante (il faut au moins 10 °C de différence). La distillation ne peut donc pas être envisagée.

8 Protection de la fonction alcool

1. Fonction alcool et fonction ester :

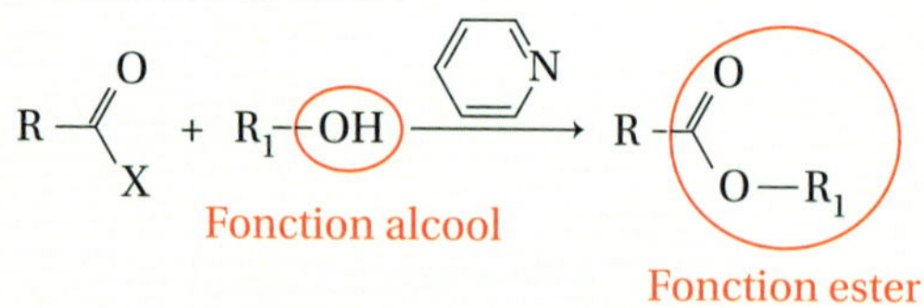

2. L'ester obtenu est l'éthanoate de propyle de formule :

$$CH_3-C(=O)-O-CH_2-CH_2-CH_3$$

3. Le propanoate d'éthyle a pour formule :

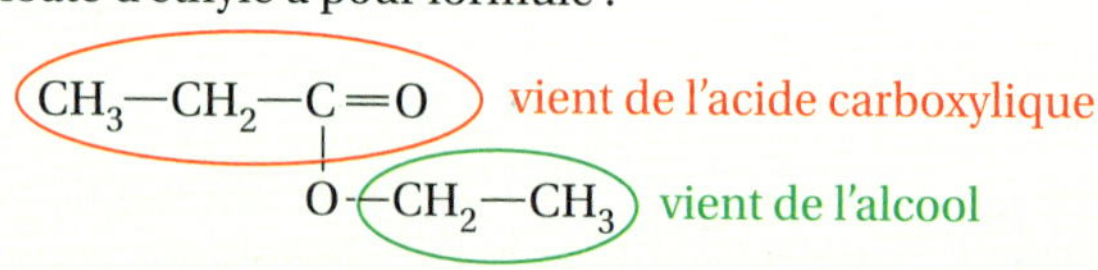

L'alcool obtenu a pour formule : $HO-CH_2-CH_3$
Il s'agit de l'éthanol.

OBJECTIF BAC

9 Synthèse d'un parfum à l'odeur de lavande

1. Schéma du montage :

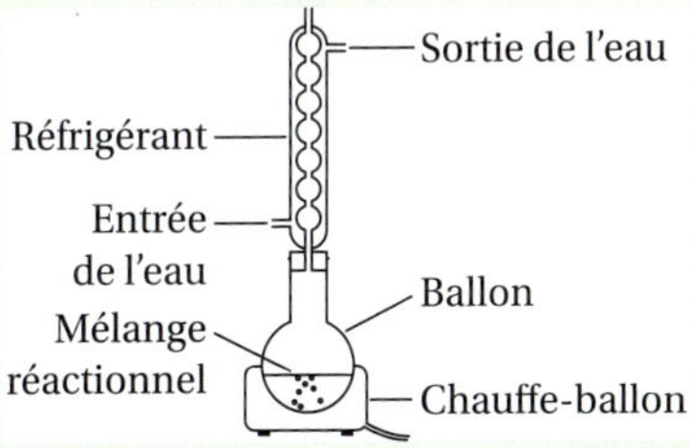

2. Le rôle du chauffe-ballon est de chauffer le milieu réactionnel.

3. Le rôle du réfrigérant est de liquéfier les vapeurs générées par le chauffage, afin de minimiser les pertes de matière.

4. Il s'agit d'un montage de chauffage à reflux.

5. Représentation de la fonction alcool du linalol :

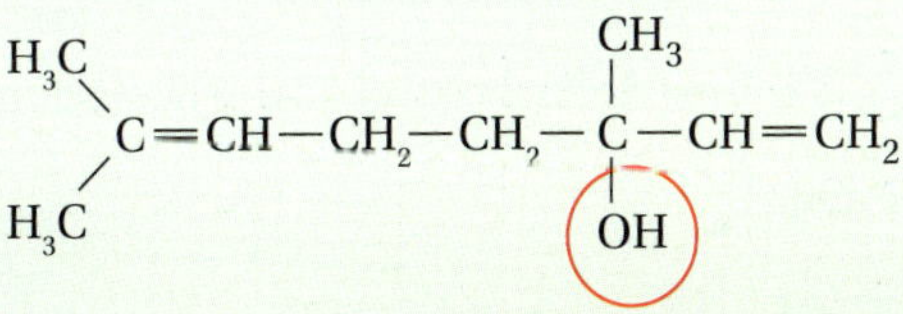

6. Formule semi-développée de l'acide éthanoïque et fonction carboxylique caractéristique :

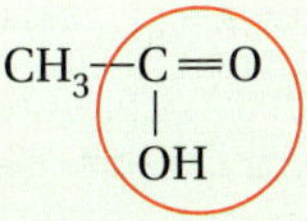

L'acide éthanoïque appartient à la famille des acides carboxyliques.

7. À l'état initial :

$$n_{0(\text{linalol})} = \frac{\rho_{(\text{linalol})} \times V_2}{M_{(\text{linalol})}} = \frac{8,7 \times 10^2 \times 50 \times 10^{-3}}{154} = 0,28 \text{ mol} ;$$

$$n_{0(\text{acide éthanoïque})} = \frac{\rho_{(\text{acide éthanoïque})} \times V_1}{M_{(\text{acide éthanoïque})}} = \frac{1{,}05 \times 10^3 \times 120 \times 10^{-3}}{60} = 2{,}1 \text{ mol}.$$

8. Tableau d'avancement :

Équation-bilan		$C_{10}H_{17}OH + CH_3CO_2H \rightarrow C_{12}O_2H_{20} + H_2O$			
État	Avancement (mol)	Quantités de matière (mol)			
Initial	0	0,28	2,1	0	0
Intermédiaire	x	$0{,}28 - x$	$2{,}1 - x$	x	x
Final	x_{max}	$0{,}28 - x_{max}$	$2{,}1 - x_{max}$	x_{max}	x_{max}

Si l'acide éthanoïque est le réactif limitant alors :
$2{,}1 - x_{max} = 0$ soit $x_{max} = 2{,}1$ mol.

Si le linalol est le réactif limitant alors :
$0{,}28 - x_{max} = 0$ soit $x_{max} = 0{,}28$ mol.
On en déduit que le linalol est le réactif limitant et que $x_{max} = 0{,}28$ mol.

9. La quantité n_{max} d'acétate de linalyle que l'on peut produire est :

$n_{max} = x_{max} = 0{,}28$ mol.

10. $n_{réel} = \frac{\rho_{(\text{acétate de linalyle})} \times V}{M_{(\text{acétate de linalyle})}} = \frac{8{,}9 \times 10^2 \times 2{,}5 \times 10^{-3}}{196} = 0{,}011$ mol.

On constate que $n_{réel}$ est inférieur à n_{max} ; on en déduit qu'il y a eu des pertes : le rendement ne sera pas de 100 %.

11. Le rendement de la synthèse de l'acétate de linalyle est égal à :

$\rho = \frac{n_{réel}}{n_{max}} = \frac{0{,}011}{0{,}28} = 0{,}039$ soit $\rho = 3{,}9\ \%$.

On remarque que le résultat obtenu est cohérent avec la question précédente.

CHAPITRE

20 Transmission et stockage de l'information

Chaque seconde à travers le monde, des millions d'informations diverses et variées sont envoyées, reçues ou stockées sur un support. Les progrès de la téléphonie, d'Internet et des réseaux de télécommunications ont largement contribué à faire de ce début du XXIe siècle l'ère de l'information. Comment l'information est-elle transmise de la source qui l'émet au destinataire qui la reçoit et l'utilise ?

1 Chaîne de transmission de l'information

- Le transfert d'information d'une source à une destination s'effectue à travers une **chaîne de transmission de l'information.** Quels que soient la nature de l'information, de son mode de transmission et de la distance entre la source et la destination, la chaîne de transmission de l'information possède la même structure.

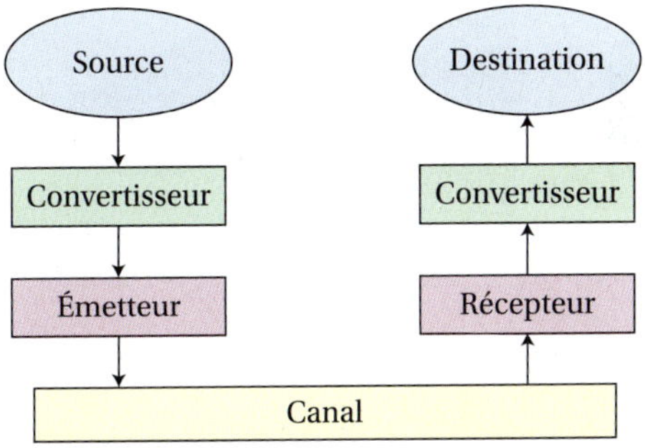

FIGURE 1 **Schéma de la chaîne de transmission de l'information**

- Les éléments de cette chaîne ont chacun un rôle à jouer :
• la **source** fournit l'information ;
• le **convertisseur d'entrée** transforme le format de l'information : il convertit l'information de sa forme initiale en une forme analogique ou numérique appelée **signal** ;

• l'**émetteur** conditionne le signal afin de l'envoyer. Le type de codage des signaux transmis dépend du support physique utilisé pour réaliser le transfert ;
• le **canal** est le milieu physique dans lequel se propage le signal. On distingue deux grandes catégories de milieu de transmission :
- la **transmission filaire** : le canal est un câble ;
- la **transmission sans fil** : le canal est l'atmosphère ;
• le **récepteur** reçoit et traite le signal reçu du canal afin de retrouver l'information ;
• le **convertisseur de sortie** redonne à l'information sa forme physique initiale ;
• la **destination** reçoit l'information.

2 Images numériques

Pour envoyer une image d'un magazine ou une photographie par courrier électronique (e-mail), la première étape est de la scanner afin de la mettre sous une forme numérique. L'image numérisée est alors décomposée en petits carrés appelés **pixels**. Le pixel (abréviation de *picture element*) représente le plus petit élément constitutif d'une image numérique. On le localise sur l'image par ses coordonnées (X,Y).

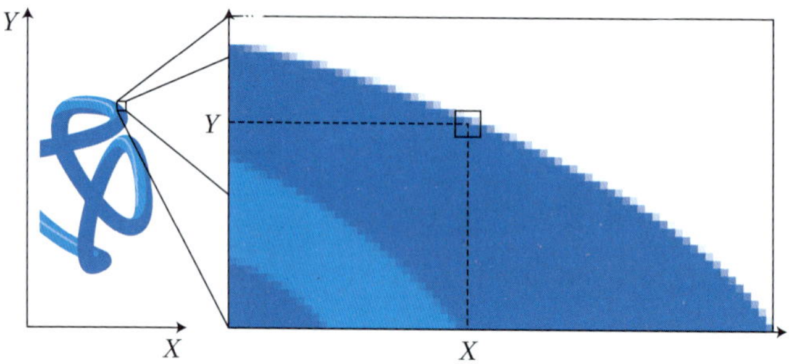

FIGURE 2 **Grossissement d'une image pour observer les pixels**

A Définition et résolution d'une image numérique

La **définition** est égale au **nombre total de pixels** constituant l'image, tandis que la **résolution** représente le **nombre de pixels par unité de longueur** (pixels par pouce ou ppp).

Remarque : le pouce est l'unité de longueur anglo-saxonne (1 pouce = 2,54 cm).

B Pixellisation

Pour une taille d'image fixée, la qualité obtenue dépend de la résolution choisie pour numériser l'image : la qualité de l'image sera d'autant meilleure que celle-ci sera décomposée en un maximum de pixels, donc que la résolution sera grande. La pixellisation correspond au phénomène où les pixels deviennent **visibles à l'œil nu** sur l'image à cause d'une résolution trop petite ou d'un grossissement excessif d'un détail d'une photo.

C Codage d'une image numérique

À chaque pixel de l'image, une valeur codée est associée qui correspond soit à sa couleur (pour les images en couleur), soit à son intensité lumineuse (pour les images en niveaux de gris). Le codage de l'image se fait en **langage binaire** : chaque pixel correspond à une **série de bits**.

CODER L'INFORMATION EN BASE BINAIRE

La base binaire (qui utilise uniquement les chiffres 0 et 1) est le type de codage mis en œuvre dans les ordinateurs. Le bit (*binary digit*) est la plus petite unité d'information ; elle peut prendre deux valeurs possibles : 0 ou 1.

Avec 2 bits, on peut décrire 4 états différents :

00	01	10	11

Avec 3 bits, on peut décrire 8 états différents :

000	001	011	100	101	110	111

Généralisation : avec n bits on peut décrire 2^n états différents.

Un octet est une unité d'information qui regroupe 8 bits et permet donc de décrire 256 états différents ($256 = 2^8$). On peut par exemple stocker une lettre ou un chiffre dans un octet.

Il existe également des unités d'informations de 16 bits (appelées mot ou *word*) et de 32 bits (appelées double mot ou *dword*).

Les multiples de l'octet sont systématiquement utilisés :

le kilooctet ($1\,\text{ko} = 10^3$ octets) ; le mégaoctet ($1\,\text{Mo} = 10^6$ octets) ; le gigaoctet ($1\,\text{Go} = 10^9$ octets)...

• *Codage d'une image en niveaux de gris*

Chaque pixel peut prendre une nuance allant du noir au blanc en passant par différents tons de gris. Le nombre de niveaux de gris sera d'autant plus grand que le nombre de bits utilisés pour décrire le ton de chaque pixel de l'image sera grand : la qualité de l'image est alors meilleure.

En général, on code l'intensité lumineuse de chaque pixel sur un octet : il existe alors 256 niveaux de gris différents, le blanc correspondant à la valeur 255 et le noir à la valeur 0.

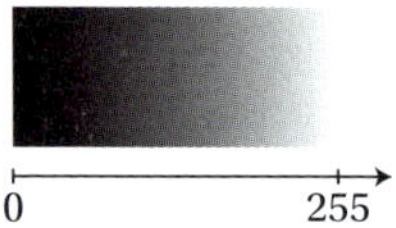

FIGURE 3 Les 256 niveaux de gris pour un codage sur un octet

• *Codage d'une image en couleurs 24 bits*

Le codage le plus utilisé est le **codage rouge, vert, bleu (RVB)**. La couleur de chaque pixel est une combinaison des trois couleurs primaires ayant chacune une intensité lumineuse propre. Le principe du codage repose donc sur la synthèse additive des couleurs : l'obtention d'une couleur est le résultat de l'addition des trois couleurs primaires en des proportions différentes **(FIGURE 4)**.

On code chaque couleur primaire sur 1 octet : il y a 256 teintes possibles pour chaque couleur. Chaque pixel est donc codé sur 3 octets (un pour chacune des couleurs primaires) ce qui correspond à 24 bits.

Le nombre de couleurs différentes possibles avec un tel codage dépasse les 16 millions : $256 \times 256 \times 256 = 16\,777\,216$.

Couleur								
R	0	120	40	249	229	94	255	255
V	0	120	230	53	247	231	0	255
B	0	150	45	217	55	228	0	255

FIGURE 4 Exemples de codages de couleurs en RVB

Remarque : les différences de nuances entre deux couleurs très proches étant imperceptibles par l'œil, l'image en 24 bits est aussi appelée image en « couleurs vraies ».

Une image numérique est représentée par un tableau de nombres pour une image en niveaux de gris et par trois tableaux de nombres (un pour chaque couleur primaire) pour une image couleur 24 bits.

3 Signal analogique et signal numérique

A Définitions

- Un signal qui peut prendre toutes les valeurs possibles dans un intervalle donné est un signal analogique. La valeur associée au **signal analogique** est une **grandeur continue**.
- Un **signal numérique** ne peut prendre que des valeurs bien définies et en nombres limités. En informatique, les valeurs possibles sont **0** et **1**.
- La représentation graphique d'un signal analogique est une **courbe**, et celle d'un signal numérique est un **histogramme**.

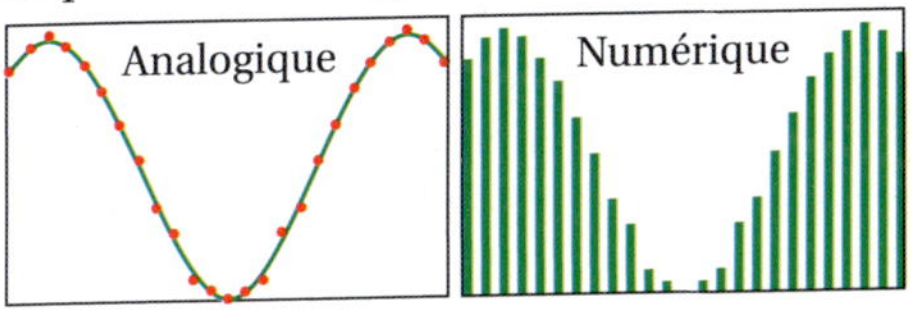

FIGURE 5 Représentation des signaux analogique et numérique

B Conversion analogique-numérique

- La **numérisation** consiste en la transformation d'un signal analogique en un signal numérique. Elle s'effectue en deux étapes : l'échantillonnage et la quantification.
- L'**échantillonnage** : on enregistre périodiquement (à des intervalles de temps réguliers T) la valeur du signal analogique.

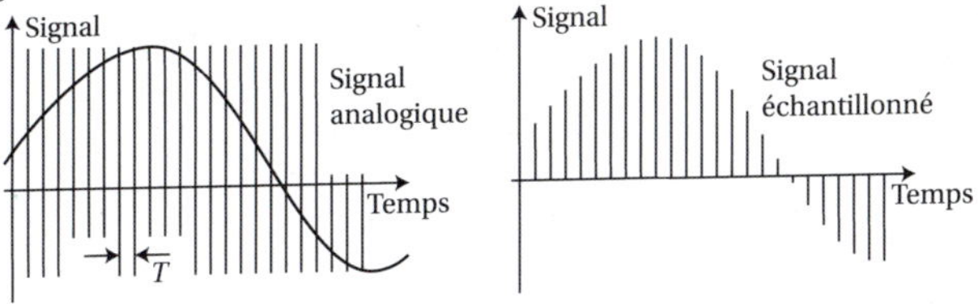

FIGURE 6 Échantillonnage d'un signal

La **fréquence d'échantillonage** est égale à l'inverse de l'intervalle de temps T entre deux prises d'échantillon. Elle représente le nombre de points relevés pendant une seconde.

$$f_{\text{échantillonnage}} = \frac{1}{T}$$

$f_{\text{échantillonnage}}$ en hertz (Hz)
T en secondes (s).

Le signal numérique sera d'autant plus fidèle à l'original que la fréquence d'échantillonnage sera grande.

Le théorème de Shannon-Nyquist stipule que pour pouvoir numériser correctement un signal, il faut que la fréquence d'échantillonnage soit égale ou supérieure au double de la plus grande des fréquences du signal analogique que l'on échantillonne.

• La **quantification** : elle consiste à affecter une valeur numérique à chaque échantillon prélevé. On convertit la grandeur mesurée de chaque échantillon en langage binaire sur 4, 8, 10, 16 bits ou plus **(FIGURE 7)**. La qualité du signal est d'autant plus grande que le nombre de bits sur lequel on code les valeurs est grand.

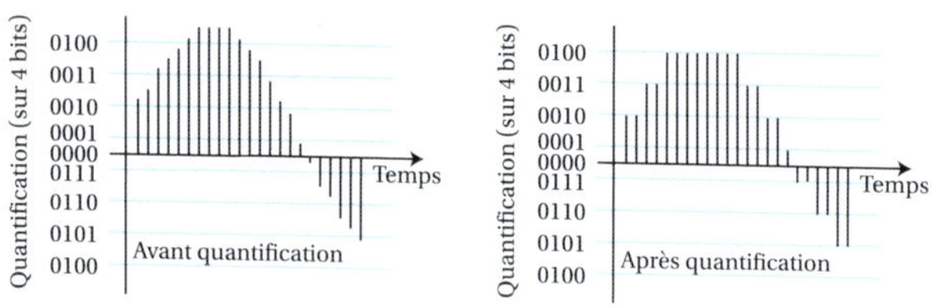

FIGURE 7 Quantification d'un signal sur 4 bits

■ Un **convertisseur analogique-numérique (CAN)** est un appareil permettant de transformer en valeurs numériques un signal analogique.

4 Procédés physiques de la transmission

A La transmission numérique

■ L'information est transportée dans un canal (câble, fibre optique) sous forme de signaux numériques. L'information numérique initiale (sous la forme de séries de bits) est codée en un signal ayant la propriété de posséder deux états, dont chacun sera associé soit à la valeur 0 soit à la valeur 1 : deux valeurs différentes d'une tension électrique, passage ou non d'un courant électrique, émission ou non d'une lumière...

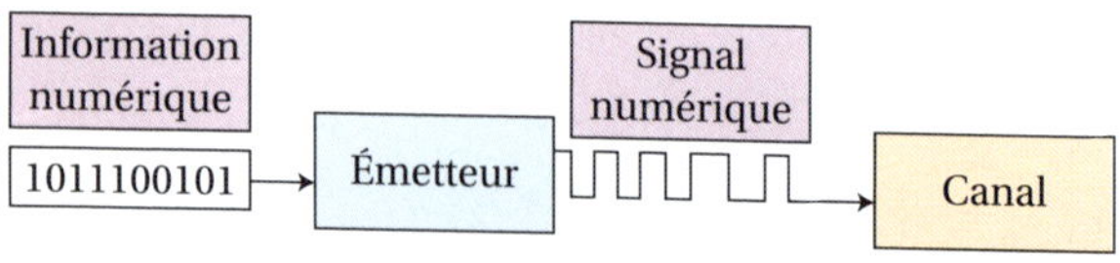

FIGURE 8 Schéma du codage d'une information numérique

Une transmission numérique est caractérisée par son **débit binaire**, qui est égal au nombre maximum de symboles binaires transmis par seconde. Il s'exprime en **bits/seconde**.

B La transmission analogique

Les informations sont transmises par l'intermédiaire d'**ondes électromagnétiques** appelées **ondes porteuses**. La transmission se fait en modifiant l'une des caractéristiques de l'onde porteuse (amplitude, fréquence ou phase).

Transmission d'une information analogique

L'onde émise par l'émetteur est une combinaison de l'onde porteuse et du signal à transmettre appelé signal modulant : l'onde porteuse est modulée par le **signal modulant**. Cette étape est appelée la **modulation.**

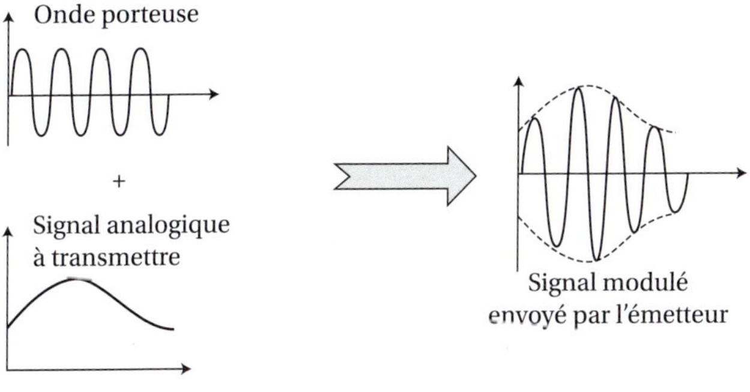

FIGURE 9 **Modulation d'amplitude d'une onde porteuse**

Lors de la réception du signal par l'antenne, le signal modulant (contenant l'information à transmettre) est séparé de l'onde porteuse au cours d'une opération de **démodulation.**

Transmission analogique de données numériques

L'information numérique initiale est convertie par un **modem** en un signal analogique, qui est une onde porteuse (fournie par le réseau téléphonique) modulée par l'information à transmettre. À la réception, le modem convertit le signal analogique en information numérique. Le modem réalise donc la modulation puis la démodulation : le mot modem est l'acronyme de **mo**dulateur/**dém**odulateur.

C Les différents canaux de transmission de l'information

Il existe trois catégories de milieux ou supports dans lesquels le signal peut se propager. La distinction se fait en fonction du type de signal qui s'y propage :

• les signaux électriques (sous forme d'ondes électriques) se propagent dans des **supports filaires**, tels que des câbles métalliques ;
• les ondes électromagnétiques ou radioélectriques se déplacent dans des **supports aériens**, tels que l'air ou le vide ;
• les ondes lumineuses se déplacent dans des **supports optiques**, tels que les fibres optiques.

Transmission par support filaire : le câble coaxial

Dans un câble coaxial, on trouve une partie centrale (appelée âme), qui est un fil de cuivre enveloppé dans un isolant, puis d'un blindage métallique et enfin d'une gaine extérieure protectrice.

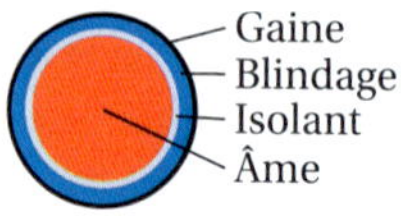

FIGURE 10 **Coupe d'un câble coaxial**

L'onde électrique se propage dans l'âme, l'isolant permettant d'éviter toute interaction électrique. Grâce à son blindage qui permet de protéger le signal transmis des éventuels parasites, le câble coaxial est utilisé sur des distances de l'ordre de quelques dizaines de kilomètres et à haut débit.

Transmission par support optique : la fibre optique

Une fibre optique est un cylindre constitué au centre par un milieu d'indice n_1 (appelé le cœur) entouré par un second milieu d'indice n_2 (appelé la gaine). L'indice n_1 du cœur est supérieur à celui n_2 de la gaine. La lumière injectée dans le cœur peut se propager de deux façons différentes : soit en ligne droite (**monomode**), soit par une succession de réflexions internes (**multimode**) qui correspond à des réflexions totales de la lumière sur la surface de séparation entre le cœur et la gaine.

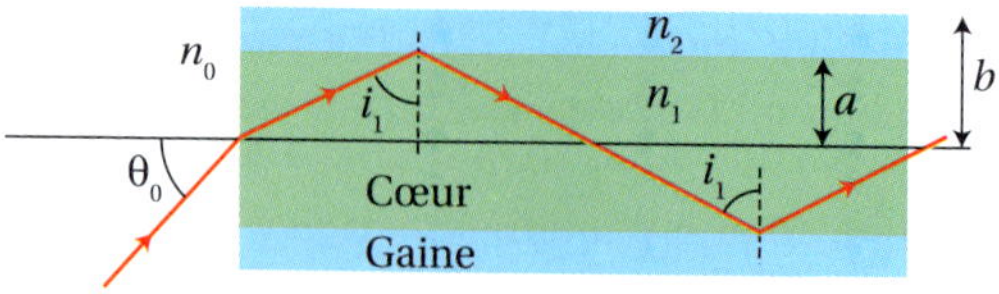

FIGURE 11 **Coupe d'une fibre optique**

La fibre optique permet de réaliser des connexions sur de longues distances (de quelques kilomètres à plusieurs dizaines de kilomètres) et fonctionne à très haut débit. Aujourd'hui, sur les longues distances on la préfère au câble coaxial (en raison de son débit plus important et de la faiblesse des pertes de signal) et on garde le câble coaxial sur les courtes distances (coût plus élevé de la fibre optique et installation plus difficile).

RÉFLEXION TOTALE DANS UNE FIBRE OPTIQUE

On exprime l'angle d'incidence i_1 en fonction des indices des milieux et de l'angle de réfraction i_2 en appliquant la 2e loi de Snell-Descartes : $\sin i_1 = \frac{n_2 \times \sin i_2}{n_1}$

Dans le cas où n_1 est supérieur à n_2, il existe un angle limite i_1 au-delà duquel il n'y a plus de réfraction (i_2 est alors supérieur à 90°). Cet angle limite de réfraction se calcule par son sinus :

$$\sin i_{\text{limite}} = \frac{n_2 \times \sin 90}{n_1} \quad \text{soit} \quad \sin i_{\text{limite}} = \frac{n_2}{n_1}$$

Pour obtenir une réflexion totale de la lumière dans la fibre optique, il suffit que l'angle i_1 soit supérieur à i_{limite}.

■ **Transmission par support aérien : la transmission hertzienne**

On l'utilise dans le domaine de la radiodiffusion. Les ondes hertziennes ont des longueurs d'onde comprises entre un centimètre et quelques milliers de mètres environ. Ces ondes porteuses modulées peuvent se déplacer librement dans l'atmosphère et dans le vide sur plusieurs dizaines de kilomètres sans atténuation notable. Une fois émises par une antenne d'émission, elles se propagent jusqu'à une antenne de réception.

Une onde électromagnétique est composée d'un champ électrique et d'un champ magnétique. Elle se déplace à une célérité $c = 3{,}00 \times 10^8\ \text{m}\cdot\text{s}^{-1}$ dans le vide et dans l'air. Elle est caractérisée par sa longueur d'onde λ et sa fréquence ν liées par la relation : $c = \lambda \times \nu$.

D Atténuation d'un signal

■ La transmission des signaux ne se fait pas sans pertes : des parasites ou des dégradations du signal apparaissent et provoquent une diminution de la qualité du signal. Sur de long parcours, les pertes en puissance sont notables et contribuent à son affaiblissement.

■ Les **parasites** (appelés **bruits**) modifient localement la forme du signal et altèrent sa forme. Les opérateurs recherchent un rapport signal sur bruit le plus grand possible.

■ L'**affaiblissement** du signal représente la perte en puissance du signal au cours de sa transmission. Cela se traduit par un signal reçu plus faible que le signal émis. Pour une fibre optique de longueur L, la puissance transportée diminue exponentiellement selon la formule :

$P_R = P_E \times e^{-a \times L}$	P_E et P_R, puissances émise et reçue du signal (en W) L, longueur de la fibre optique (en m) a, coefficient d'atténuation linéaire (en m^{-1})

On définit aussi le **coefficient d'atténuation A** par la relation suivante :

$A = \frac{10}{L} \times \log\left(\frac{P_E}{P_R}\right)$	A en décibels par kilomètre $\left(dB \cdot km^{-1}\right)$ L en kilomètres (km) P_E et P_R en watts (W).

Si sur une distance de un kilomètre, la puissance reçue P_R est deux fois plus faible que celle émise P_E, l'atténuation est égale à 3 $dB \cdot km^{-1}$.
On peut trouver la relation entre A (en $dB \cdot km^{-1}$) et a (en km^{-1}) :

$$A = 4{,}343 \times a$$

5 Stockage optique des informations

- CD et DVD sont des supports sur lesquels peuvent être stockés de l'information sonore, des images ou des films. Sur leurs surfaces sont gravées des pistes qui contiennent l'information (sonore ou autre) en code binaire : des alvéoles alignées selon une spirale sont représentatives des séries de 1 et de 0. Le passage d'une position basse à une position haute (ou inversement) correspond à un 1, alors que l'absence de changement de position correspond à un 0.

FIGURE 12 **Série d'alvéoles gravées sur la surface d'un CD**

- La capacité de stockage des CD et DVD est d'autant plus grande que les alvéoles sont rapprochées les unes des autres et sont de petites tailles. Le stockage est limité par la diffraction du faisceau laser : l'utilisation de lasers de longueurs d'onde de plus en plus petites permet de limiter le phénomène de diffraction et donc d'augmenter la capacité de stockage.
- Les lecteurs DVD classiques utilisent des lasers rouges dont la longueur d'onde est comprise entre 635 et 650 nm, tandis que les lecteurs Blu-ray utilisent un laser bleu de longueur d'onde 405 nm. Cette différence de longueur d'onde permet d'expliquer les capacités de stockage quatre fois plus élevées des DVD Blu-ray par rapport à celle des DVD classiques.

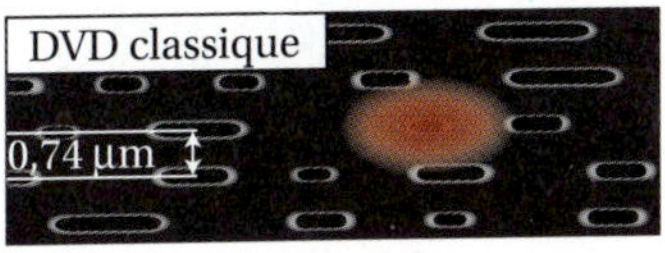

FIGURE 13 **Limitation du stockage par la diffraction**

■ Pour lire un CD, un laser balaye sa surface perpendiculairement. On mesure avec une photodiode les variations d'intensité lumineuse du faisceau réfléchi dues aux passages sur les successions d'alvéoles. La diminution de l'intensité lumineuse résulte d'interférences destructives lorsque le faisceau est réfléchi dans une alvéole. Ces variations permettent d'obtenir le signal numérique qui pourra ensuite être converti en signal analogique sonore.

Associer un tableau à une image numérique

ÉNONCÉ

On dispose des codages suivants :

Niveau de gris					
R	0	90	185	220	255

Couleur								
R	0	120	51	225	255	33	255	255
V	0	120	204	77	255	221	0	255
B	0	150	51	205	0	217	0	255

1 Comment est codée une image numérique en niveaux de gris ?

2 Trouver le tableau de nombres codant l'image suivante :

3 À partir du tableau de nombres suivant, trouver l'image associée.

255	185	185	255
255	0	0	255
90	220	220	90

4 Dans le format RVB, comment est codée une image numérique ?

5 Trouver les tableaux de nombres codant l'image suivante :

MÉTHODE

1 et **4** On code une image numérique à l'aide d'un ou plusieurs tableaux de nombres.

2, **3** et **5** Utiliser les codages associés à chaque couleur ou niveau de gris.

CORRIGÉ

1 Une image numérique est codée en niveaux de gris par un tableau de nombres.

2 Le tableau de nombres associé est le suivant :

185	220	185
220	90	220
185	0	185

3 L'image associée est la suivante :

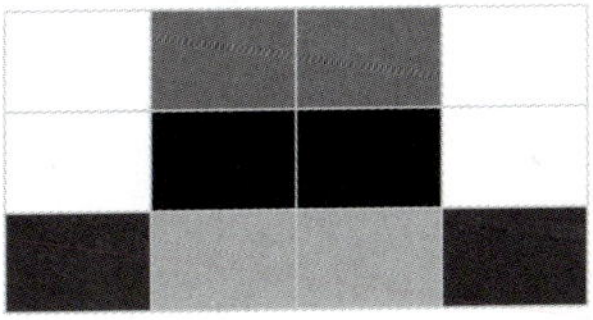

4 On code une image numérique en format RVB à l'aide de trois tableaux de nombres.

5 Les trois tableaux de nombres associés sont les suivants :

R

255	33	51
51	255	33
225	255	0

V

255	221	204
204	0	221
77	255	0

B

0	217	51
51	0	217
205	255	0

SE TESTER QUIZ

Dans le questionnaire à choix multiple (QCM) suivant, indiquer, pour chaque proposition, la ou les réponses exactes.

1 La résolution d'une image numérique correspond :
- ☐ **a.** au nombre de pixels par unité de surface
- ☐ **b.** au nombre total de pixels
- ☐ **c.** au nombre de pixels par unité de longueur

2 Une couleur primaire codée sur un octet permet d'obtenir $2^1 = 2$ teintes différentes.
- ☐ **a.** vrai
- ☐ **b.** faux

3 Pour numériser correctement un signal, il faut que la fréquence d'échantillonnage soit inférieure ou égale à la plus petite des fréquences du signal analogique.
- ☐ **a.** vrai
- ☐ **b.** faux

4 Le débit binaire d'une transmission numérique correspond :
- ☐ **a.** au nombre maximum de bits par seconde transmis
- ☐ **b.** au nombre maximum d'octets de bits par seconde transmis

6 Quelle est la relation entre le coefficient d'atténuation linéaire a et l'atténuation A ?
- ☐ **a.** $A = 4{,}343 + a$
- ☐ **b.** $A = 4{,}343 \times a$
- ☐ **c.** $A = \dfrac{4{,}343}{a}$

S'ENTRAÎNER

6 Trouver une chaîne de transmission de l'information

Le son de la voix d'un animateur radio est converti par un microphone en un signal électrique qui est envoyé jusqu'à un émetteur. L'émetteur transforme ce signal électrique en une onde électromagnétique qui se propage dans l'air jusqu'au récepteur. Le récepteur transforme alors l'onde en un signal électrique qui est converti en onde sonore par le haut-parleur. Réaliser le schéma de la chaîne de transmission du son, de l'animateur radio jusqu'à l'auditeur.

7 Codage de l'information sur un CD

Lors de la gravure d'un CD, on inscrit l'information sur la couche réfléchissante du disque sous forme d'une suite de petites alvéoles et de plats, le long d'une piste enroulée en spirale, grâce à un laser. La succession des alvéoles et des plats correspond au codage de l'information. Une transition entre un plat et une alvéole (ou inversement) correspond à un 1 et le passage sans transition correspond à un 0.

1. Coder l'information correspondant la portion de piste suivante :

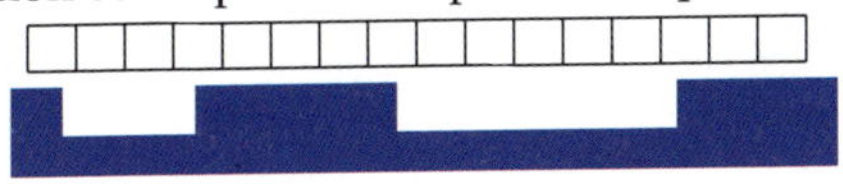

2. Combien d'octets contient cette information ?

3. Trouver le nombre de combinaisons possibles avec le nombre de bits de cette information ?

8 Étude d'une image numérique

On réalise trois images numériques d'une même photographie.

1. Comment s'appelle le phénomène observé sur l'image 3 ?

2. Pour quelle image a-t-on la résolution la plus grande ?

3. Pour une image de définition égale à 40 000 pixels et de dimensions 5,08 cm × 5,08 cm, déterminer sa résolution en ppp.
Donnée : 1 pouce = 2,54 cm.

4. Un détail de l'image 3 correspond à l'image suivante :
Trouver les tableaux de nombres associés codant l'image dans le format RVB.

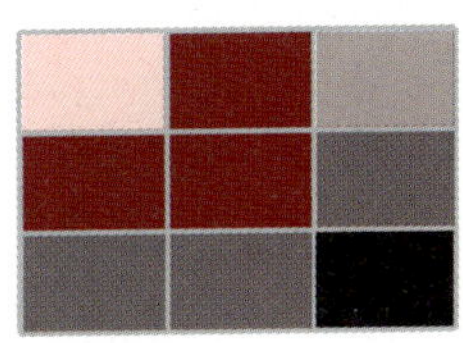

Données :

Couleur						
R	0	95	150	130	249	255
V	0	100	150	0	203	255
B	0	105	150	0	204	255

OBJECTIF BAC

9 Transport de l'information par une fibre optique

Un signal sonore est transmis par l'intermédiaire d'une fibre optique, dont la longueur totale L est égale à 20 km. L'indice n_1 du cœur de la gaine est égal à 1,449 et celui de la gaine n_2 est égal à 1,400. Le son est converti en un signal lumineux qui est envoyé avec un angle d'incidence $\theta_0 = 15°$ dans le cœur de la fibre optique.

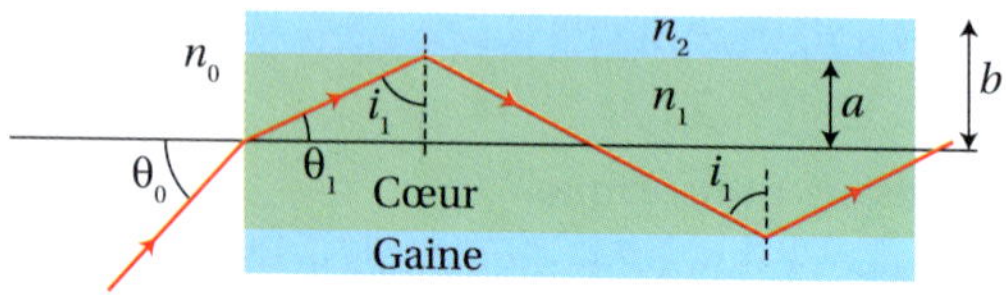

1. Dans la chaîne de transmission, quel rôle joue la fibre optique ? Quelle conversion doit-on opérer avant la fibre optique ?

2. Calculer l'angle de réfraction θ_1 dans le cœur, sachant que le faisceau incident était initialement dans l'air d'indice $n_0 = 1{,}00$.

3. En s'appuyant sur le schéma précédent, trouver la valeur de l'angle i_1.

4. Calculer l'angle limite de réfraction n_{limite} pour cette fibre. Est-ce que le faisceau sera totalement réfléchi sur la gaine ?

5. Le coefficient d'atténuation linéaire de la fibre optique est égal à $a = 3{,}45 \times 10^{-5}\ \text{m}^{-1}$. Calculer la puissance restituée P_R par la fibre si le signal portait initialement une puissance $P_E = 1{,}6\ \text{mW}$.

6. Calculer le coefficient d'atténuation A en décibels par kilomètre.

7. Calculer la longueur d'onde λ de la radiation utilisée, sachant que sa fréquence v est égale à $1{,}91 \times 10^{14}$ Hz.

Donnée : $c = 3{,}00 \times 10^8\ \text{m} \cdot \text{s}^{-1}$.

8. À quel domaine appartient cette radiation ? Est-ce que la fibre optique est uniquement utilisée avec un rayonnement visible ?

9. À la sortie de la fibre, le signal est converti en un signal numérique. Le signal lumineux transporté est une superposition de signaux élémentaires dont les fréquences sont les suivantes : 50 Hz, 350 Hz, 5 000 Hz et 12 500 Hz.

a. Quelles sont les deux étapes de la numérisation ?

b. Trouver la fréquence minimale d'échantillonnage pour obtenir un bon codage de l'information.

SE TESTER

1 Réponse c. La résolution d'une image numérique correspond au nombre de pixels par unité de longueur.

2 Réponse b. Faux : une couleur primaire codée sur un octet permet d'obtenir $2^8 = 256$ teintes différentes (1 octet contient 8 bits).

3 Réponse b. Faux : d'après le théorème de Shannon-Nyquist, pour numériser correctement un signal, il faut que la fréquence d'échantillonnage soit supérieure ou égale au double de la plus grande des fréquences du signal analogique.

4 Réponse a. Le débit binaire d'une transmission numérique correspond au nombre maximum de bits par seconde transmis.

5 Réponse b. La relation entre le coefficient d'atténuation linéaire a et l'atténuation A est la suivante : $A = 4{,}343 \times a$.

S'ENTRAÎNER

6 Trouver une chaîne de transmission de l'information

Le schéma de la chaîne de transmission du son de l'animateur radio jusqu'à l'auditeur est le suivant :

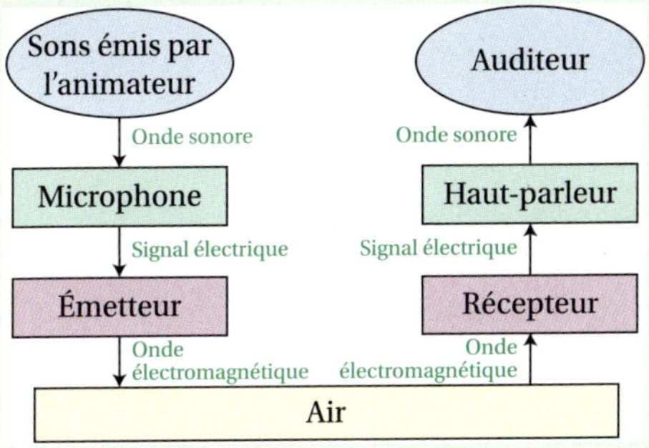

7 Codage de l'information sur un CD

1. L'information codée en langage binaire est la suivante :

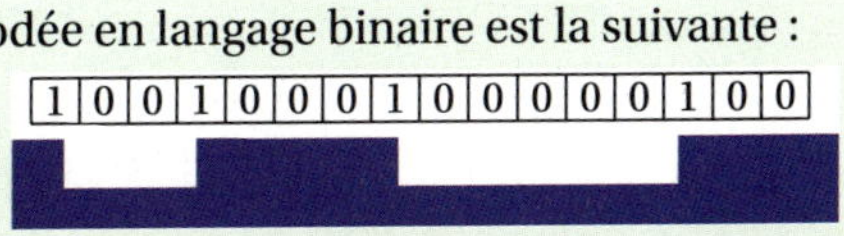

2. On compte 16 bits, ce qui correspond à 2 octets (car un octet contient 8 bits).

3. Le nombre de combinaisons N possibles avec $n = 16$ bits de cette information est : $N = 2^{16} = 65\,536$.

8 Étude d'une image numérique

1. Les pixels sont visibles à l'œil nu sur l'image 3 : il s'agit du phénomène de pixellisation.

2. La qualité de l'image est d'autant plus grande que la résolution est grande. On en déduit que l'image 1 possède la résolution la plus grande.

3. L'image est un carré de côté égal à 5,08 cm, ce qui correspond à une longueur de 2 pouces. Calculons le nombre de pixels N_1 que l'on peut aligner sur un côté de l'image. On sait que la surface S peut s'exprimer en fonction de la longueur L d'un côté : $S = L^2$.

On en déduit que la relation entre le nombre N_1 de pixels alignés selon un côté et le nombre total N de pixels est : $N = {N_1}^2$.

D'où : $40\,000 = {N_1}^2$ soit $N_1 = 200$.

On a donc l'image suivante :

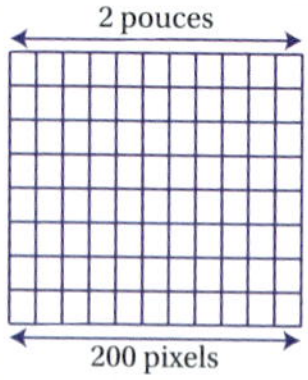

On constate que 200 pixels sont alignés sur 2 pouces. On en déduit que 100 pixels sont alignés sur 1 pouce.

Conclusion : la résolution est égale à 100 ppp.

4. Les tableaux de nombres associés codant l'image dans le format RVB sont :

R

249	130	150
130	130	95
95	95	0

V

203	0	150
0	0	100
100	100	0

B

204	0	150
0	0	105
105	105	0

OBJECTIF BAC

9 Transport de l'information par une fibre optique

1. Dans la chaîne de transmission, la fibre optique constitue le canal. Avant d'entrer dans la fibre optique, le signal sonore doit être converti en un signal lumineux.

2. On applique la 2e loi de Snell-Descartes :

$$\sin\theta_1 = \frac{n_0 \times \sin\theta_0}{n_1} = \frac{1{,}00 \times \sin(15)}{1{,}449} = 0{,}179.$$

On obtient : $\theta_1 = 10°$.

3. Sur le schéma, on constate que i_1 et θ_1 sont deux des angles d'un même triangle rectangle.

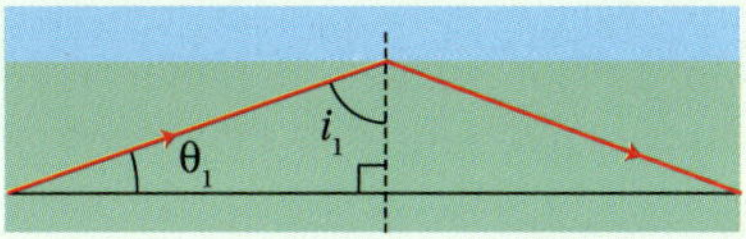

On peut alors trouver la valeur de l'angle i_1, sachant que la somme des angles d'un triangle est égale à 180° :

$\theta_1 + i_1 + 90 = 180$ soit $i_1 = 180 - 90 - \theta_1 = 180 - 90 - 10$.

On obtient : $i_1 = 80°$.

4. L'angle limite de réfraction se calcule par son sinus en appliquant la 2e loi de Snell-Descartes :

$$\sin i_{\text{limite}} = \frac{n_2 \times \sin 90}{n_1} \quad \text{soit} \quad \sin i_{\text{limite}} = \frac{n_2}{n_1} = \frac{1{,}400}{1{,}449} = 0{,}966.$$

On obtient : $i_{\text{limite}} = 75°$.

On constate que : $i_1 > i_{\text{limite}}$: il y aura donc une réflexion totale sur la gaine.

5. On applique la relation suivante : $P_R = P_E \times e^{-a \times L}$.

On réalise la conversion : $L = 20 \text{ km} = 20 \times 10^3$ m.

On obtient : $P_R = 1{,}6 \times e^{-3{,}45 \times 10^{-5} \times 20 \times 10^3} = 0{,}80$ mW.

6. Le coefficient d'atténuation A en décibels par kilomètre a pour expression : $A = 4{,}343 \times a$.

On convertit a en km^{-1} : $a = 3{,}45 \times 10^{-5}\,m^{-1} = 3{,}45 \times 10^{-2}\,km^{-1}$.

On obtient : $A = 4{,}343 \times 3{,}45 \times 10^{-2} = 0{,}150\,dB \cdot km^{-1}$.

7. On applique la formule : $\lambda = \dfrac{c}{\nu}$.

Soit $\lambda = \dfrac{3{,}00 \times 10^{8}}{1{,}91 \times 10^{14}} = 1{,}57 \times 10^{-6}\ m$.

8. On convertit la longueur d'onde en nanomètres : $\lambda = 1{,}57 \times 10^{3}\ nm$.
On constate que $\lambda > 800\,nm$. On en déduit que la radiation appartient au domaine des infrarouges.
La fibre optique n'est donc pas uniquement utilisée avec un rayonnement visible, car les infrarouges sont invisibles.

9. a. Les deux étapes de la numérisation sont l'échantillonnage et la quantification.
b. D'après le théorème de Shannon-Nyquist, la fréquence minimale d'échantillonnage pour obtenir un bon codage de l'information doit être égale au double de la plus grande des fréquences de l'information à coder.
On en déduit que : $f_{\text{échantillonnage}} = 2 \times 12\,500\,Hz = 25\,000\,Hz$.

Enseignement de spécialité

Cet enseignement développe tout particulièrement les activités de pratique expérimentale, d'analyse et de synthèse de documents scientifiques ainsi que la résolution de problèmes scientifiques.

L'eau

La première partie s'intéresse au rôle de l'eau dans l'environnement et aux moyens d'investigation permettant de réaliser des études quantitatives et qualitatives sur l'eau. Dans la seconde partie, la production d'eau potable et les ressources minérales et organiques des océans sont abordées. La dernière partie est consacrée à l'eau dans les domaines de l'énergie et de l'industrie chimique.

‣ **Chapitre 21.**

Son et musique

La première partie de l'étude est consacrée à la production de sons par des instruments de musique et à l'acoustique musicale. Dans une seconde partie, le principe de l'émission et de la réception des ondes sonores est abordé par l'étude de la voix et de l'acoustique physiologique, puis en s'intéressant à des dispositifs tels que le microphone ou le casque audio. La dernière partie est consacrée à la conception des auditoriums et des salles sourdes, au croisement de la physique du son et de l'architecture.

‣ **Chapitre 22.**

Les matériaux

On aborde dans un premier temps l'étude des matériaux à travers leur cycle de vie, depuis leur élaboration jusqu'à leur recyclage ou leur élimination. La seconde partie est consacrée aux structures des matériaux et aux propriétés physiques ou chimiques qui en résultent : conducteurs, supraconducteurs, photovoltaïques, adhésifs… La troisième partie a pour sujet l'étude des nouveaux matériaux : nanotubes, matériaux composites, céramiques…

‣ **Chapitre 23.**

www.annabac.com

CHAPITRE
21 L'eau

L'eau recouvre plus des deux tiers de la surface de la Terre. Indispensable à la vie, elle est aussi devenue un enjeu économique du fait des immenses ressources minérales (étain, or, platine, diamants...) et organiques (pétrole, gaz...) recensées au fond des océans. L'un des défis à relever aujourd'hui est de préserver l'eau de toutes les formes de pollution liées à l'activité humaine.

1 Eau et environnement

A Les mouvements de l'eau

- Les **traceurs chimiques** sont des entités chimiques facilement identifiables, qui permettent d'obtenir des informations sur les mouvements de masses importantes de liquide ou de gaz.
- En hydrogéologie (science qui étudie le comportement de l'eau dans les roches), on utilise souvent la rhodamine (molécule fluorescente, réagissant peu avec l'eau) pour identifier le trajet de l'eau dans le sol.

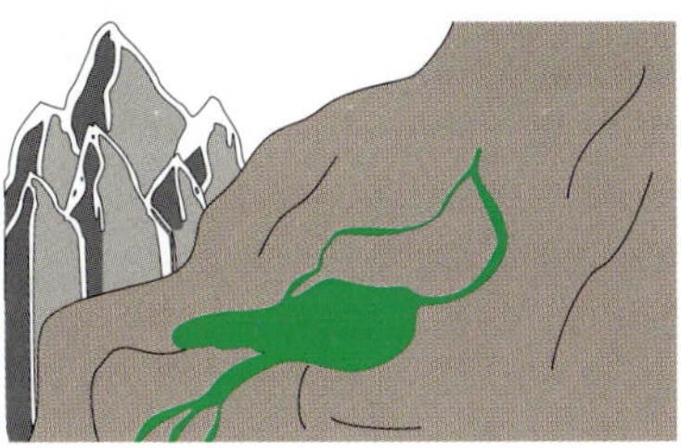

FIGURE 1 **Suivi du trajet d'une eau chargée en rhodamine**

- En océanographie, les silicates, nitrates ou phosphates permettent d'étudier la circulation océanique, en particulier celle des masses d'eau dans l'océan profond.

B L'eau, agent d'altération des roches

L'eau constitue l'un des principaux agents d'altération des roches (l'autre agent étant l'air). Elle agit par **altération** (ou **dissolution**) **chimique** à l'échelle microscopique et par **désagrégation** (ou **érosion**) **mécanique** à l'échelle macroscopique.

• La **dissolution chimique** : l'eau peut dissoudre des minéraux d'autant plus efficacement que ceux-ci sont solubles dans l'eau. Pour des minéraux tels que le gypse ou le calcaire, leur dissolution dans l'eau crée des reliefs caractéristiques.

• **L'érosion mécanique** : l'eau pénètre dans une fissure rocheuse, puis gèle avec augmentation de volume, fracturant ainsi les roches : on parle de cryofracturation. Puis, l'eau participe également à l'enlèvement et au déplacement des débris rocheux.

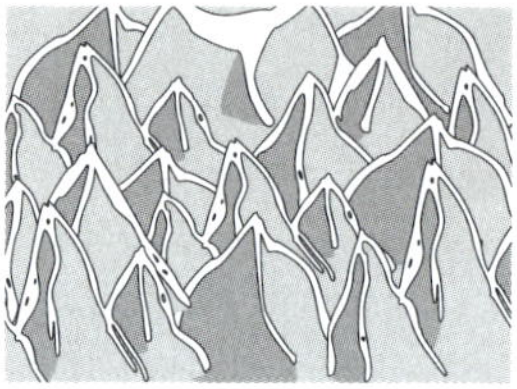

FIGURE 2 Dissolution de roches calcaires en bord de mer

FIGURE 3 Désagrégation mécanique de roches calcaires

C Les pollutions de l'eau

Pollution par les pluies acides

Il s'agit de précipitations anormalement acides. L'eau de pluie est naturellement légèrement acide à cause de la solvatation du dioxyde de carbone atmosphérique. Il se forme alors de l'acide carbonique de formule H_2CO_3 :

$$CO_{2(aq)} + H_2O_{(l)} \rightleftharpoons H_2CO_{3(aq)}$$

Le pH d'une eau de pluie est égal à 5,6.

L'eau de pluie est qualifiée d'acide lorsque le **pH est inférieur à 5**. Ceci est dû à des polluants atmosphériques tels que le dioxyde de soufre SO_2 (rejeté par les activités industrielles) et les oxydes d'azote NO et NO_2 (émis par les véhicules routiers). Ces espèces chimiques, par réaction avec l'eau, donnent les acides sulfurique H_2SO_4 et nitrique HNO_3.

• La formation d'acide sulfurique s'effectue en deux étapes :

$$2\,SO_{2(g)} + O_{2(g)} \rightarrow 2\,SO_{3(g)}$$

$$SO_{3(g)} + H_2O_{(l)} \rightarrow H_2SO_{4(l)}$$

• La formation d'acide nitrique s'effectue aussi en deux étapes :

$$2\,NO_{(g)} + O_{2(g)} \rightarrow 2\,NO_{2(g)}$$
$$3\,NO_{2(g)} + H_2O_{(l)} \rightarrow 2\,HNO_{3(l)} + NO_{(g)}$$

Les conséquences des pluies acides sont importantes sur la végétation (les sapins perdent leurs épines, jaunissement des feuilles), sur la faune (disparition du plancton en surface des lacs et conditions de vie plus difficiles pour les poissons) ou sur les édifices (pierres rongées, monuments dégradés).
En solution dans l'eau, l'acide sulfurique et l'acide nitrique réagissent totalement sur l'eau pour donner des ions oxonium : ce sont tous les deux des **acides forts**. L'acidité des eaux de pluie est donc liée à la présence des ions oxonium H_3O^+.

$$H_2SO_{4(aq)} + 2\,H_2O_{(l)} \rightarrow SO_4^{2-}{}_{(aq)} + 2\,H_3O^+{}_{(aq)}$$

$$HNO_{3(aq)} + H_2O_{(l)} \rightarrow NO^-_{3(aq)} + H_3O^+{}_{(aq)}$$

Pour déterminer la concentration des ions oxonium, on peut réaliser un dosage pH-métrique [mesure du pH à l'aide d'un pH-mètre au cours du dosage] ou un dosage colorimétrique [utilisation d'un indicateur coloré].

Pollution des nappes phréatiques

La pollution de l'eau la plus importante est liée aux activités agricoles. L'utilisation massive d'engrais azotés provoque l'augmentation dans des proportions importantes de la concentration en ions nitrates NO_3^- rendant les eaux impropres à la consommation (la concentration maximale autorisée est de $50\,mg \cdot L^{-1}$).
Dans les cours d'eau, ces ions nitrates sont responsables de l'**eutrophisation**, c'est-à-dire d'une production excessive de végétaux, notamment des microalgues vertes à l'origine des marées vertes en Bretagne.

2 Eau et ressources

A Le traitement de l'eau

L'eau prélevée d'une rivière doit subir tout une série de traitements avant de pouvoir être considérée comme potable.

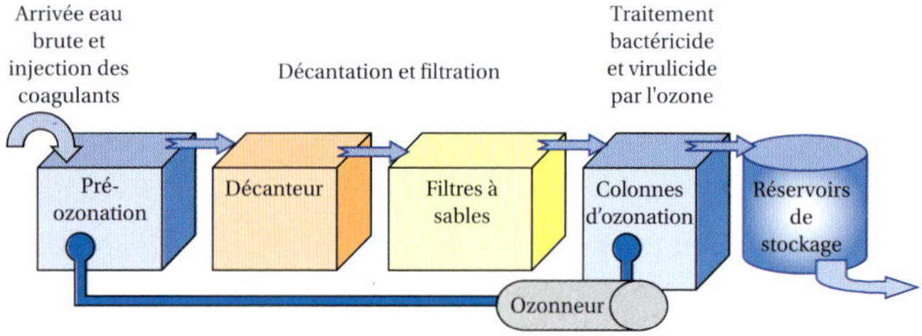

FIGURE 4 **Les étapes du traitement de l'eau**

• **Rôle des coagulants** : il s'agit de composés chimiques contenant des ions métalliques (tels que Fe^{3+} ou Al^{3+}) et des polymères (tels que des polyacrylamides) qui permettent d'agglomérer les colloïdes présents dans l'eau (particules de très petites dimensions en suspension dans l'eau) : c'est la floculation.
• **Rôle du décanteur et des filtres à sable** : la masse des particules agglomérées est telle qu'elles se déposent au fond des réservoirs sous l'effet de la gravité. Elles constituent alors le floc. Dans le décanteur, une fois le dépôt réalisé, on peut séparer la phase liquide (l'eau débarrassée des colloïdes) de la phase solide (le floc). Les filtres à sable permettent de retenir les particules de très petites dimensions n'ayant pu être agglomérées sous l'action des coagulants.
• **Rôle de l'ozone** : l'ozone (gaz de formule O_3) ajouté au début du traitement (pré-ozonation) permet d'éliminer les pesticides et les herbicides éventuellement présents. Il améliore aussi la floculation. En fin de traitement (colonnes d'ozonation), il permet de désinfecter l'eau en la débarrassant des virus et des bactéries. Il présente l'avantage de ne pas rester dans l'eau et ainsi de ne pas laisser de mauvais goût.

B Les ressources dans les océans

Dans une période où les ressources énergétiques et minières commencent à s'épuiser, l'homme se tourne de plus en plus vers l'océan pour y trouver des réserves futures.
• **Hydrates de gaz** : ce sont des molécules d'hydrocarbures légers, tel que le méthane, entourées par des molécules d'eau constituant ainsi une cage autour. Ces hydrates se présentent sous la forme de glace que l'on retrouve au fond des océans et dans les sols gelés arctiques. On estime que d'énormes quantités de gaz (environ 20 millions de kilomètres cubes) sont ainsi stockées dans les océans et peuvent constituer une ressource énergétique pour l'avenir. En effet, un volume d'hydrates de gaz libère environ 160 volumes de gaz.

• **Sulfures hydrothermaux** : ce sont des amas sulfurés (constitués de soufre) produits par l'activité hydrothermale des fonds marins. Ces amas contiennent en outre des métaux tels que l'or, l'argent, le cuivre, le zinc ou le plomb. Leur composition dépend de la zone océanique où l'on se trouve. On estime que ces réserves sous-marines en métaux sont équivalentes aux réserves terrestres connues.

• **Nodules polymétalliques** : ce sont des « cailloux » posés sur les fonds marins renfermant des oxydes métalliques de fer, de nickel, de cuivre, de cobalt ou de manganèse. Leur exploitation à des profondeurs avoisinant les 6 000 mètres constitue aujourd'hui un défi technologique à relever.

3 Eau et énergie

A Les piles à combustible

Les premiers prototypes de pile à combustible datent des années 1950. Ces piles ont l'avantage d'être **non polluantes**, car elles **produisent uniquement de l'eau**. Elles constitueraient donc le générateur idéal des futurs moteurs électriques devant équiper des véhicules. Elles ont trouvé leurs premières applications dans le domaine spatial : alimentation en électricité des missions spatiales Apollo et des navettes spatiales.

> La pile est un générateur électrochimique : elle fournit un courant électrique au circuit aux bornes duquel elle est branchée. Dans la pile, il y a conversion d'énergie chimique en énergie électrique.

Une cellule de pile à hydrogène est constituée de deux électrodes poreuses séparées par un électrolyte (acide dans le cas présent). L'une est alimentée en dioxygène et l'autre en dihydrogène.

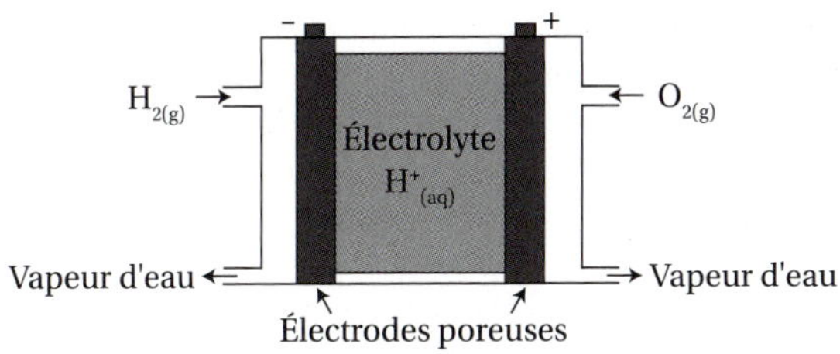

FIGURE 5 **Schéma de principe d'une pile à combustible**

Le couple $H^+_{(aq)}/H_{2(g)}$ est mis en jeu à la borne négative, tandis que le couple $O_{2(g)}/H_2O_{(l)}$ intervient à la borne positive.

Un couple oxydant/réducteur ou redox, est constitué d'un oxydant (susceptible de capter un ou plusieurs électrons) et d'un réducteur (susceptible de donner un ou plusieurs électrons), dans lequel on passe d'un membre du couple à l'autre par un transfert d'électron e^-. Une demi-équation redox est attachée à chaque couple redox :

$$\text{oxydant} + ne^- = \text{réducteur}$$

Les réactions chimiques ayant lieu dans la pile sont des **réactions d'oxydo-réduction** ou **redox**.

Au cours d'une réaction redox, il y a un transfert d'électrons e^- entre l'oxydant d'un couple redox et le réducteur d'un autre couple redox. Il se forme l'oxydant et le réducteur conjugué.

L'équation-bilan de fonctionnement de cette pile est la suivante :

$$O_{2(g)} + 2\,H_{2(g)} \rightarrow 2\,H_2O_{(l)}$$

Au cours de son fonctionnement, la pile produit de l'eau et fournit de l'énergie électrique.
Une pile de tension *U*, fonctionnant pendant une durée Δt et ayant débité un courant d'intensité constante *I*, fournit une énergie électrique E_{elec} égale à :

$$E_{elec} = U \times I \times \Delta t$$

E_{elec} en joules (J)
U en volts (V)
I en ampères (A)
Δt en secondes (s)

La pile à combustible nécessite une production industrielle de dioxygène et de dihydrogène. Le dioxygène peut être extrait de l'air dont il est un des principaux constituants, tandis que le dihydrogène nécessite une préparation à partir de procédés chimiques.

B La production de dihydrogène

Les besoins en dihydrogène dans l'industrie chimique et pétrochimique sont de l'ordre de plusieurs dizaines de milliers de tonnes. Sa production à l'échelle industrielle se fait selon diverses méthodes qui nécessitent l'utilisation de l'eau.

• **Vaporeformage d'hydrocarbures** : la réaction d'hydrocarbures (principalement les gaz tels que le méthane ou l'éthane) sur l'eau permet de produire du dihydrogène, accompagné de dioxyde de carbone. La réaction avec le méthane a pour équation-bilan :

$$CH_{4(g)} + 2\,H_2O_{(g)} \rightarrow 4\,H_{2(g)} + CO_{2(g)}$$

Cette réaction doit être catalysée et a l'inconvénient de produire du dioxyde de carbone qui participe à l'effet de serre.

• **Électrolyse de l'eau** : cette technique consiste à faire passer un courant électrique dans de l'eau entre deux électrodes branchées aux bornes d'un générateur.

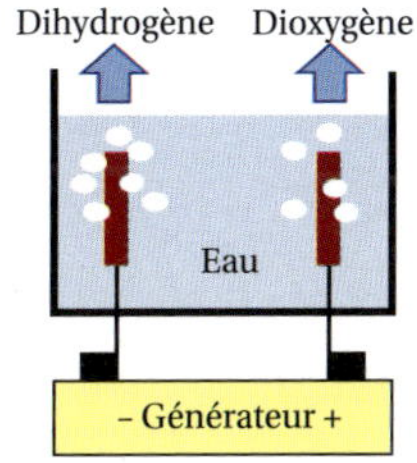

FIGURE 6 **Électrolyse de l'eau**

À l'électrode positive est produit du dioxygène et à l'électrode négative du dihydrogène : il s'agit de réactions redox. L'équation-bilan de fonctionnement de l'électrolyse est celle de la dissociation de l'eau en dihydrogène et en dioxygène :

$$2\,H_2O_{(l)} \rightarrow O_{2(g)} + 2\,H_{2(g)}$$

On constate que c'est la réaction inverse de celle s'effectuant dans la pile à combustible.

Au cours d'une transformation redox dans une pile ou dans un électrolyseur, il se produit deux types de réaction à chacune des électrodes :
– une oxydation à l'électrode appelée anode, qui correspond à une perte d'électrons ;
– une réduction à l'électrode appelée cathode, qui correspond à un gain d'électrons.

L'eau étant très faiblement conductrice, on ajoute dans la solution de l'acide sulfurique qui en solution donne des ions oxonium H_3O^+ et des ions sulfates SO_4^{2-} qui assurent le passage du courant dans l'eau.

Doser les ions oxonium dans une eau de pluie

ÉNONCÉ

On récupère un volume $V_1 = 50,0$ mL d'une eau de pluie que l'on dose avec une solution d'hydroxyde de sodium $\left(Na^{+}_{(aq)} + HO^{-}_{(aq)}\right)$ de concentration connue $C = 2,3 \times 10^{-3}\,mol \cdot L^{-1}$. On obtient la courbe du pH mesuré en fonction du volume V d'hydroxyde de sodium versé.

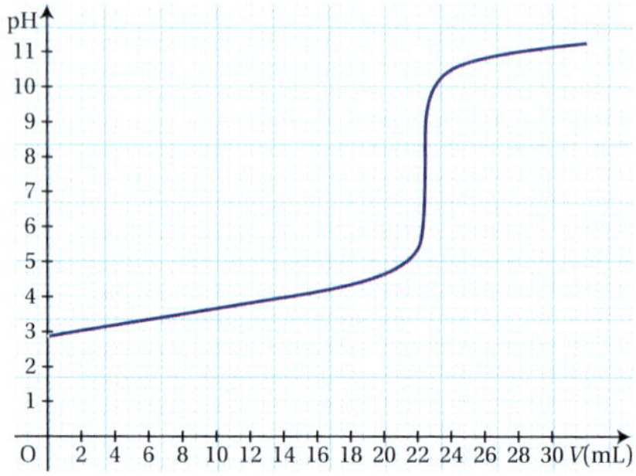

1 Par la méthode des tangentes, déterminer le volume V_{eq} de la solution d'hydroxyde de sodium versé à l'équivalence.

2 Calculer la concentration C_1 en ions oxonium dans l'eau de pluie, sachant que l'équation-bilan de la réaction de dosage est :

$$H_3O^{+}_{(aq)} + HO^{-}_{(aq)} \rightarrow 2\,H_2O_{(l)}$$

3 En déduire le pH de cette eau de pluie. L'eau de pluie peut-elle être qualifiée d'acide ?

4 En quel point de la courbe pourrait-on aussi trouver le pH de cette eau de pluie ?

MÉTHODE

1 Appliquer la méthode des tangentes :

- tracer deux tangentes à la courbe, l'une au début du saut de pH et l'autre à la fin, de telle sorte qu'elles soient parallèles entre elles ;
- tracer un segment perpendiculaire aux deux tangentes et en repérer le centre ;
- tracer une droite passant par le centre repéré et parallèle aux deux tangentes ;

• la droite tracée coupe la courbe $pH = f(V)$ en un point dont l'abscisse correspond au volume équivalent.

2 À l'équivalence, le mélange initial des réactifs est stœchiométrique. Les réactifs ont été introduits dans les proportions stœchiométriques.

3 Appliquer la formule : $pH = -\log[H_3O^+]$

4 Savoir lire l'abscisse d'un point d'une courbe.

CORRIGÉ

1 Par la méthode des tangentes parallèles, on obtient : $V_{eq} = 22,4\ mL$.

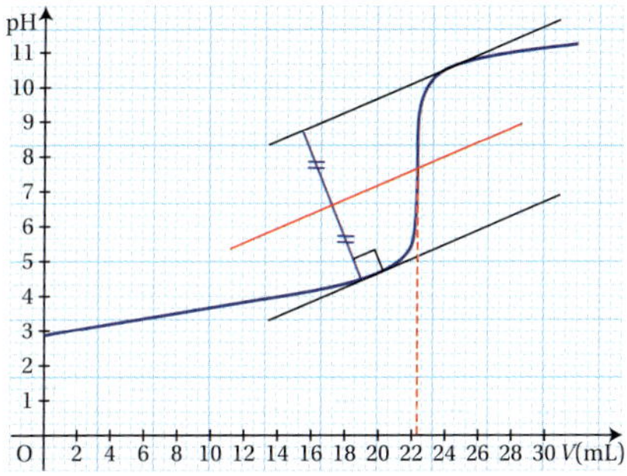

2 À l'équivalence, le mélange initial étant stœchiométrique, on a la relation : $n_1(H_3O^+) = n_{eq}(HO^-)$.

Soit : $C_1 \times V_1 = C \times V_{eq} \Leftrightarrow C_1 = \dfrac{C \times V_{eq}}{V_1}$.

On obtient : $C_1 = 1,0 \times 10^{-3}\ mol \cdot L^{-1}$.

3 Calculons le pH : $pH = -\log C_1 = 3,0$.
Cette eau de pluie est acide car le pH trouvé est inférieur à 5,0.

4 On peut trouver le pH de cette eau de pluie au point d'abscisse $V = 0\ mL$, où la solution d'hydroxyde de sodium n'a pas encore été versée. On trouve par lecture graphique $pH = 2,9$, ce qui est cohérent avec le résultat trouvé à la question 3.

SE TESTER QUIZ

Dans le questionnaire à choix multiple (QCM) suivant, indiquer, pour chaque proposition, la ou les réponses exactes.

1 Les formes particulières du relief sont dues :
- ☐ **a.** à l'érosion chimique des roches
- ☐ **b.** à l'érosion mécanique des roches
- ☐ **c.** aux pluies acides

2 Une eau de pluie est considérée acide si son pH est inférieur à 7.
- ☐ **a.** vrai
- ☐ **b.** faux

3 La décantation est l'une des étapes du traitement de l'eau.
- ☐ **a.** vrai
- ☐ **b.** faux

4 Dans une pile à combustible :
- ☐ **a.** l'eau est l'un des réactifs de la réaction
- ☐ **b.** l'eau est un produit de la réaction

5 L'énergie électrique fournie par une pile a pour expression :
- ☐ **a.** $E_{\text{élec}} = \dfrac{U \times I}{\Delta t}$
- ☐ **b.** $E_{\text{élec}} = \dfrac{U}{1 \times \Delta t}$
- ☐ **c.** $E_{\text{élec}} = U \times I \times \Delta t$

S'ENTRAÎNER

6 Dureté et pH d'une eau potable

Une fois sortie de la station de traitement, une eau potable est caractérisée par toute une série de grandeurs physico-chimiques dont son pH et sa dureté.
La dureté d'une eau nous renseigne sur la quantité totale d'ions alcalino-terreux (essentiellement $Ca^{2+}{}_{(aq)}$ et $Mg^{2+}{}_{(aq)}$) qu'elle contient. Elle mesure par le degré (ou titre) hydrotimétrique TH. Par définition $1\,°TH = 10 \times \left[Ca^{2+}{}_{(aq)} + Mg^{2+}{}_{(aq)}\right]$ soit 10 fois la concentration molaire totale de ces ions exprimée en $mmol \cdot L^{-1}$. Une eau courante a une dureté comprise entre 0 °TH et 50 °TH. Une lessive (ou un savon) est moins efficace dans une eau dont la dureté est supérieure à 30 °TH, car une partie forme des précipités avec les ions calcium ou magnésium : plus une eau est dure, plus il faut ajouter de lessive.
Une eau est potable si son pH est compris entre 6,5 et 8,5. En revanche, il n'y a pas de limite légale à la dureté.

1. Rappeler la formule permettant de calculer le pH à partir de la concentration en ions oxonium H_3O^+. Que peut-on déduire de la valeur du pH ?

2. Compléter le tableau suivant :

	Eau A	Eau B	Eau C
pH	7,5		
$\left[H_3O^+\right]\left(mol\cdot L^{-1}\right)$		$1,3\times10^{-9}$	$1,6\times10^{-8}$
Degré hydrométrique (°TH)		28	
$\left[Ca^{2+}+Mg^{2+}\right]\left(mmol\cdot L^{-1}\right)$	4,5		1,0

3. Quelle est l'eau impropre à la consommation et celle qui nécessiterait un adoucisseur pour un lavage en machine ?

7 Électrolyse de l'eau en laboratoire

On réalise l'électrolyse d'une eau acidifiée par de l'acide sulfurique dans un laboratoire. On constate la formation de dioxygène O_2 à l'électrode positive et la formation de dihydrogène H_2 à l'électrode négative. Les couples redox mis en jeu sont le couple $H^+_{(aq)}/H_{2(g)}$ à la borne négative et le couple $O_{2(g)}/H_2O_{(l)}$ à la borne positive.

1. Écrire l'équation de la réaction ayant lieu à l'électrode positive.

2. Écrire l'équation de la réaction ayant lieu à l'électrode négative.

3. Identifier la cathode et l'anode.

4. Écrire l'équation-bilan de fonctionnement global de l'électrolyse.

5. La mesure des volumes de gaz produits à chaque électrode montre que le volume de dihydrogène est égal au double du volume de dioxygène. Trouver une explication.

8 Dosage d'une eau de pluie

On dose un volume $V_0 = 500,0\,mL$ d'une eau de pluie par une solution d'hydroxyde de sodium de concentration $C_1 = 1,0\times10^{-3}\,mol\cdot L^{-1}$. L'équation-bilan de la réaction de dosage est : $H_3O^+_{(aq)} + HO^-_{(aq)} \rightarrow 2\,H_2O_{(l)}$.

Le dosage pH-métrique nous fournit les coordonnées du point équivalent : $V_{eq} = 3,0\,mL$ et $pH = 7,0$.

1. Calculer la concentration C_0 en ions oxonium dans l'eau de pluie.

2. En déduire le pH de cette eau de pluie. L'eau de pluie peut-elle être qualifiée d'acide ?

3. On dispose de deux indicateurs colorés : le bleu de bromothymol et la phénolphtaléine. Lequel de ces deux indicateurs aurait pu être utilisé pour effectuer un dosage colorimétrique ?
Données : zone de virage du bleu de bromothymol : 6,0 – 7,6 ;
zone de virage de la phénolphtaléine : 8,2 – 10,0.

OBJECTIF BAC

9 Production d'électricité dans l'espace

Les piles à combustible sont utilisées depuis près de quarante ans par les États-Unis. On les retrouve dans les capsules des programmes spatiaux Gemini et Apollo des années 1960 et 1970, jusque dans les navettes spatiales dont le dernier voyage a eu lieu au mois de juillet 2011. À la borne négative (couplée à l'électrode alimentée en dihydrogène) intervient le couple $H^+_{(aq)}/H_{2(g)}$, tandis qu'à la borne positive (couplée à l'électrode alimentée en dioxygène), il s'agit du couple $O_{2(g)}/H_2O_{(l)}$. Dans la pile à combustible, les réactifs sont le dioxygène et le dihydrogène.

1. Établir les équations redox associées à chacune des bornes.

2. Associer le type de réaction qui se déroule à chacune des bornes : oxydation ou réduction.

3. Associer à chacune des bornes leur nom respectif : anode ou cathode.

4. Établir l'équation de la réaction de fonctionnement de la pile.

5. Trouver le combustible de cette pile, sachant que par définition le combustible correspond au réactif qui est oxydé.

6. Une cellule de pile à hydrogène sous une tension $U = 1{,}4$ V et délivrant un courant d'intensité $I = 2{,}2$ A fonctionne durant 6,0 heures. Calculer l'énergie électrique E délivrée.

7. Calculer le volume de dihydrogène consommé par une pile, si une masse $m = 10$ kg de dihydrogène a été nécessaire.
Données : volume molaire des gaz : $V_m = 25{,}0\,L \cdot mol^{-1}$;
masse molaire : $M_H = 1{,}0\,g \cdot mol^{-1}$.

SE TESTER

1 Réponse a et b. Les formes particulières du relief sont dues à l'érosion chimique et mécanique des roches.

2 Réponse b. Faux : une eau de pluie est considérée acide si son pH est inférieur à 5.

3 Réponse a. Vrai : la décantation, qui permet de séparer les phases solide et liquide, est bien l'une des étapes du traitement de l'eau.

4 Réponse b. Dans une pile à combustible, l'eau est un produit de la réaction.

4 Réponse c. L'énergie électrique fournie par une pile a pour expression : $E_{elec} = U \times I \times \Delta t$.

S'ENTRAÎNER

5 Dureté et pH d'une eau potable

1. La formule du pH est : $pH = -\log[H_3O^+]$.

La valeur du pH nous renseigne sur l'acidité de l'eau.

2. Pour compléter le tableau, on utilise les formules suivantes :

$pH = -\log[H_3O^+]$; $[H_3O^+] = 10^{-pH}$; $1°TH = 10 \times [Ca^{2+}_{(aq)} + Mg^{2+}_{(aq)}]$.

	Eau A	Eau B	Eau C
pH	7,5	8,9	7,8
$[H_3O^+]$ $(mol \cdot L^{-1})$	$3{,}2 \times 10^{-8}$	$1{,}3 \times 10^{-9}$	$1{,}6 \times 10^{-8}$
Degré hydrométrique (°TH)	45	28	10
$[Ca^{2+} + Mg^{2+}]$ $(mmol \cdot L^{-1})$	4,5	2,8	1,0

3. L'eau B est impropre à la consommation, car son pH est supérieur au pH autorisé $(8{,}9 > 8{,}5)$; l'eau A est celle qui nécessiterait un adoucisseur pour un lavage en machine, car sa dureté est supérieure à 30 °TH.

7 Électrolyse de l'eau en laboratoire

1. L'équation de la réaction ayant lieu à l'électrode positive est :

$$2\,H_2O_{(l)} = O_{2(g)} + 4\,H^+_{(aq)} + 4e^-$$

2. L'équation de la réaction ayant lieu à l'électrode négative est :

$$2\,H^+_{(aq)} + 2\,e^- = H_{2(g)}$$

3. À l'anode se déroule une oxydation, donc l'électrode positive est l'anode.

À la cathode se déroule une réduction, donc l'électrode négative est la cathode.

4. L'équation-bilan de fonctionnement global de l'électrolyse est la suivante :

$$2\,H_2O_{(l)} \rightarrow O_{2(g)} + 2\,H_{2(g)}$$

5. D'après l'équation-bilan, pour une mole de dioxygène produite, deux moles de dihydrogène sont produites. On a donc la relation : $n(H_2) = 2 \times n(O_2)$.

Les volumes correspondants des gaz ont pour expression :

$$V(H_2) = V_m \times n(H_2)\,;\; V(O_2) = V_m \times n(O_2)$$

où V_m est le volume molaire des gaz.

On en déduit que le rapport des deux volumes s'écrit : $\dfrac{V(H_2)}{V(O_2)} = 2$.

Ceci montre que le volume de dihydrogène est égal au double du volume de dioxygène.

8 Dosage d'une eau de pluie

1. À l'équivalence, le mélange initial étant stœchiométrique, on a la relation : $n_0(H_3O^+) = n_{eq}(HO^-)$.

Soit : $C_0 \times V_0 = C_1 \times V_{eq} \;\Leftrightarrow\; C_0 = \dfrac{C_1 \times V_{eq}}{V_0}$.

On obtient : $C_0 = 6{,}0 \times 10^{-6}\ \text{mol}\cdot\text{L}^{-1}$.

2. Calcul du pH : $pH = -\log C_0 = 5{,}2$.

L'eau de pluie n'est pas qualifiée d'acide, car le pH trouvé est supérieur à 5,0.

3. Le bleu de bromothymol est l'indicateur qui aurait pu être utilisé pour effectuer un dosage colorimétrique, car sa zone de virage contient le pH à l'équivalence.

OBJECTIF BAC

9 Production d'électricité dans l'espace

1. L'équation de la réaction ayant lieu à l'électrode positive est :

$$O_{2(g)} + 4\,H^+_{(aq)} + 4\,e^- = 2\,H_2O_{(l)}$$

L'équation de la réaction ayant lieu à l'électrode négative est :

$$H_{2(g)} = 2\,H^+_{(aq)} + 2\,e^-$$

2. À l'électrode positive se déroule une réduction.

À l'électrode négative se déroule une oxydation.

3. À l'anode a lieu une oxydation, donc l'électrode négative est l'anode.

À la cathode a lieu une réduction, donc l'électrode positive est la cathode.

4. L'équation-bilan de fonctionnement de la pile est la suivante :

$$O_{2(g)} + 2\,H_{2(g)} \rightarrow 2\,H_2O_{(l)}$$

5. Le réactif qui est oxydé est le dihydrogène, qui constitue donc le combustible.

6. L'énergie électrique E délivrée a pour expression : $E_{elec} = U \times I \times \Delta t$.

Soit : $E_{elec} = 1{,}4 \times 2{,}2 \times 6{,}0 \times 3\,600 = 6{,}7 \times 10^4$ J.

7. Le volume correspondant de gaz dihydrogène a pour expression :

$V(H_2) = V_m \times n(H_2)$ où V_m est le volume molaire des gaz.

On a : $n(H_2) = \dfrac{m}{M(H_2)}$ avec $M(H_2) = 2 \times M(H) = 2{,}0\ \text{g} \cdot \text{mol}^{-1}$.

On obtient : $V(H_2) = V_m \times \dfrac{m}{M(H_2)}$.

Soit : $V(H_2) = 25{,}0 \times \dfrac{10 \times 10^3}{2} = 1{,}3 \times 10^5$ L.

www.annabac.com

CHAPITRE

22 Son et musique

En dehors des sons naturels, il existe des sons musicaux qui sont l'œuvre des instruments de musique fabriqués par l'homme depuis l'Antiquité. Comment les instruments de musique produisent-ils des sons ? Quelles sont les caractéristiques de ces sons ? Comment les récepteurs sonores fonctionnent-ils ? Quels phénomènes doit-on prendre en compte pour concevoir l'acoustique d'une salle de concert ?

1 Qu'est ce que le son ?

Le son est une **vibration** qui se transmet **de proche en proche** dans l'air. Pour un son produit par un instrument de musique, on peut définir trois grandeurs liées à sa perception :

- la **hauteur d'un son** : la fréquence d'une onde sonore détermine la hauteur du son ; plus la fréquence d'un son est élevée, plus le son est perçu aigu ;
- l'**intensité sonore** (ou **niveau d'intensité sonore**) : elle est liée à l'amplitude de l'onde sonore. L'intensité sonore s'exprime en décibels (dB). Le son est perçu d'autant plus fort que l'intensité est grande, donc que son amplitude est grande.

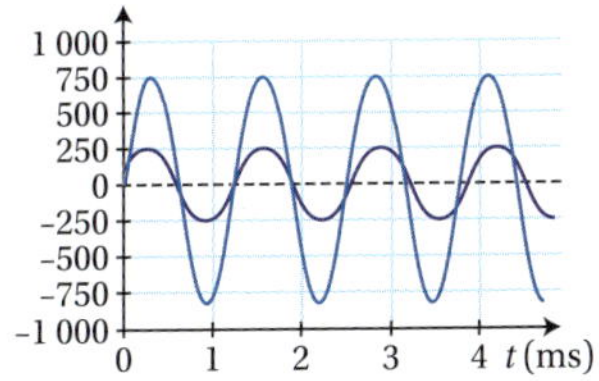

FIGURE 1 **Sons joués par une flûte, de même hauteur mais d'amplitudes différentes**

• le **timbre d'un son** : il permet de différencier des notes de même hauteur et de même intensité sonore jouées par deux instruments différents ; la même note sera perçue différemment par notre oreille selon l'instrument à l'origine du son. Le timbre correspond à la **forme du signal** produit par cet instrument.

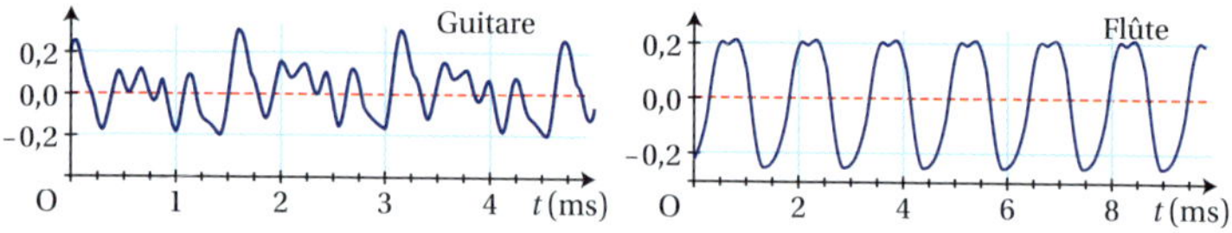

FIGURE 2 Mi_4 (f = 600 Hz) joué à la guitare et à la flûte

2 Les instruments de musique

A La création d'un son musical

- La production d'un son par un instrument de musique passe par deux phases : la première consiste à réaliser une vibration de l'air par un **excitateur** et la seconde consiste à amplifier cette vibration par un **résonateur.**
- Un son est initié par un objet animé d'un mouvement vibratoire : l'excitateur. Une vibration est un mouvement périodique d'oscillation rapide autour d'une position d'équilibre.

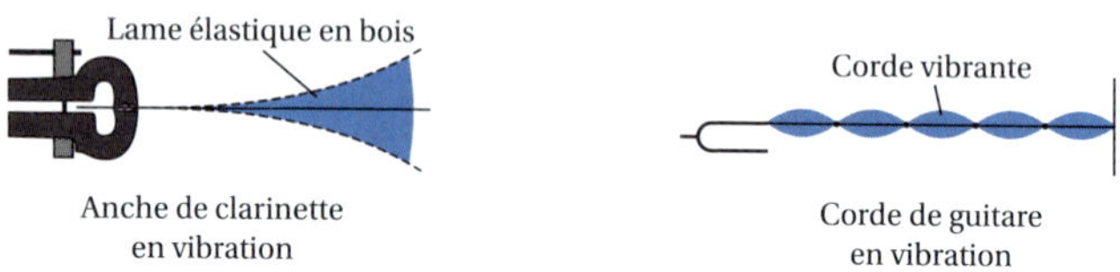

FIGURE 3 Exemples d'excitateurs

- Le résonateur est un système assurant le couplage avec l'air. Lorsqu'il est mis en vibration par l'excitateur, le résonateur produit une onde sonore suffisamment amplifiée pour pouvoir être audible.
- Les résonateurs ne se contentent pas d'amplifier les vibrations, ils jouent également un rôle dans le timbre du son, ce qui permet de distinguer pour une même note différents types d'instruments.
- À chaque type d'instrument de musique correspond un type particulier d'excitateur et de résonateur :

Catégories d'instruments de musique	Excitateur	Résonateur
Instruments à cordes (guitare, violon, violoncelle...)	Corde tendue qui vibre entre deux points fixes	Air contenu dans une caisse de résonance
Instruments à vent (clarinette, hautbois, flûte à bec, cornemuse...)	L'air insufflé peut être mis en vibration par sa rencontre avec une arête rigide appelée biseau ou mettre en vibration une ou deux lamelles élastiques, appelées anches	Colonne d'air qui se trouve à l'intérieur du corps de l'instrument
Instruments à percussion (tambour, xylophone...)	Peaux tendues ou plaques métalliques frappées	Air dans une caisse de résonance

B L'acoustique musicale

L'acoustique musicale permet de relier les caractéristiques physiques du son à la perception de ce son par l'oreille. Lorsque l'on étudie des ondes sonores, on s'aperçoit que chaque son a une forme différente. Certains sont **sinusoïdaux** : on parle alors de **sons purs** ; d'autres sont représentés par une **courbe périodique**, **non sinusoïdale** et de forme complexe : ce sont les **sons complexes**. Les sons musicaux sont des sons complexes dans la plupart des cas.

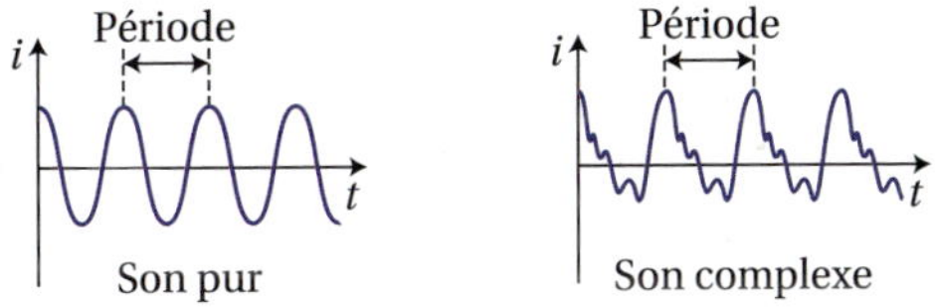

FIGURE 4 Exemple de sons pur et complexe

- Un **son pur** correspond à une onde sonore sinusoïdale dont la fréquence f et l'amplitude sont constantes au cours du temps. Le son du diapason est un exemple de son pur.
- Un **son complexe** est une vibration sonore périodique (non sinusoïdale), qui peut être décomposée en une somme d'ondes sonores sinusoïdales. La vibration dont la fréquence est la plus petite est appelée **fondamental.** Les autres vibrations sont appelées **harmoniques** et leurs fréquences sont des multiples de la fréquence du fondamental.

$$f_n = n \times f_1$$

f_n, fréquence de l'harmonique de rang n
f_1, fréquence du fondamental (ou 1er harmonique)

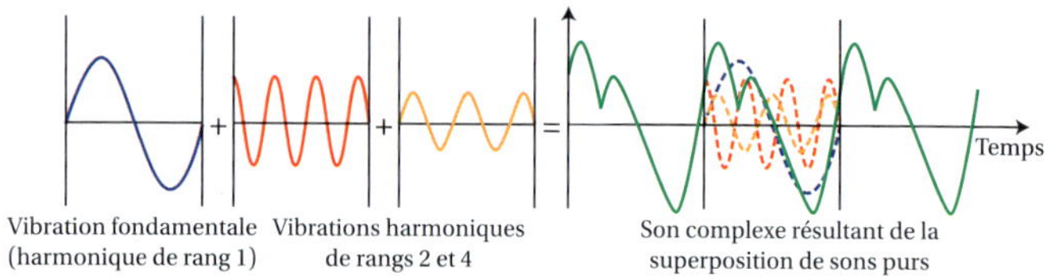

FIGURE 5 **Son complexe résultant de la superposition d'harmoniques de fréquences f_1, $f_2 = 2 \times f_1$ et $f_4 = 4 \times f_1$**

Pour étudier les ondes sonores, on procède à l'**analyse spectrale du son**. Chaque harmonique est représenté sur un graphique (appelé **spectre**) par un segment de droite dont l'abscisse correspond à la fréquence et la hauteur est proportionnelle à l'intensité (ou amplitude) du son.

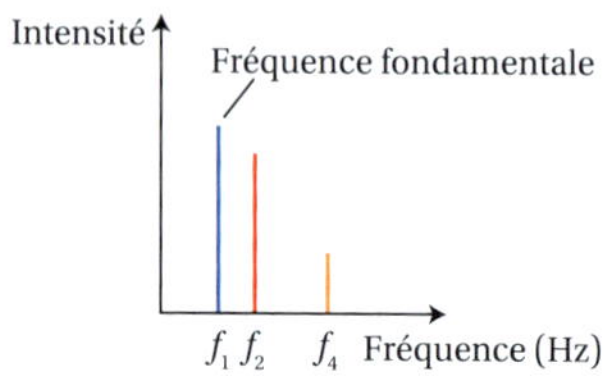

FIGURE 6 **Spectre de fréquence d'un son complexe**

• *Analyse spectrale d'un son pur*

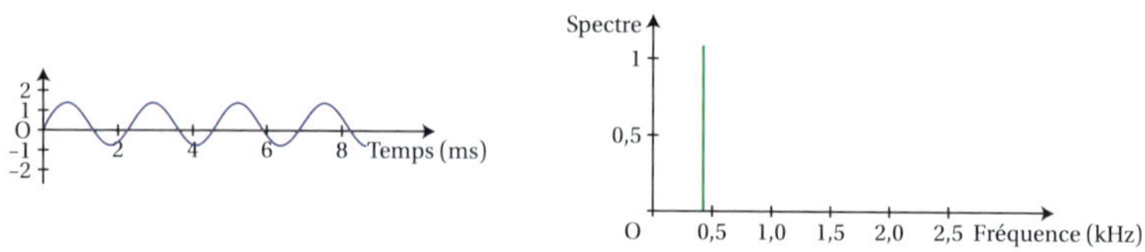

FIGURE 7 **Analyse spectrale du son d'un diapason**

L'analyse spectrale montre que ce son comporte un seul harmonique.

Un son pur comporte un seul harmonique.

• *Analyse spectrale d'un son complexe*

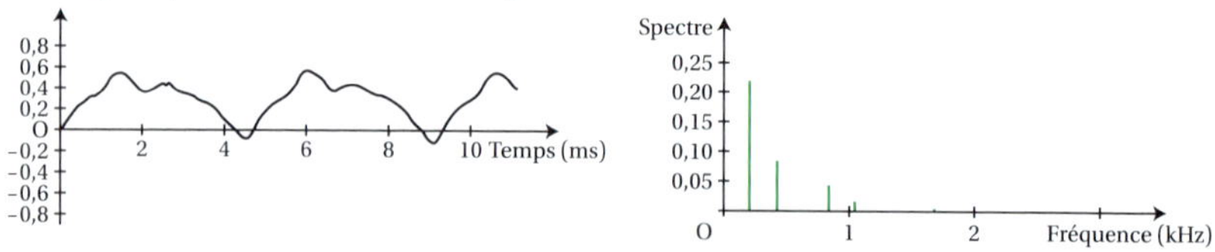

FIGURE 8 **Analyse spectrale d'un son d'une guitare**

L'analyse spectrale révèle la présence de plusieurs harmoniques d'amplitude différentes.

Un son complexe est constitué d'un fondamental et de plusieurs harmoniques. Il n'est pas sinusoïdal.

Le bruit est un mélange de sons différents ayant chacun leur fréquence propre (phénomène non périodique).

Exemple de bruit

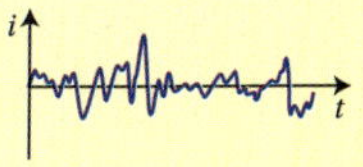

C Gammes et harmonies

Une gamme est une succession de notes dont les combinaisons produisent des effets sonores harmonieux.

Deux notes dont le rapport de fréquences est égal à 2^n sont séparées par n octaves :

$$\frac{f'}{f} = 2^n$$

Exemple : le la_4 et le la_2, qui ont respectivement pour fréquence $f_{la_2} = 220$ Hz et $f_{la_4} = 880$ Hz, sont séparées de deux octaves.

$$\frac{la_4}{la_2} = \frac{880}{220} = 4 = 2^2$$

3 Émetteurs et récepteurs sonores

- Les émetteurs sonores (instruments de musique, cordes vocales, haut-parleur) sont des systèmes mécaniques : ils émettent un son en produisant une vibration de l'air qui est ensuite amplifiée.
- Les récepteurs (oreilles, micro) transforment les vibrations de l'air en influx nerveux ou en tension électrique.

A Les émetteurs sonores

- **La voix** : la production de la voix n'est pas très différente de la production du son par les instruments de musique. Elle s'effectue en trois étapes :

étape 1 : l'appareil respiratoire forme avec les poumons un réservoir d'air. Les poumons envoient de l'air dans le larynx. L'expiration est contrôlée afin d'envoyer la quantité d'air nécessaire au fonctionnement de la production sonore ;
étape 2 : sous l'effet de cet air, les cordes vocales situées dans le larynx se mettent à vibrer en émettant une palette d'ondes sonores de fréquences différentes ;
étape 3 : les cavités buccales et nasales vont filtrer les différentes fréquences produites et en amplifier certaines. Le mouvement des lèvres, de la langue, du voile et de la cavité nasale permet l'articulation et la production des mots.

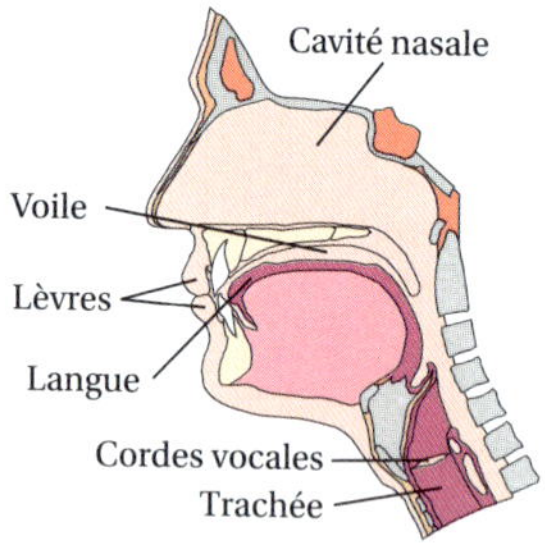

FIGURE 9 Schéma du dispositif de production de la voix

Le haut-parleur : il transforme un signal électrique en une onde sonore. Il est constitué d'une membrane mobile solidaire d'une bobine mobile entourant un aimant.
Sous l'effet du passage d'un courant électrique variable dans la bobine, celle-ci se met en mouvement. Les vibrations de la bobine se font à la même fréquence que celle du courant électrique. La bobine met en mouvement la membrane, ce qui crée un mouvement de l'air et produit ainsi une onde sonore.

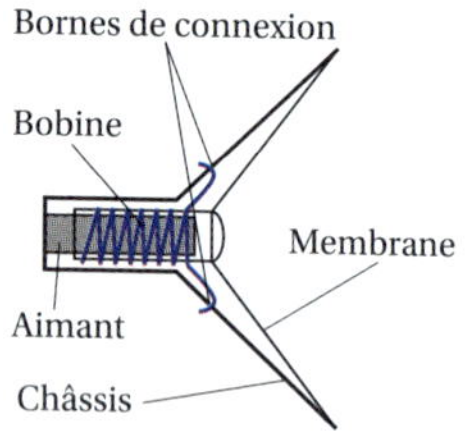

FIGURE 10 Schéma d'un haut-parleur

B Les récepteurs sonores

L'oreille : l'audition est un mécanisme complexe, plusieurs transformations se produisant successivement dans l'oreille. Les sons captés par le pavillon pénètrent dans le conduit auditif externe. Le tympan est mis en vibration dans l'oreille moyenne par les ondes sonores. La chaîne des osselets permet le passage du milieu aérien au milieu liquidien. Dans la cochlée, au cœur de l'oreille interne, les ondes sont transformées en un message électrique acheminé jusqu'au cerveau par le nerf auditif.

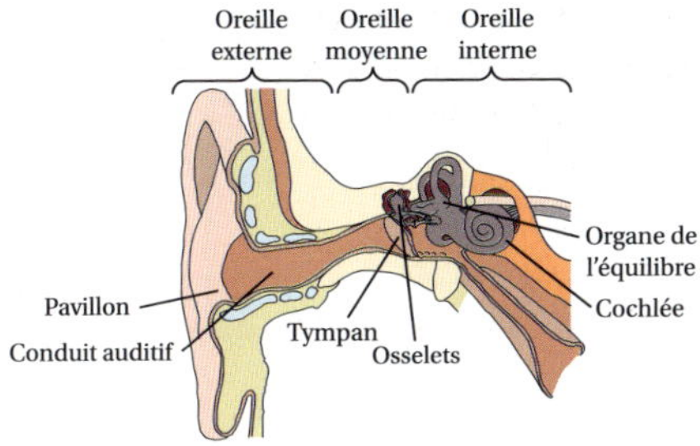

FIGURE 11 **Schéma d'une oreille**

L'oreille perçoit les sons dont les fréquences sont comprises **entre 20 Hz et 20 kHz.** Les fréquences inférieures correspondent aux **infrasons** et les fréquences supérieures aux **ultrasons**.

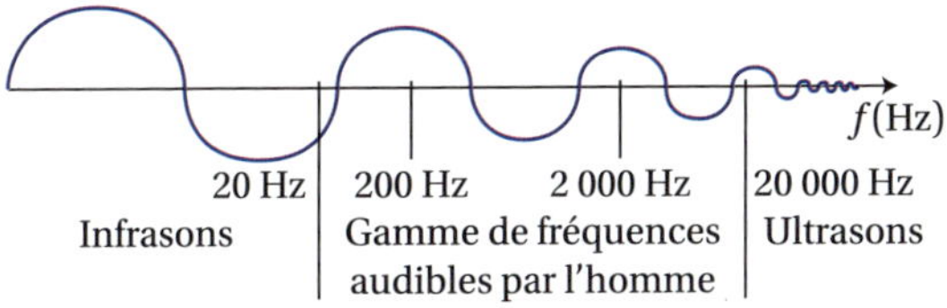

FIGURE 12 **Gamme de fréquences audibles par l'homme**

Certains sons captés par l'oreille provoquent une sensation désagréable, voire douloureuse : cela dépend de la valeur de leur intensité sonore.

L'**intensité sonore** (notée I) est égale à la **puissance sonore reçue par unité de surface**. Elle caractérise la puissance énergétique reçue par l'oreille et s'exprime **en watts par mètre carré** $(\mathbf{W \cdot m^{-2}})$.

Le seuil d'audibilité est égal à $I_0 = 10^{-12}\ \text{W}\cdot\text{m}^{-2}$ et le seuil de la douleur à $I_{max} = 25\ \text{W}\cdot\text{m}^{-2}$.

Pour mieux prendre en compte la sensation physiologique de l'oreille, on définit une grandeur appelée **niveau sonore L** qui est liée à l'intensité sonore I.

$$L = 10 \times \log_{10}\left(\frac{I}{I_0}\right) \quad L \text{ en décibels (dB)}$$

Avec la formule précédente, on exprime le niveau sonore du seuil d'audibilité au seuil de la douleur en décibels comme suit :

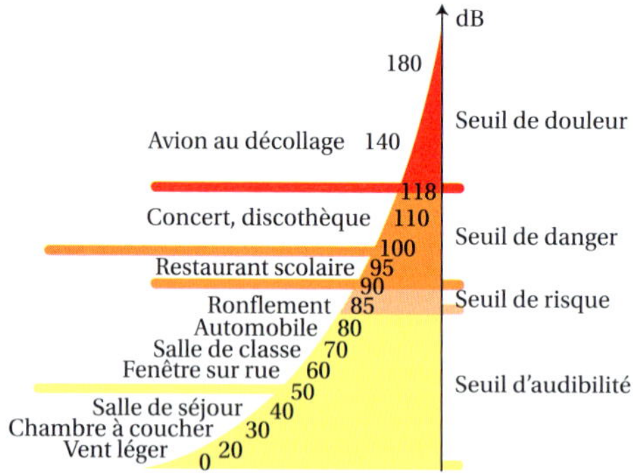

FIGURE 13 **Échelle de sensibilité de l'oreille au niveau sonore**

Le microphone : c'est un dispositif qui convertit des ondes sonores en un signal électrique. Il comporte une partie mobile appelée membrane, qui se met en mouvement sous l'effet des ondes sonores. Les oscillations mécaniques sont alors converties en une tension électrique variable, image électrique du signal sonore. Cette tension électrique peut être amplifiée ou enregistrée.

4 Son et architecture

Dans un espace fermé, une **onde sonore** qui est **émise dans toutes les directions**, se propage dans tout le volume et entre en contact avec les parois ou les obstacles. Ainsi, pour la construction d'un édifice (que ce soit une maison, une gare, une salle de classe ou de concert), les architectes doivent prendre en compte les conditions de propagation et de perception du son. Les principaux facteurs qui interviennent dans la propagation de l'onde sonore sont le type de signal sonore, le milieu de propagation (en général l'air), la nature des parois de l'édifice et des obstacles rencontrés par l'onde.

A La diffusion

La diffusion du son correspond aux changements de direction des ondes sonores provoqués simultanément par les phénomènes de réflexion, de réfraction et de diffraction.

• *Réflexion* : changement de direction de l'onde sonore arrivant sur une paroi avec un angle d'incidence donné et qui est réfléchie.

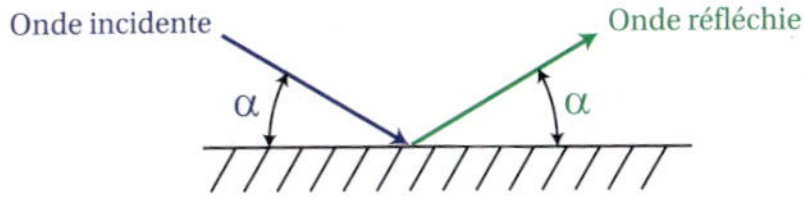

FIGURE 14 **Réflexion d'une onde sonore sur une paroi**

• *Réfraction* : changement de direction de l'onde sonore dû aux variations de sa vitesse de propagation dans le milieu.
• *Diffraction* : changements de direction de l'onde sonore provoqués par les obstacles rencontrés.

B L'absorption

L'absorption correspond à la perte d'une partie de l'énergie de l'onde sonore incidente, provoquée simultanément par les phénomènes de réfraction, de transmission et de dissipation.

C La réverbération

La réverbération est un phénomène qui peut altérer la qualité de l'écoute d'un auditeur. Lorsque des ondes sonores rencontrent un obstacle, elles s'y réfléchissent. Dans une très grande pièce, les murs, le sol et le plafond réverbèrent le son : celui-ci arrive donc aux oreilles de l'auditeur avec un léger décalage qui est fonction de la distance parcourue lorsque la réverbération intervient.

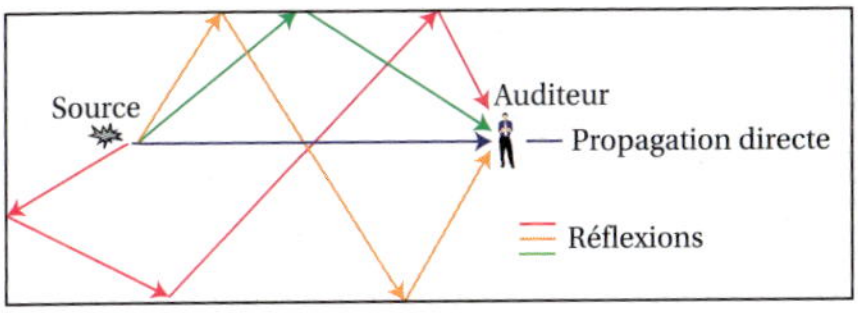

FIGURE 15 **Réverbération d'une onde sonore**

Le **temps de réverbération T_R** est le temps mis par un son pour s'atténuer de 60 dB dans un local fermé. Si T_R est trop petit, le local est qualifié de « sec » ou « lourd », tandis que si T_R est trop grand, le local devient réverbérant (c'est l'effet « cathédrale »).
Le temps T_R est donné par la formule de Sabine :

$$T_R = \frac{0{,}16 \times V}{A}$$

T_R en secondes (s)
V, volume de la pièce en mètres cube (m^3)
A, aire d'absorption en mètres carré (m^2)

Dans les salles de concert, les surfaces sont conçues dans un matériau qui absorbe le son afin de réduire les phénomènes de réverbération à leur minimum et de permettre à tous les spectateurs d'entendre la musique en même temps. Si le décalage de perception par l'auditeur entre l'onde sonore émise et l'onde réfléchie est supérieur à 50 ms, alors l'oreille distingue deux sons décalés dans le temps : on dit qu'il y a **écho.**

Dans les **salles sourdes,** la réverbération est supprimée : les parois sont conçues pour absorber totalement les ondes sonores et supprimer toute réverbération du son.

Analyser le spectre de fréquence d'un son

ÉNONCÉ

On réalise l'analyse spectrale d'un son complexe :

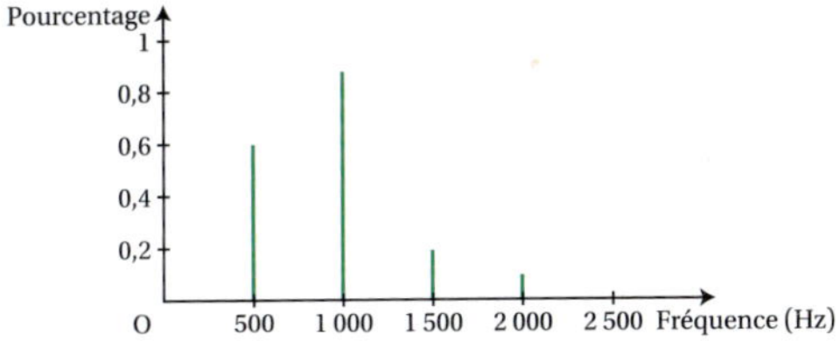

1 Déterminer la valeur de la fréquence du fondamental de ce son.

2 Déterminer le nombre d'harmoniques dont il est composé.

3 Quelle est la fréquence de l'harmonique ayant la plus grande amplitude ?

4 On dispose du signal d'un son pur :

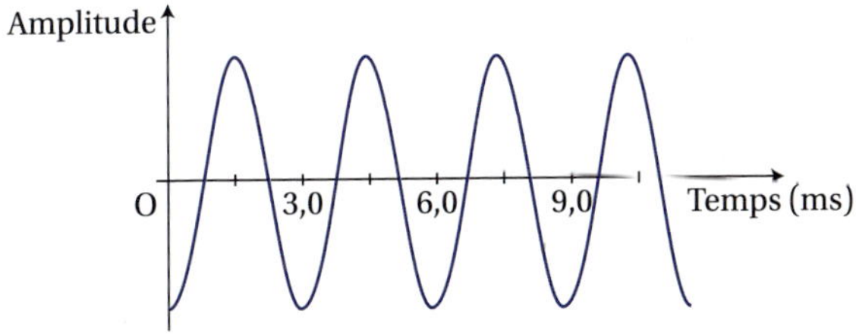

Est-ce que ce son pur correspond à l'un des harmoniques du son complexe étudié ? Justifier.

MÉTHODE

1 La fréquence du fondamental d'un son complexe a la plus petite valeur dans le spectre de fréquence.

2 À chaque harmonique correspond une fréquence différente.

3 La hauteur est proportionnelle à l'amplitude de l'harmonique associée.

4 ▶ Déterminer graphiquement la période du signal.

▶ Relier la période du signal à sa fréquence par la relation :

$f = \frac{1}{T}$ où f est exprimée en hertz (Hz) et T en secondes (s).

▶ Les fréquences des harmoniques sont des multiples de la fréquence du fondamental.

CORRIGÉ

1 La fréquence du fondamental est égale à 500 Hz.

2 Le spectre est composé de 4 barres dont l'une correspond au fondamental. Le son étudié contient donc 3 harmoniques.

3 La hauteur de la barre étant proportionnelle à l'amplitude du son associé, on en déduit que l'harmonique de fréquence égale à 1 000 Hz est celle qui a la plus grande amplitude.

4

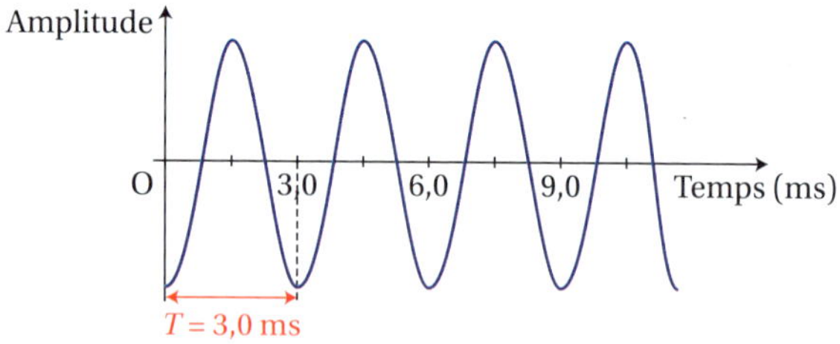

Le son pur a une période de 3,0 ms ;

soit une fréquence : $f' = \frac{1}{T} = \frac{1}{3{,}0 \times 10^{-3}} = 3{,}3 \times 10^{2}$ Hz.

Il n'existe aucun entier n tel que $f' = n \times f_1$, donc le son pur étudié ne peut pas être un des harmoniques du son complexe analysé.

SE TESTER QUIZ

Dans le questionnaire à choix multiple (QCM) suivant, indiquer, pour chaque proposition, la ou les réponses exactes.

1 Un son complexe est un son difficile à entendre.
- ☐ **a.** vrai
- ☐ **b.** faux

2 Un haut-parleur transforme un signal magnétique en une onde sonore.
- ☐ **a.** vrai
- ☐ **b.** faux

3 Quelle est l'expression du niveau sonore L ?
- ☐ **a.** $L=10\times\log_{10}\left(\dfrac{I}{I_0}\right)$
- ☐ **b.** $L=10\times\log_{10}\left(\dfrac{I_0}{I}\right)$
- ☐ **c.** $L=\log_{10}\left(\dfrac{I}{I_0}\right)$

4 L'homme distingue les ondes sonores de fréquences comprises entre :
- ☐ **a.** 1 et 10 Hz
- ☐ **b.** 20 et 20 000 Hz
- ☐ **c.** 400 et 40 000 Hz

5 Comme une onde lumineuse, une onde sonore peut être diffractée.
- ☐ **a.** vrai
- ☐ **b.** faux

S'ENTRAÎNER

6 Les différents types de sons

Déterminer pour chacun des signaux ci-dessous s'il s'agit d'un son pur, d'un son complexe ou d'un bruit. Justifier les réponses.

a.
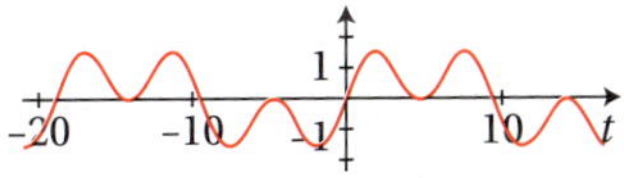

b.
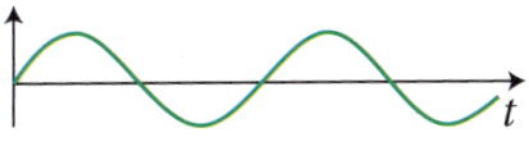

c.
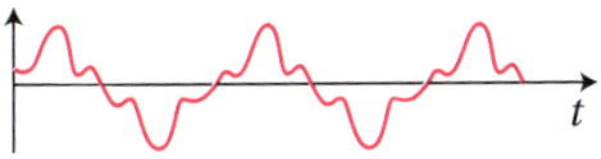

d.
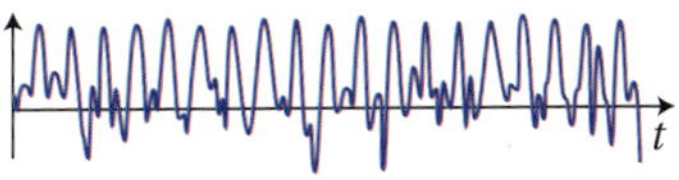

7 Fréquences d'harmoniques

La fréquence fondamentale d'une note jouée par un violon est de 330 Hz. Parmi les fréquences suivantes, quelles sont celles des harmoniques de la note émise ?

$f_1 = 33\,\text{Hz}$, $f_2 = 115\,\text{Hz}$, $f_3 = 660\,\text{Hz}$, $f_4 = 440\,\text{Hz}$, $f_5 = 990\,\text{Hz}$.

8 Bavardages en cours de physique

Sur une séance de deux heures de cours de physique, après la première heure certains élèves se déconcentrent et commencent à bavarder. Au départ ce ne sont que des murmures qui passent progressivement à des conversations.

1. Quel est le niveau d'intensité sonore correspondant à un élève qui murmure ?

2. Quel est le niveau sonore produit dans la salle par cinq élèves qui murmurent en émettant tous un son de même intensité sonore ?

3. L'intensité est multipliée par 100 lorsque le bavardage d'un élève passe du murmure à la conversation. Quel est le niveau sonore du bruit que produisent les cinq élèves pendant leur conversation ?

4. Le temps de réverbération de la salle de classe étant de 0,65 s pour les sons considérés, déterminer le volume de la salle de classe.

Données :

l'intensité sonore produite par un murmure est $I_m = 2{,}0 \times 10^{-10}\ \text{W} \cdot \text{m}^{-2}$;

le seuil d'audibilité est fixé à $I_0 = 1{,}0 \times 10^{-12}\ \text{W} \cdot \text{m}^{-2}$;

l'aire d'absorption équivalente est $A = 41{,}6\ \text{m}^2$.

OBJECTIF BAC

9 Propagation d'une onde sonore dans une salle de concert

Un chanteur d'opéra décide de préparer son concert dans une salle de spectacle de type « Zénith ».

1. Dans quelles directions le son émis par le chanteur va-t-il se propager ?

2. De quels facteurs va dépendre la propagation du son dans la pièce ?

3. Quels phénomènes physiques vont modifier la direction de propagation du son émis par le chanteur ?

4. À partir du graphique ci-dessous, déterminer le temps de réverbération de la salle de spectacle.

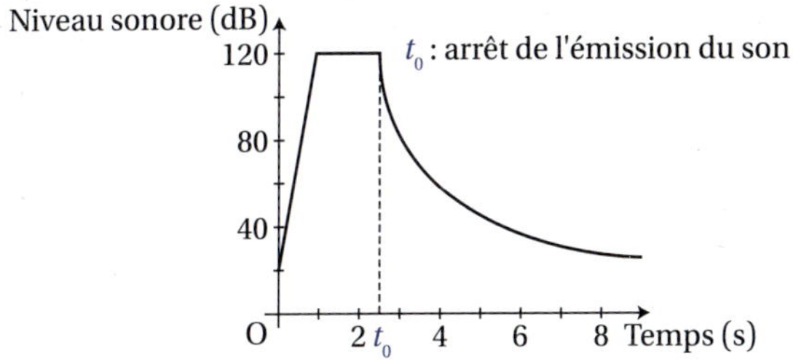

5. Sachant que le coefficient d'absorption équivalente pour cette salle est $A = 2\,229\ \text{m}^2$, en déduire le volume de la salle.

6. Le chanteur émet un son de fréquence fondamentale $f_1 = 130\ \text{Hz}$. Calculer les fréquences des 3e et 4e harmoniques.

7. Pour l'accompagner, un pianiste joue des notes de fréquences comprises entre $f = 65{,}4\ \text{Hz}$ et $f' = 2\,093{,}0\ \text{Hz}$. Sur combien d'octaves le pianiste joue-t-il ?

SE TESTER

1 Réponse b. Faux : un son complexe est un son qui est périodique mais pas sinusoïdal.

2 Réponse b. Faux : un haut-parleur transforme un signal électrique en une onde sonore.

3 Réponse a. Le niveau sonore L a pour expression : $L = 10 \times \log_{10}\left(\dfrac{I}{I_0}\right)$

4 Réponse b. L'homme distingue les ondes sonores de fréquences comprises entre 20 et 20 000 Hz.

5 Réponse a. Vrai : une onde sonore peut être diffractée, comme une onde lumineuse.

S'ENTRAÎNER

6 Les différents types de sons

Le son *a* est un son complexe, car il est périodique mais pas sinusoïdal.
Le son *b* est un son pur, car il est sinusoïdal.
Le son *c* est un son complexe, car il est périodique mais pas sinusoïdal.
Le son *d* est un bruit, car il n'est pas périodique.

7 Fréquences d'harmoniques

Les fréquences f des harmoniques sont des multiples de la fréquence fondamentale f_0, soit : $f = n \times f_0$ avec n entier.

$f_1 = 33 = \dfrac{330}{10} = \dfrac{f_0}{10}$: ce n'est pas une fréquence d'harmonique de la note ;

$f_2 = 115 = \dfrac{330}{2} = \dfrac{f_0}{2}$: ce n'est pas une fréquence d'harmonique de la note ;

$f_3 = 660 = 2 \times 330 = 2 \times f_0$: c'est une fréquence d'harmonique de la note ;

$f_4 = 440 = 1{,}3 \times 330 = 1{,}3 \times f_0$: ce n'est pas une fréquence d'harmonique de la note ;

$f_5 = 990 = 3 \times 330 = 3 \times f_0$: c'est une fréquence d'harmonique de la note.

8 Bavardages en cours de physique

1. On applique la formule : $L = 10 \times \log_{10}\left(\dfrac{I_m}{I_0}\right)$

Soit : $L = 10 \times \log_{10}\left(\dfrac{2{,}0 \times 10^{-10}}{1{,}0 \times 10^{-12}}\right) = 23\ \text{dB}$.

2. On applique la formule : $L = 10 \times \log_{10}\left(\dfrac{I_{\text{m},5}}{I_0}\right)$

avec $I_{\text{m},5} = 5 \times I_\text{m} = 10 \times 10^{-10}\ \text{W} \cdot \text{m}^{-2}$.

Soit : $L = 10 \times \log_{10}\left(\dfrac{10 \times 10^{-10}}{1{,}0 \times 10^{-12}}\right) = 30\ \text{dB}$.

3. $I_{\text{c},5} = 100 \times I_{\text{m},5} = 10 \times 10^{-8}\ \text{W} \cdot \text{m}^{-2}$.

On applique la formule : $L = 10 \times \log_{10}\left(\dfrac{I_{\text{c},5}}{I_0}\right)$.

Soit : $L = 10 \times \log_{10}\left(\dfrac{10 \times 10^{-8}}{1{,}0 \times 10^{-12}}\right) = 50\ \text{dB}$.

4. On applique la formule : $T_\text{R} = \dfrac{0{,}16 \times V}{A}$.

On en déduit : $V = \dfrac{T_\text{R} \times A}{0{,}16}$.

Soit : $V = \dfrac{0{,}65 \times 41{,}6}{0{,}16} = 1{,}7 \times 10^2\ \text{m}^3$.

OBJECTIF BAC

9 Propagation d'une onde sonore

1. Le son est émis dans toutes les directions.

2. La propagation du son dans la pièce va dépendre du type d'onde sonore, du milieu de propagation, de la nature des parois de la salle et des obstacles rencontrés par l'onde.

3. Les phénomènes physiques qui peuvent modifier la propagation du son émis par le chanteur sont la diffusion (réflexion, réfraction et diffraction) et l'absorption (réfraction, transmission et dissipation).

4. Sachant que le temps de réverbération T_R est le temps mis par un son pour s'atténuer de 60 dB dans un local fermé, on obtient par détermination graphique : $T_\text{R} = 1{,}5\ \text{s}$.

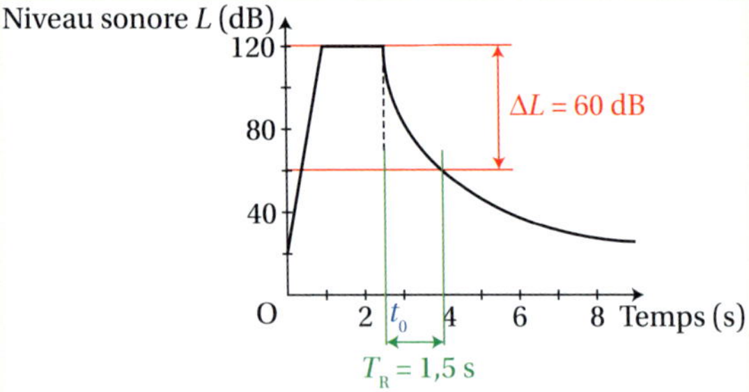

5. On applique la formule : $T_R = \frac{0{,}16 \times V}{A}$.

On en déduit : $V = \frac{T_R \times A}{0{,}16}$.

Soit : $V = \frac{1{,}5 \times 2\,229}{0{,}16} = 2{,}1 \times 10^4\ m^3$.

6. On applique la formule $f_n = n \times f_1$.

Pour la troisième harmonique $n = 3$, donc $f_3 = 3 \times 130 = 390\ Hz$.

Pour la quatrième harmonique $n = 4$, donc $f_4 = 4 \times 130 = 520\ Hz$.

7. On utilise la formule : $\frac{f'}{f} = 2^n$

où n est le nombre d'octaves entre les deux notes.

Soit : $\frac{f'}{f} = 32 = 2^5$.

Le pianiste joue sur 5 octaves.

www.annabac.com

CHAPITRE

23 Les matériaux

Tous les objets nécessaires à l'activité humaine sont fabriqués à partir de différentes matières que l'on appelle matériaux. De nos jours, le nombre de matériaux à notre disposition est très grand. Le choix des matériaux lors de l'élaboration d'un nouvel objet dépend de leurs propriétés chimiques ou physiques et de l'utilisation prévue pour l'objet.

1 Les grandes catégories de matériaux

A Les matériaux métalliques

Ils présentent naturellement un éclat métallique caractéristique et ont la propriété de réfléchir la lumière. Leurs températures de changement d'état sont élevées et ce sont de bons conducteurs du courant électrique et de la chaleur.
Exemples : le cuivre, le fer, l'aluminium, le zinc, etc.

Un matériau est d'autant plus conducteur du courant électrique que sa conductivité électrique σ (exprimée en $S \cdot m^{-1}$) est grande et conduit d'autant mieux la chaleur que sa conductivité thermique λ (en $W \cdot m^{-1} \cdot K^{-1}$) est grande.

B Les matériaux organiques

Ils contiennent tous l'élément carbone. Ils ont comme principale propriété de brûler facilement (réaction d'oxydation par le dioxygène de l'air). Ce sont de mauvais conducteurs du courant électrique et de la chaleur.
Exemples : les matières plastiques, le bois, le papier, les textiles, etc.

C Les matériaux céramiques

Ils ont une température de fusion très élevée. Ce sont de très bons isolants électriques et ils conduisent mal la chaleur.
Exemples : la porcelaine, le verre, le carbure de tungstène, l'oxyde de zirconium, etc.

2 Cycle de vie des matériaux

A Élaboration des matériaux

On peut distinguer deux voies d'élaboration : celle qui consiste à extraire puis à isoler le matériau du milieu naturel dans lequel il se trouve, et celle où le matériau est synthétisé à partir d'espèces chimiques appelées matières premières.

Élaboration des métaux

Les métaux se trouvent dans le sous-sol terrestre soit à l'état natif (c'est-à-dire pur) tels que l'argent ou l'or, soit combinés à d'autres éléments chimiques (comme l'oxygène ou le soufre) tels que l'aluminium, le fer ou le zinc. L'enjeu est donc d'extraire ces métaux des minerais et de pouvoir les obtenir avec le degré de pureté le plus élevé : c'est le rôle de l'industrie métallurgique.

La métallurgie du fer

La préparation se fait dans des **hauts fourneaux** (FIGURE 1). Un mélange de minerai (contenant une grande quantité d'oxyde de fer Fe_2O_3) et de coke (carbone presque pur) est placé au sommet du haut fourneau. À la base, se trouvent insufflées de grandes quantités d'air chaud à l'aide de tuyères. Le dioxygène de cet air, au contact du coke, permet la formation du monoxyde de carbone CO selon l'équation :

$$O_{2(g)} + 2\,C_{(s)} \rightleftharpoons 2\,CO_{(g)}$$

Le monoxyde de carbone ainsi formé réalise les réductions successives des oxydes Fe_2O_3 puis Fe_3O_4 et enfin FeO, qui conduisent à la **fonte** (composée de fer métallique) selon les équilibres suivants :

$$3\,Fe_2O_3 + CO \rightleftharpoons 2\,Fe_3O_4 + CO_2$$

$$Fe_3O_4 + CO \rightleftharpoons 3\,FeO + CO_2$$

$$FeO + CO \rightleftharpoons Fe + CO_2$$

La fonte obtenue, appelée fonte d'affinage, est du fer liquide ayant dissous une petite quantité de carbone. Une étape supplémentaire est nécessaire pour obtenir les aciers (par action du dioxygène dans des ateliers spécifiques).

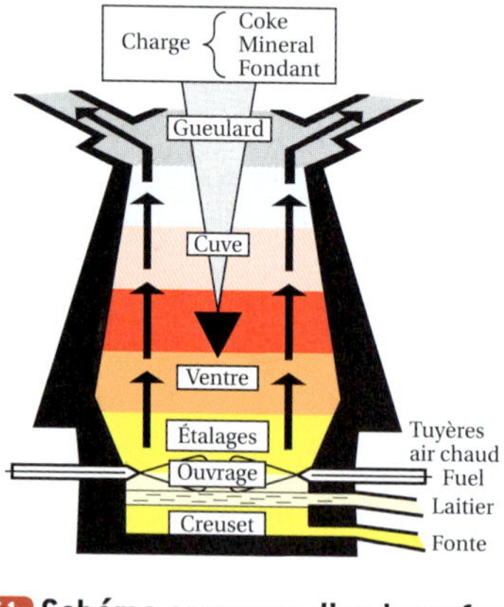

FIGURE 1 **Schéma en coupe d'un haut fourneau**

Fonte : entre 2,1 % et 6,7 % en masse de carbone.
Acier : moins de 2,1 % en masse de carbone.

L'hydrométallurgie d'un métal

L'hydrométallurgie est une technique qui consiste à mettre en solution sous forme ionique le métal à extraire afin de le séparer des autres constituants du minerai, en particulier des autres métaux présents. Cette technique s'effectue en trois étapes principales :

- la **lixiviation** : il s'agit de l'étape où on solubilise le métal présent dans le minerai par l'attaque d'un acide ou d'une base ;
- la **purification** : on sépare le métal recherché des autres par un procédé chimique ;
- l'**électrolyse** : on transforme l'ion métallique en métal solide afin de le récupérer.

Les préparations du cuivre et du zinc incluent une étape où l'on utilise l'hydrométallurgie.

Élaboration des matières plastiques

Les matières plastiques sont des **polymères**, c'est-à-dire des molécules comportant un très grand nombre d'atomes (pouvant aller jusqu'à plusieurs centaines de milliers) et dont la masse molaire est très grande. Ces molécules sont appelées **macromolécules**. Les applications des polymères sont innombrables car la diversité de leurs propriétés permet de fabriquer des matériaux adaptés à un très grand nombre d'usage : emballages alimentaires ou de produits chimiques, jouets, boîtes de rangements, pièces automobiles ou d'ordinateurs, etc.

La fabrication de ces matières plastiques se fait par une **réaction de polymérisation**. Au cours de cette réaction, les molécules d'un même composé appelé **monomère** s'associent pour former le polymère : il s'agit d'une simple addition des molécules sans élimination.

L'équation-bilan de la réaction de polymérisation est la suivante :

$$n \quad \underset{\text{Monomère}}{A{-}CH{=}CH_2} \longrightarrow \underset{\text{Polymère}}{\left[\underset{|\atop A}{CH}{-}CH_2 \right]_n}$$

Tous les monomères possèdent une double liaison C=C. En fonction de la nature du groupement A, on distingue les différents monomères :

Nom du monomère	Éthylène	Propène	Chlorure de vinyle	Styrène
Formule de A	H	CH_3	Cl	C_6H_5
Nom du polymère	Polyéthylène	Polypropylène	Polychlorure de vinyle	Polystyrène

B Corrosion et protection des métaux

L'altération d'un métal par un oxydant (tel que le dioxygène) correspond au phénomène de **corrosion** du métal. Au cours de la réaction, le métal est oxydé en l'un de ces oxydes.

La corrosion du fer

La corrosion du fer correspond à une attaque du dioxygène et de l'eau qui transforme le fer en un mélange d'oxydes de fer et d'hydroxydes de fer (la **rouille**) selon le schéma suivant :

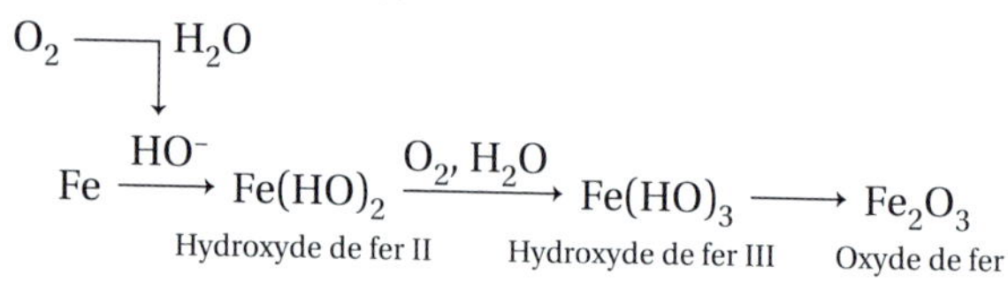

Le rôle protecteur du zinc

Pour protéger le fer d'une oxydation au contact du dioxygène, on le recouvre d'une couche protectrice de zinc : cette opération appelée **électrozingage** s'effectue au cours d'une électrolyse.

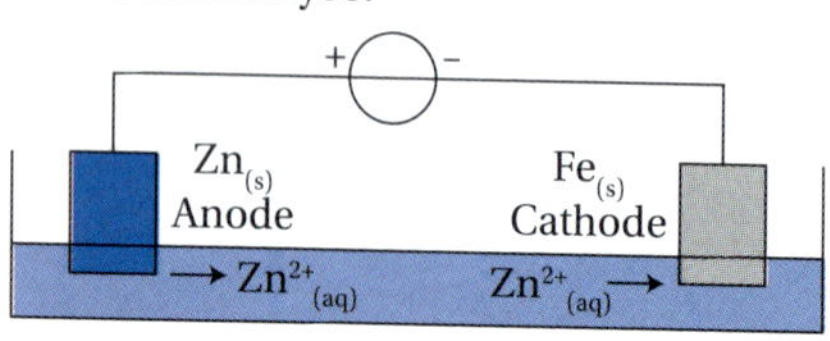

FIGURE 2 **Schéma de l'électrozingage**

COMPRENDRE LE PRINCIPE D'UNE ÉLECTROLYSE

Une électrolyse consiste à faire passer un courant électrique dans un liquide contenant des ions. À l'électrode positive (appelée anode), il s'effectue une oxydation, tandis qu'à l'électrode négative (appelée cathode), il s'effectue une réduction.

Dans le cas de l'électrozingage, le métal zinc est oxydé en ions zinc II à l'anode, tandis les ions zinc II sont réduits en métal zinc à la cathode. Il se forme donc un dépôt de zinc sur la cathode qui est constituée de fer : le fer est ainsi recouvert d'une couche protectrice de zinc.

Le dioxygène réagit préférentiellement avec le zinc qu'avec le fer. Le zinc protège ainsi le fer d'une éventuelle corrosion en s'oxydant à sa place.

C Recyclage et élimination

Recyclage des matières plastiques

Parmi les différentes matières plastiques fabriquées, on distingue deux grandes familles :

- les **thermoplastiques** : sous l'action de la chaleur, ces plastiques se ramollissent et peuvent passer à l'état liquide. Cette propriété les rend très intéressants pour le moulage de pièces en plastique.

Exemples : le polyéthylène (bouteille, sac), le polychlorure de vinyle (tuyaux d'évacuation, jouets) ;

- les **thermodurcissables** : sous l'action de la chaleur, ces matières plastiques durcissent progressivement et se solidifient.

Exemples : la résine urée-formol (panneaux de particules), la résine mélamine-formaldéhyde (plan de travail des cuisines)…

Seuls les plastiques thermoplastiques sont recyclables. Après une étape de tri sélectif où les impuretés sont éliminées, ces plastiques sont lavés afin de supprimer les étiquettes, les colles et les souillures persistantes. Après cette phase, un broyage est opéré et les copeaux sont jetés dans un bain d'eau : les plastiques plus denses que l'eau se dépose au fond du bac tandis que les moins denses flottent à la surface de l'eau. Cette étape permet de séparer les plastiques « légers » des plastiques plus « lourds ». Après séparation et séchage, on produit des paillettes ou des billes de plastiques prêtes à être utilisées par l'industrie : par chauffage et moulage, on peut alors fabriquer de nouveaux objets.

Les plastiques non recyclables peuvent être soit enfouis soit incinérés dans des usines d'incinération où s'opère une valorisation énergétique de leur combustion : l'énergie libérée est récupérée et utilisée.

Recyclage des métaux

Le recyclage des métaux s'effectue par un tri sélectif des objets métalliques jetés. Grâce à ce tri, près de 30 % du cuivre, 50 % de l'aluminium et 40 % du fer sont recyclés, ce qui permet de protéger les ressources minières (qui sont limitées) et de réaliser des économies substantielles d'énergie (car la production de métaux en consomme beaucoup).

3 Structure et propriétés des matériaux

A Les propriétés physiques

On étudie les propriétés physiques des matériaux en les soumettant à des contraintes extérieures telles que l'éclairage par une lumière, une variation de la température ou le passage d'un courant électrique

Conducteurs, isolants et semi-conducteurs

Dans un **conducteur électrique**, les électrons externes des atomes sont peu liés au noyau et peuvent donc se déplacer librement dans le réseau cristallin : ceci est à l'origine de la conductivité électrique des métaux.

Les matières plastiques ne contiennent pas d'électrons libres, ce qui explique leur propriété d'**isolant électrique**.

Les **semi-conducteurs** (tels que le silicium ou le germanium) présentent des propriétés électriques intermédiaires entre les isolants et les conducteurs. Pour des températures proches de zéro kelvin (–273 °C environ), les semi-conducteurs sont isolants et leurs propriétés conductrices deviennent de plus en plus marquées lorsque la température augmente.

Le **modèle quantique des bandes d'énergie** permet de comprendre les propriétés électriques des différents matériaux. Les interactions entre les atomes entraînent la formation de bandes d'énergie permises, séparées par des bandes interdites.

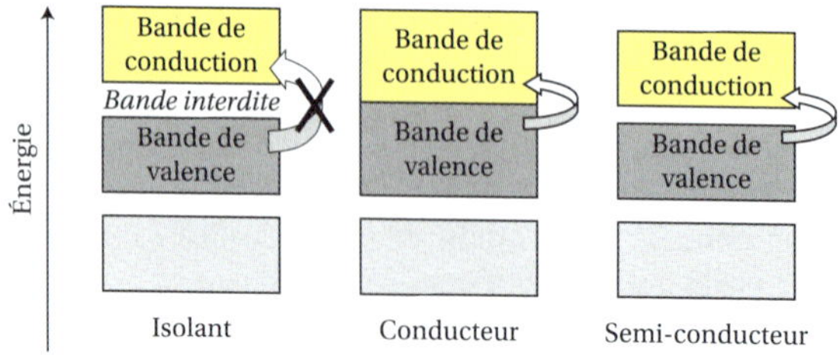

FIGURE 3 **Bandes d'énergie des matériaux**

La dernière bande totalement occupée par les électrons est la **bande de valence** et la bande située juste au-dessus est la **bande de conduction**. La conduction électrique est liée à la bande de conduction qui permet aux électrons de circuler librement dans le solide.

- Pour un isolant, la bande interdite située entre la bande de valence et la bande de conduction est suffisamment haute (de l'ordre de 5 électronvolts) pour qu'il soit impossible à un électron de pouvoir passer sur la bande de conduction.

• Pour un conducteur, les deux bandes se chevauchent : les électrons ont alors à leur disposition un très grand nombre de niveaux d'énergie accessibles, ce qui explique les propriétés conductrices.
• Pour un semi-conducteur, la hauteur de la bande interdite est suffisamment faible (de l'ordre de 1 électronvolt) pour autoriser son franchissement lorsque la température du matériau augmente : les électrons de valence ont alors suffisamment d'énergie pour passer sur la bande de conduction.

Supraconducteurs

Il s'agit de matériaux dont la résistance électrique s'annule brusquement en-dessous d'une température. Historiquement, le premier supraconducteur découvert est le mercure (en 1911) qui, en dessous d'une température de 4 K perd subitement toute résistance électrique : il ne s'oppose plus au passage du courant. Depuis cette date, d'autres supraconducteurs ont été découverts et les températures auxquelles la transition se fait est en constante augmentation : le record est détenu par une céramique (fabriquée en 1993) dont la température de transition est de 138 K.

Cristaux liquides

Il s'agit de matériaux caractérisés par un état intermédiaire entre l'état liquide et l'état solide. Ils sont constitués pour la plupart de molécules organiques ayant soit une forme allongée, soit une forme de disque plat. Il existe au sein des cristaux liquides à la fois un ordre (les molécules s'orientent les unes par rapport aux autres) et un certain désordre car les molécules peuvent soit glisser soit se déplacer les unes par rapport aux autres.

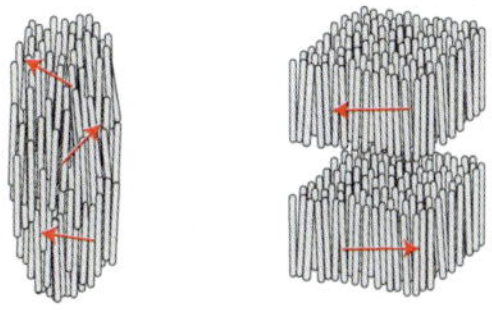

FIGURE 4 **Structures de cristaux liquides**

Les cristaux liquides ont des propriétés optiques qui les rendent très intéressants : éclairés par une lumière et soumis à une tension électrique, il s'opère un changement de l'orientation des molécules, ce qui entraîne une modification de l'éclairage de la cellule contenant les cristaux. Ce phénomène est à l'origine des écrans LCD que l'on retrouve dans les téléviseurs ou les écrans d'ordinateurs.

Matériaux photovoltaïques

L'effet photovoltaïque correspond à la capacité que possèdent certains matériaux à convertir directement la lumière du Soleil en courant électrique. Les panneaux photovoltaïques constituent aujourd'hui une voie de développement prometteuse et en grande expansion concernant la production « verte » d'énergie électrique. Le photovoltaïque possède de nombreuses qualités (énergie renouvelable, faible impact environnemental...) et son principal inconvénient est son intermittence (en cas de couverture nuageuse).

B Les propriétés chimiques

Il s'agit du comportement des matériaux au cours d'interactions avec d'autres substances chimiques.

Les tensioactifs

Les savons et les détergents permettent d'éliminer des salissures sur divers supports. Leur pouvoir nettoyant est dû aux agents actifs qu'ils contiennent : les tensioactifs. Ce sont des composés organiques qui permettent de détacher puis de disperser les salissures dans l'eau en modifiant l'adhérence entre le textile et la tâche.

Le pouvoir détergent des tensioactifs est dû au fait que ces molécules présentent un caractère **amphiphile** : on trouve au sein de la structure moléculaire une partie à la fois hydrophile (qui a une affinité pour l'eau) et lipophobe (qui ne retient pas les graisses), et une autre partie à la fois hydrophobe et lipophile.

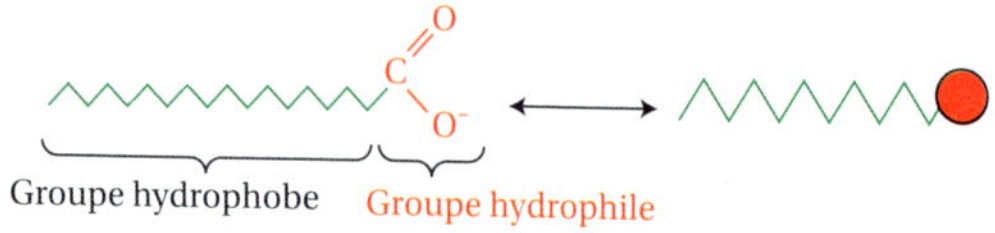

FIGURE 5 **Représentation d'une molécule de tensioactif**

Mode d'action d'un tensioactif

• Dans l'eau, les molécules de tensioactif forment des micelles (FIGURE 6a) : il s'agit de structures où les parties hydrophiles sont au contact de l'eau tandis que les parties lipophiles se rassemblent au centre de la structure afin de minimiser le contact avec l'eau. En présence d'une tâche de corps gras, la partie lipophile (et hydrophobe) du tensioactif se lie au corps gras et la partie hydrophile s'oriente vers l'extérieur, au contact des molécules d'eau (FIGURE 6b).

• Les molécules s'insinuent entre le textile et la tâche pour former une couche qui entoure totalement la tâche. La tâche se désolidarise alors du textile (FIGURE 6c). Au moment du rinçage, l'eau entraîne ce mélange corps gras-tensioactif.

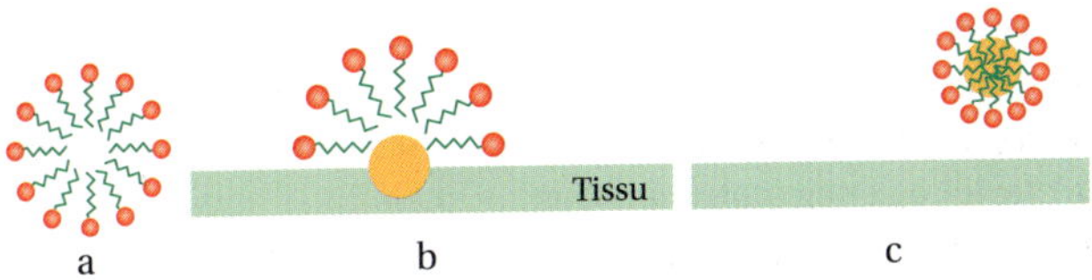

FIGURE 6 **Étapes du mode d'action d'un tensioactif**

• Les tâches de fruits ou de terre peuvent être éliminées de la même façon. Ces tâches étant d'origine ionique, les molécules de tensioactif forment alors une bicouche.

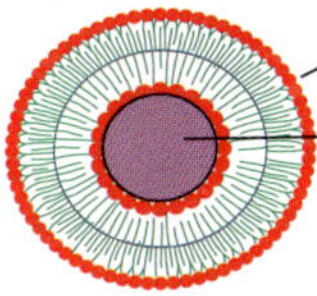

FIGURE 7 **Formation d'une bicouche de molécules tensioactives**

Les colles et les adhésifs

L'adhésion entre deux matériaux ne peut se faire que s'ils sont séparés l'un de l'autre d'une distance de l'ordre du nanomètre $(10^{-9}\ \text{m})$. L'adhésion naturelle est donc très rare et il est nécessaire de réaliser une adhésion indirecte à l'aide d'une colle ou d'un adhésif.

Les colles sont liquides et les adhésifs sont déformables afin d'assurer une bonne adhérence, c'est-à-dire assurer un contact intime avec les surfaces des matériaux à assembler, compte tenu de leurs reliefs microscopiques.

4 Les nouveaux matériaux

A Les nanomatériaux

Les **nanomatériaux** sont composés de **nanoparticules** qui sont des assemblages de plusieurs dizaines ou centaines d'atomes formant des objets dont les dimensions sont de l'ordre de la centaine de nanomètres $(10^{-7}\ \text{m})$.

Exemple : le nanotube de carbone. C'est une molécule de forme tubulaire composée d'atomes de carbone qui sont liés les uns aux autres en formant des hexagones.

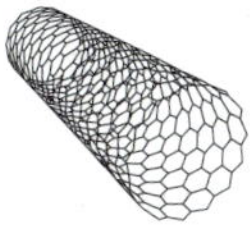

FIGURE 8 **Représentation d'un nanotube de carbone**

L'utilisation de nanoparticules dans un matériau peut le rendre à la fois plus résistant et plus durable. Cependant, leur utilisation dans des produits courants (cosmétiques, peintures...) reste très controversée en raison de leurs risques sanitaires et environnementaux.

Domaine	Exemple
Sport	Cadres de vélo, raquettes de tennis...
Médical	Filtre anti-UV des crèmes solaires...

B Les matériaux composites

Un matériau composite est un solide composé d'au moins deux constituants dont les propriétés complémentaires permettent de réaliser un matériau à haute performance. Un matériau composite est constitué d'un renfort qui assure la tenue mécanique et d'une matrice qui assure la liaison entre les fibres du renfort. On trouve des matériaux composites naturels (tel que le bois dont le renfort est en cellulose et la matrice en lignine) et des matériaux composites synthétiques (tel que le béton armé où le renfort est une ossature métallique dans laquelle est coulé du ciment qui joue le rôle de matrice).

C Les céramiques et les verres

Les céramiques sont réalisées par solidification à haute température d'une pâte humide, ou par agglutination par chauffage (frittage) d'une poudre sèche préalablement comprimée, sans passer par une phase liquide. Elles ont en général une **structure cristalline** (arrangement régulier et périodique d'atomes), parfois associée à une phase **amorphe** (structure désordonnée des atomes à moyenne et grande distance). Lorsque la majorité est amorphe, on parle de **vitrocéramique** et lorsque la totalité est amorphe, on parle de **verre**.

D Les matériaux biocompatibles

Un **biomatériau** est un matériau d'origine naturelle ou artificielle, utilisé dans la fabrication de dispositifs médicaux qui sont mis en contact avec des tissus biologiques (la peau, les os, les dents ou le sang). Un biomatériau est **biocompatible** lorsqu'il n'a pas d'effets négatifs sur l'environnement biologique dans lequel il est appelé à fonctionner.

Analyser une méthode de préparation d'un matériau

ÉNONCÉ

Une étape de l'élaboration de l'aluminium

La bauxite est le minerai le plus utilisé pour produire l'aluminium. Elle contient essentiellement de l'alumine sous forme hydratée et des oxydes de fer III. La première étape est la séparation de l'alumine des autres constituants du minerai, en particulier du fer. L'électrolyse de l'alumine à l'état fondu permet de produire le métal aluminium.

Les hydroxydes d'aluminium

Les ions aluminium Al^{3+} réagissent avec les ions hydroxydes HO^- pour donner des hydroxydes d'aluminium : $Al(HO)_3$ insoluble dans l'eau et $Al(HO)_4^-$ soluble dans l'eau. En fonction du pH, l'une ou l'autre de ces espèces est prédominante.

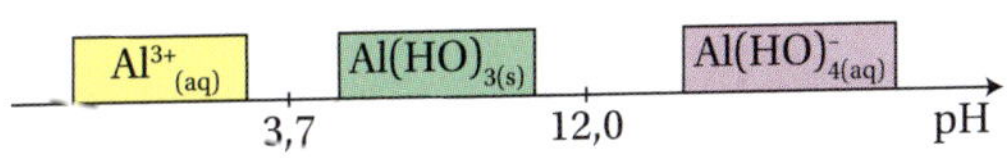

L'hydroxyde de fer III

Les ions fer III Fe^{3+} réagissent avec les ions hydroxydes HO^- pour donner l'hydroxyde de fer III $Fe(HO)_3$ insoluble dans l'eau. En fonction du pH, l'une ou l'autre de ces espèces est prédominante.

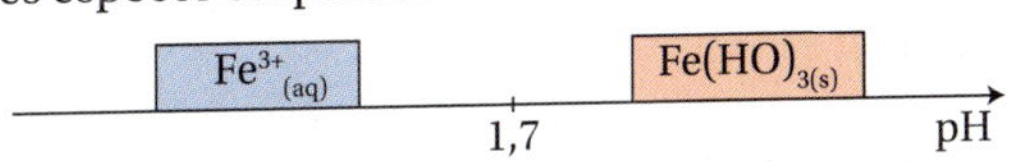

Séparation de l'aluminium et du fer dans la bauxite

Pour simplifier, on admettra que la bauxite contient les espèces $Al(OH)_3$ et $Fe(OH)_3$. Pour isoler l'alumine du fer on procède à une lixiviation de la bauxite.

1 Qu'est-ce qu'une lixiviation ?

2 L'attaque de la bauxite est réalisée par de la soude. Le minerai est solubilisé et on obtient une solution aqueuse dont le pH est égal à 9,0. On constate qu'il se forme une phase solide : quelle est sa composition ?

3 On poursuit l'ajout de soude jusqu'à atteindre un pH égal à 13. La composition de la phase solide va-t-elle changer ? Quel métal va-t-on retrouver dans la phase liquide ?

4 On procède à une filtration. Quelle phase doit-on récupérer pour poursuivre la préparation de l'aluminium ?

MÉTHODE

1 Connaître la définition de la lixiviation.

2, **3** et **4** Utiliser les diagrammes de prédominances des hydroxydes d'aluminium et de fer en fonction du pH et identifier les hydroxydes solubles et insolubles dans l'eau.

CORRIGÉ

1 Il s'agit de l'étape où l'on solubilise le métal présent dans le minerai. Ceci est obtenu par l'attaque d'un acide ou d'une base sur le minerai.

2 Pour un pH égal à 9, les espèces prédominantes sont $Al(HO)_3$ qui est insoluble dans l'eau et $Fe(HO)_3$ qui est aussi insoluble dans l'eau. On en déduit que la phase solide est un mélange des deux hydroxydes : $Al(HO)_3$ et $Fe(HO)_3$.

3 Pour un pH égal à 13, les espèces prédominantes sont $Al(HO)_4^-$ qui est soluble dans l'eau et $Fe(HO)_3$ qui est insoluble dans l'eau. On en déduit que la phase solide va changer de composition : il ne reste que l'hydroxyde $Fe(HO)_3$.

Dans la phase liquide, on retrouve l'hydroxyde $Al(HO)_4^-$: le métal présent dans la phase liquide est donc l'aluminium.

4 Après la filtration, il faut garder la phase liquide qui est celle qui contient l'aluminium.

SE TESTER QUIZ

Dans le questionnaire à choix multiple (QCM) suivant, indiquer, pour chaque proposition, la ou les réponses exactes.

1 Les matériaux bons conducteurs thermiques et électriques sont :
- ☐ **a.** les céramiques ☐ **b.** les métaux ☐ **c.** les matériaux organiques

2 Une céramique peut être utilisée comme gaine isolante électrique.
- ☐ **a.** vrai ☐ **b.** faux

3 La corrosion correspond à une réaction entre un métal et le dihydrogène.
- ☐ **a.** vrai ☐ **b.** faux

4 En hydrométallurgie :
- ☐ **a.** l'eau est un réactif ☐ **b.** l'eau est un solvant

5 Les matériaux supraconducteurs ont la propriété :
- ☐ **a.** d'être d'autant plus conducteurs que la température augmente
- ☐ **b.** de voir leur résistance s'annuler au-dessous d'une certaine température
- ☐ **c.** de voir leur résistance s'annuler au-dessus d'une certaine température

S'ENTRAÎNER

6 Identifier la nature d'un matériau

On dispose de trois matériaux notés A, B et C dont quelques propriétés sont données dans le tableau suivant :

	Matériau A	Matériau B	Matériau C
Conductivité électrique σ $(S \cdot m^{-1})$	4×10^{-8}	6×10^{-5}	2×10^{-10}
Conductivité thermique λ $(W \cdot m^{-1} \cdot K^{-1})$.	0,12	150	1,5
Température de fusion (°C)	130	990	1 800

1. Identifier à quelle famille appartient chacun des matériaux.

2. Quel est le matériau qui pourra être brûlé ?

7 Préparation d'un polymère

La préparation du polychlorure de vinyle (PVC), matériau utilisé dans la fabrication des canalisations, est effectuée à partir du chlorure de vinyle de formule $CH_2{=}CHCl$.

1. Écrire l'équation-bilan de la réaction de polymérisation.

2. La masse d'une molécule de polymère est égale à $m = 1{,}245 \times 10^{-19}\,g$. Trouver le nombre n de monomères qui se sont associés pour former le polymère.
Données : masses molaires : $M_H = 1{,}0\,g \cdot mol^{-1}$; $M_C = 12{,}0\,g \cdot mol^{-1}$; $M_{Cl} = 35{,}5\,g \cdot mol^{-1}$; constante d'Avogadro : $N_A = 6{,}02 \times 10^{23}\,mol^{-1}$.

8 Action du dioxygène sur les matériaux

1. Comment s'appelle la réaction caractéristique du dioxygène sur un matériau organique ?

2. Comment s'appelle la réaction du dioxygène sur un matériau métallique qui va alors s'altérer ?

3. Écrire l'équation-bilan de la réaction entre le dioxygène O_2 et l'éthylène $CH_2{=}CH_2$ sachant qu'il se forme de l'eau et du dioxyde de carbone.

4. En déduire l'équation-bilan de la réaction entre le polyéthylène et le dioxygène pour un polymère fabriqué à partir de 1 000 monomères.

5. Quel métal utilise-t-on pour protéger le fer du dioxygène ? Écrire l'équation de sa réaction avec le dioxygène.
Données : couples redox $Zn^{2+}_{(aq)}/Zn_{(s)}$ et $O_{2(g)}/H_2O_{(l)}$.

OBJECTIF BAC

9 Traitement de l'aluminium

L'aluminium est un métal dont l'utilisation industrielle ne date que du début du XXe siècle. Le secteur de l'emballage a été révolutionné par ce métal, qu'il s'agisse des boîtes de boissons (200 milliards de boîtes vendues chaque année dans le monde) ou des feuilles d'aluminium d'épaisseur voisine de 10 µm, présentes dans toutes les cuisines. Sa faible densité $(d = 2{,}7)$ en fait un constituant de choix pour les alliages utilisés dans l'industrie des transports, de la bicyclette (cadre « alu ») à la fusée Ariane (36 t d'aluminium par fusée). L'aluminium se couvre spontanément à l'air d'une fine couche d'alumine Al_2O_3 qui le protège contre la corrosion ; mais cette couche ne possède que quelques nanomètres d'épaisseur et se détériore facilement. L'anodisation consiste à produire par électrolyse une couche d'alumine plus épaisse (de 5 à 25 µm d'épaisseur). Le matériel nécessaire à l'électrolyse est le suivant :

- un électrolyte : $2\,H^+_{(aq)} + SO^{2-}_{4\,(aq)}$ de concentration de $2\,mol \cdot L^{-1}$;
- un générateur idéal de tension réglé sur 12 V.
- une anode en aluminium Al ;
- une cathode en plomb Pb.

1. Réaliser le schéma de l'électrolyse.

2. Quelles sont les réactions susceptibles de se produire à la cathode ? On considère que le plomb est inerte.

3. À l'anode a lieu l'oxydation de l'aluminium en alumine. Écrire l'équation correspondante.

4. Sachant que l'unique produit à la cathode est un dégagement gazeux de dihydrogène, en déduire l'équation globale de l'électrolyse.

5. Au cours de l'électrolyse, la couche d'alumine se forme sur les deux faces de la plaque d'aluminium, de surface *S*. L'épaisseur de la couche sur une plaque est uniforme et se note *e*.

a. Exprimer le volume *V* d'alumine formée en fonction de *S* et *e*.

b. Exprimer le même volume *V* en fonction de la masse volumique $\rho_{Al_2O_3}$, de la quantité d'alumine formée $n_{Al_2O_3}$, et de la masse molaire de l'alumine $M_{Al_2O_3}$.

c. Déduire des deux questions précédentes une expression de l'épaisseur *e*.

d. Sachant que la quantité d'alumine formée au cours de l'électrolyse est égale à $n_{Al_2O_3} = 1{,}2 \times 10^{-3}$ mol, calculer l'épaisseur *e* en micromètres.

e. Est-ce que cette épaisseur sera suffisante pour assurer une protection efficace de la plaque d'aluminium ?

Données :

couples redox $SO^{2-}_{4\,(aq)}/SO_{2(g)}$; $H^+_{(aq)}/H_{2(g)}$; $O_{2(g)}/H_2O_{(l)}$; $Al_2O_{3(s)}/Al_{(s)}$;

$\rho_{Al_2O_3} = 3{,}2\,g \cdot cm^{-3}$; $M_{Al_2O_3} = 102{,}0\,g \cdot mol^{-1}$; $S = 10\,cm^2$.

SE TESTER

1 Réponse b. Les matériaux bons conducteurs thermiques et électriques sont les métaux.

2 Réponse a. Vrai : une céramique peut être utilisée comme gaine isolante car c'est un très bon isolant électrique.

3 Réponse b. Faux : la corrosion correspond à une réaction entre un métal et le dioxygène.

4 Réponse b. En hydrométallurgie, l'eau est un solvant.

5 Réponse b. Les matériaux supraconducteurs ont la propriété de voir leur résistance s'annuler au-dessous d'une certaine température.

S'ENTRAÎNER

6 Identifier la nature d'un matériau

1. Le matériau C est une céramique car il est isolant, mauvais conducteur thermique et possède une température de fusion très élevée.
Le matériau B est un métal car il est à la fois bon conducteur électrique et thermique.
Le matériau A est organique car c'est à la fois un mauvais conducteur électrique et thermique, et sa température de fusion n'est pas très élevée.

2. Le matériau qui pourra être brûlé est le matériau A.

7 Préparation d'un polymère

1. L'équation-bilan de la réaction de polymérisation est la suivante :

$$n \quad \underset{\text{Monomère}}{Cl-CH=CH_2} \longrightarrow \underset{\text{Polymère}}{\left[\begin{array}{l} CH-CH_2 \\ | \\ Cl \end{array} \right]_n}$$

2. Calculons la masse molaire du polychlorure de vinyle :
$M = 2 \times M_C + 3 \times M_H + M_{Cl} = 62{,}5\ g \cdot mol^{-1}$.
Calcul de la masse d'une molécule de polychlorure de vinyle sachant que dans une mole on trouve un nombre de molécules égal au nombre d'Avogadro :
$m_e = \dfrac{M}{N_A} = 1{,}04 \times 10^{-22}$ g.

On en déduit le nombre n de monomères associés :

$$n=\frac{m}{m_e}=\frac{1{,}245\times10^{-19}}{1{,}04\times10^{-22}}=1{,}20\times10^3.$$

8 Action du dioxygène sur les matériaux

1. La réaction du dioxygène sur un matériau organique est la combustion.

2. La réaction du dioxygène sur un matériau métallique est la corrosion.

3. L'équation-bilan de la réaction entre le dioxygène et l'éthylène est la suivante :

$$CH_2=CH_2+3\,O_2\rightarrow2\,CO_2+2\,H_2O$$

4. Le polymère a pour formule : $\left[CH_2-CH_2\right]_{1\,000}$

L'équation-bilan de la réaction entre le polyéthylène et le dioxygène est la suivante :

$$\left[CH_2-CH_2\right]_{1\,000}+3\,000\,O_2\longrightarrow2\,000\,CO_2+2\,000\,H_2O$$

5. Le métal utilisé pour protéger le fer du dioxygène est le zinc.
Les demi-équations redox sont les suivantes :

$$Zn_{(s)}=Zn^{2+}{}_{(aq)}+2\,e^-$$

$$O_{2(g)}+4\,H^+{}_{(aq)}+4\,e^-=2\,H_2O_{(l)}$$

L'équation de la réaction du zinc avec le dioxygène est donc :

$$2\,Zn_{(s)}+O_{2(g)}+4\,H^+{}_{(aq)}\rightarrow2\,Zn^{2+}{}_{(aq)}+2\,H_2O_{(l)}$$

OBJECTIF BAC

9 Traitement de l'aluminium

1. Schéma de l'électrolyse :

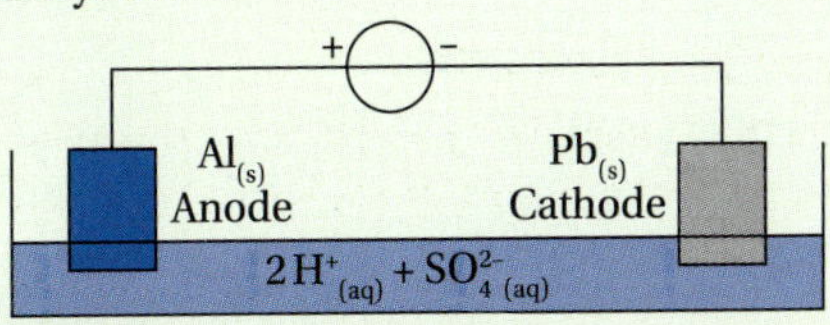

2. Les réactions susceptibles de se produire à la cathode sont les suivantes, sachant qu'il s'agit de réductions :

$SO_{4\,(aq)}^{2-} + 4\,H^{+}_{(aq)} + 2\,e^{-} = SO_{2(g)} + 2\,H_2O_{(l)}$

$2\,H^{+}_{(aq)} + 2\,e^{-} = H_{2(g)}$

3. À l'anode, l'équation correspondant à l'oxydation de l'aluminium en alumine est la suivante :

$$2\,Al_{(s)} + 3\,H_2O_{(l)} = Al_2O_{3(s)} + 6\,H^{+}_{(aq)} + 6\,e^{-}$$

4. L'équation globale de l'électrolyse a pour expression :

$$2\,Al_{(s)} + 3\,H_2O_{(l)} \rightarrow Al_2O_{3(s)} + 3\,H_{2(g)}$$

5. a. Le volume V a pour expression : $V = 2 \times S \times e$.

b. Le volume V peut aussi s'écrire : $V = \dfrac{n_{Al_2O_3} \times M_{Al_2O_3}}{\rho_{Al_2O_3}}$.

c. Par identification des deux expressions de V, on trouve l'expression de l'épaisseur e suivante : $e = \dfrac{n_{Al_2O_3} \times M_{Al_2O_3}}{\rho_{Al_2O_3} \times 2 \times S}$.

d. Calcul de l'épaisseur e en micromètres :

$e = \dfrac{1{,}2 \times 10^{-3} \times 102{,}0}{3{,}2 \times 2 \times 10} = 1{,}9 \times 10^{-3}$ cm soit $e = 19\,\mu m$

e. Oui, cette épaisseur d'alumine sera suffisante pour assurer une protection efficace de la plaque d'aluminium, car sa valeur est comprise entre 5 µm et 25 µm.

Annexes

Index

P

R

S

T

U, V

Achevé d'imprimer par I.M.E à Baume-les-Dames - France
Dépôt légal : 96253-0/03 - janvier 2014